묵점 기세춘 선생과 함께하는

성리학 개론

上

심리학개론

上

초판 1쇄 발행_ 2007년 8월 6일
초판 2쇄 발행_ 2011년 1월 28일

글쓴이_ 기세춘

펴낸곳_ 바이북스
펴낸이_ 윤옥초

책임편집_ 김주범, 임종민
편집팀_ 이성현, 도은숙, 김민경, 이현실
표지디자인_ 방유선
책임디자인_ 이선영, 오혜숙
디자인팀_ 윤혜림, 이민영, 남수정, 윤지은

등록_ 2005. 07. 12 | 313-2005-000148호

ISBN_ 978-89-92467-04-9 04150
        978-89-92467-03-2 (전2권)

서울시 마포구 서교동 395-166 서교빌딩 703호
편집 02)333-0812 | 마케팅 02)333-9077 | 팩스 02)333-9960
이메일 postmaster@bybooks.co.kr
홈페이지 www.bybooks.co.kr

바이북스는 책을 사랑하는 여러분 곁에 있습니다.
독자들이 반기는 벗 - 바이북스

묵점 기세춘 선생과 함께하는

성리학 개론

上

바이북스
ByBooks

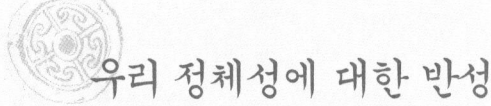

우리 정체성에 대한 반성

"한국에는 한국 사람이 없는 것 같다!" 어느 외국 학자의 말이다. 이 말인즉슨, 한국 학자들에게서는 배울 것이 아무것도 없다는 뜻이다. 이는 어느 정도 맞는 말이다. 많은 한국 학자들이 외국 학자들을 표절하고 어설픈 흉내만 낼 뿐 자기 고유의 학문이 없다. 오늘날 스스로 지성인이라 자부하는 사람들을 보라! 한결같이 다른 나라 조상들은 마치 주문을 외듯 꿰 차고 있으면서도 정작 자기 조상들에 대해선 아는 바 없으며 알려고도 하지 않는다. 이들은 한국을 모르니 한국 사람일 리 없으며, 외래 사상에 물든 이 땅의 식민 지식인에 지나지 않는다. 폐부를 찌르는 통절함보다 부끄러움이 앞선다. 오! 이 땅에 수천 년을 이어온 조상의 정신적 맥이 정녕 끊어졌단 말인가?

미국에 사는 한 친구가 있다. 정신과 의사인 그는 미국에서 40년을 살면서 의술은 물론이거니와 말과 행동, 입는 옷까지 모두 미국식이 되었다. 그런데 미국인들은 그를 미국인으로 보지 않고 한국인으로 본다고 한다. 자기는 미국인이 되려고 했지만 미국인들이 한사코 자기에게 한국인이기를 강요하니 어쩔 수 없이 한국인으로 살아간다고 했다.

그러던 그가 요즘 달라졌다. 그 스스로 자문해 보았다고 한다.

'나는 분명히 동양인의 피부와 한국인의 혈통을 가졌지만 소학교 때부터 미국식 교육을 받았고, 한국의 문화와 전통, 사상과 학문에 대해서는 전혀 모른다. 나 스스로도 미국인이 되려고 했는데 그들은 왜 나를 한국인이라고 하는 것일까? 내 정체성은 과연 무엇인가?'

그는 이제 일흔이 넘어서야 "그동안의 분노가 사라지고 내 자신을 찾으려는 생각을 하게 됐다"고 말한다.

나는 어려서부터 해방 후까지 서당을 다녔다. 그러던 중, 학교에 가지 않으면 벌을 받는다는 면서기의 위협과 서당 훈장이신 아버님의 결단으로 당시 '국민학교' 5학년에 편입했다. 그때 처음 국어 교과서를 보고 깜짝 놀랐던 기억이 있다. 사람이 태어나서 처음 문자를 접할 때는 "하늘은 (뜻이기에) 현묘하고, 땅은 (생산이기에) 누렇다. 공간적인 우주는 넓고, 시간적인 우주는 공허하다"는 뜻인 '천지현황天地玄黃 우주홍황宇宙洪荒'을 배우는 것으로 알고 있었는데 학교 선생님이 가져다준 국어 책에는 "송아지 송아지 얼룩송아지!", "바둑아 바둑아 이리 오너라!"가 나오는 게 아닌가? 정말로 이 세상에 얼룩송아지, 얼룩강아지가 다 있단 말인가? 그도 그럴 것이 나는 그때까지 한 번도 얼룩송아지나 얼룩강아지를 본 적이 없었거니와 그런 것들이 있다고는 꿈에도 상상하지 못했다(당시 대부분의 한국인들이 마찬가지였다). 나중에 사범학교에 입학하여 그곳에 파견된 미국 고문관들을 만나고서야 그들이 이런 교과서를 만들게 했다는 것을 알았다.

우리나라는 지구 상의 유일한 분단국가다. 우리는 이런 천형과도 같은 굴레를 벗지 못하고 있다. 그래서 어느 국민, 어느 민족보다도 민족의식이 강할 것으로 으레 짐작한다. 물론 입으로는 민족을 말하지 않는 사람이 없다. 특히 운동 경기장에서만은 민족의식이 대대적으로 살아나, 북에서 온 응원단을 보고는 모두가 일어나 "우리는 하나!"라고 외치거나 "대한민국!"을 외치며 국가대표급 경기에서 응원을 펼친다. 그 순간만은 모두가 한국인이 된다. 그러나 정작 누구도 우리 조상의 정신이 무엇인지에 대해선 알려고 하지 않는다.

우리 민족은 유교와 불교를 받아들였으나 그것을 우리 것으로 만들었으므로 중화문화권이나 인도문화권에 흡수되지 않고 수천 년 동안 정체성을 지켜왔다. 그러나 근대에 들어와 이 땅이 일제의 식민지가 되고, 해방된 이후에는 서양 점령 세력의 사상 전쟁터로 변하면서 우리의 전통적 삶은 성난 홍수에 떠밀리듯 송두리째 뽑혀버리지 않았던가? 지금 우리의 정체성은 무엇인가? 과연 우리는 스스로 민족의 정통성을 계승한 이 땅의 참다운 주인이며 민족 통일의 주체라고 주장할 수 있겠는가?

지금 우리의 국교는 무엇일까? 다름 아닌 자본주의다. 시장이라는 '교리'를 따르지 않으면 살아남을 수 없기 때문이다. 시장논리는 우리의 가정과 우리의 마음까지 지배하고 있다. 시장은 익명의 신이 됐다. 예배당도 절간도 모두 시장이다. 그래서 우리도 모르는 사이에 한국의 정체성은 애덤 스미스의 경제사상이나 미국의 개척정신이라고 믿게 됐다. 그리고 우리의 또 한쪽은 마르크스·레닌주의를 유교에 결합한 수령주의만이 '조선'의 정체성이라고 믿고 있다. 그러나 그것들이 민족의 정통성이라고 주장할 수는 없다.

우리 민족은 삼국시대 이래 1,500년 동안 유교를 생활 규범으로 삼아왔고 700년 동안 성리학을 국교로 삼아왔다. 우리 민족의 생활과 문화는 그 사상을 기초로 이루어졌다. 집, 가구, 옷, 음식, 노래, 춤, 그림, 의술, 농사뿐 아니라 우리의 모든 살림살이와 마음 씀씀이에까지 그 정신이 배어 있다.

그런데 50여 년 전 어느 날 2천 년의 전통이 하루아침에 몽땅 쓰레기통에 처넣어졌다. 그리고 미국의 성조기와 소련의 붉은 깃발로 대체됐다. 오늘날 우리는 태극기를 걸어놓으면서도 그 뜻은 모르고, 명절이 되면 습관처럼 절을 하지만 그 뜻은 모른다. 날마다 1천 원, 5천 원짜리 지폐를 사용하지만 거기에 그려진 퇴계와 율곡은 모른다.

그렇다고 선조들의 성리학이 우리의 정체성이라거나 지금 그것을 부흥하자는 것은 아니다. 오히려 그것을 비판하자는 것이다. 새순은 반드시 묵은 그루터기에서 싹튼다. 전통이 없이는 창조도 없다. 비판의 과정이 있어야만 새로운 것을 주체적으로 받아들일 수 있고 새롭게 창조할수 있기 때문이다. 비판을 하려면 먼저 잘 알아야 한다. 이러한 새순이야말로 우리의 정체성일 것이다.

다행히도 우리에겐 빛나는 전통이 있다. 영국의 기사도, 일본의 사무라이 정신, 미국의 개척정신보다 더 훌륭한 한국의 선비정신이야말로 우리의 정체성이다. 세종대왕, 퇴계, 율곡, 이순신, 연암, 다산뿐 아니라 김구를 비롯한 임시정부 요인들도 모두 선비였으며 그 많은 의병들과 독립운동가 그리고 훌륭한 예술가들도 모두 선비였다.

우리가 세계에 자랑할 수 있는 것은 이 전통이다. 이 전통은 우리만의 브랜드다. 이 전통은 아무리 많은 돈을 주어도 시장에서 구입할 수 없는 것이다. 우리는 쓰레기통에 버린 우리의 전통을 되찾아야 한다. 그리고 비판적으로 계승·발전시켜야 한다. 이를 통해 새로운 민족문화를 창조해야 한다.

「어린이 헌장」에서는 "어린이는 빛나는 우리 문화를 이어받아 새롭게 창조하고 널리 펴나가는 힘을 길러야 한다"고 천명했다. 여기서 말하는 "우리 문화" 또는 "새로운 문화"는 현재와 같이 물질적 시장가치를 지향하는 세속문화가 아니다. 정신적 가치를 지향하는 우리의 정체성인 고귀한 전통문화를 말하는 것이다.

그러나 누가 우리의 정신문화를 가르칠 수 있다는 말인가? 우리 선생님들인가? 우리 어머니들인가? 신문과 방송일까? 우리는 모두 이 땅을 점령한 '외국인'이 아닌가! 우리 모두 반성해야 한다. 우리는 모두 '재교육' 대상임을 스스로 인정해야 한다.

성리학을 모른다면 한민족이 아니다. 한민족이 아니라면 참다운 한국인이 될 수 없다. 성리학을 모르면 한민족의 정신과 문화를 알 수 없다. 껍데기만 알 뿐이다. 껍데기만 알아서는 새로운 민족문화를 창조할 수 없다. 이 책이 민족정신을 재발견하고 진정한 한국인이 되기 위한 밑거름이 되기를 바란다.

나는 전통에 안주하는 안일도 싫지만 전통을 무시하는 만용도 싫다. 그 만용이야말로 얼마나 얄량한 것인가? 지금까지도 서구 사대의 미몽에서 깨어나지 못한 맹목이라면 이 땅의 내일을 고민하는 진정한 지성일 수 없다. 그러므로 수천 년 선조들의 지혜는 분명 오늘의 우리보다 현명하다는 존경의 마음이 앞섬에도, 나는 당돌하게 전통을 묵수하는 맹목보다는 비판하는 교만을 감히 자청한다.

　이 책이 나오기까지 6년이 걸렸다. 나는 『유가』, 『묵가』, 『도가』, 『주역』, 『법가』, 『성리학개론』, 『실학개론』 등 7권의 원고를 "신세대를 위한 동양사상 새로 읽기" 시리즈로 기획하여 2001년 3월에 탈고했다. 그 중에서 『유가』, 『묵가』, 『도가』, 『주역』 등 4권은 2002년 9월 화남출판사에서 출간한 적이 있으나, 나머지는 미흡한 감이 있어 출간을 보류했었다. 그리고 2003년 3월부터 노촌 이구영 선생님이 주관하셨던 이문학회에서 고전강좌를 하면서 수정·보완했고, 2004년부터 한남대학교 인돈학술원에서 강의하면서 다시 보완했다. 아직도 부족함을 통감하고 있으나 체력의 한계를 느끼고 나머지는 후학들에게 미루기로 했다. 아직 시작일 뿐이다. 더욱 좋은 참고서가 나오기까지 징검다리 역할로 만족할 것이다. 후학들의 분발을 간곡히 부탁드린다.

　『성리학개론』이란 책은 아마도 우리에게는 처음인 것 같다. 범위와 깊이를 어찌해야 할지 고민이 많았다. 인물별로 할 것이냐 주제별로 할 것이냐의 문제로 엎치락뒤치락했다. 인물 위주로 하면 주제의 중첩을 피할 수 없어 산만해지고, 주제별로 하면 시대적·인적 상황이 제거되어 건조해질 것 같았다. 그러나 학문의 완성도보다는 독자들을 먼저 생각하기로 했다. 우선 시대적 흐름에 따라 구분하고 독자들에게 낯익은 인물을 앞세운 다음 그 안에서 주제별로 다시 배열했다. 다소 중첩되더라도 인내를 가지고 비교하면서 읽으면 선현들의 면모와 고민을 더욱 실감하게 될 것이다.

이 책이 나오는 데는 수많은 번역본과 연구서, 논문 들이 밑거름이 됐음을 헤아려주기 바란다. 일일이 거론치 못해 송구스럽다. 끝으로 사명감을 가지고 용감하게도 이 책을 내기로 결심한 바이북스 윤옥초 대표에게 격려와 감사를 전한다. 아울러 동양고전에 깊은 소양이 있어 원문까지 꼼꼼히 교정을 해주신 김주범 님과 임종민 님에게는 고마움과 동시에 안도감을 느낀다. 독자 제현의 건승을 기원한다.

2007년 6월 어느 날
기세춘

《제一부》

◎ 신유학의 태동

제1장. 종교개혁

개혁과 전통

성리학은 유학을 개혁한 신유학이다. 구체적으로는 공자의 구학舊學을 반대하고 신학新學을 주장한 개혁파인 왕안석王安石(1021~1086)이 재상이 되어 신법新法을 실시하자(1069~1074) 이를 극력 반대한 구양수歐陽修(1007~1072), 사마광司馬光(1019~1086) 등 보수파가 대응논리 개발의 필요성을 자각한 데서 촉발됐다고 볼 수 있다. 이를 위해 사마광은 1065~1084년 역사서인 『자치통감資治通鑑』을 저술했고 왕안석이 죽자 1086년 재상이 되어 신법을 모두 폐지했다.

고려에서도 이보다 두 세대 뒤쯤에 보수·개혁의 대립이 있었다. 정권을 잡은 김부식金富軾(1075~1151)이 1131년 도교를 금지하고 평민들에게 비단옷 입는 것과 말 타는 것까지 금지시켰다. 이에 1135년 개혁파인 묘청妙淸(?~1135)이 난을 일으켰으나 결국 김부식이 개혁파 반란군을 토벌함으로써 좌절됐다. 이때 김부식은 보수 정통을 확립하기 위해 1145년 『삼국사기三國史記』를 저술했다.

유교가 창립된 지 1,300여 년이 지난 12세기, 이러한 신학의 요구에 부응하기 위해 유학을 개혁한 것이 신유학 또는 성리학이다. 그러므로 신유학은 유교의 종교개혁이라고 말할 수 있다. 이것은 16세기 가톨릭에서 일어난 종교개혁과 비슷하다. 1517년 독일의 수도사 마르틴 루터Martin Luther(1483~1546)가 교회의 면죄부 발매를 비판한 사건이 도화선이 되어 종교개혁 운동이 일어났다. 그 결과 개혁파들은 개신교를 만들었고, 이에 자극된 보수파는 반동종교개혁 운동으로 구교를 개혁했다.

이처럼 동양의 신유교운동과 서양의 종교개혁은 과정과 겉모습은 비슷하지만 동양의 종교개혁은 천신天神을 부정했다는 점에서 전혀 다르다. 한편 신유학은 보수파들이 개혁파를 배타·분리시키지 않고 이를 흡수하며 종교이론을 개혁한 것이었지만, 실질적으로는 전통을 고수한 보수적인 반동종교개혁이었다고 말할 수도 있다.

이처럼 신유학이 태동하던 11세기 초의 사정을 보면 서양은 모든 학문이 신학에 예속된 스콜라철학의 전성기였으며 십자군전쟁이 막을 올리던 중세 암흑기였다. 당시까지만 해도 철학은 물론이거니와 기술이나 과학까지도 동양이 서양에 뒤지지 않았다.

서양이 앞서기 시작한 것은 17세기 말 아이작 뉴턴Isaac Newton(1642~1727)의 만유인력 원리를 담은 『자연철학의 수학적 원리Philosophiae naturalis principia mathematica』 발

표(1687) 및 명예혁명(1688)과 권리장전(1689) 이후라고 보아야 할 것이다. 학자들은 18세기 제임스 와트James Watt(1736~1819)의 증기기관 발명(1765) 및 애덤 스미스 Adam Smith(1723~1790)의 『국부론The Wealth of Nations』 (1776)과 뒤이어 일어난 산업혁명 이후부터 서양이 앞서기 시작했다고 말한다. 그 이전까지는 동서양을 막론하고 성리학보다 더 선진적인 철학은 없었던 것이다.

그러므로 우리는 선조들의 문화적 전통에 대한 자긍심을 가져야 한다. 서양보다 뒤진 것은 선조들 탓이 아니라 못난 후손들 때문이다.

인간은 다른 동물과는 달리 '기억記憶'이라는 것을 가지고 있어 문명을 누적함으로써 발전한다. 그러므로 인간은 전통을 멸시하면 할수록 고립과 무지에서 벗어날 수 없다.

우리 선인들은 전통을 소중히 계승하면서도 '일신우일신日新又日新'을 계명으로 그릇에 새겨놓고 날마다 새로워지기 위해 수양했다. 전통傳統은 우리가 새로워지기 위한 도구다.

그러므로 전통은 과거의 유산이 옛 모습 그대로 전수되는 것만이 아니다. 전통으로 우리를 구속하거나 오늘의 규범으로 삼을 필요는 없다. 그렇지만 과거에 대한 이해 없이 결코 현재를 이해하지 못할 것이며, 미래를 계획할 수도 없을 것이다. 우리가 선비정신을 발전적으로 고양하는 것은 봉건시대로 되돌아가려는 것이 아니라 그것을 거울로 삼아 우리가 새로워지기 위한 것이다.

근대화는 곧 서구화라고 생각하던 시대에는 동양의 전통이란 버려야 할 쓰레기였다. 전통의 구속에서 벗어나 자유로운 입장에 서고자 하는 것은 창조적인 태도다. 자본주의이든 사회주의이든, 서구적이든 동양적이든 전통의 한낱 모방자가 되고자 하는 사람을 현명한 사람이라고 말할 수 없을 것이기 때문이다. 그러나 그 어떤 새로운 사상에도 그것을 탄생시킨 전통이라는 모태가 있기 마련이다. 그러므로 자유와 창조의 시작은 전통의 영향에서 벗어나는 데 있는 것이 아니라 전통을 잘 이해하는 데 있다.

21세기는 가치 부재의 혼돈과 난세다. 지금까지 우리를 인도하던 모더니즘이라는 횃불이 꺼진 이른바 탈근대의 시대이며 문명의 격동기다. 신도 죽었고 인간도 죽었다. 돈과 환락만이 유일한 가치인 시대다. 세상은 약육강식의 아수라장이며 마음은 황폐하고 행실은 도적같이 거칠어졌다. 이제 인간은 물신物神의 노예가 됐다. 석가, 공자, 예수를 따르는 제자는 아무도 없다. 가식으로 따르는 척하지만 사실은 모두가 양자楊子(楊朱, BC 440?~360?)와 에피쿠로스Epikouros (BC 342?~271)의 쾌락주의를 따를 뿐이다.

오늘날 눈만 뜨면 접하는 끔직한 부정과 부패와 패륜의 소식들이 우리를 절망케 한다. 팽배한 위아주의爲我主義, 집단이기주의, 패거리주의, 지역이기주의는 사회의 구심력이 무너지고 있는 징조다. 만인 대 만인의 투쟁의 시대가 된 것이다. 선인들은 그것을 난세라 했다. 분명 이 시대는 난세다.

이러한 난세의 암흑과 혼돈을 뚫고 나가려면 새로운 횃불을 준비해야 한다. 새로운 천 년의 새로운 사상이 나와야 한다.

그러나 이미 말했듯, 새로운 사상도 전통이라는 모태에서만 태어난다. 13~15세기 서양의 르네상스Renaissance는 중세 암흑시대를 극복하기 위해 고대 그리스·로마 문화를 부흥하자는 운동이었다. 이러한 전통 부흥운동은 과거로 돌아가자는 복고주의가 아니라 새로워지기 위한 운동이다. 고대는 중세의 모태이며 중세는 근대의 모태이므로, 고대의 불빛으로 중세를 지양止揚[1]했다면 중세의 불빛으로 근대를, 근대의 불빛으로 포스트모던을 지양해야 하지 않겠는가?

　오늘날 근대는 길이 막혔다. 인류는 지금 이러한 포스트모던시대를 방황하고 있다. 오른쪽을 돌아보아도, 왼쪽을 돌아보아도 길은 막혔다. 미국으로도 소련으로도 달려갈 수 없다. 그들 좌우의 서양 문명으로는 새로운 길을 발견할 수 없다. 중세의 길이 막혔을 때 뒤돌아보듯이, 근대의 길이 막혔으니 이제 우리도 뒤돌아보아야 하지 않겠는가? 그래서 서양 학자들은 동양 문명에 주목한다. 그들은 중세의 신본주의를 극복하기 위해 이성 중심의 중국의 성리학을 받아들여 계몽운동을 전개했던 경험을 잊지 않은 것이다.

　이제 우리도 좌우를 살필 것이 아니라 멀리 전통을 뒤돌아 살펴야 한다. 서양 전통이든 동양 전통이든 인류의 모든 전통과 사상들을 재검토해야 할 때다. 근대사상은 물론 플라톤과 예수 그리고 마르크스Karl Marx(1818~1883)까지, 공자와 묵자 그리고 퇴계까지 뒤돌아 반성해 보아야 한다.

---

1) 어떤 것을 그 자체로는 부정하면서 오히려 한층 더 높은 단계에서 이것을 긍정하는 일. 모순·대립하는 것을 고차적으로 통일하여 해결하면서 현재의 상태보다 더욱 진보하는 것으로, 변증법의 중요한 개념이다.

특히 우리는 1천여 년 동안 우리의 삶과 문화를 지배해 온 성리학을 재검토할 필요가 있다. 성리학을 모르고는 그것을 뿌리로 하는 우리 문화를 알 수 없고, 우리의 정체성을 잃어버릴 것이기 때문이다. 또한 우리 문화의 기본 정신을 모르면 새로운 우리 문화를 창조할 수 없다.

성리性理학은 유학의 뿌리에서 나온 신유학이다. 신유학은 성리학이며, 성리학은 이성주의理性主義다. 서양의 '합리주의合理主義'도 이성주의다. 그들이 말하는 이성이란 진위와 선악을 식별하고 판단하는 능력을 말한다. 그리고 '이성'은 인식의 '능력'임과 동시에 스스로의 실체적 존재라고 보았다. 라이프니츠Gottfried W. Leibniz(1646~1716)나 칸트 Immanuel Kant(1724~1804)에게 이성은 '선험적 원리들의 총체'를 의미하는데, 이것은 이성 스스로 자기존재성을 가진 실체임을 말한 것이다. 이러한 서양철학의 개념들은 모두 성리학의 영향을 받은 것이다. 다시 말하면 합리주의나 이성理性[ratio(라틴어), reason(영어), raison(프랑스어)]이란 말은 동양의 성리학에서 발명되어 서양으로 건너간 것이다.

고대 그리스의 아낙사고라스와 플라톤이 말한 우주의 질서라는 의미의 누스nūs라는 말이나, 헤라클레이토스와 스토아학파의 일체를 지배한 세계이법世界理法의 위력이라는 의미의 로고스logos, 또는 성경에서 하느님의 말씀을 뜻하는 로고스logos라는 말도 이성과 비슷하다. 그러나 이것들은 성리학의 인성人性의 이법理法 세계와는 달리 객관적인 세계 질서라는 의미가 강하며, 신의 위력 즉 정신精神이라는 의미가 더욱 강하다. 이런 점에서 칸트의 인식론적 이성은 성리학의 이성에 더 근접한 것이다.

　그리고 12세기 초부터 만개한 성리학은 17~18세기에 들어와서 볼테르, 루소, 디드로, 몽테스키외 등 서구의 반봉건 계몽사상가들에게 선구적 사상으로 받아들여져 중국학 열풍을 불러일으켰다. 이상과 같이 성리학은 결코 비합리적인 신본주의나 미신이 아니다.

유학의 변천

유학의 쇠퇴와 유교의 창립

　우선 이 책에서는 유학儒學과 유교儒敎는 그 뜻을 구분하여 사용하겠다. '유학'은 공맹孔孟(공자·맹자)의 경세치학經世治學 즉 세상을 경륜하고 나라를 다스리는 학문을 말하고, '유교'는 한漢 무제武帝(BC 156~87) 이후 동중서董仲舒(BC 170?~120?)에 의해 공맹 유학을 참위설讖緯說로 해석하여 종교로 만든 것을 지칭한다는 것을 유의하기 바란다.

　춘추시대에 공자孔子(孔丘, BC 552~479)는 군주들에게 자기를 등용하면 문왕文王의 주周나라처럼 만들어주겠다고 호언장담하며 14년 동안 천하를 주유했다. 등용될 때를 대비해 군주에게 바칠 예물도 가마에 싣고 자기를 팔러 다녔으나 그를 사주는 사람이 없었다.

그러나 공자가 창시한 유학은 전국시대 이전까지는 공孔·묵墨으로 불릴 만큼 현학顯學이었다. 그러나 전국시대에는 맹자孟子(孟軻, BC 372?~289?)가 한탄했을 정도로 인심은 위아주의爲我主義의 양자와 겸애주의兼愛主義의 묵자墨子(墨翟, BC 480~390)로 쏠렸다.

전국 말의 순자荀子(荀況, BC 298?~238?)는 공자를 계승했으나 주례周禮보다는 법法을 강조하는 이른바 예법禮法 유학을 주장했다. 또한 순자의 제자인 한비韓非(BC 280?~233)는 유가儒家들에 대해 사회를 좀먹는 다섯 가지 좀 중에서 으뜸이라고 비난하며 '유가망국론'을 주장하기에 이른다. 급기야 진秦나라 시황제始皇帝(BC 259~210)는 유가를 탄압하여 분서갱유焚書坑儒의 참극을 벌이기도 했다. 이때의 재상은 순자의 제자인 이사李斯(?~BC 208)였다.

그러나 군현제郡縣制의 진나라가 무너지고 한나라가 일어나 봉건주의가 등장하자 유가는 되살아날 수 있었다. 무제가 동중서의 현량대책賢良對策을 받아들여 "백가를 폐출하고 유가만을 존숭하는 이른바 '파출백가罷黜百家 독존유술 獨尊儒術' 정책을 편 것이다. 이에 동중서는 공자의 복례復禮를 경학經學으로 삼고, 민간의 도참설圖讖說을 위학緯學으로 삼아 이 둘을 씨줄과 날줄로 결합하여 유교라는 종교를 창립했던 것이다.

그러므로 유교는 공자 사후 300여 년이 되어 유학을 기초로 창립한 종교지만 유학과는 다르다. 유교의 천天은 공자의 천명설天命說과 맹자의 "천명은 곧 천성天性"이라는 성명론性命論을 계승하지만 그 골격을 이루는 것은 고래古來의 민

간신앙인 천인감응설天人感應說이다. 이러한 참위학讖緯學이
공자 본래의 경학을 누른 결과 유교는 미신화되는 경향으로
흐른다. 그리고 그 폐해는 너무도 깊어 우리나라의 경우 지
금도 거기서 자유롭지 못하다.

좌전左傳/장공莊公32년(BC 662)

그해 가을 칠월에 신神이 신莘 땅에 하강한 일이 있었다.	秋七月 有神降于莘
천자가 내사 과過에게 물었다.	惠王問諸內史過 曰
"이것은 무슨 일인가?"	是何故也.
내사는 답했다.	對曰
"나라가 흥할 때는	國之將興
신이 강림하여 그 덕을 감찰하며	明神降之 監其德也.
망할 때도 신이 강림하여 그 악함을 감찰합니다.	將亡 神又降之 觀其惡也.
우虞나라, 하夏나라, 상商나라, 주周나라 때도	虞夏商周
다 그런 일이 있었습니다."	皆有之.

동중서

춘추번로春秋繁露/권15/교제郊祭

천天은 모든 신의 위대한 임금이다.	天者 百神之大君也.

춘추번로春秋繁露/권12/음양의陰陽義

천天은 만물의 시조다.	天者萬物之祖也.
천 또한 만물처럼 기쁘고 분노하는 기운이 있고	天亦有喜怒之氣
슬프고 즐거운 마음이 있다.	哀樂之心
사람과는 쪼개어 나누어진 것이므로 서로 유사하여 합쳐진다.	與人相副 以類合之

그러므로 천과 인人은 하나다.   天人一也.

춘추번로春秋繁露/권7/요순불천이탕무부전살堯舜不擅移湯武不專殺
인人의 주인 즉 군왕이 위대한 것은   人主之大
천지天地에 참여한다는 데 있다.   天地之參與.
또 하늘이 민民을 낳은 것은 군왕을 위한 것이 아니며   且天之生民 非爲王也
하늘이 왕을 세운 것은 민을 위함이다.   而天立王以爲民也.
하늘은 왕의 덕이 족히 민을 안락하게 하면   故其德足以安樂民者
왕권을 내려주고   天子之.
그 악함이 족히 민을 해치면   其惡足以賊害民者
그것을 다시 빼앗는다.   天奪之.

현학玄學과 도학道學

한漢 말 농민 반란인 이른바 황건黃巾의 난을 주도한 것은
도교 세력이었다. 이러한 도교 세력의 흥성은 유교에도 영
향을 미쳤다. 유학은 본래부터 경세학經世學이었으므로 형
이상학이 아니었다. 더구나 민간의 도참설을 끌어들여 종교
화했으나 유교를 국교로 삼았던 한나라가 무너지자 그 효력
도 쇠퇴했다. 또한 반체제적인 도교 세력을 체제 내로 흡수
할 필요가 있었다. 그래서 지배계급들은 유사들을 동원하여
노장老莊(노자·장자)의 형이상학을 유교에 끌어들여 철학적
인 유학을 만들어냈는데 이를 현학玄學이라고 한다.
  '현玄'이란 글자는 『노자도덕경老子道德經』(이하 『노자』)

1장의 "此兩者同出而異名 同謂之玄(無名 有名은 다 같이 道에서 나왔으며 이름이 다를 뿐이니 다 같이 현묘한 道라 한다)"이란 문구에서 따온 것이며, '도道'는 『주역周易』 「계사전繫辭傳」 상편의 "形而上者謂之道 形而下者謂之器(형이상은 道라 하고 형이하는 器物이라 한다)"에서 따온 것이다.

그러나 실제로 도道와 현玄이 같은 뜻으로 사용하게 된 것은 동진東晉의 도교 학자인 갈홍葛洪(283~343?)이 도의 본체를 현이라고 명명한 후부터였다고 생각된다. 그래서 '현학玄學'이란 말은 도학道學 또는 형이상학의 별칭으로도 사용된다. 그러나 여기서 말하는 '현학'은 형이상학의 일반적인 명칭으로서가 아니라 위진魏晉시대의 하안何晏(193?~249), 완적阮籍(210~263), 왕필王弼(226~249), 곽상郭象(252?~312) 등의 도학道學을 지칭한다.

한 말에 이르러 도교가 중심이 된 황건의 난 이후, 위진남북조시대에는 도교와 불교가 크게 흥성했다. 이때 유교는 도교에 의지하여 명맥을 유지하려고 했다. 이에 지배권력을 등에 업은 하안과 왕필이 공자를 '유위有爲로써 무위無爲를 실천한 도인道人'으로 윤색하고 노자老子를 끌어들여 유학을 설명하는 이른바 '원노입유援老入儒'의 현학을 개창했던 것이다.

하소何劭

왕필전王弼傳

배휘裴徽는 당시 이부랑이었고
왕필은 약관의 나이인데도 서로 왕래했다.

時裴徽爲吏部朗.
弼未弱冠 往造[2]焉.

배휘는 한 번 보고 그가 다르다는 것을 알고 물었다.
"무릇 무無란 진실로 만물의 밑천인데
이에 대해 성인(공자)께서는 말씀하지 않았으며
반면 노자는 거듭 말하고 그치지 않았으니 무슨 까닭인가?"
왕필이 답했다.
"공자는 무無의 체현이시니
다시 가르칠 필요가 없었으므로 말씀하시지 않았고
노자는 유有에 머물러 있었으므로
무의 부족함을 항상 말씀하신 것입니다."

徽一見而異之. 問弼曰
夫無者 誠萬物之所資也.
然聖人莫肯致言
而老子申之無已者何.
弼曰
聖人無體
無又不可以訓 故不說也.
老子是有者也
故恒言無所不足.

이연李淵(565~635)이 군사를 일으켰을 때 도교 세력이 그를 지원했다. 도교의 지도자인 기휘岐暉와 왕원지王遠知 등은 "양씨楊氏는 망하고 이씨李氏는 흥한다"는 왕조 교체의 필연성을 설법했고 인력과 식량을 지원했다. 역성혁명이 성공하여 618년 이연이 당唐나라를 세운 후에는 흥성하던 불교를 누르고 드디어 도교는 국교가 됐다. 그리고 당나라 조정은 노자를 이씨의 조상으로 삼았다. 당 고조高祖가 된 이연은 625년 전례典禮의 순서를 도교, 유교, 불교 순서로 할 것을 명령했다. 그리고 고종은 674년 노자에게 '태상현원황제太上玄元皇帝'의 봉호를 내렸다. '태상'은 노자를 하느님으로 본 것이며, '현원'은 현학의 원조라는 뜻이다. 도교에서 노자를 교주로 받들고 '태상노군太上老君'이라 부르던 것을 국가에서 공인한 셈이다.

---

2) 造(조)=찾아가다, 시작하다.

또한 『노자』를 과거시험 과목으로 삼고, 전국 각 주에 도
관을 건립하도록 명령했다. 714년 현종玄宗은 불교를 정리
하여 2만여 승려를 환속시켰고, 733년에는 각 가정마다 반
드시 『노자』를 갖추도록 명령했다. 도교는 명실상부하게 국
교가 된 것이다.

그러나 여전히 불교는 흥성했고 유가들의 불만도 커졌다.
이에 현종은 736년 공자를 '문선왕文宣王'이라는 제후로 추
존했다. 이로써 공자는 귀족 신분이 됐지만 한편으로 노자의
부하가 된 꼴이었다. 노자는 황제가 되고 공자는 제후가 됐
기 때문이다.

이처럼 본래 유학과 현학은 근본적으로 다르다. 그러므로
청淸대 학자들은 대체로 도학道學을 유학의 정통으로 인정
하지 않는다. 실제로 현학은 『노자』를 형이상학으로, 유학을
형이하학으로 삼았기 때문에 '원노입유'가 아니라 반대로
유교를 도교에 흡수한 '원유입노援儒入老'라고 말할 수 있기
때문이다.

보수파와 개혁파

신유학의 태동

대체로 공맹을 대표로 하는 유사儒士들의 통치철학을 유

학이라 한다. 유사들의 경세치학이므로 경학이라고도 말한다. 그 유학이 한漢대에 종교가 됐으므로 이를 유교라고 한다. 이는 경학에 참위설을 끌어들인 것이므로 이를 위학이라고도 말한다. 그러나 한 말에 이르면 유교는 쇠퇴하고 도교가 흥성한다. 한나라가 망하고 위진남북조시대에는 유교와 도교가 결합한 도학이 나타났다.

당나라 때의 유학은 극도로 쇠미해져 도교의 보조 역할에 머물고 있었다. 그러나 당이 망하고 송宋이 일어나자 유교는 활력을 되찾고 나아가 불교와 도교를 흡수하고 종합하여 새로운 유학을 세우려 했다. 그러나 북송北宋이 여진족인 금金나라에 망하고(1127) 남쪽으로 쫓겨난 한족들이 남송南宋을 부흥시켰으나 한족의 문화적 우월성을 잃고 금나라에 조공을 바치며 겨우 잔명을 유지하는 형편이 됐다. 이때 주희가 나타나 주돈이周敦頤(1017~1073), 정이程頤(1033~1107) 등의 도학과 장재張載(1020~1077)의 기학氣學 등 신유학운동을 집대성하여 '성리학性理學'을 체계화한 것이다.

일반적으로 경학을 대성한 사람은 한나라의 유사인 정현鄭玄(127~200)이요, 도학을 대성한 사람은 남송의 유사인 주희라고 말한다. 다 같이 공자의 유학이지만 경학은 경세치학 즉 정치학이요, 도학은 성리학 즉 형이상학이다. 경학과 도학의 다른 점은 경학은 본래 공자학이지만 도학은 공자학을 기본으로 노장과 불교의 선종禪宗을 흡수하여 유儒·불佛·선仙을 통합한 신유학이라는 점이다.

노장의 객관주의적인 도道 개념은 신유학의 우주론의 이론적 기초가 됐고, 불교의 주관주의적인 심론心論은 신유학의 인성론의 토대가 됐다.

불교는 2세기 동한東漢(後漢)대에 들어와 남북조를 지나 수隋·당에 이르러 크게 성행했으며 천태종天台宗, 유식종唯識宗, 화엄종華嚴宗, 선종 등 종파가 생기기도 했다. 그중에서도 영향력이 컸던 화엄종과 선종은 맹자의 유심주의唯心主義와 결합하여 중국화된 토착 불교였으며 그 내재적 불심佛心 이론이 신유학의 심론에 이론적 연원을 제공했던 것이다.

이러한 신유학 또는 성리학은 11세기에서 19세기까지 송宋·원元·명明·청淸 등 네 왕조에 걸쳐 약 1천 년간 중국의 지배사상이었을 뿐만 아니라 조선과 일본의 통치이념이었다. 이처럼 성리학은 동양사상의 중심으로 자리 잡았고, 17~18세기에는 서양 학자들에게 큰 영향을 끼쳐 계몽주의 시대를 열게 했다.

이성학理性學

성리학이라고 하면 너무 어렵고 현학衒學적이라는 인상을 받는다. 그래서 고전 중에 공맹이나 노장은 그래도 사정이 나은 편이지만 성리학은 읽히지도 않는다. 우리 책방에는 주희, 퇴계, 율곡 등의 전집은 있어도 성리학개론은 없다.

사람들은 철학도가 아니라도 '이성理性'이라고 말하면 모두가 다 알고 있다고 생각한다. 그러나 그 '이성'이 성리학에서 유래된 말이라는 것은 모른다. '성리학性理學'은 우리가 잘 안다고 생각하는 이성에 대한 학문인 '이성학理性學'

과 다름없다.

우리는 "모든 것은 마음에 달렸다"라고 흔히 하는 말이나 스님들이 '마음공부'를 강조하는 것을 아무 거부감 없이 수용한다. 그런데 유독 마음과 본성에 대한 공부가 전부라고 할 수 있는 성리학은 우리와 너무도 먼 것으로 느낀다. 대체로 성리학은 너무도 도덕적이고 현학적이며 당파적이고 고루하다는 선입견 때문이다.

우리에게 '이성'은 무엇인가? 왜 '머리'라고 하지 않고 '마음'이라고 하는가? 마음과 정신은 다른가? 영혼이란 마음인가, 정신인가? 이것들을 모두 포함하는 것이 인성人性이라면 왜 천리天理가 붙어야 하는가? 성性은 인성이고 이理는 천리라고 한다면 인人과 천天은 어떤 관계인가? 이것들에 대한 답변이 '성리학'인 것이다.

'마음(心)'이란 '정신精神'과 별도의 것은 아니다. '정신'은 인식의 측면이 강조되고, '마음'은 의지의 측면이 강조되는 것뿐이다. 다만 마음이란 인식과 의지를 다 포함한다. 그러므로 서양에서 말하는 '오성悟性'은 인식의 측면만을 말하는 것이어서 '이성理性'과는 내포와 외연이 다르다. 그러나 성性이란 점에서는 같다. 그런데 마음은 성이지만 성은 전체적인 것이고 심心은 구체적이고 개별적인 것이다.

그런데 왜 천리天理가 붙어야 하는가? 만물이 천리를 품부받은 것이 성性이기 때문이다. 즉 성性이 곧 이理라는 것이다. 그래서 성리性理학 또는 이성理性학이라 하는 것이다. 이것이 핵심이다. 그렇지만 독자들은 아마 겉으로는 알 것 같은데 속속들이는 모를 것이다. 우리의 의식구조가 서양 개념의 틀로 짜여 있기 때문이다. 그 단적인 예로 '정신'이란 말은 분명한 것 같은데 마음이란 말은 신비한 것 같고, 더구나 본성이란 말은 더더욱 감이 잡히지 않는 것이 그 때문이다. '정신'은 뇌의 작용이니까 구체적이지만, '마음'은 피를 순화시키는 심장이나 해독 작용을 하는 간의 작용인가? 애매하다.

그러나 마음은 뇌腦·심心·간肝의 작용을 모두 포함하는 개념이다. '정신 나간 놈'이라고 하면 뇌가 혼란하여 인식능력이 잘못된 사람을 말한다. 잠을 잘 때는 정신은 없는데 숨소리는 들린다. '간을 빼 준 놈'이라고 하면 호불호의 소신과 감정이 모자란 사람을 말한다. 그러나 정신 나간 놈이나 간을 빼 준 놈이 죽은 것은 아니다. 숨이 끊어져야 죽은 것이다.

그 숨은 심心의 작용이며 심이 멈추면 영혼이 떠난다. 그래서 죽음을 "숨이 끊어졌다" 하고 "혼이 나갔다" 말하는 것이다. 그리고 그 숨과 혼은 태어날 때 하늘에서 하늘의 이理를 받은 것이므로 이를 생生 + 심心 = 성性이라고 말하는 것이다.

정신을 알기 위해서는 신神을 먼저 생각해야 한다. 수만 년 동안 인간은 신을 인간 밖에 존재하는 실재로 믿어왔다. 그리고 특히 천신天神을 가치의 최고 담지자擔持者로 믿어왔다. 그런데 그 신이 우리의 오성과 너무도 닮았다는 것을 알게 됐다. 이것은 인간의 위대한 발견이었다. 보이지 않지만 무소부재無所不在하며 무소부지無所不知한 것이 우리의 마음과 너무도 비슷한 것이다. 우리의 마음은 천리千里 밖의 부

모를 제 옆에 있는 것처럼 그릴 수 있고, 우주를 날아가고
천당과 지옥을 날아갈 수 있다. 그래서 인간의 오성을 '정미
하고 신령스러운 것' 즉 정신이라고 이름 지은 것이다. 그리
고 그것은 천리와 같으며 태어날 때 하늘에서 품부받은 본
성이라고 생각했다. 그래서 '이성理性'이라고 이름 지은 것이
다.

그러므로 '이성' 또는 '성리'란 우리의 본마음이 곧 천리
라는 뜻이다. 다시 말하면 천신이 우리 마음에 들어 있다는
뜻이다. 그리고 그것은 우주의 조리(理)이고 기운(氣)이라고
생각했다. 그래서 성리학을 '이기론理氣論'이라고도 하는 것
이다.

개혁파의 기학氣學

신유학은 12세기 주희에 의해 종합·정리됐다고는 하나
11세기 초 주희 이전에 이미 사상의 기초가 마련되어 있었
다. 이들 중 기학氣學으로 분류될 수 있는 이구李覯
(1009~1059), 왕안석, 장재 그리고 이학理學으로 분류될 수
있는 소옹邵雍(1011~1077), 주돈이, 사마광, 정이 등 대표적
인 학자들에 대해 간략하게 조망해 보기로 한다.

대체로 개혁적인 사상가들은 주기론主氣論, 음양변증법陰
陽辨證法, 이욕利欲 긍정, 경험론經驗論적 인식론 등의 동적動
的 철학을 선호한다. 특히 경험론적 인식론은 후천적인 견문
見聞을 인성人性 형성의 조건으로 보는 성학습설性學習說을

옹호하므로 맹자의 성선설性善說과 한유韓愈(768~824)의 성
삼품설性三品說을 부정하는 경향으로 흐른다. 이것은 봉건제
도의 근간인 신분제를 위태롭게 하는 것이므로 보수파의 비
난을 받는다.

이러한 송대 기학의 뿌리는 '천天은 자연법칙일 뿐 인간의
역사에 관여하지 않는다'는 순자의 '천인분이설天人分異說'[3]
과, 이를 계승한 유종원柳宗元(773~819)의 '천인불상예설天人不
相預說'[4] 및 유우석劉禹錫(772~842)의 '천인상승설天人相勝說'[5]
에서 그 연원을 찾을 수 있을 것이다.

우강旴江 이구는 가세가 변변치 않아 남성南城의 초민草民
이라 자칭했으며, 말년에 태학太學의 조교助教와 직강直講을
했을 뿐, 우강서원旴江書院을 창건하고 거의 평생을 교수로
지낸 사람이다. 그의 민주평등 사상을 피력한 『잠서潛書』
(1031)와 『평토서平土書』(1036)는 가히 혁명적인 것으로, 이
보다 30여 년 전 왕소파王少波, 이순李順 등이 빈부균등의 기
치를 내걸고 봉기한 이른바 왕이의거王李義擧에 영향을 받은
것이라고 한다. 그의 사상은 묵자에 가깝고 왕안석의 개혁
사상으로 계승된다.

반산半山 왕안석은 어려서 부친을 여의고 가난하게 살았

---

3) 天不爲 人之惡寒也輟冬 地不爲人之惡遠也輟廣 天有常道矣 地有常數矣 君子有常體矣. 天行有常 不爲堯存 不爲
桀亡 應之以治則吉 應之以亂則凶. 彊本而節用 則天不能貧 養備而動時 則天不能病 修道而不貳 則天不能禍. 故
明於天人之分 則可謂至人矣(荀子/天論).
4) 殖與災荒 皆天也. 法制與悖亂 皆人也. 二之而已 各事各行不相預(答劉宇錫天論書).
5) 天有形之大者也. 人動物之尤者也. 天之能人固不能也. 人之能天亦有所不能也. 吾固曰萬物之所以爲無窮者 交
相勝還相用而已矣. 天與人萬物之尤者耳(劉宇錫集/天論上).

으나, 23세에 진사 갑과에 합격하여 급기야 참지정사參知政事가 되어 1069년 신정新政 변법變法을 시행한 개혁 정치의 대표적 인물이다. 나아가 그는 공자의 구학舊學을 반대하고 신학新學을 주장했다. 그의 신학의 요점은 "천변天變은 두려울 것이 없고, 조상(祖宗)도 본받을 것이 못 되며, 세상에 도는 말(人言)도 걱정할 것이 없다"는 것이다. 이것은 유학의 천신관天神觀인 천인감응설과 한유의 도통道統을 부정하는 것이 된다. 그러므로 수구파는 왕안석을 송조宋朝의 재앙이요, 만세萬世의 화근이라고 혹평한다.

개혁논리, 왕안석

임천문집臨川文集/주관신의周官新義/자설字說

양이 있으면 음이 있고	有陽有陰
새것과 옛것이 서로 밀어내고 열어주는 것이 자연(天)이다.	新古相除[6] 者 天也.
안정되면 변하고	有處有變[7]
새것과 옛것이 서로 밀어내고 열어주는 것이 사람이다.	新古相除者 人也.

  횡거橫渠 장재는 산시성陝西省 메이현郿縣 횡거진橫渠鎮 사람으로 자字는 자후子厚다. 횡거선생이라 불렸고, 관중關中에서 강학했으므로 관학파關學派라고 칭한다. 장재는 주기론主氣論을 주장하고 '만물동성萬物同性', '민포물여民胞物與' 사상을 말하는 등 진보적인 철학자였으나 도덕론에서는 신

---

6) 除(제)=驅逐也, 開通也.
7) 變(변)=辨也.

분 제도의 이론적 근거인 '성삼품설'을 지지하고, 혈연적 종법宗法 질서를 옹호하는 등 봉건 예교禮教를 지지하는 것으로 끝난다.

그의 학문은 성리학에 큰 영향을 끼친다. 정주程朱(정이·주희)는 그의 유물론적인 『정몽正蒙』은 비판했지만, 유심론적인 『서명西銘』은 계승한다. 특히 주희는 장재의 발명인 '기질지성氣質之性'에 대해 '성문聖門의 큰 공헌'이라고 격찬한다. 그의 '민포民胞' 사상은 정문程門 사대 제자의 한 사람인 양시楊時(1053~1135) 등으로부터 묵자의 겸애설兼愛說을 계승한 것이라고 비판받는다. 그러나 기일원론氣一元論, 성정통합설性情統合說 등 그의 개혁적인 사상은 청대의 왕부지王夫之(1619~1692) 등에 의해 계승·발전된다.

보수파의 이학理學

대체로 보수파들은 주리론主理論, 천명론天命論, 이욕利欲 부정, 선험론적 인식론 등 정적靜的 철학을 선호한다. 그들의 유심주의 선험론은 절대 가치인 천리天理의 내재화를 의미한다. 즉 마음에 천리가 선험적으로 내재되어 있다는 것이다. 이것은 유학의 근간인 천인감응설, 성선설, 성삼품설을 지탱하는 유학의 정통이며 특징이다.

정이는 "내가 곧 척도요 척도는 곧 나와 같다"고 말한다(『이정유서二程遺書』 권15). 천리인 태극太極이 모든 사람에게 완전한 형태로 내재되어 있으므로 척도는 전체적이고 절대적인 태극인 내 마음 하나에 있을 뿐이라는 것이다.

이것은 기원전 500년경 고대 그리스 소피스트의 거두 프로타고라스Protagoras(BC 485?~414?)의 "인간은 만물의 척도"라는 말과 비슷하다. 그러나 그 뜻은 전혀 다르다. 소피스트의 말은 일자一者인 천天을 부정하고 만인이 각각 모든 것의 척도라는 뜻이다. 즉 그들에게는 가치 표준인 천天이 없으므로 척도가 만인마다 다를 수 있다는, 절대 가치의 부정이 된다.

강절康節 소옹은 지금의 허난성河南省 후이현輝縣 사람으로, 강절은 그의 시호이며 위문산蔿問山 백원百源에 은거했으므로 백원선생이라 부른다. 그는 역易을 유학에 끌어들인 상수학象數學의 대표적 인물이다. 위진대魏晉代에는 유학을 도교적으로 해석했는데 이를 현학玄學이라 했고, 송대에는 도교를 『주역』의 상수학으로 해석했는데 유학에 『주역』을 접목시킨 사람이 소옹이다. 주돈이의 『태극도설太極圖說』도 소옹에게 영향을 받은 것이다. 그러므로 그를 북송北宋 이학理學의 상수학파 창립자라고 말한다.

상수학이란 『주역』을 상象과 수數로 해석하는 것을 말한다. 도교는 상수역학象數易學의 위학緯學적인 부분을 끌어들여 자기들의 우주 생성론을 설명하는 데 이용했는데, 소옹은 이러한 도가적인 상수학을 다시 유교에 결부시킨 것이다.

소옹은 태극을 '일一' 또는 '신神'으로 보았다. 또한 그 신은 '심위태극心爲太極', '도위태극道爲太極'이므로 그가 말한 신은 우주의 본원으로서의 절대정신을 뜻한다. 정리하면 그

의 우주 생성은 신神(心)→수數→상象→형기形器 순서로 된
다. 여기서 유의할 것은 상수학에서는 사물과 현상을 버리
고 물질의 실체적 성질을 표상하는 꼴(象)과 수數를 절대 진
리로 생각한다는 것이다. 이러한 상과 수는 이理라는 개념으
로 종합된다. 여기에서 상象은 플라톤Platon(BC 429?~347)의
이데아와 비슷한 것이다.

　원래 공자와 맹자는 『주역』을 내세우지 않았다. 공자의 경
세학經世學은 '복례復禮'를 기조로 했으므로 실학적이고 제
도적인 것이었다. 다만 맹자가 개인의 마음가짐을 강조하는
주관적인 경세학으로 기울었는데, 송대에 이르러 "만물은
다 나에게 구비되어 있다(萬物皆備于我)"는 맹자의 말을 추켜
들고, '아我'를 불교의 '심心'으로 해석하고, 또 이에 『주역』
을 붙여 "마음이 곧 태극(心爲太極)"이라는 강령을 만들고 신
비주의적인 우주도식宇宙圖式과 범신론적이며 유심주의적인
학설 체계를 세운 것이다. 이러한 상수역학의 유학은 당시
뤄양洛陽(낙양)을 중심으로 호족과 귀족 세력의 호사에 영합
했고 환영을 받았다.

　이것은 공자와 거의 같은 시대인 기원전 532년경에 활동
한 피타고라스Pythagoras(BC 582?~497?)가 "만물은 모두 수
數"라고 말한 것과 같은 맥락이다. 감관感官과 현상現象을 허
구라고 보는 입장에서는 참된 지식은 수數일 것이다. 그래서
이데아를 참된 실재라고 보는 플라톤도 "신神은 기하학자幾
何學者"라고 말했다. 유심주의에서 유일한 진리는 수數밖에
없기 때문이다.

　염계濂溪 주돈이는 후난성湖南省 잉다오현營道縣 사람으로

만년에 루산廬山산 연화봉蓮花峰 밑에 염계서당濂溪書堂을 짓고 아이들을 가르쳤으므로 염계선생이라 불렸다. 그는 지방의 작은 관리로 당시에 큰 학자는 아니었으나, 정호·정이 형제를 가르쳤고 주희가 크게 표창하여 세상에 알려지게 됐다. 현존하는 그의 저서는 『태극도설』과 『통서通書』 그리고 몇 편의 시뿐이다. 그렇지만 그는 태극·이리·기氣·성性·명命 등 성리학의 기본 범주들을 제시한 송명宋明 이학의 창시자의 한 사람이다.

한대에는 태극을 '혼돈混沌 미분未分의 원기元氣'로 보는 유물론적 해석이 대체적인 경향이었다. 위진시대에는 이와 달리 현학가玄學家들에 의해 노장 학설을 따라 '중앙中央'이라 표현되는 역易의 중심이며, 무극無極이라 표현되는 '허무본체虛無本體'인 도道를 태극으로 해석하기 시작했다. 주돈이의 『태극도설』도 이러한 현학에서 나왔다.

진박陳搏(?~989)은 오대십국五代十國 말기 후주後周 세종世宗으로부터 '백운白雲선생'이라는 호를 받고 송 초 태종太宗으로부터 '희이希夷선생'이라는 호를 받은 유명한 도사道士이며 상수가象數家다. 그가 화산華山에 은거할 때 석벽에 〈무극도無極圖〉를 새겨놓았는데 이것이 주돈이가 지은 『태극도설』의 원형이라고 한다.

즉 이러한 도가의 수련도修練圖인 〈무극도〉를 이용하여 인의예지仁義禮智를 설명하여 유가의 비전秘傳으로 만든 것이 이른바 주돈이의 『태극도설』이다. 그는 소옹의 상수학에 영향을 받아 이것을 주리론主理論으로 종합하고, 『주역』「계사전」의 태극과 『노자』 28장의 무극을 통합했던 것이다.

속수涑水 사마광은 지금의 산시성山西省 샤현夏縣 출신으로 자는 군실君實이며, 속수향涑水鄉 사람이라 세칭 '속수선생'이라 부른다. 그는 진晉 황족의 후예로 역사가요 철학자였다. 그는 맹자의 폭군방벌론과 성선설을 반대하고 양웅揚雄(BC 53~AD 18)의 선악혼유설善惡混有說을 계승했으므로, 한유의 맹자 도통설을 부정하고 양웅 도통설을 주장했다.

무엇보다 사마광은 왕안석의 신법을 모두 폐기한 수구파의 영수로 유명하다. 그는 동중서의 천인감응설이라는 유교신학을 계승하여 유가의 전통인 천명론(왕권신수설)과 천도불변론天道不變論을 고수했고, 인성론에서도 성선설을 고수하고 타고난 성품은 천명이므로 후천적으로 신분은 바꿀 수 없다고 주장했다. 이는 왕안석의 이른바 '성학습설性學習說'을 전면 부인한 것이다.

이러한 그의 사상적 경향은 보수파들의 특징이기도 하다.

유교의 수구논리, 동중서

한서漢書/동중서전董仲舒傳/현량대책賢良對策

삼강三綱의 도道는 하늘에서 나왔다. 　　　　　　道大原出于天

그러므로 천이 불변이듯 삼강의 도는 불변이다. 　　天不變 道亦不變.

제왕帝王은 제도의 명칭은 바꿀 수 있으나 　　　　故王者有改制之名

도道의 실질은 바꿀 수 없다. 　　　　　　　　無易道之實.

수구논리, 사마광

사마문정공집司馬文正公集/권74/우서변용迂書變庸

천지는 옛날과 지금이 다른가? 　　　　　　　古之天地有以異於今乎.

만물은 옛날과 지금이 다른가?

성정은 옛날과 지금이 다른가?

천지는 달라지지 않았고, 일월은 변함이 없으며

만물을 그대로이며, 성정은 옛날과 같은데

도道만이 어찌 변해야 하는가?

古之萬物有以異於今乎.

古之性情有以異於今乎.

天地不異也. 日月無變也.

萬物自若也 性情如故也.

道何爲而獨變哉.

　　명도明道 정호程顥(1032~1085)와 이천伊川 정이는 친형제이며 허난 사람으로 주돈이에게 배웠다. 그들은 뤄양에서 공부했으므로 그들의 학파를 낙학洛學이라 부른다. 정이 스스로 말한 것처럼 이정二程(정호·정이)의 관점은 대체로 일치한다(我之道盖與明道同 : 『이천문집伊川文集』 「서序」). 그러나 펑유란馮友蘭(1894~1990) 등 일부 학자들은 이정을 다르게 보았다. 즉 정호는 육왕陸王(육구연·왕수인) 심학心學의 연원이 됐고, 정이는 주희 일파의 정주리학程朱理學의 연원이 됐다는 것이다.

　　그러나 대체로 정호의 학풍은 원대遠大·화이和易·혼연일체의 경향이며, 정이의 학풍은 세밀細密·엄중嚴重·분석적이라는 경향의 차이가 있을 뿐, 근본은 같다고 보는 것이 일반적이다. 그러므로 저작과 어록도 『이정전서二程全書』로 꾸며졌다.

제2장. 우주론

종교에서 철학으로

신화에서 자연으로

오늘날 과학이 알려준 대로라면 우주는 대략 140억 년 전에 대폭발과 함께 태어나서 팽창을 계속하고 있다. 현재 천문학자들이 관찰할 수 있는 우주의 넓이는 반경이 100억 광년쯤 되며, 그 안에는 수천억 개의 은하들이 널려 있고 또 그 은하의 하나하나에는 수천억 개의 태양들이 포함되어 있다고 한다. 그러나 이처럼 수천억 곱하기 수천억의 수없는 별들 가운데 어느 별에 생명이 살고 있는지 알지 못하며, 우리의 우주 이외에 또 다른 우주가 있는지도 알지 못한다. 또한 어떤 원인으로 무엇이 폭발하여 우주가 생긴 것인지는 더더욱 알지 못한다.

그러나 과학이란 것도 최근에 발명된 방법일 뿐, 수천 년 동안 인류는 모든 것을 신화로 설명하는 시대를 살아왔다. 인류가 천지 삼라만상을 신화가 아닌 자연으로 보기 시작한 것은 기원전 8세기경부터였으며, 이 자연에 과학적 방법으로 접근하기 시작한 것은 기껏 300년 전부터다. 세계를 자연으로 본 최초의 인간은 아마 중국의 관자管子(管仲, BC 725?~645)였을 것이다. 관자는 고대 그리스의 탈레스 Thales(BC 624?~546?)보다 100여 년 앞서 만물의 본원은 물 (水)이라고 주장했으며, 천지의 운동을 기운(氣)이라고 했다.

관자管子/권14/수지水地

물은 무엇인가?	水者何也
만물의 본원이며	萬物之本原也
모든 생명의 종실이다.	諸生之宗室也.

관자는 그 누구보다 생산을 중시한 정치가였다. 그러므로 당연히 우禹임금이 홍수를 다스린 것을 높이 평가하고 농신 農紳과 풍요의 신을 주목한 것 같다. 중국 고대 신화에 나오는 달(月)의 신 여왜女媧는 성씨가 풍風인 여신女神으로 태양의 신 복희伏羲의 아내다. 얼굴은 사람이나 몸은 뱀인 인면사신人面蛇身의 음제陰帝이며, 가뭄과 홍수를 주관한다.

여왜 신화는 굴원屈原(BC 343?~277?)의 시「천문天問」, 유안劉安(BC 179?~122)이 지은『회남자淮南子』, 곽박郭璞(276~324)이 산정 주해한『산해경山海經』, 사마천司馬遷(BC 145?~86?)이 지은『사기史記』그리고『자전字典』등에 나타나는데 그 내용은 대체로 다음과 같다. 여왜는 만물을 지었는데, 그것만으로는 너무 쓸쓸하여 흙으로 사람의 형상을 만들고 혼을 불어넣어 7일 만에 사람을 짓고 혼인제도를 만들어 번성하게 했다. 그러나 물의 신 공공共工과 불의 신 축융祝融이 서로 싸워 하늘이 무너지자 산에는 불이 나고 들에는 대홍수가 져 사람이 살 수 없게 됐다. 이에 여왜가 옥돌 기둥을 만들어 하늘을 기워 수리함으로써 사람이 살 수 있게 됐다.

그러나 관자가 여왜 신화에 영향을 받았다고 말하는 것은 무리인 것 같다. 동양에서는 풍요의 신으로 천신天神과 함께 지신地神을 숭배했지만, 여신 숭배는 서양과는 달리 일반적인 현상이 아니었다. 중국에는 여왜 이외에 암컷과 생식기를 상징하는 곡신谷神이 『노자』에 나오고 있으나 이것도 여신이라고 말할 수는 없을 것이다.

노자老子/6장

골짜기 신은 죽지 않는다.　　　　　　　　　　　　谷神不死.

이를 현묘한 암컷이라 한다.　　　　　　　　　　　是謂玄牝.

현묘한 암컷의 문은 이를 천지의 뿌리라고 말한다.　玄牝之門 是謂天地根

면면히 존재하고 아무리 써도 마르지 않는다.　　　綿綿若存 用之不勤.

중국과는 달리 인도에는 여신이 많다. 인도의 고대 신화집인 『베다Veda』에 의하면 만신전萬神殿이라 하기에도 신들이 너무도 많아 그 수가 3억이 넘는다고 한다. 하지만 거기서도 두드러지는 것이 있어서 천둥과 비의 신 인드라Indra,

우주질서를 담당하는 바루나Varuna, 식물의 신 소마Soma, 불의 신 아그니Agni가 유명하다.

『베다』 이후에는 창조의 신 브라만Brahman, 질서와 정의의 신 비슈누Visnu, 죽음과 파괴의 신 시바Shiva의 삼신일체로 정리되는데 이들은 연꽃 위에 앉아 있거나 뱀을 감고 있는 형상으로 그려진다. 이것들은 물의 화신化神을 상징하는 것이다. 연꽃은 생명인 물의 발현과 깨어남을, 뱀은 생명인 물의 잠재와 휴식을 표현한다. 인도인들에게 가장 인기 있는 풍요와 부富의 여신 락슈미Laksmi는 연꽃 위에 앉아 두 손에는 연꽃을 들고 있고 다른 두 손으로는 황금을 쏟아 붓고 있다. 그리고 그녀가 동반하는 코끼리는 비를 상징한다고 한다.

또한 인도인들은 강의 여신 강가Ganga를 신으로 모시고 강을 신성시한다. 그들에게 강은 생명과 정화의 신성이다. 힌두교도들이 강에서 목욕의례를 하는 12년마다 돌아오는 쿰브멜라Kumbh Mela 축제가 2001년 1월에 열렸는데 8천만 명이 모여들었다고 한다. 이처럼 물을 생명으로 여기는 것은 마치 중국인들이 천지를 연결하는 물의 화신인 용龍을 숭배하는 것과 마찬가지다.

그런데 주목할 만한 것은 이처럼 인도에는 수많은 신들이 있으나 그리스와 가나안의 다신론과는 달리 인도인들은 인도의 신들을 근원적 실재인 브라만이 여러 가지 모습으로 현신現身한 것에 불과하다고 생각한다는 것이다. 이를 아바타라Avartāra라 하는데 세상의 질서가 손상되면 그것을 복원하기 위해 신이 여러 가지 모습으로 지상에 내려온다는 개념이다.

　마치 천제天帝가 세상을 굽어 살피고 있으며 여러 가지 상서祥瑞와 요괴 등의 이변으로 천심을 나타낸다는 유교의 천인감응설과 유사하다. 기독교의 예수 성육신成肉身 개념도 이러한 아바타라 사상의 영향을 받은 것이다.

　이처럼 인류가 자연력을 신격화하는 경향은 동서양을 막론하고 다 같았던 것 같다. 또한 인류는 대체로 존재의 근원에 대한 사유를 신에서 자연으로, 자연에서 영혼으로 발전시킨 것으로 볼 수 있다.

　영국 철학자 버트런드 러셀Bertrand Russell(1872~1970)은 "현대철학을 지배해 온 가설들은 거의 모두 고대 그리스 사람들이 먼저 생각한 바 있었다"고 말했다. 서양철학의 형이상학은 모두 고대 그리스인들에게서 출발한다. 그런데 고대 그리스인들도 존재의 근원을 철학적으로 사유하기 시작한 것은 동양에서처럼 신화시대를 거친 이후부터였다. 신화시대에는 우주의 존재와 가치가 모두 신에게 있었기 때문이다. 그런데 그리스의 신 테오스Theos(신)들은 다신多神이었으므로 동양의 신과는 달리 유일자나 절대자가 아니었다.

　기원전 8세기 고대 그리스의 서사시인 헤시오도스Hēsiodos의 『신통기神統記, Theogoniā』에는 300명의 신들이 나온다. 그 신들은 다만 초인적인 능력을 가졌다는 것만 인간과 다를 뿐 고유한 이름과 감정을 가진 인간적인 존재다. 그러므로 신들 간에도 질서가 있어 그것에 구속을 받는다. 다른 신이나 인간과 경쟁하고 증오하고 사랑하고 흥정하고 계약을 맺는다. 그러므로 이들 테오스들은 동양의 보편적인 유일 최고의 신인 하느님 즉 천제와는 달리 창조주가 아니었다. 그들은 무에서 유를 창조한 것이 아니라 카오스(혼돈 또는 흑암)에 질서를 줄 뿐이었다.

이 점은 중동의 신들도 마찬가지다. 인류 문명의 기원은 수메르 문명이라고 한다. 그런데 지금까지 발견된 수메르 토판土版에만 해도 3,600명이나 되는 신들의 이름이 나온다고 한다. 이처럼 신들이 많은 것은 하늘의 신과 땅의 신이 결혼하여 정기의 신을 낳고, 하늘의 신과 지하의 신이 결혼하여 샘물의 신을 낳는 것을 시작으로 이 신들이 계속 결혼하여 신들을 낳기 때문이다.

중동의 극소수 민족인 이스라엘의 신 '야훼Yahweh'도 부족의 단일신이었을 뿐, 인류적이며 보편적인 창조주 유일신唯一神은 아니었다. 또한 야훼 이전에 지중해 연안 가나안 지방에 널리 퍼진 토착신으로 만신전의 최고의 신 '엘El'과 '바알Baal'도 보편적인 유일신이 아니었다. 바람과 비의 신 바알은 바다와 강의 신 '얌Yam'과 우물과 샘의 신 '아스타르테Astarte'와 죽음의 신인 '모트Mot'를 물리치고 왕이 된 만신전의 주신主神이었다. 특히 재미있는 것은 하늘에서 내리는 비의 신이 강과 바다 등 자연의 신과, 우물과 샘 등 문명과 인위의 신, 그리고 삶의 반대편인 죽음의 신을 물리치고 왕이 됐다는 것이다. 바알은 유목의 신인 야훼와는 달리 농경민족의 비와 풍요의 신이라는 점에서 그리스의 포도와 풍요의 신 디오니소스Dionysos(로마 신화에서는 바쿠스)와 상통한다.

바알에 적대적인 바빌로니아의 신 마르두크Marduk는 티

아마트Tiamat를 물리친 후 그의 몸에서 천지를 만들어냈다고 하는데 여기서 티아마트는 불을 뿜는 용과 비슷한 신이며 홍수를 물리친다는 것을 암시한 것으로 해석된다. 이들 신들은 풍요의 신이라는 점에서 중국과 조선의 신농神農씨, 후직後稷씨, 고시高矢씨 등의 농신과 유사하다.

그러나 지중해 일대에 식민지를 개척하고 도시국가들이 통합되고 참주정치가 시작되자 여러 신들을 통합하는 유일신과 유일자의 필요가 생기게 됐다. 시인이었던 크세노파네스Xenophanēs(BC 565?~470?)가 의인화擬人化된 그리스의 다신론을 비판하고 "신은 하나다"라고 주장한 것도 이를 반영한 것으로 볼 수 있다.

기원전 600년 전 그리스의 기하학자인 탈레스는 세계 만물의 근원을 '물(水)'이라고 말했다. 그래서 그는 서양철학의 시조로 불린다.

우주와 생명의 근원이 물이라는 이러한 담론은 비의 신 바알의 영향을 받았을 것이다. 하늘에서 내리는 비가 만물을 소생시키는 것을 보고 비를 생명의 근원이라고 생각하는 것은 자연스러운 일이다. 사막에서 오아시스의 샘물을 보고 그 누가 그것을 생명의 근원이라고 생각하지 않을 수 있겠는가?

그러나 오늘날 우리는 물을 우주의 근원이라고 말하는 데 선뜻 동의하기 어렵다. 왜냐하면 "물의 근원은 무엇인가"를 더 물어야 하기 때문이다. 그래서 심오한 진리를 기대했던 사람들은 이러한 고대의 유치한 신화적 사고가 철학의 시발점이라는 데 실망하기 일쑤다. 그렇지만 너무도 간명한 이 말을 두고두고 곱씹어 보라. 인류의 생활 현장에 가장 밀착한 담론이 아닌가? 놀라운 것은 현대 생명과학도 물이 생명의 근원이라는 데 동의하고 있다는 점이다.

1953년 스탠리 밀러Stanley Miller(1930~)는 시험관에서 무기물로부터 아미노산을 합성했고, 1965년 솔 슈피겔만Sol Spiegelman(1914~1983)은 생명 물질인 RNA 핵산을 인공 합성해 냈다. 이와 같은 생물학의 실험 결과에 의하면 인간의 조상인 원시 생명체는 수십억 년 전에 태초의 바다에서 무기물로부터 유기물이 우연히 자연 합성되어 진화한 것이라는 결론에 도달한다. 이러한 생물학의 견해에 의하면 인간은 '하느님의 아들'이 아니라 '지구의 아들' 또는 '바다의 아들'이므로 이는 인간 신성神性론에 대한 중대한 도전이다. 더 정확히 말하면, 인간의 조상은 하느님이 아니라 물고기이며, 물고기의 근원은 바닷물에서 우연히 합성된 단 하나의 유기물 분자라는 것이다. 즉 생명은 정신이 아니라 물성物性이며, 하나의 물질기계라는 것이다. 이처럼 현대과학은 고대의 신화를 입증했으며 관자와 탈레스의 주장을 증명해냈다.

그런데 이와 반대로 고대 그리스의 헤라클레이토스Herakleitos(BC 540?~480?)는 "만물의 근원은 불이며 불꽃처럼 유전한다"고 말했다. 이것도 태양신의 영향이었을 것이다. 그러나 이러한 신화적 생명론이 기원전 5세기경에 이르러 존재론으로 좀더 추상화·개념화되면서 철학적 우주론으로 발전한다. 아낙사고라스Anaxagoras(BC 500?~428)의 '무수한 원소와 정신', 데모크리토스Dēmokritos(BC 460?~370?)

의 '원자론'이 그것이다.

  그 후 조금 늦게 소크라테스Socrates(BC 469~399)의 제자인 플라톤은 '이데아idea' 설을 주장했다. 그는 실재(reality)와 현상(appearance)을 구별하고, 감각으로 느끼는 사물들은 실재가 아닌 현상일 뿐이며, 실재는 사물들의 일반적인 형상(form), 즉 이데아라고 주장했다. 그리고 플라톤의 제자인 아리스토텔레스Aristoteles(BC 384~322)는 스승이 형상과 질료를 이원론적으로 보는 것에 반해서 형상을 '질료에 내재하는 본질'이라고 보는 일원론을 제시했다. 그는 질료를 형상실현形相實現의 가능성으로 보고 모든 존재는 질료와 형상의 뗄 수 없는 결합이며, 모든 생성 과정은 가능성인 질료가 현실성인 형상으로 전화·발전한 것이라고 설명했다. 이것은 마치 '이기이원론理氣二元論'과 '일원론적一元論的 주리론主理論'을 서양식으로 말하는 것 같다.

공간으로서의 우주

  인류가 눈에 보이는 해와 달과 별과 같은 개별 명사를 총합한 하늘과 땅이라는 보편개념을 발견한 것은 언제였을까? 동양에서는 서양과는 달리 존재의 근원 또는 본체에 대해 논란이 별로 없었다. 왜냐하면 존재의 근원은 천지天地이며, 그 하늘의 본체는 천신天神, 땅의 본체는 지신地神이라고 믿었기 때문이다.

  고대 동양사상은 본래 실용적이었으므로 형이상학에는 별

로 주목하지 않았다. 『시경詩經』, 『서경書經』, 『춘추春秋』에도 정치나 윤리 등 인간관계론에 대한 기록만 보일 뿐 존재론이나 인식론 등에 대한 언급은 눈에 띄지 않는다. 하늘에 대한 언급은 수없이 많지만 그것의 존재와 본질에 대한 언급은 거의 없다. 공자도 마찬가지다. 그러므로 천지라는 보편개념은 누가 발견한 것이 아니라 점진적으로 발전시킨 개념이라고 보아야 할 것이다.

우주는 천지보다 더욱 발전된 개념이다. 천지는 지구 중심적인 것이지만 우주는 지구를 초월하는 개념이다. 그런데 우리는 이 어렵고 기이한 개념을 『천자문千字文』을 배울 때부터 알고 있다. 우리 조상들은 1천여 년 동안 태어나서 처음으로 문자를 배울 때 '천지현황天地玄黃 우주홍황宇宙洪荒' 부터 배웠다. '천지현황'은 『주역』에서 옮긴 것이다.

주역周易/곤괘坤卦

상육上六 효사爻辭에서 이르기를   上六
"용이 들에서 싸운다.   龍戰于野
그 피가 검푸르고 누렇다.   其血玄黃.
음이 양을 의심하면 반드시 싸운다.   陰疑於陽必戰.
검푸르고 누렇다는 것은 하늘과 땅이 섞인 것을 말한다.   夫玄黃者 天地之雜也
하늘은 검푸르고 땅은 누렇다" 라고 했다.   天玄而地黃.

주흥사

천자문千字文

하늘은 (뜻이기에) 현묘하고 땅은 (생산이기에) 누렇다.   天地玄黃

공간적인 우宇주는 넓고 시간적인 우주宙는 공허하다.   宇宙洪荒.[1]

『천자문』의 '우주홍황'은 묵자의 우주론을 옮긴 것이다.
우宇는 상하와 동서남북, 즉 공간이라는 뜻이고, 주宙는 어
제와 오늘, 아침과 저녁 즉 시간이라는 뜻이다. 이처럼 우주
라는 개념은 점진적으로 발전한 것도 아니고, 『천자문』의 저
자인 주흥사周興嗣(470?~521)가 발견한 것도 아니다. 그것은
놀랍게도 2,500년 전 묵자가 처음으로 발견하고 시자尸子
(BC 390~330)와 장자莊子(莊周, BC 369~289?)가 발전시킨 것
이다.

그러므로 묵자는 인류 최초로 우주 개념을 발견한 최초의
철학자였다. 그는 처음으로 천天·지地를 우宇·주宙라고 말
하고, 공간과 시간이라는 개념으로 설명했다. 묵자는 영원
한 하늘과 땅을 생각하고 나아가 상하·사방의 광막하고 무
한한 세계인 천지를 우宇라고 한다면, 해와 달과 별이 아침
저녁으로 사라졌다가 나타나고 오늘도 내일도 영원히 계속
되는 시간의 세계를 주宙라고 보았던 것이다. 그리고 공간의
영원성을 시간이라 생각한 것이다. 묵자의 시간론이 탁월한
것은 시간을 공간과 분리하지 않고 공간의 운동이라고 생각
한 점이다.

동서양을 막론하고 오늘날 우리들의 상식은 시간이란 어
떤 선상에서 끊어지지 않고 이어진다는 개념이다. 시간은

---

1) 荒(황)=蕪也, 空虛也, 大遠也.

끝없이 이어진다는 의미에서 영원이다. 그러므로 우리들의 시간 개념 속에는 공간이 끼어들 수 없었다. 시간은 시간 밖의 신의 영원성과는 다른 영원성이었던 것이다. 그러나 묵자는 공간의 영원성을 시간의 영원성으로 설명하고, 이것을 신의 영원성과 연결시켰다. 그러므로 묵자는 오히려 시간을 '영원' 하다고 말하지 않고 '공허(荒)' 하다고 말했다.

묵자

묵자墨子/경설經說 상

시간(久)은 다른 시각들이 충만한 것이며	久彌異時也
공간(宇)은 다른 장소들이 충만한 것이다.	宇彌異所也.
시간(久)은 옛날과 지금을 합한 것이며	久合古今旦暮
공간(宇)은 동서남북을 덮은 것이다.	宇覆東西南北.

묵자墨子/경설經說 하

시간(久)과 공간(宇)이 없는 것은	無久與宇
단단하고(堅) 희다(白)는 것과 같다.	堅白.
(시간과 공간이라는) 인자因子가 없는 것(존재가 아님)을 말한다.	說在因.

(그러므로 堅白이란 物이 아니며 따라서 同異를 분별할 수 없다.)

공간(宇)의 이동이 시간(久)이다.	宇徙久.
대우주(長宇)는 이동해도 우주(宇) 안에 있으니	長宇徙 而有處宇
우주(宇)의 남북은 아침에도 있고 또한 저녁에도 있다.	宇南北在旦 有在暮.

시자

시자尸子/하

사방四方 상하上下를 우宇(공간)라 하고   上下四方曰宇

지난 옛날과 오는 미래를 주宙(시간)라 한다.   往古來今曰宙.

장자

장자莊子/잡편雜篇/경상초 庚桑楚

실체이지만 처한 곳이 없는 것을 공간(宇)이라 하며   有實而無乎處者 宇也.

오래이지만 그 근본을 표시할 수 없는 것을   有長而無本剽者

시간(宙)이라 한다.   宙也.

유안

회남자淮南子/제속훈齊俗訓

사방과 상하를 우宇라 하고   四方上下謂之宇.

지난 옛날과 미래와 지금을 주宙라 한다.   往古來今謂之宙.

중국, 인도 등 동양인들은 일찍이 우주적인 넓은 안목을 가지고 있었다. 노자와 장자는 지구를 떠난 천상과 신선의 세계를 상상했다. 그들은 인간의 삶이 공간적으로나 시간적으로 유한함을 슬퍼했다. 그들의 생각은 우주적이었다. 그러나 그들도 묵자가 이미 가르쳐준 공간과 시간이라는 개념을 물리적으로 이해했을 뿐 생명론으로 이해하지는 못했다.

장자莊子/잡편雜篇/칙양則陽

대진인이 물었다.   戴晉人曰

"달팽이란 놈이 있는데 군주께서도 아시지요?"

혜왕이 답했다. "알지요."

"달팽이 왼쪽 뿔에 나라가 있는데

촉씨라고 하고

오른쪽 뿔에 있는 나라는

만씨라 부릅니다.

이들은 서로 땅을 다투며 수시로 전쟁을 하는데

전사자가 수만이라 합니다.

패잔병을 쫓을 때는 보름 이후에나 돌아오기도 한답니다."

혜왕이 말했다. "오! 그것은 거짓말이겠지요!"

대진인이 말했다. "그럼 왕을 위해 사실을 얘기하겠습니다.

군주께서는 사방 상하의 공간에 끝이 있다고 보십니까?"

혜왕이 답했다. "끝이 없지요."

대진인이 말했다.

"마음이란 무한 공간에서 노닌다는 것을 안다면

나라는 다 합쳐 보아도

있는 것도 같고 없는 것도 같은 (아주 작은) 존재가 아닙니까?"

有所謂蝸者 君知之乎.

曰 然.

有國於蝸之左角者

謂觸氏.

有國於蝸之右角者

謂蠻氏.

時相與爭地而戰.

伏尸數萬

逐北 旬[2]有五日 而後反.

君曰 噫 其虛言與.

曰 臣請爲君實之.

君以意在四方上下有窮乎.

君曰 無窮.

曰

知遊心於無窮

而反在通[3]達[4]之國

若存若亡乎.

백거이白居易의 「대주對酒」

중국역대시가선집/권3

달팽이 뿔 위에서 천하를 다툰들 무엇 하리.

蝸牛角上爭何事.

---

2) 旬(순)=十日.

3) 通(통)=總也, 共也.

4) 達(달)=皆也.

부싯돌 번쩍이는 찰나의 몸인 것을!
부富하면 부한 대로 가난하면 가난한 대로 즐거운 것을
입 벌려 웃지 못하면 그는 바보로다.

石火光中寄此身.
隨富隨貧且歡樂.
不開口笑是癡人.

서양에서는 묵자보다 100여 년 늦게 플라톤이 우주론에
대해 언급했다. 그의 책『티마이오스Timaios』에서 그는 신神
이 혼돈(chaos)에 질서(order)를 넣어 우주(cosmos)를 만들
었다고 말했다. 그래서 비로소 질서 있는 세계, 즉 우주가
됐다는 것이다. 그러나 이것은 플라톤의 발명만은 아닌 것
같다. 헤시오도스의『신통기』나 유대민족의 역사서인『구약
성서』「창세기Genesis」에도 이와 비슷한 구도가 있기 때문
이다.

그는 나아가 "일자一者는 구球"라고 말한 파르메니데스
Parmenidēs(BC 515?~445?)를 계승하여, 세계를 유기체로 보
고 하나의 동물이며 구슬(球)이라고 주장했다. 구球는 아무
리 나누어도 그 원형이 변하지 않는 것이므로 '능산자能産
者' 또는 '원동자原動者'를 상징한 것이다. 우리나라 원불교
에서 '하나의 원(一圓)'을 '법신불法身佛'로 상징화한 것도
마찬가지다.

플라톤은 여기에서 또 재미있는 말을 했다. 창조주는 모
든 별에게 각각 영혼 하나씩을 창조했다는 것이다.

티마이오스Timaios
창조주는 모든 별에게 각각 영혼 하나씩을 창조했다.
이 영혼을 받아 태어난 인간은

감각과 애정, 공포와 분노를 가지고 있으며
이를 극복하면 바르게 살 수 있고
바르게 살다가 죽으면 별에서 영원한 안식을 얻는다.
하지만 만약 이를 극복하지 못하고 악하게 살면
내세에 여자로 태어나고
또 악하게 살면 짐승으로 태어난다.
이런 윤회를 통하여 결국 이성이 승리한다.

시간으로서의 우주

이처럼 플라톤도 우주를 공간적으로만 보았고 공간의 운동을 시간이라고 설명하지 못했다. 그러나 여기에 묵자를 대입하면 이들 「창세기」에서 말한 카오스는 공간이며 질서는 시간을 의미한다고 말할 수 있을 것이다. 그렇게 해석한다면 묵자의 우주론은 플라톤과 너무도 흡사하다.

서양에서는 20세기에 와서야 공간과 시간을 종합한 시간 철학을 발견하게 된다. 베르그송Henri Bergson(1859~1941)은 시간을 연속이 아니라 종말적인 지속이며 창조되는 것으로 이해했다.

이처럼 인류는 기원전 400~300년 전에 시간적인 우주라는 개념을 발견했지만 그것의 발전은 더디기만 했다. 일찍이 묵자가 유가들을 어린이 지혜만도 못하다고 비난한 것은 그들이 4차원의 세계가 아니라 2차원의 평면적 세계에 머물고 있었기 때문이다. 『주역』의 음양변증법적 역易(변화) 사상도 인류사에 획기적인 것이지만 그것은 천지 즉 지구에 한정된 개념이었다.

서양에서는 뉴턴이 만유인력을 발견했지만 그의 공간 개념도 여전히 3차원적이었다. 수학적 좌표로 말하면 그의 공간은 X축과 Y축의 평면에 Z축을 추가한 입체였다. 그 공간 안의 규칙은 어떠한 변화와 운동에도 불변한다. 즉 그의 좌표에는 T라는 제4축은 없었던 것이다.

정작 시간이라는 것을 과학에 끌어들인 사람은 아인슈타인 Albert Einstein(1879~1955)이었다. 그는 비로소 인류를 3차원의 세계에서 4차원의 세계로 인도한 것이다. 그는 시간이라는 것이 공간의 규칙을 상대적으로 만든다는 사실을 발견한 사람이다. 즉 X·Y·Z축 내에 갇힌 공간 규칙은 시간이라는 T축을 대입하면 상대적이 된다고 보았다. 이러한 상대성 원리는 이미 우주 여행에서 날마다 실제로 경험하고 있는 묵은 이야기가 됐다.

오늘날은 우주 여행의 시대다. 또한 몇백만분의 1초를 계량하는 극찰나의 시대이며, 몇백만분의 1밀리미터를 계량하는 초극미의 전자시대다. 한편으로는 '불확정성 원리'가 지배하는 양자역학의 시대이며, '복잡성'을 규명하는 카오스 과학의 시대이기도 하다.

그러나 우리의 의식구조는 아직도 3차원의 세계에 갇혀 있다. 더구나 우리들에게는 공자를 묵수하려는 경향이 남아 있다. 그것이 우리를 아직도 옛 우리에 가두고 있다면, 그래서 우리가 2차원적 평면의 세계에 머물고 있다면 얼마나 불행한 일인가?

음양오행설

천제와 태극

풀과 나무, 새와 물고기 등 삼라만상은 어디서 왔을까? 별과 달, 구름과 비는 누가 만들었을까? 과연 우주의 근원은 무엇인가? 그리고 존재의 근원은 인간에게도 가치판단의 기준이 되어야 하지 않을까?

인류는 이 물음에 최선의 답을 가지고 있었다. 역사를 갖기 이전부터 있었고 문명을 이룬 이후에도 수천 년 동안 의심을 받지 않은 하느님 즉 천제만이 우주의 유일한 근원이라는 믿음이 그것이다. 그러나 지금 우리는 이런 질문에 당혹한다. 그것은 근대 이후 과학의 발달로 하느님과 신이 죽어버렸기 때문이다.

성리학은 11세기 중세시대에 발흥했는데 성리학자들은 신神을 어떻게 보았을까? 놀랍게도 그들은 신의 인격성을 부인하고 그 대신 태극太極이라는 시원적인 하나의 이理를 존재와 가치의 근원이라고 보았다. 서양에서도 성리학의 영향으로 17~18세기에 이와 비슷한 생각을 하기 시작했다. 즉 이理가 세계를 지배한다는 이른바 이신론理神論(deism)이 바로 그것이다.

그러나 이신론은 신이 세계를 창조한 이후에는 더 이상 간섭하지 않고 그 대신 세계는 자연법칙에 따라 운동한다는 자연신론自然神論일 뿐이다. 즉 성리학에서 창조주로서의 신을 부정하고 대신 이理를 세계의 창조자로 보고 그 이理가 인성人性과 동일하다고 보는 것과는 다르다.

그렇다면 하느님이 7일 동안 만물을 지었다는 「창세기」의 천지창조론과 이신론은 무엇이 다른가? 어떻게 하나의 이理가 만상을 지어냈을까? 신神과 이理는 어떻게 다르고 다른 이유는 무엇인가? 이것을 설명하는 것이 『태극도설』이요, 이기론理氣論이다.

'태극'이란 개념은 이미 기원전 1세기경 『회남자』에서 그 골격이 짜인 것을 발견할 수 있다. 『회남자』에서는 음양陰陽을 낳는 조물주를 '태상지도太上之道'라고 말했다. 이는 노자의 '무극無極'을 '유극有極'으로 대체했다는 점에서 획기적인 것이다. 송대宋代에 이르러 주돈이가 이러한 '태상지도'를 '태극'이라 하고 노자의 '무극'과 통합했고, 주희가 다시 이를 이기설理氣說로 체계화하여 이른바 성리학으로 발전시켰다.

유안

회남자淮南子/원도훈原道訓

'태상太上의 도道'는 만물을 낳지만 소유하지 않으며	太上之道 生萬物而不有
조화를 이루는 상象일 뿐 주재하지 않는다.	成化象而弗宰.
도가 나뉘어 음양이 되고	道分而爲陰陽
음양이 합하고 변화하여 만물을 낳는다.	陰陽合化而萬物生.
하늘을 덮고 땅을 실으며 우주를 가득 채우며	覆天載地 充塞宇宙
끝이 없고 형체가 없는 것은	無限無形
음양을 머금은 기氣라는 것이다.	含陰陽的氣.

회남자淮南子/천문훈天文訓

하늘이 떨어질 때는 형체가 없이	天墜未形
혼돈 엄숙했으므로	馮馮翼翼[5] 洞洞灟灟[6]
최초의 밝음이라 말한다.	故曰 太昭.
도道는 텅 빈 속(虛霩)에서 시작됐다.	道始於虛霩.
이 허확虛霩은 우주宇宙(공간과 시간)를 낳고	虛霩生宇宙.
우주는 기氣를 낳고	宇宙生氣.
기는 은하 끝까지 전유專有한다.	氣有漢[7]垠.[8]
맑고 밝은 기가 널리 퍼져 하늘이 됐고	淸陽者 薄靡而爲天.
무겁고 탁한 기가 응고되어 땅이 됐다.	重濁者 凝滯而爲地.
하늘과 땅의 정기精氣가 합하여 음양陰陽이 됐고	天地之襲 精爲陰陽.
음양의 정기가 전일하여 사시四時가 됐고	陰陽之專 精爲四時.
사시의 흩어진 정기가 만물이 됐다.	四時之散 精爲萬物.

음양 사상의 발전

그렇다면 음양陰陽 사상은 언제 누가 발명했을까? 다음의 기록들을 감안하면, 음양이라는 개념이 약 기원전 1000년경부터 사용됐음을 알 수 있다. 주목할 점은 이러한 전통사상을 공자는 받아들이지 않았고 반대로 묵자는 받아들였다는

5) 馮馮翼翼(풍풍익익)=混沌 流動貌.
6) 洞洞灟灟(동동촉촉)=엄숙한 모양.
7) 漢(한)=天河, 銀河水.
8) 垠(은)=分限也, 刑象也. 銀과 通用.

사실이다. 공묵(공자·묵자)은 다 같이 유신론자였으나 공자는 신을 공경했고 묵자는 신에 대해 실용적으로 생각했기 때문일 것이다. 그러므로 공자는 제정祭政과 도덕을 말했고, 묵자는 이利와 소비消費를 말했다. 공자는 선험론적이었고 묵자는 경험론적이었던 것이다.

『회남자』에서는 중국인들이 중국의 시조이며 기원전 4000년경에 처음으로 국가를 세웠다는 황제黃帝 헌원軒轅씨가 "음양을 다스렸다"라고 기록하고 있으나 그것은 간접적인 표현이므로 신빙성이 적다.

유안

회남자淮南子/남명훈覽冥訓

옛날 황제가 천하를 다스릴 때	昔者黃帝治天下
태산에서 목축을 하며 그들을 도울 궁리를 했다.	而力牧太山稽[9]輔之.
일월의 운행을 분별하여	以理日月之行.
음양의 기운을 다스리니	治陰陽之氣.
사계절의 변화에 절도가 있었고	節四時之變.
음률과 역서의 법을 바르게 하여	正律歷之數.
남녀를 분별하고 상하를 밝게 하고 귀천을 차등하니	別男女 明上下 等貴賤.
강자가 약자를 겁탈하지 않고	使强不掩弱.
다수가 소수를 폭압하지 않았다.	衆不暴寡.
이로써 인민은 명을 보존하고 일찍 죽지 않았다.	人民保命而不夭.

---

9) 稽(계)=考也, 至也, 稽留.

국어國語/주어周語 상

양기가 함께 올라오니 땅이 기름지고 운동한다.	陽氣俱蒸 土膏其動.
음양이 분포하니 우레와 번개가 나타나고 잠긴다.	陰陽分布 震雷出滯.

주유왕周幽王2년(BC 780)

국어國語/주어周語 상

경수涇水 위수渭水 낙수洛水의 기내畿內 지역에서 지진이 났다.	西周三川皆震.
대부 백양보伯陽父가 말했다.	伯陽父日
"주나라는 망할 것이다.	周將亡矣.
대저 천지의 기氣는 그 질서를 잃지 않는다.	夫天地之氣 不失其序.
만약 그 질서를 경륜으로 삼으면	若過[10]其序
백성이 살아난다.	民活之也.
다만 양기陽氣가 엎드려 출현하지 못하거나	陽伏而不能出
음기陰氣가 눌려 김을 품지 못하면	陰迫而不能烝
이때 지진이 일어나는 것이다.	于是有地震.
지금 삼천三川에서 지진이 발생한 것은	今三川實震
양기가 올바른 자리를 잃고 음기에 눌린 탓이다.	是陽失其所而鎭陰也.
양기가 어지러워 음기에 있게 되면	陽失而在陰
천川의 원천이 반드시 막힌다.	川源必塞.
근원이 막히면	源塞
나라는 반드시 망하는 것이다."	國必亡.

---

10) 過(과)=經也, 度也.

관자

관자管子/권1/승마乘馬

춘하추동 사시四時는 음양의 추이이며

시절時節의 장단은 음양의 이용이며

낮과 밤이 바뀌는 것은 음양의 조화다.

春秋冬夏 陰陽之推移也.

時之短長 陰陽之利用也.

日夜之易 陰陽之化也.

자산子產

좌전左傳/희공僖公16년(BC 644)

봄에 송나라에 운석이 다섯 개가 떨어졌다.

주나라 내사 숙흥叔興은 이르기를

이것은 음양의 사건일 뿐

길흉이 생기는 것은 아니라고 했다.

隕石于宋五.

周內史叔興日

是陰陽之事也

非吉凶所生也.

좌전左傳/소공원년昭公元年(BC 541)

하늘에는 육기六氣가 있으니

음陰·양陽·풍風·우雨·회晦·명明이다.

나뉘어 춘하추동 사시四時를 이루고

차례 지어 금金·목木·수水·화火·토土 오행五行을 이룬다.

그것이 지나치면 재해가 나타난다.

天有六氣.

六氣日陰 陽風雨晦明也.

分爲四時

序爲五節.

過則有菑.

묵자

묵자墨子/사과辭過

무릇 천지를 두르고

사해를 감싸는 우주에는

하늘과 땅의 마음인 음양의 조화가

凡回於天地之間

包於四海之內

天壤之情 陰陽之和

있지 않은 곳이 없다.   莫不有也.

이것은 비록 성인이라도 바꿀 수 없는 것이다.   雖至聖不能更也.

무엇으로 그것을 알 수 있는가?   何以知其然

성인들이 전해 주었다.   聖人有傳

천지는 상하라 하고   天地也則曰上下

사시는 음양이라 하고   四時也則陰陽

인정은 남녀라 하고   人情也則男女

금수는 암수라 말하는 것이니   禽獸也則曰牡牝雌雄也.

진실로 하늘과 땅의 마음은   眞天壤之情

비록 선왕들도 바꿀 수 없었던 것이다.   雖有先王不能更也.

노자

노자老子/42장

만물은 음기와 양기를 품어   萬物負陰而抱陽

그 혼륜한 기氣가 조화를 이룬 것이다.   冲氣以爲和.

순자

순자荀子/왕제王制

물과 불은 기氣는 있으나 생명이 없고   水火有氣而無生.

풀과 나무는 생명은 있으나 지각이 없고   草木有生而無知.

새와 짐승은 지각은 있으나 의義가 없고   禽獸有知而無義.

사람은 기와 생명과 지각과 의가 있으니   人有氣有生有知亦且有義.

천하에 가장 귀한 존재라고 한다.   故崔爲天下貴也.

오사五事와 오행五行

오행五行에 관한 기록은 우임금 때 '홍범구주洪範九疇'가 운데 제일 범주를 '오행'이라고 한 것이 처음일 것이다. 그러므로 오행에 대한 개념은 음양 개념보다 1천여 년 앞서 기원전 2000년경 우임금 시대로 거슬러 올라간다.

그러나 이때의 오행은 5원소가 아니고 오재五材의 운행을 의미했다. 고대인들은 밭(土)에 물(水)을 대고, 불(火)을 놓아 나무(木)를 태워 밭을 일구고, 쇠(金)를 녹여 연장을 만드는 것을 주목했던 것이다. 또한·불이 나무를 태우고, 물이 불을 끄고, 불이 쇠를 녹이고, 쇠로 나무를 자르고, 나무가 흙을 파고, 흙으로 물을 막아 홍수를 예방하는 것을 주목했다. 이것이 기자箕子가 '홍범구주'에서 말한 오행이다.

그러므로 오행은 인간이 농사짓는 방법을 발명하여 수렵·채취경제를 벗어나 재배경제 시대를 열고, 불과 청동기를 발명하여 산을 개간하고 음식을 익혀 먹고 정주생활을 시작했던, 즉 부족국가를 이루었던 이른바 청동기시대 인류의 위대한 발명품이라고 보아야 할 것이다.

서경書經/하서夏書/감서甘誓

유호有扈씨가 오행五行을 모멸하고
천지인天地人의 삼정三正을 거들떠보지 않으니
하늘이 그 천명을 끊었다.

有扈氏滅侮五行
怠棄三正
天用勦絕其命.

기자가 말했다.   箕子乃言曰

"내가 듣건대 옛날에 곤鯀은 홍수를 막아   我聞 在昔鯀陻洪水

오행을 어지럽히니   汩陳其五行

천제天帝가 크게 노해   帝乃震怒

'홍범구주'를 내려주지 않아 윤리가 없었다.   不畀洪範九疇 彝倫攸斁.

곤은 귀양살이에서 죽었고   鯀則殛死

곤의 아들 우임금이 대를 이어 일어나자   禹乃嗣興

하늘은 우에게 홍범구주를 내려   天乃錫禹 洪範九疇

윤리가 베풀어지게 됐다."   彝倫攸敍.[11]

홍범의 첫째는 오행五行이니   初一日 五行.

수水·화火·목木·금金·토土다.   五行日 水火木金土.

물은 아래로 흘러가면서 윤택하게 한다.   水日潤下

불은 위로 타오른다.   火日炎上

나무는 굽거나 곧다.   木日曲直

쇠는 단련하여 모양을 바꿀 수 있다.   金日從革

흙은 식물을 자라게 한다.   土爰稼穡.

아래로 흘러 윤택하니 짠맛이 나고   潤下作鹹

위로 타오르니 쓴맛이 나고   炎上作苦

굽거나 곧으니 신맛이 나고   曲直作酸

단련하여 모양 바꾸니 매운 맛이 난다.   從革作辛

식물을 자라게 하니 단맛이 난다.   稼穡作甘.

---

11) 周 武王(BC 1169?~1116) 때 기록한 것이나, 그 내용은 우임금 때(BC 2000년경)를 말하고 있다.

『좌전左傳』「소공昭公25년(BC 517)」의 기록을 보면, 유물론자이자 법치주의자인 정鄭나라 재상 자산子産(?~BC 522)이 하늘에는 음양陰陽·풍우風雨·회명晦明의 육기六氣가 있고, 땅에는 금金·목木·수水·화火·토土의 오행五行이 있다고 말했다. 『묵자墨子』에서도 오행을 말했다. 이처럼 기氣와 오행을 말한 지혜로운 자산은 은殷·주周 노예제 사회의 지배이념인 천명론을 반대하고 천인분이설天人分異說을 언급했다. 그는 미신적인 참위讖緯를 반대하여 "천도는 멀고 인도는 가깝다"라는 유명한 말을 남겼다.

순자는 관자와 자산의 사상을 계승했고, 은나라 기자의 '홍범구주'에서 언급된 음양오행설을 빌려, 인격적인 신 개념 대신 '육기오행설六氣五行說'이라는 자연법칙을 강조했다. 특히 추연鄒衍(BC 340?~260?)의 오행설은 전국시대에 크게 유행하게 된다.

좌전左傳/소공昭公25년(BC 517)

선先대부 자산에게 들은 바에 의하면	聞諸先大夫子産曰
무릇 예란 하늘의 상도常道요,	夫禮 天之經也
땅의 의리宜理요,	地之義也
백성이 행할 바라 했소.	民之行也.
천지에 상도가 있으니 민民은 그것을 본받소.	天地之經 而民實則之
하늘의 밝음을 본받고	則天之明
땅의 본성을 따라	因地之性
육기六氣(陰·陽·風·雨·晦·明)를 낳고	生其六氣
오행五行(金·木·水·火·土)을 운행하나니	用其五行.

오미五味(酸·醎·辛·苦·甘)로 숨쉬고 氣爲五味

오색五色(靑·黃·赤·白·黑)으로 나타내고 發爲五色

오성五聲(宮·商·角·徵·羽)으로 형상되오. 章爲五聲.

이것이 거짓되면 어둡고 어지러워 淫則昏亂

민民은 자기 본성을 잃소. 民失其性

이런고로 예를 만들어 그것을 받드는 것이오. 是故爲禮以奉之.

묵자墨子/경經 하

오행五行 가운데 항상 이기는 것은 없다. 五行毋常勝

마땅함에 있음을 말한 것이다. 說在宜.

이처럼 오행설은 음양론이나 역易에서 추론한 개념이 아니었다. 도덕론적 오행론의 효시는 전국시대 말의 추연이다. 그는 오행을 도덕적인 오덕五德(水德·火德·木德·金德·土德)과 결합했고, 전한前漢(西漢) 초에 동중서가 이를 유교의 교리인 우주일가론宇宙一家論으로 정립했던 것이다. 그들은 음양의 이분법적 대칭구조만으로는 자연현상과 도덕론을 다 설명할 수 없었으므로 전통적인 오사五事를 오행이라는 관념적 형식과 구조로 만들어 이로써 사계절을 설명하고 오덕五德(仁·義·禮·智·信)을 설명하기 시작했다고 보아야 할 것이다.

추연의 오덕종시설五德終始說

추연은 음양 두 기운의 쇠퇴와 생장生長의 모순과 변화의 과정을 깊이 고찰하는 가운데, 오행의 상극相克·상생相生 이론을 정립하고, 이를 이용하여 사회현상을 관찰하고 분석하는 '오덕종시설五德終始說'을 제시했다. 그는 먼저 오행에 도덕적 속성을 부여하여 오덕으로 개조한 다음, 오행의 상생·상극 이론을 모델로 역사 변천을 설명한다. 이것은 인류가 최초로 발명한 변증법의 소박한 모습이라고 말할 수도 있을 것이다.

오덕종시설은 뒷날 여불위呂不韋(?~BC 235)와 동중서의 천인감응설에 이론적 토대를 제공했으며, 그것이 유학과 결합하여 종교적 교리가 됨으로써 인류사에 커다란 영향을 미쳤다. 그러나 이것은 자연론인 오행상승설五行相勝說로 사회와 역사를 설명하는 것이므로 자연과 사회의 질적 구별을 없애 과학적 사고를 저해했으며 결국 신비주의적 숙명론으로 변질됐다는 비판을 받는다.

백호통의[12] **白虎通義/오행五行**

오행五行이 어째서 왕을 바꾸는 원인이 되는가?	五行所以更王何.
오행은 서로 돌아가며 상생相生하므로	以其轉相生
시작과 끝이 있기 때문이다.	故有終始也.

---

12) 후한 초 AD 79년 白虎觀에서 관료 학자들이 모여 경전을 토론한 것을 바탕으로 班固(32~62)가 편찬한 經書. 讖緯經學.

목木은 화火를 낳고, 화는 토土를 낳고, 토는 금金을 낳고   木生火 火生土 土生金

금은 수水를 낳고, 수는 목을 낳는다.   金生水 水生木.

오행이 서로 상극하는 것은 천지의 본성이다.   五行所以相害者 天地之性.

많음이 적음을 이기므로, 물은 불을 이긴다.   衆勝寡故水勝火也.

정밀함이 견고함을 이기므로, 불이 쇠를 이긴다.   精勝堅故火勝金.

강한 것이 약한 것을 이기므로, 쇠가 나무를 이긴다.   剛勝柔故金勝木.

전일한 것은 산만한 것을 이기므로, 나무는 흙을 이긴다.   專勝散故木勝土.

실한 것은 허한 것을 이기므로, 흙은 물을 이긴다.   實勝虛故土勝水也.

불은 양이며 군주의 상象이고   火陽 君之象也

물은 음이고 신하의 의義다.   水陰 臣之義也.

문선文選/권59/심휴문제고안륙소왕비沈休文齊故安陸昭王碑

추자(추연)가 말했다.   鄒子曰

"오덕五德은 이기지 못하는 것에 따라간다.   五德從所不勝

우虞나라는 토덕土德, 하夏나라는 목덕木德,   虞土 夏木

은殷나라는 금덕金德, 주周나라는 화덕火德이다."   殷金 周火.

사기史記/역서歷書

이때 오직 추연만이   是時獨有鄒衍

오덕의 전이를 밝혀   明於五德之傳

홍망성쇠를 분별할 수 있다는 소문이 퍼졌다.   而散消息之分.

그는 제후들에게   以顯諸侯

역시 진秦나라에 의해 육국六國이 망할 것임을 제시해 주었다.   而亦因秦滅六國.

전쟁이 빈번한 것은   兵戈極煩

또한 지존至尊이 오를 때가 임박했다는 것이다.   又升至尊之日淺.

얼마 가지 않아서

결국 그의 예언대로 오덕상승의 추이에 따라 육국이 넘어졌다.

진시황은 수덕水德의 상서로움을 얻었기 때문이라고 생각하고

황허의 이름을 덕수德水로 고쳐 부르게 하고

시월을 정월로 삼고, 흑색을 숭상하도록 했다.

未暇遑也.

而亦頗推五勝

而自以爲獲水德之瑞

更名河曰德水

而正以十月 色上黑.

유교와 음양오행설

『주역』의 음양 사상

『주역』은 음양론을 기본으로 하는 점서占書다. 그러므로 음양론이 없으면 『주역』은 성립될 수 없다. 음양론은 원래 우주자연을 설명하는 개념이지만 자연의 음양재변陰陽災變을 인간사회의 길흉화복吉凶禍福과 연결하여 점을 친 것이다. 이는 '천역天易'을 '인역人易'으로 해석하는 것으로 인간사회의 발전과 추세를 자연의 질서와 구별하지 않는다는 것을 의미한다.

또한 이것을 의리론으로 설명하기도 한다. 그 천덕天德인 원형이정元亨利貞을 인덕人德인 인의예지仁義禮智로 해석하는 것도 그 한 사례다. 이것은 존재법칙과 당위법칙을 구별하지 않는다는 것을 의미한다. 이처럼 동양인은 자연과 인간사를 통합적으로 보는 의식구조를 가지고 있으므로 '사물事

物'을 표현할 때도 '물物' 한 글자로 쓰는 것이 보통이다.

그러므로 동양사상에서는 우주론과 인성론과 도덕론이 엄격히 구분되지 않는다. 그럼에도 이 책에서 이를 굳이 구분하는 것은 서양적 의식구조를 가진 요즘 세대들의 이해를 돕기 위한 것이다.

주역周易/계사繫辭 상/12장 주注

양만리楊萬理가 주해하기를 역易은 세 가지가 있다고 한다.
하나는 자연역(天易)이고, 두 번째 것은 점치는 역(竹易)이고
세 번째 것은 도덕적 역(人易)이다.
하늘은 높고 땅은 낮은 것을 건乾과 곤坤으로 정한 것은
(자연의 원리를 말하는) 천역天易이라 하고
글로는 말을 다할 수 없고 말로는 뜻을 다할 수 없는 것을
(卦로 표현한 것을) 죽역竹易이라 하며
사람과 덕행에 자연의 도리를 있게 하는 것을
인역人易이라 한다.
성인은 능히 역의 도리를 행할 수 있고
그것을 신명으로 밝히고 묵묵히 이루어야 한다.
그러므로 역은 자연이나 산가지에 있지 않고
사람에게 있다고 말하는 것이다.

誠齋楊氏曰 易有三.
一曰 天易. 二曰 竹易.
三曰 人易.
天尊地卑 乾坤定矣
天易也.
書不盡言 言不盡意
竹易也.
存乎其人 存乎德行
人易也.
聖人焉能行易之道
神而明之 黙而成之
則易不在天 不在竹
而在人矣.

무엇보다 『주역』의 특징은 음양론을 기호화한 데 있다. 즉 양을 하나 또는 홀수, 남자의 성기로 상징하여 ― 로 기호화하고, 음을 둘 또는 짝수, 여자의 성기로 상징하여 -- 로 기호화한다. 그리고 ― 과 -- 을 조합하여 사상四象을 만든

다. 사상은 ☰, ☷, ☲, ☳ 이다. 그리고 사상을 조합하여 팔괘八卦를 만든다. 그리고 팔괘를 조합하여 64괘를 만든다. 그리고 산가지를 뽑아 64괘를 정하고 그 괘사卦辭를 읽어 점을 치는 것이다. 그러므로 『주역』은 전적으로 음양론의 기호학인 셈이다.

음양 사상은 천지만물과 도덕을 설명하는 기본 개념으로 정착하게 되었고, 급기야는 점서인 『주역』을 음양론과 도덕론으로 해석하기 시작한다. 그것이 이른바 「십익十翼」이라고 불리는 글이다. 이러한 『주역』은 철학과 도덕론으로 해석되면서 위진남북조시대는 『노자』, 『장자莊子』와 함께 '삼현三玄'으로 존숭됐고, 한 무제 때 동중서의 건의로 유학이 종교화되면서 『시경』, 『서경』, 『예기禮記』, 『춘추』와 더불어 유교의 '오경五經'의 하나로 편입됐다(『백호통의白虎通義』 권4 「오경五經」). 『주역』의 음양론은 유학이 유교로 종교화되는 기초를 제공하고 그 교리가 됐던 것이다.

주역周易/계사繫辭 상

역易에는 태극이 있고	是故易有太極
태극은 양의兩儀를 낳고	是生兩儀.
양의는 사상四象을 낳고	兩儀生四象.
사상은 팔괘를 낳고	四象生八卦.
팔괘는 길흉을 정하고	八卦定吉凶.
길흉은 대업을 낳는다.	吉凶生大業.

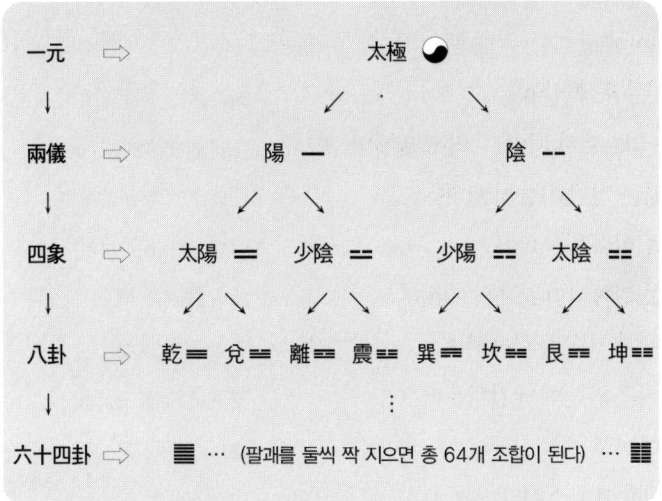

동중서의 오상설五常說

　동중서는 한 무제에게 독존유술獨尊儒術을 건의하고 유학을 유교로 만들기 위해 추연의 음양오행설을 공맹의 오덕에 결합하여 유교의 우주론으로 만들었다. 이러한 유교의 음양론적 우주론을 이기론理氣論으로 발전시킨 것이 성리학이다.

동중서

춘추번로春秋繁露/권13/오행상생五行相生

천지의 기운이 합하면 하나가 되고	天地之氣 合而爲一.
나뉘면 음양이 되고	分爲陰陽.
구분하면 사시四時가 되고	判爲四時.
벌여놓으면 오행이 된다.	列爲五行.

하늘의 상도常道는 서로 모순된 물건이다.

둘(二)이 동시에 일어날 수 없으므로 하나(一)라고 말한다.

하나이니 둘로 어긋나지 않는 것이 하늘의 도다.

음과 양은 서로 모순된 물건이다.

그러므로 나가면 들어오고, 왼쪽이면 오른쪽이다.

봄은 남방과 함께하고, 가을은 북쪽을 함께하며

여름은 앞에서 갈마들고, 겨울은 뒤에서 갈마든다.

함께 운행하되 같은 길이 아니고

갈마들어 모이되 각각 교대하며 다스린다.

이처럼 그 문리文理와 천도天道는

한 번 나고 한 번 들며

한 번 쉬고 한 번 숨는 법도가 한가지다.

天之常道 相反之物也.

不得兩起 故謂之一

一而不二者天之行也.

陰與陽 相反之物也.

故或出或入 或左或右

春俱南 秋俱北

夏交於前 冬交於後

竝行而不同路

交會而各代理

此其文與天之道

有一出一入

一休一伏 其度一也.

이처럼 그의 음양오행론은 유물론적인 것이 아니라 유신론적이며 도덕론이었으므로 음양오상설陰陽五常說이라고 말한다. 그는 천天과 인人이 하나라고 생각했으므로 자연도 사람과 똑같이 감정을 가진 것으로 보았다. 그리고 천인天人은 서로 감응하는 것이므로 왕권은 천명天命이며, 왕도의 모든 제도와 도덕과 법은 천天의 재가를 받은 천도天道로 절대화됐다.

인의仁義와 제도制度의 이치는

모두 하늘에서 취한 것이다.

仁義制度之數

盡取之天.

왕도王道의 삼강三綱은 하늘에서 찾을 수 있다.   王道之三綱 可求于天.

춘추번로春秋繁露/권12/음양의陰陽義
봄은 기쁜 기운이므로 낳고   春喜氣也故生
여름은 즐거운 기운이므로 기르고   夏樂氣也故養
가을은 성난 기운이므로 죽고   秋怒氣也故殺
겨울은 슬픈 기운이므로 감춘다.   冬哀氣也故藏
이 네 가지는 하늘과 사람이 똑같이 가지고 있다.   四者天人同有之.

동중서는 도道의 근원은 천天이며 천이 변하지 않듯이 도 역시 영원히 변하지 않는 절대적인 것이라고 말한다. 그에게 인간의 역사와 사회를 포함한 자연계의 모든 현상은 천天의 음양오행에 의한 목적적 활동이었다. 그러므로 자연질서에도 도덕적 속성을 부여한다. 자연과 인간의 모든 조화의 근원은 오행의 덕에 지나지 않는다고 본다. 음양오행을 천天의 의지의 표현이라고 보았으므로, 방위·계절·맛뿐만 아니라 관직과 인의예지까지도 음양오행으로 설명한다.

춘추번로春秋繁露/권10/오행대五行對
하늘엔 오행이 있으니   天有五行
목木·화火·토土·금金·수水가 이것이다.   木火土金水是也.
나무(木)는 불(火)을 낳고 불은 흙(土)을 낳으며   木生火 火生土
흙은 쇠(金)를 낳고 쇠는 물(水)을 낳고   土生金 金生水
물은 나무를 낳는다.   水生木.
물은 겨울을 다스리고 쇠는 가을을 다스리며   水爲冬 金爲秋

흙은 초여름을 다스린다.   土爲季夏

불은 여름을 다스리고 나무는 봄을 다스린다.   火爲夏 木爲春.

봄은 생명을 낳고 여름은 성장을 주도하며   春生生 夏主長

초여름은 양생을 주관한다.   季夏主養

가을은 거두는 것을 주관하고 겨울은 저장을 주관한다.   秋主收 冬主藏.

저장하는 겨울은 안민입정安民立政을 할 때다.   藏冬之所成[13]也.

춘추번로春秋繁露/권13/오행상생五行相生

행行은 운행이니 그 운행이 같지 않으므로   行者行也 其行不同

오행이라 한 것이다.   故謂之五行.

오행은 오관五官이니   五行者五官也

서로 좇으면 상생相生하고 이간하면 상극相克한다.   比相生而間相勝也.

그러므로 정사政事를 함에   故爲治

거역하면 어지럽고 따르면 다스려진다.   逆之則亂 順之則治.

동방은 목木이요, 농사의 근본이다.   東方者木. 農之本

사농司農은 인仁을 귀히 한다.   司農尙仁.

남방은 화火요, 조정의 기초를 세운다.   南方者火也. 本朝

(군사를 맡은) 사마司馬는 지智를 귀히 한다.   司馬尙智.

중앙은 토土요, 군주와 관리다.   中央者土 君官也.

(법전을 만드는) 사영司營은 신의를 귀히 한다.   司營尙信.

서방은 금金이요, 도리를 키우는 사도司徒다.   西方者金. 大理司徒也

(교육을 담당하는) 사도司徒는 의리를 귀히 한다.   司徒尙義.

---

13) 成(성)=安民立政.

북방은 수水요, 법을 집행하는 사구司寇다.

(형벌을 맡은) 사구司寇는 예禮를 귀히 한다.

北方者水. 執法司寇也

司寇尙禮.

그리고 덕德을 양陽으로, 법法을 음陰으로 비교하고 양존음비陽尊陰卑 사상에 의해 덕치주의를 철학적으로 해명한다. 그러므로 군주가 덕을 앞세우고 법을 뒤로해야만 음양오행의 운행이 고르며, 만약 군주가 부덕하면 이변이 생긴다는 것이다. 따라서 음양오행의 운동을 알면 천도天道를 알 수 있다고 말한다.

한서漢書/동중서전董仲舒傳/현량대책賢良對策

천도天道의 위대함은 음양에 있다.

양은 덕이 되고, 음은 법이 된다.

법은 죽음을 주관하고, 덕은 생명을 주관한다.

天道之大者在陰陽

陽爲德 陰爲刑

刑主殺而德主生.

춘추번로春秋繁露/권17/천지음양天地陰陽

음양의 들고 남과 실하고 허한 곳을 밝히는 것은

하늘의 뜻(天志)을 관찰하려는 것이며

오행의 본말과 순역,

대소와 광협을 분별하는 것은

하늘의 도(天道)를 관찰하기 위한 수단이다.

是故明陰陽入出實虛之處

所以觀天之志.

辨五行之本末順逆

大小廣狹

所以觀天道也.

그러나 양존음비는 유학에 미신을 끌어들인 참위유학 중에서도 가장 비판받는 사상이다. 이로써 유교는 남녀차별 종교로 비난받게 됐고, 동중서는 인류사의 커다란 죄인으로 비판받았다.

춘추번로春秋繁露/권11/양존음비陽尊陰卑

음양은 사람의 법을 다스린다.	陰陽理人之法也.
음은 형벌의 기운이요, 양은 덕의 기운이다.	陰刑氣也. 陽德氣也.
그러므로 하늘의 이치는	是故天數
양을 높이고 음을 높이지 않으며	右[14]陽而不右陰.
덕을 힘쓰고 형벌을 힘쓰지 않는다.	務德而不務刑.
정사를 다스림에 형벌로 군림하는 것은	爲政而任刑
그것을 일러 하늘을 거역함이요,	謂之逆天
왕도가 아니라고 말한다.	非王道也.

춘추번로春秋繁露/권11/왕도통삼王道通三

악惡의 부류는 모두 음이 되며	惡之屬盡爲陰.
선善의 부류는 모두 양이 된다.	善之屬盡爲陽.
양은 덕이 되며 음은 법이 된다.	陽爲德 陰爲刑.
법은 덕에 반하는 것이지만 덕을 따르게 하는 것이니	刑反德而順于德.
역시 형평하게 하는 권도의 법이다.	亦權之類也
하늘은 도를 드러내고 권도는 은미하며	天之顯經隱權
덕을 앞세우고 법은 다음이다.	前德而後刑也
그러므로 양은 하늘의 덕이요,	故曰 陽天之德也
음은 하늘의 법이라고 말하는 것이다.	陰之天之刑也
양기는 따뜻하고 음기는 차다.	陽氣暖而陰氣寒

---

14) 右(우)=上, 尊, 尙也.

양기는 주고 음기는 **빼앗는다**.	陽氣予而陰氣奪
양기는 어질고 음기는 사납다.	陽氣仁而陰氣戾
양기는 너그럽고 음기는 조급하다.	陽氣寬而陰氣急
양기는 사랑하고 음기는 미워한다.	陽氣愛而陰氣惡
양기는 낳고 음기는 죽인다.	陽氣生而陰氣殺.
그러므로 양은 항상 실위實位에 거하며 성하는 데로 운행한다.	是故陽常居實位而行于盛.
음은 항상 허위空位에 거하며 쇠하는 데로 운행한다.	陰常居空位而行于末.

성리학과 음양오행

　　그 후 북송의 주돈이는 동중서의 '오상론五常論'과 '인간
소우주론小宇宙論'을 계승하고 이를 형이상학적인 이기론理
氣論으로 설명했다. 그는 다음과 같이 오행을 이리로 해석하
고, 오덕五德 오상五常을 성性으로 해석한다.

주돈이

태극도설太極圖說

양이 변하고 음이 합하여 수·화·목·금·토를 낳고	陽變陰合 而生水火木金土
이 오기五氣의 퍼짐을 따라 춘하추동 사시四時가 운행한다.	五氣順布 四時行焉.
오행은 하나의 음양이다.	五行一陰陽也
음양은 하나의 태극이다.	陰陽一太極也
태극은 본래 무극이다.	太極本無極也.

성리대전性理大全/권1/태극도太極圖

인의예지신仁義禮智信의 성性은

곧 수水·화水·금金·목金·토土의 이理다.

목木의 인仁, 금金의 의義, 화火의 예禮, 수水의 지智는

각각 사덕四德의 실체다.

仁義禮智信之性

卽水火金木土之理.

木仁 金義 火禮 水智

各四德之實也.

그리고 주돈이를 뒤이어 이정二程과 주희가 이를 종합하여 성리학을 정립한 것이다. 이처럼 음양오행은 일상에서 자연의 이용과 관련되던 것이 자연의 운행법칙으로 발전하여 다시 이것이 도덕법칙으로 해석됐고 급기야 성리학에서 이기理氣로 해석되기에 이른다.

이처럼 성리학은 인간의 이성理性 즉 정신精神을 신神과 같이 신령스런 것이라고 생각했다. 정신은 신과 너무 닮았기 때문이다. 그래서 명칭도 정신精神이라고 한 것이다. 그리고 신 중에서도 최고의 신인 천신天神을 품부받은 것이라고 생각했다. 그래서 성리학에서는 인간의 정신을 천성天性·천심天心·천리天理라고 말한다.

그런데 여기서 몇 가지 의문이 제기된다.

첫째, '인간뿐만 아니라 만물은 모두 하나의 천리를 품부받았으므로 이성이 인간만의 특성이라고 말할 수 없지 않은가?' 하는 의문이다. 조선 후기에 조선 성리학자들이 대거 참여한 '인물성人物性 동이同異 논쟁'이 이에 대한 논쟁이다.

둘째, '인간은 모두 하나의 천리를 품부받았는데 개개인의 성품은 왜 다르며 또한 어째서 악이 생기는가?' 하는 의문이다. 퇴계退溪 이황李滉(1501~1570)과 고봉高峯 기대승奇

大升(1527~1572) 사이에 벌어진 이른바 '사단칠정四端七情 논쟁'이 바로 이 문제에 대한 논쟁이다.

셋째, '태극이 이理인가, 기인가?' 하는 의문이다. 만약 태극이 이理라면 이理가 기를 낳는 것이 되는데, '이理는 과연 동정動靜이 있는가?'의 의문이 꼬리를 물고 일어난다. 또한 이理와 기氣 중 무엇이 본원이냐는 주리론主理論·주기론主氣論으로 갈라지고 이에 따라 인간 소우주론에 대한 해석이 달라진다.

이기理氣 개념의 발명

원래 인류는 오랫동안 천지天地와 인간을 설명하려고 했다. 천지라는 범주는 형이상·형이하로 설명됐고, 또한 이것이 남자와 여자로 연상되고 다시 양(밝음)과 음(어둠)이라는 일반형식으로 발전한 것 같다. 한편 인간이란 범주는 마음과 신체, 정신과 물질이라는 대칭물의 종합으로 설명되기 시작했다. 그리고 이들 두 대칭을 보편적인 개념형식으로 정리할 필요가 생겼다. 그 결과 이理와 기氣라는 개념이 정립된 것으로 짐작할 수 있다. 그리고 선과 악, 군주와 민民의 이미지가 덧붙여져 의미가 확대되어 나갔다. 그러므로 이기理氣라는 범주는 천지天地 음양陰陽에서 파생된 것임을 알 수 있다.

원래 기氣라는 글자는 숨소리(息)를 뜻한다. 그리고 우리의 생명처럼 당시로서는 측정할 수 없었던 무형無形·무성無

聲·무취無臭의 존재들인 공기, 햇빛, 힘(力), 질성質性을 뜻하는 것으로 확장되어 간다. 그러던 것이 기원전 8세기경부터 음양 이기二氣의 개념으로 정형화된 듯하다.

그리고 송대에 이르러 '천지만물의 시원적 존재'라는 철학적 개념으로 발전한다. 이처럼 기는 유물론적 개념으로 출발하여 관념적 개념으로 범주화된 것이다.

한편 이理는 기氣 개념보다 훨씬 늦게 나타난 것 같다. 대체로 이理 개념은 서양의 '자연법'과 같은 함의를 가지고 있다. 원래 이理라는 글자는 옥을 다듬는다는 치옥治玉을 뜻하는 글자로 만들어진 것이며, '옥의 무늬'에서 '조리條理'라는 뜻으로 확장됐다. 그것이 전국시대에 도덕 내지 철학적 범주로 된 듯하다. 즉 이理를 두고 맹자는 주관적이며 윤리 도덕적 범주인 의리義理로 말했고, 반면 장자, 순자, 한비는 객관적인 즉 물리物理라는 자연법적 범주로 말했다. 그러나 한대에는 의리보다는 사물의 법칙 즉 물리라는 의미로 쓰이는 예가 많았다.

그것이 위진시대에 와서 『주역』과 불교의 영향을 받으면서 이理는 '우주만물의 생성법칙'이라는 개념으로 정리되기 시작한다. 왕필이 『주역』을 해석하면서 만물의 운동법칙을 이理라고 말한 것이나, 불교 화엄종에서 우주를 현상세계인 사법계事法界와 본질세계인 이법계理法界로 나눈 것이 그 보기다.

그러나 이理와 기가 철학적인 주요 범주로 된 것은 송대의 성리학에서다. 성리性理학이란 "성性은 곧 이理"라고 말하는 것이므로, 이때의 이理는 물리와 심리心理, 존재법칙과 당위법칙을 모두 통합한 개념으로 사용된다.

맹자

맹자孟子/고자告子 상

입은 맛에 대해 다 같이 좋아하는 것이 있고	口之於味也 有同嗜者焉.
귀는 소리에 대해 다 같이 듣기 좋아하는 것이 있고	耳之於聲也 有同聽者焉.
눈은 색에 대해 다 같이 아름답다 하는 것이 있다.	目之於色也 有同美者焉.
그런데 유독 마음만은 그와 같은 것이 없단 말인가?	至於心 獨無所同然[15]者乎.
마음으로 다 같이 마땅하다고 하는 것은 무엇인가?	心之所同然者 何也.
그것을 이理라 하고 의義라고 말하는 것이다.	謂理也 義也.

장자

장자莊子/외편外篇/천지天地

태초에는 무無도 없었고 명名도 없었다.	泰初 有無無 有無名
여기서 하나(太一)가 일어나는데	一之所起
하나이므로 아직 형체가 없다.	有一而未形.
만물은 그것을 얻어 태어나는데 그것을 덕이라 한다.	物得以生 謂之德.
형체가 없는 속에서 분별이 생기는데	未形者有分
마땅히 그러할 뿐 낄 틈이 없으니 이를 천명天命이라 한다.	且然無間[16] 謂之命.
그 하나가 머물기도 하고 운동하기도 하여 사물을 낳고	留動而生物.
사물이 이루어지면 이理가 생기는데 그것을 형체라고 한다.	物成生理 謂之形.

---

15) 然(연)=宜也, 如也.

16) 間(간)=隙也, 介也, 息也.

순자荀子/해폐解蔽

무릇 사람의 성性을 알면

사물의 이理도 알 수 있을 것이다.

凡以知人之性也

可以知物之理也.

한비자韓非子/해로解老

이理는 사물을 이루는 무늬이며

도道는 만물을 이루는 원인이다.

무릇 이理란 모나고 둥긂, 짧고 긺,

거칠고 매끄러움, 견고하고 취약함의 분별分別이다.

그러므로 이理가 정해진 뒤에야 도를 알 수 있다.

理者成物之文也.

道者萬物之所以成也.

凡理者 方圓 短長

麤[17) 靡[18) 堅脆之分也.

故理定而後 可得道[19)也.

이러한 이기理氣 개념의 형식으로 세계와 인간을 설명하는 과정에서 개념 자체에 여러 이미지가 더해지고, 둘 가운데 어떤 이미지를 선호하느냐에 따라 주리론主理論과 주기론主氣論으로 분화된다. 그런데 대체로 주리론자들은 보수파이며 주기론자들은 개혁파다. 그리고 강조하는 이미지에 따라 다음과 같은 단순한 도식으로 나누어볼 수도 있을 것이다. 다만 이러한 확대해석은 이기론을 이해하는 데 지평을 넓히기 위한 방편일 뿐 정확히 일치하는 것은 아니라는 점을 유

---

17) 麤(추)=不精也.

18) 靡(미)=偃也, 磨切也, 美也.

19) 道(도)=訓也.

의하기 바란다.

주리론과 주기론의 요점

	주리론(성리학)	주기론(성기학)
존재론	천명론 유심唯心주의	자연주의 유물唯物주의
인식론	선험론 이성(합리주의)	경험론 감정(낭만주의)
도덕론	인격人格주의(이상주의) 심정心情 윤리 경敬(主靜) 본성本性 중시	공리功利주의(현실주의) 책임責任 윤리 성誠(主動) 인정人情 중시

이학파의 우주론

이일원론理一元論

우선 이理를 기氣보다 중시하는 이학理學파는 땅보다 하늘을, 물질보다 도리를, 육체보다 정신을, 여자보다 남자를 중시하는 전통적인 사고방식에 기초하고 있음을 기억해 두어야 한다. 이학의 창시자인 이정二程의 이理는 대체로 다음과 같은 특성을 갖는다.

첫째, 천天·도道·역易·신神·성性은 이理의 별명別名이며 천하만물을 규제하는 불변의 보편적 법칙이다.

둘째, 이理는 존재법칙이며 동시에 당위법칙이다. 그러므로 이理는 자연계뿐 아니라 사회도덕의 최고 규범이다.

셋째, 또한 이理는 만물을 생성하고 주체하는 존재의 근원이므로 사물에 앞서 존재하는 선험적인 능산자能産者다.

넷째, 이理는 하나이며 동시에 천하만물이 각각 완전하게 이理를 내재하고 있다. 그러므로 사물과 나의 이理는 하나이고 그 점에서 만물은 일체一體다.

심위태극心爲太極, 소옹

황극경세皇極經世/관물외편觀物外篇

태극은 하나이며, 동動이 없어도 둘(二)을 낳는다.	太極一也 不動生二
둘로 갈라지는 것을 신神이라고 말한다.	二則神也.
신은 수리數理를 낳고 수리는 형상形象을 낳고	神生數 數生象
형상은 기물器物을 낳는다.	象生器.
만물의 조화는 마음에서 생긴다.	萬化萬事生乎心也.

격양집擊壤集/권19/자여음自餘吟

심心을 태극이라 하고 또한 도道를 태극이라 한다.	心爲太極 又曰 道爲太極.
몸이 생긴 것은 천지 다음이나	身生天地後
심心은 천지에 앞서 존재한다.	心在天地前
천지는 나로부터 출현하나니	天地自我出
스스로 여유로움을 어찌 말로 다하랴?	自餘何足言.

정신精神이 원동자原動者, 주돈이

성리대전性理大全/권2/통서通書 1/동정動靜 ·

동動이면 정靜이 없고	動而無靜
정이면 동이 없는 것이 물物이다.	靜而無動 物也.
동動해도 동이 없고	動而無動
정靜해도 정이 없는 것이 신神이다.	靜而無動 神也.
"동해도 동이 없다, 정해도 정이 없다" 함은	動而無動 靜而無靜
부동不動이 아니고 부정不靜이 아니다.	非不動 非無靜也.
물物은 동정動靜이 불통不通이나	物則不通
신은 동정이 통하여 만물을 이룬다.	神妙[20] 萬物.

천인감응설, 사마광

사고전서四庫全書/전가집傳家集/권74/우서사칙迂書士則

하늘은 만물의 아버지다.	天者萬物之父也.
아버지가 명하면 자식이 감히 거역하지 못하며	父之命子不敢逆
군주가 명하면 신하는 감히 어기지 못한다.	君之言臣不敢違
아비가 앞이라 말하면 자식은 감히 앞이 아니라고 할 수 없고	父曰前子不敢不前
아비가 그치라고 말하면 자식은 감히 그치지 않을 수 없다.	父曰止子不敢不止.
신하도 군주에게 똑같이 해야 한다.	臣之於君亦然
그러므로 군주의 말을 어기는 신하는 불순한 자며	故違君之言 臣不順也.
아비의 명을 거역하는 자식은 불효자다.	逆父之命 子不孝也.
그래서 불순 불효자는 사람들이 알고 형벌을 내리고	不順不孝者 人得而刑之.

---

20) 妙(묘)= 成也. 眇와 통용.

순종하고 효도하는 자는 사람들이 알고 상을 준다.   順且孝者 人得而賞之.

이처럼 하늘의 명을 위반하면 하늘이 알고 형벌을 내리고   違天之命者 天得而刑之.

천명을 순종하면 하늘이 알고 상을 준다.   順天之命者 天得而賞之.

정이

이정유서二程遺書/권1

위로 천天의 운행은 소리도 없고 냄새도 없으며   上天之載無聲無臭

그 체體는 역易이라 하고   其體則謂之易

그 이理는 도道라 하고   其理則謂之道

그 용用은 신神이라 하고   其用則謂之神

인人에게 명하면 성性이라고 한다.   其命於人則謂之性.

이정유서二程遺書/권2

만물은 다만 하나의 이理일 뿐이다.   萬物皆只是一箇理.

이정유서二程遺書/권18

천하에는 다만 하나의 이理가 있을 뿐이다.   天下只有一箇理.

성리대전性理大全/권26/이기理氣 1

형체가 있는 것은 모두 기氣요,   有形總是氣

형체가 없는 것은 도道다.   無形只是道.

음양은 기이니 형이하이며   陰陽氣也 形而下也.

도는 태허太虛이니 형이상이다.   道太虛也 形而上也.

기氣는 이理의 질료

　이일원론理一元論 또는 주리론主理論적 이기이원론理氣二元論에서 기氣는 이理를 담는 그릇이라고 설명된다. 그러므로 기를 형기形氣 또는 기질氣質이라고 말하는데, 이때의 기는 질료質料를 의미한다. 청기淸氣 혹은 탁기濁氣라고 말하는 것은 이理를 담는 기질氣質의 순수함과 잡됨을 말하는 것이다.

정이

이정유서二程遺書/권51

음양을 떠나서는 다시 도道란 없다.	離了陰陽更無道.
음이 되고 양이 되는 원인(所以)이 도道다.	所以陰陽者是道也.
음양은 기며, 기는 형이하(質料)다.	陰陽氣也 氣是形而下者.
도는 형이상이며	道是形而上者
형이상은 치밀하다.	形而上者則是密也.

이정수언二程粹言/권2

만물이 태어나는 것은 기가 모인 것이요,	物生者 氣聚也.
만물이 죽는 것은 기가 흩어진 것이다.	物死者 氣散也.

이정유서二程遺書/권15

무릇 사물이 흩어지면	凡物之散
그 기운은 다 소진되어 버리므로	其氣遂盡
그 본원本原의 이理로 다시 돌아갈 수 없다.	無復歸本原之理.

주희

주자대전朱子大全/권58/답장경지答張敬之

천지에는 이理와 기氣가 있다.	天地之間 有理有氣.
이理는 형이상의 도道이며	理也者 形而上之道也
만물을 낳는 근본이다.	生物之本也.
기는 형이하의 그릇으로	氣也者 形而下之器也
만물을 낳는 질료다.	生物之具[21]也.
그러므로 인간과 만물은 태어날 때	是以人物之生
반드시 이 이理를 품부받아 성품이 있게 됐고	必稟此理 然後有性.
반드시 이 기를 품부받아 형체가 있게 됐다.	必稟此氣 然後有形.

태극 일원一圓 변증법

일찍이 노자는 도道를 무극無極이라 했고 장자는 중앙中央
이라 했다. 무극은 도의 허무본체를 표상한 명칭이며, 중앙
은 북극성처럼 만물의 표준이 되는 중심을 표상한 말이다.
그러므로 무극이란 대체로 무궁無窮·무진無盡(다함이 없
음)·무종無終(끝이 없음)을 의미하며, 태극은 황극皇極이라
칭하기도 하며 태원太元·태장太藏·태출太出을 의미한다. 여
기서 태太 혹은 태泰는 극대極大를 의미하며 황제皇帝를 상징
한다. 태원은 '가장 큰 으뜸'으로 천天을 상징하며, 태장은
'가장 큰 저장고'로 지地를 상징하며, 태출은 '가장 큰 출산'

---

21) 具(구)=材用也.

을 뜻하는 모母를 상징한다. 이 모두 도道를 표상한 말이다
(제2부 2장의 '천제에서 태극으로' 참조).

주자대전朱子大全/권72/황극변皇極辨

'황皇'이란 군주를 칭한 것이요,

皇者君之稱也.

'극極'이란 지극한 뜻과

極者至極之義

표준의 명칭을 이름 붙인 것이다.

標準之名.

(이러한 황극은) 항상 사물의 중앙에 있으므로

常在物之中央

사방에서 그것을 바라보며

而四外望之

그것을 표준으로 삼아 바르게 하는 것이다.

以取正言者也.

고로 극을 중앙에 있는 표준 또는 표적이라 하면 옳지만

故以極爲在中之準的則可

극이 곧 중中(中道·中正)이라고 말하는 것은 옳지 않다.

便訓極爲中則不可.

이처럼 극極이란 글자의 의미는 태太가 붙는 경우와 무無
가 붙는 경우가 다르다. 그것은 앞에서 말한 것처럼 똑같이
신神을 대신하는 비인격적인 창조자를 표현하는 것이나, 무
극은 소극적인 표현이고 태극은 적극적인 표현인 까닭이다.
그러면 태극을 무극이라고 말하는 것은 무엇을 의미하는
가? 창조자는 우주와 만물을 낳지만 스스로는 줄거나 다함
이 없어야 한다는 뜻이다(無窮無盡). 또한 창조자는 끝이 없
으므로 시작도 없어야 한다는 뜻이다(無始無終). 그래서 플라
톤은 이것을 구球로 표현했고, 『태극도설』에서는 원圓으로
표현했다. 구와 원은 시작과 끝이 없고, 쪼개고 또 쪼개도
스스로는 언제나 원만하고 쪼개진 조각도 모두 원만하기 때

문이다. 일원一圓은 변화 창조하지만 자신은 언제나 일원이
며, 자신을 덜어 창조한 것들도 언제나 일원이다. 이것을 일
원 사상이라고 말한다.

태극변증법과 일원 사상, 주돈이

태극도설太極圖說

무극이 곧 태극이다.	無極而太極
태극이 동動하면 양을 낳고	太極動而生陽
동이 극極하면 정靜하고, 정하면 음을 낳는다.	動極而靜. 靜而生陰
정이 극하면 다시 동한다.	靜極而復動.
한 번 동하고 한 번 정하며	一動一靜
서로 뿌리가 되어	互爲其根.
음양으로 나뉘어 두 표준이 선다.	分陰分陽 兩儀立焉.
양이 변하고 음이 합하여 오행五行을 낳는다.	陽變陰合而生水火木金土.
이 오기五氣가 순리대로 펴니 사시四時가 운행된다.	五氣順布 四時行焉.
오행은 하나의 음양이며	五行一陰陽也
음양은 태극이다.	陰陽一太極也.

성리대전性理大全/권2/통서通書 1/이성명理性命

이기二氣와 오행은 변화하여 만물을 낳는다.	二氣五行化生萬物.
다섯 가지로 다르고 두 개의 실체이지만	五殊二實
두 개의 뿌리는 곧 하나다.	二本則一.
그러므로 만 가지는 하나가 되고	是萬爲一
하나의 실체가 만 가지로 나뉘지만	一實萬分
만 가지와 하나는 각자 바르고	萬一各正

작거나 크거나 다 태극을 이룬다.   小大有定.

주희의 이기일원론理氣―元論

주자어류朱子語類/권1/이기理氣 상

주자는 말한다.   朱子曰

태극太極은 단지 하나의 이理라는 글자다.   太極只是一箇理字.

태극은 단지 천지 만물의 이理다.   太極只是天地萬物之理.

천지에 있으면 천지 속에 태극이 있다고 말하고   在天地言則 天地中有太極.

만물에 있으면 만물 속에 각각 태극이 있다고 말한다.   在萬物言則 萬物中各有太極.

기학파의 우주론

기일원론氣―元論

기학氣學파는 천제天帝를 부정하고 우주는 자연의 운동일 뿐이라고 생각했다. 그리고 기氣는 자연의 물성物性이고 이理는 기의 운동법칙이라고 생각했다. 이때 기는 정신과 물질의 대칭개념에서 물질만을 의미하는 것은 아니다. 생기生氣 또는 기화氣化라고 할 때는 생명의 원천을 의미하고, 정기精氣라고 할 때는 정신의 원천을 의미한다. 그러므로 기학파의 기는 정신과 물질을 모두 관통하는 개념이라고 보아야 할 것이다.

이구는 천天의 운동을 상징하는 건괘乾卦의 원형이정을 설명하면서 '원元=시始=기氣→형亨=통通=형形→이利=의宜=명名→정貞=간幹=성性'으로 풀이했다. '원=시=기'는 천天을 말함이요, '형=통=형'은 물物을 말함이요, '이=의=명'은 사事를 말함이요, '정=간=성'은 인人을 말한 것이다. 결국 이것은 천天의 인격성을 부인하고 천도天道를 자연법으로 인식한 것이며, 천물天物과 인사人事가 하나라는 천인합일天人合一을 말한 것이다.

이구의 사상에 크게 영향을 받은 개혁파의 영수 왕안석은 천지만물이 금金·목木·수水·화火·토土의 5원소로 구성됐다는 유물론적 우주관을 주장했다. 이것은 구체제를 지탱하는 유가 전통의 천명론天命論 내지 천리론天理論을 부정하는 혁명적 의미를 갖는 것이다. 그러므로 왕안석은 한유의 도통道統 계승을 거부하고 순자, 유종원, 유우석 등의 천인분이설天人分異說을 계승한다. 이처럼 기학파들은 대체로 개혁파다.

이구

우강집旴江集/권4/산정역도刪定易圖

태초에 태극이 나뉘어	厥初太極之分
하늘은 양이 위로 올라가 높아졌고	天以陽高於上
땅은 음이 아래로 내려가 낮아졌다.	地以陰卑於下.
대저 사물은 음양 이기二氣가 모여	夫物以陰陽二氣之會
상象이 이루어지고	以後有象.

상이 있은 연후에 형체가 생긴다.	象而後有形.
상이란 배태와 같은 것이요,	象者胚胎是也.
형形이란 이목구비 수족과 같은 것이다.	形者耳目鼻口手足是也.
…하늘은 양을 내리고 땅은 음을 내어	…天降陽 地出陰
음양이 합하여 오행을 낳으니	陰陽合而生五行
이 이치는 심히 명백하다.	此理甚明白.

우강집旴江集/권4/산정역도刪定易圖

혹자가 원형이정元亨利貞이 무엇이냐고 묻는다면	或曰敢問 元亨利貞何謂也
누구나 위대한 하늘(建)의 사덕四德이라고 말할 것이다.	曰 大哉乎 乾之四德也.[22]
그러나 선유들의 해석은 밝게 드러내주지 못했으니	而先儒解詁未能顯闡
천도가 크게 밝지 못하고	是使天道不大明
군자는 본받고 따를 수가 없었다.	君子無所法若
대저 원元으로 만물이 시작되고	夫元以始物
형亨으로 만물이 통하고	亨以通物
이利로 만물이 마땅하고	利以宜物
정貞으로 만물이 지지된다는 것은	貞以幹物
『주역』을 읽은 자는 누구나 말할 수 있을 것이다.	讀易者能言之矣
그러나 시始하고 통通하고 의宜하고 간幹하는 데는	然所以始之通之宜之幹之
반드시 그 주체가 있을 것이다.	必有其狀
이에 대해 나는 다음과 같이 생각한다.	竊嘗論之曰
비롯되게 하는 것(始)은 기氣이며	始者其氣也
형통하게 하는 것(通)은 형체이며	通者其形也

---

22) 『주역』 본문 : '乾(☰ ☰)은 元亨利貞이다'.

마땅하게 하는 것(宜)은 명명命名이며   宜者其名也

지지하게 하는 것(幹)은 성性품이다.   幹者其性也.

주희

주역본의周易本義

원형이정元亨利貞은 이理라고 해도   元亨利貞 理也

그것은 사단四段에 있고   有這四段.

기氣라고 해도 그것은 사단에 있다.   氣也 有這四段.

이理는 기 가운데 있으므로   理便在氣中

이理와 기는 서로 떨어질 수 없다.   兩箇便不相離.

왕안석

임천문집臨川文集/주관신의周官新義/홍범전洪範傳

만물은 하나의 기氣다.   萬物一氣也.

물질을 낳는 것은 기다.   生物者氣也.

(음양의) 기는 오행을 낳고   氣(陰陽)生成五行

이 오행이 변화하면 귀신으로 운행하니   五行也者 成變化而行鬼神

천지간에 왕래하여   往來乎天地之間

끝이 없다.   而不窮者也.

그러므로 '행行' 이라고 말한 것이다.   是故謂之行.

장재

장자전서張子全書/정몽正蒙/태화太和

태허는 형체가 없으며 기氣의 본체다.   太虛無形 氣之本體

기가 모이고 흩어지며   其聚其散

변화한 용모가 형체다.   變化之客[23]形爾.

이理는 기氣 운동의 조리

현상現狀의 존재는 모두 기氣다, 장재

장자전서張子全書/정몽正蒙/건칭乾稱

무릇 현상(狀)이 있는 것은 모두 존재한다.   凡可狀 皆有也.

존재하는 것은 모두 형상(象)이며   凡有皆象也.

형상은 모두 기氣다.   凡象皆氣也.

이理는 기氣 운동의 조리

장자전서張子全書/정몽正蒙/태화太和

천지의 기氣는   天地之氣

모이고 흩어지고 버리고 취함이 백 가지 길이지만   雖聚散攻取百塗

그렇게 되는 것은 이理의 작용이며   然其爲理也

이理를 따르므로 어지럽지 않다.   順而不妄.

음양변증법

이理를 기氣의 조리로 보는 기일원론자들에게는 태극변증
법은 당연히 음양변증법으로 바뀐다. 이들의 음양론은 동중

---

23) 客(객)=容. 容(용)=象式, 貌.

서의 오상설五常說보다는 『주역』의 음양론에 더 가깝다.

왕안석

임천문집臨川文集/주관신의周官新義/자설字說

한 번 양하고 한 번 음하며	有陽有陰
새것과 옛것이 서로 밀어내는 것이 천지자연이며,	新古相除者 天也.
안정됐다가 변하며	有處[24]有變
새것과 옛것이 서로 밀어내는 것이 사람이다.	新古相除者 人也.

장재

장자전서張子全書/정몽正蒙/참양參[25]兩

일물一物(太虛) 이체二體(陰陽)가 기氣다.	一物兩體 氣也.
일물이 전일專一하므로 정신精神이며	一故[26]神
이체가 교감交感하므로 조화造化다.	兩故化.

장자전서張子全書/정몽正蒙/건칭乾稱

교감은 곧 종합綜合이다.	感卽合也.
음양 이단二端이므로 교감이 있고	二端故有感
태극 일본一本이므로 종합할 수 있다.	本一故能合.

---

24) 處(처)=定 病也.
25) 參(참)=驗也, 交互也.
26) 故(고)=則.

장자전서張子全書/역설易說/함咸

감응의 도는 한결같지 않다.	感之道不一.
혹은 같은 것으로 감응하니	或以同而感
성인이 인심을 도로써 감응하는 것이	聖人感人心以道
바로 이것이다.	此是以同也.
혹은 다름으로써 감응하니 남녀가 이것이다.	或以異而應 男女是也.
두 여자가 동거하면 감응이 없다.	二女同居則無感也.
혹은 서로 좋아 감응하고	或以相悅爲感
혹은 서로 꺼리어 감응한다.	或以相畏爲感.
감응은 그림자와 메아리처럼 또한 선후가 없다.	感如影響 無復先後
운동이 있으면 반드시 감응하고	有動必感
함咸(䷞)괘는 감응하여 호응함이다.	咸感而應.

장자전서張子全書/정몽正蒙/참양參兩

음양의 기는 고리처럼 순환하여 갈마들고	若陰陽之氣 則循環迭至
모이고 흩어져 서로 섞이고	聚散相蕩
오르고 내리며 서로 구하고 화생하며 서로 따른다.	昇降相求 絪縕[27]相揉[28]
다 같이 서로 아우르고 서로 배척하여	蓋相兼相除
한결같이 하려 해도 불가능하다.	欲一之而不能.
이는 굽히고 펌이 일정하지 않고	此所以屈伸無方[29]
운행이 쉼이 없으니 누가 그렇게 시킨 것이 아니다.[30]	運行不息 莫或使之.

---

27) 絪縕(인온)=氤氳, 元氣, 化生.
28) 揉(유)=順也, 屈也.
29) 方(방)=齊等也.

또한 주희는 선배 기학파氣學派들로부터 음양변증법을 수용하여 이理 중심의 태극변증법에 하위 범주로 포섭했다. 본래 음양변증법은 동중서의 음양오행의 상생상극 사상으로부터 시작된 유교의 전통적인 변증법이었다.

주자어류朱子語類/권62/중용中庸 1

동과 서, 상과 하,	東之與西 上之與下
한서, 주야, 생사에 이르기까지	以至於寒暑晝夜生死
모두가 상반 관계이지만 동시에 서로 상대 관계이다.	皆是相反而相對也
천지 만물은 상대 관계 아닌 것이 없다.	天地間物未嘗無相對31)者.

주자어류朱子語類/권95/정자지서程子之書 1

천지가 만물을 낳기 위해서는	如天地生物
음만으로는 불가능하고 반드시 양이 있어야 하며,	不能獨陰 必有陽.
양만으로는 불가능하고 반드시 음을 필요로 하는 것이니	不能獨陽 必有陰.
모두가 짝을 이루고 합하는 대대對待 관계이다.	皆是對.

주자어류朱子語類/권98/장자지서張子之書 1

무릇 천하의 사물은 하나로는 조화 불가능하며,	凡天下之事 一不能化.
반드시 음과 양이 있어야 조화 가능한 것이다.	惟陰陽而後能化.
한 번 음陰하고 한 번 음陽해야만	且如一陰一陽
비로소 만물을 화생化生할 수 있다.	始能化生萬物

---

30) 태극기는 음양 청홍이 꼬리를 물고 있는 모습이다. 이는 음양변증법 이론에 따라 그려진 것이다.

31) 對(대)=配也, 合也.

과연 변증법인가?

태극변증법이니 음양변증법이니 말했는데 이때의 변증법
이란 형이상학적이고 관념론적인 것을 배제하지 않는다. 다
만 모순이 운동으로 나아가는 과정을 의미할 뿐이다. 즉 독
자들의 이해를 위해 서양 개념을 빌렸을 뿐, 앞서 언급했듯
동양의 변증법과 서양의 변증법이 같다고 말하는 것은 결코
아니다.

원래 서양철학에서 변증법이란 말은 대화와 문답의 기술
을 말한 것으로 논리학적인 개념이었다. 고대 그리스의 소
크라테스의 산파술 문답법, 제논Zēnōn ho Eleatēs(BC 490?~
430?)의 변론 기술, 아리스토텔레스의 추리법 등을 변증법이
라 했다. 그것이 헤겔Georg Hegel(1770~1831)에 이르러 절
대정신 또는 우주이성인 이데아의 자기발전운동을 변증법
이라 한 것이다. 즉 이성의 자기모순과 이를 극복하려는 운
동으로 자연이라는 반대물을 지양 이행하는 관념론적인 자
기발전을 세계의 운동 원리라고 주장했다. 이에 포이어바흐
Ludwig Feuerbach(1804~1872)가 헤겔의 관념론을 신神의 논
리화에 지나지 않는다고 비판하고 신은 인간정신의 외적 투
사라고 주장했다. 그리고 마르크스가 이들을 결합하면서 관
념론과 유물론적 형이상학을 걷어내고 변증법적 유물론을
주장했던 것이다.

이에 의하면 세계의 본질은 물질의 무한한 변증법적 자기
운동과 발전의 과정이다. 의식이란 것도 그 발전 단계의 특
정한 유기물질의 소산일 뿐이다. 즉 물질이 정신을 낳는다는

것이다. 그리고 이를 인간 역사에 적용한 것이 사적유물론史的唯物論 또는 유물사관唯物史觀이다. 그러므로 유물사관만을 변증법이라고 알고 있는 독자들은 더욱 의아할 것이다.

동양사상에서 서로의 관계가 끈으로 묶여 있는 것처럼 연결되어 있다는 '인연因緣' 이라는 말은 서양의 '인과因果' 관계라는 개념과 다르다. 인과관계는 원인 결과의 선후 관계이지만, '인연' 이란 선후가 없는 동시 수평 관계이기 때문이다. 성리학에서는 이理와 기氣의 관계를 서로 독립하여 떨어질 수도 없고(不相離) 그렇다고 서로 하나로 섞여 용해되지도 않는(不相雜) 관계라고 말하는데 이는 인과관계가 아니라 인연관계임을 말하는 것이다.

또한 이理·기氣, 음陰·양陽을 서로가 서로를 기다린다는 '대대待對' 의 관계라고 말하는데, 이는 서양의 모순·대립관계와는 다른 것이다. '기다린다(待)' 는 말은 서로 만나(遇) 함께한다(共)는 뜻이다. 즉 '대대' 란 상대를 자기 존재의 필요조건으로 인정한다는 말이다. 따라서 '대대' 란 대립對立·지양止揚 관계가 아니라 상보相補·공생共生 관계인 것이다.

그러나 중국 사회주의 학자들은 중국사를 '유물주의唯物主義와 변증법' 대 '유심주의唯心主義와 형이상학' 의 투쟁사로 인식한다. 태극과 음양의 '일분위이一分爲二', '천지인天地人 합일 사상', '상반상성相反相成', '물극필반物極必反', '일다상즉一多相卽', '부동不動의 동자動者' 등의 동양철학 개념들을 '변증법적' 이라고 표현하고 있다.

방이지方以智(1611∼1671)

성고性故

사람과 사물과 정령精靈의 운동은 모두가 다른데	人物靈蠢[32]多殊
이것을 독성獨性(개별성과 주체성)이라 말한다.	是曰獨性
그러나 공성公性(공공성과 보편성)은 하나다.	而公性則一也.
그러나 공성은 독성 속에 있으니	公性在獨性中
인연을 좇아 그 성性을 익히는 것이다.	逐緣習性.

마오쩌둥

마오쩌둥선집毛澤東選集/권5

중국인들은 옛날부터	中國古人講
일음일양一陰一陽을 도道라고 말했다.	一陰一陽之謂道
즉 음만 있고 양이 없는 사물은 존재할 수 없으며	不能只有有陰沒有陽
반대로 양만 있고 음이 없는 사물도 존재할 수 없다.	或者只有陽沒有陰.
이것은 고대의 변증법이라고 말할 수 있다.	這是古代的兩點論.

선독選讀

우리 중국인들은	我們中國人
항상 서로 모순되면서 서로 이룬다고 말한다.	常說相反相成
나아가 이는	就是
상반되는 물건에 동일성이 있다는 말로	說相反的東西有同一性
변증법을 표현한 것이며	這句話是辨證法
형이상학에 반하는 것이다.	是違反形而上學的.

---

32) 蠢(준)=蠢動.

제3장. 인간론

인성론

인간 소우주론^{유교}

인간은 무엇인가? 나는 누구인가? 인간과 나의 본질은 무엇인가? 이런 물음에 대답하려는 것이 인성론人性論이다. 천지만물에는 생물과 무생물이 있고, 생물에는 식물과 동물이 있으며, 그 동물 중에 하나의 종種이 인간이다. 그러면 그 동물 중에 인종의 남다른 특질이 인간의 본질이라고 말할 수 있을 것이다.

인간만이 가지는 특질은 육체적인 것인가? 정신적인 것인가? 육체적으로 보면 인간이 다른 동물과 다른 점은 완전 직립할 수 있다는 한 가지뿐이다. 침팬지는 반半직립이므로 다른 동물과 다른 특별한 동물이다. 그러나 사람들은 인간의 특성이 그것뿐이라는 데 만족하지 못했다. 또한 적절치도 않다고 생각했다. 그래서 인간의 정신 활동을 다른 동물들과는 다른 고귀한 특성이라고 생각하게 됐다.

공자는 신神이나 성性에 대해 말하지 않았지만 인간의 특성을 도덕성에서 찾은 것만은 틀림없는 것 같다. 공자는 인간의 인仁을 강조하고 도덕률로서 삼정三正을 강조한다.

이러한 공자의 도덕정치론인 유학은 동중서에 의해 종교화됐다. 그 기본 교리는 인간에게 신성神性이 들어 있다는 인본주의였으며 그렇게 탄생한 유교는 만민이 형제인 공동체를 지향한 고등 종교였다. 유교의 교리를 만든 동중서는 기본적으로 하늘과 사람이 하나라고 생각했다. 그에 의하면 인간의 운명과 역사는 하늘이 결정하지만 인간 역시 하늘에 영향을 끼치며 특히 군주는 천지天地의 사업에 참여하는 존재다. 즉 인간은 천지의 축소판으로, 천지는 대우주이고 인간은 소우주다. 예컨대 1년에 4계절과 12개월 366일이 있듯이 인간에게도 사지四肢와 12개의 큰 골절骨節과 366개의 작은 골절이 있다는 것이다(『춘추번로春秋繁露』권13 「인부천수人副天數」). 이러한 동중서의 인간人間 소우주론小宇宙論은 훗날 주희의 성리학으로 계승된다.

동중서

춘추번로春秋繁露/권12/음양의陰陽義

천天은 만물처럼 기뻐하고 분노하는 기운이 있고   天亦有喜怒之氣
슬프고 즐거운 마음이 있다.   哀樂之心
사람과는 쪼개어 나누어진 것이어서 동류로서 부합한다.   與人相副 以類合之

천과 인人은 하나인 것이다.   天人一也.

춘추번로春秋繁露/권9/신지양중어의身之養重於義

하늘은 만물을 낳고 이로써 사람을 기른다.   天之生物也 以養人.

하늘은 사람을 낳고 그로 하여금 의義와 이利를 낳게 한다.   天之生人也 使之生義與利.

이利로써 몸을 기르고 의義로써 마음을 기른다.   利以養其體 義以養其心.

춘추번로春秋繁露/권13/인부천수人副天數

하늘은 세월의 이치를 따라 사람의 몸을 만들었다.   天以從歲之數 成人之身.

그러므로 작은 골절이 삼백육십육 개인 것은   故小節三百六十六

일 년 삼백육십육 일의 이치와 부합하고   副日數也.

큰 골절이 열두 개로 나뉜 것은   大節十二分

일 년 열두 달의 이치와 부합하고   副月數也.

속에 오장五臟이 있는 것은 오행의 이치와 부합하고   內有五臟副五行數也.

밖에 사지四肢가 있는 것은 사계절의 이치와 부합한다.   外有四肢副四時數也.

주희

주자어류朱子語類/권53/맹자孟子 3

인간은 작은 태반이며 천지는 큰 태반이다.   人便是小胞 天地是大胞.

사람의 머리가 둥근 것은 천天의 표상이요,   人首圓象天

발이 모난 것은 지地의 표상이다.   足方象地.

주자어류朱子語類/권94/주자지서周子之書

사람은 곧 하나의 작은 천지天地일 뿐이다.   蓋人便是一個小天地耳.

인성은 곧 천리天理[이학]

'신유학'은 기본적으로 유학을 개혁한 것이므로 공맹을 출발점으로 삼는다. 성리학의 주류인 이학파는 맹자의 성선설을 계승하고 이를 이기론理氣論으로 풀이한다. 이처럼 신유학은 공맹의 유학을 기본으로 하는 것이므로 유교와는 다르다. 그러나 유교를 전면 부정하는 것은 아니다. 예컨대 유교의 인간 소우주론에 대해서는 이를 부정하기보다는 신비적인 요소를 제거하고 이기론으로 정리한다. 그들의 기본 테제인 '성즉리性卽理'란 '천성天性은 곧 천리天理'라는 뜻이다. 이것은 나에게 천리가 내재해 있다는 것이므로 천인합일天人合— 사상과 이성절대주의理性絶對主義 등 인본人本 사상을 함의하고 있다. 이것은 육체적인 것 말고는 인간 소우주론과 크게 다른 것이 아니다.

이처럼 성리학은 유학에 도교·불교를 포용하는 혁명적인 개혁이지만 그 기본 골격은 여전히 유교의 테두리를 벗어나는 것이 아니므로 '신유교'라고 말해도 좋을 것이다.

심위신心爲神, 소옹

황극경세皇極經世/관물외편觀物外篇

도道 또는 일자—者는 신神에 억지로 이름 붙인 것이다.	道與一 神之强名也.
신은 신이라 부르는 것이 타당할 것이다.	以神爲神者 至言也.
사람의 정신(神)이 곧 천지의 정신(神)이다.	人之神則天地之神.
사람이 스스로를 속이면 하늘을 속이는 것이다.	人之自欺 所以欺天也.

어찌 삼가지 않겠는가?   可不慎哉.

성즉리性卽理, 정이

이정유서二程遺書/권6

하늘이 나에게 부여한 것은 명命이라 하고   天之賦與謂之命
품부받아 나에게 있는 것은 성性이라 하며   稟之在我謂之性
성性이 사물에 드러난 것은 이理라 한다.   見於事業謂之理.

이정전서二程全書/이천어록伊川語錄

성性은 곧 이理다.   性卽理也.
천하의 이理는   天下之理
그것이 나온 근원에서 보면 선하지 않은 것이 없다.   原其所自未有不善.
희로애락이 발현되지 않았으므로   喜怒哀樂未發
어찌 불선不善이 있겠는가?   何嘗不善.
발현되어 절도에 맞으면 불선으로 나아갈 리 없다.   發而中節 則無往而不善.

하늘에서는 명命이 되고 사물에서는 이理가 되고   在天爲命 在物爲理
사람에게는 성性이 되고   在人爲性
몸에서 주재하면 심心이라 하지만   主於身爲心
그 실實은 모두 하나다.   其實一也.
심은 본래 선하지만   心本善.
사려思慮를 발하면 선도 있고 악도 있다.   發於思慮 則有善有不善.
이미 발했다면 정情이라고 말할 수는 있지만   若旣發 則可謂之情
심이라고 말해서는 안 된다.   不可謂之心.

기질지성氣質之性

천성이 천리天理라면 악惡은 어디서 생기는가? 또한 천성이 이理라면 기氣는 정신과는 무관한 것인가? 이 문제에 대답하려는 것이 '기질氣質의 성性' 이론이다. 여기서 기질의 '기氣'는 아리스토텔레스의 질료라는 의미와 유사하다. 즉 천성은 본연의 성이고 그것이 기를 타고 나타나면 기질의 성이며, 그 기질의 성은 기의 청탁淸濁에 따라 선악이 갈린다는 것이다.

유학은 정신노동을 하는 유사 계급의 사상이므로 정신을 존숭하고 육체를 천시한다. 그리고 이학理學자들은 이理를 존숭하고 기를 천시한다. 그러므로 이理는 선이요 기는 악이라는 인식구조를 가지게 된다. 그러므로 천심天心이라도 선한 이理를 타면 선하지만 악한 기를 타면 천성이 가려 악하게 될 수도 있다는 것이다.

장재

장자전서張子全書/정몽正蒙/성명誠明

형체가 있은 연후에 기질의 성性이 되는 것이니	形而後有氣質之性
그것을 선하게 되돌리면 천지의 성을 보존할 수 있다.	善反之 則天地之性存焉.
그러므로 기질의 성은	故氣質之性
군자라 할지라도 없을 수 없는 것이다.	君子有無弗性者焉.

성리대전性理大全/권31/성리性理 3

성性은 하늘에서 나오고 재질才質은 기氣에서 나온다.

기가 맑으면 재질도 맑고 기가 흐리면 재질도 흐리다.

재질에는 선善과 불선不善이 있으나

성性에는 불선이 없다.

性出於天 才出於氣.

氣淸則才淸 氣濁則才濁.

才則有善與不善.

性則無不善.

심心은 곧 기氣기학파

대체로 이학파들은 도道 또는 이理는 형이상으로, 기氣는
형이하로 본다. 즉 도는 이理며, 기는 이理의 질료일 뿐이라
한다. 반대로 기학파들은 도는 기이며, 이理는 기의 조리條理
일 뿐이라고 한다. 그러므로 기학파들은 성性과 심心, 이理와
기를 별개의 물건으로 보지 않는다. 그들에게 이理가 기의
조리이듯 성은 심의 작용일 뿐이기 때문이다.

그러므로 기학에서는 '성즉리性卽理'를 '성즉기性卽氣' 또
는 '심즉기心卽氣'라고 해야 옳다고 한다. 따라서 심성心性은
기질의 성일 뿐, 본연의 성이라는 개념은 성립될 수 없다.
그러므로 기학파들은 본연의 성을 부인한다.

또한 '성즉리性卽理는 곧 성즉기性卽氣'이므로 물리物理와
인성人性과 인륜人倫을 동일한 것으로 보며, 이 점에서 만물
은 일체라고 주장한다. 이것은 유교의 '우주일가론宇宙一家
論'을 이기론으로 심화시킨 것이다.

그러나 앞에서 말한 것처럼 성선설과 성리설性理說은 유

교의 정통이다. 그러므로 성리설을 버리고 성기설性氣說을 주장하는 것은 유교의 이단자로 낙인찍히는 일이다. 실제로 성기설을 처음 주장한 것은 유교의 죄인이라 낙인찍힌 왕충王充(30?~100?)과 왕안석이었다. 이러한 성기설은 명대의 유종주劉宗周(1578~1645)로 이어지고, 청대에 이르면 기철학이 득세하여 관학파 외에는 대부분의 학자들이 공유하게 된다. 또한 성정性情을 하나로 보고 성선性善·정악情惡론을 반대한다.

이처럼 인성론에서 이학파와 기학파는 근본적인 차이가 있다. 인성의 근원이 이理인가, 기氣인가, 천신天神인가, 물질物質인가로 갈라지기 때문이다. 왕안석은 다음과 같이 인성은 물체物體에서 나온다고 말했다.

왕안석

임천문집臨川文集/권66/예악론禮樂論

정신은 성性에서 생기고, 성性은 성誠에서 생기고	神生於性 性生於誠
성誠은 마음에서 생기고, 마음은 기氣에서 생기고	誠生於心 心生於氣
기는 형체에서 생긴다.	氣生於形.
그러므로 형체는 생명의 근본이다.	形者有生之本.

임천문집臨川文集/권66/치일론致一論

도道는 체體와 용用이 있다.	道有體有用
체란 원기元氣의 부동不動한 것이요,	體者 元氣之不動.
용은 넘치는 기(沖氣)가	用者 沖氣
천지간에 운행하는 것이다.	運行於天地之間.

임천문집臨川文集/권67/성정性情

성정性情은 하나다.

세상의 논자들은 성性은 선하고

정情은 악하다고 말하지만

이는 부질없이 성정에 대해 명칭만 알고

실질은 모른 때문이다.

성性은 희喜·로怒·애哀·락樂·애好·오惡·욕欲이 미발하여

마음속에 있는 것이요,

정情은 그것이 밖으로 발현되고

행동으로 나타난 것이다.

성은 정의 뿌리요, 정은 성의 작용이다.

그러므로 나는 성과 정은 하나라고 말한 것이다.

性情一也

世有論者曰

性善情惡

是徒識性情之名

而不知性情之實也

喜怒哀樂好惡欲未發於外

而存於心 性也

喜怒哀樂好惡欲發於外

而見於行 情也

性者情之本 情者性之用

故吾曰 性情一也.

그러나 앞에서 살핀 바와 같이 정이는 왕안석을 반대하고 인성은 천신에서 나온다고 주장한다. 정이는 전통적이며 유신론적이었고, 왕안석은 개혁적이며 유물론적이었기 때문이다. 이것을 정리하면 다음과 같다.

이학파 천신天神→성性→경敬→심心→이理→형기形氣(物)

기학파 형形(物)→기氣→심心→성誠→성性→정신精神

여기서 주목할 것은 순서가 거꾸로 됐다는 것과 천신이 정신으로, 이理가 기로, '성性→심心'이 '심心→성性'으로, 경敬이 성誠으로 바뀌었다는 점이다. 이것은 '유신론 ↔ 무신론', '주리론 ↔ 주기론', '이성주의理性主義 ↔ 정감주의情

感主義', '주관주의 ↔ 객관주의'의 대립을 나타내고 있는 것이다.

인식론

형이상학과 인식론

형이상학은 인간과 만물, 세계와 우주의 존재적 근원이 무엇인가를 묻는 것이다. 이미 말했듯이, 인류 역사상 처음으로 형이상학에 대해 말한 사람은 동양의 관자였고 그다음이 서양철학의 시조 탈레스였다. 그들은 똑같이 만물의 근원은 물(水)이라고 주장했다.

고대 및 중세 철학의 주된 관심사는 존재의 근원인 천天 또는 신神의 문제였으며 그러한 존재론을 형이상학이라고 한다. 그들에게 인간의 문제는 인성의 선악과 도덕적인 인간이 되기 위한 공부 방법 혹은 수양론修養論이 전부였다. 오히려 신의 존재나 성현의 말씀에 대해 의문을 가지는 인식론은 신과 성현에 대한 모독으로 간주됐다.

인식론이란 "인간이 어떻게 사물을 인식할 수 있는가, 형이상학에서 말하는 우주의 근원이 과연 참인가?"를 묻는 것이다. 그러나 공자, 맹자 등 유가들은 "인간이 어떻게 행동하는 것이 올바른가?"를 묻는 도덕론 즉 가치론을 말했을 뿐 형이상학이나 인식론에는 관심이 없었다. 성리학도 이기론과 인성론 등 형이상학적 수양론에만 관심을 기울였을 뿐 인식론은 관심사가 아니었다. 그들은 천리天理란 선천적으로 마음속에 있으며 이미 성인들이 다 말해 놓은 것이므로 의심해서는 안 되며, 오직 그것을 학습하고 상기想起해 내는 것뿐이라고 생각했다. 이러한 관념론 또는 선험론은 당시 동서양을 막론하고 중세의 일반적인 경향이었다. 다음과 같은 소크라테스의 유명한 말은 선험론을 말하는 것이었다.

메논Menon
영혼은 불멸이므로 여러 번 태어나며
이승과 저승에서 모든 것을 보았기 때문에
영혼이 배우지 않은 것은 없다.
그러므로 덕과 다른 것들에 대해서
회상한다는 것은 전혀 놀랄 일이 아니다.

이학파의 선험론

이학파의 인식론은 유심주의 선험론이다. 정이는 "내가 곧 척도요, 척도는 곧 나와 같다"고 말한다(『이정유서』 권15). 이것은 기원전 500년경 고대 그리스 소피스트의 거두 프로타고라스의 "인간은 만물의 척도"라는 말과 비슷하다.

그러나 그 뜻은 전혀 다르다. 소피스트의 말은 일자一者인 천天을 부정하고 만인이 각각 모든 것의 척도라는 말이므로 척도가 만인마다 다를 수 있다는 말이다. 그러나 정이의 말은 천리天理인 하나의 태극이 모든 사람의 마음에 완전한 형태로 내재해 있다는 것이므로 '척도'는 전체적이고 절대적인 하나의 마음이라는 뜻이다.

그러므로 말은 같은 것 같지만 뜻은 정반대다. 소피스트의 말은 보편적 가치를 부정한 것이고, 정이의 말은 보편적 가치만 인정하고 개별적 가치를 부정한 것이다.

선험론적 직관주의, 소옹

황극경세皇極經世/관물외편觀物外篇

사물事物로써 사물을 본 것은 이성이요,	以物觀物 性也.
나로써 사물을 본 것은 감정이다.	以我觀物 情也.
성性은 공평하고 밝으며, 정情은 편벽되고 어둡다.	性公而明 情偏而暗.
사려도 없고 조작도 없는 것만이	無思無爲者
하나로 만유萬有를 꿰뚫는 신명한 경지에 이른다.	神妙致一地也.
성인은 이로써 마음을 씻어 은밀한 곳에 감추어둔다.	聖人以此洗心 退藏于密.

황극경세皇極經世/관물내편觀物內篇

이른바 '관물觀物'이라 말하는 것은	夫所以謂之觀物者
자기로부터 사물을 보는 것이 아니다.	非以自觀之也.
즉 마음으로 사물을 보는 것이 아니라	非觀之以心
이성理性으로써 사물을 보는 것이다.	而觀之以理也.

정이

이정유서二程遺書/권25

지식을 이루는 것은 사물을 궁리하는 데 달려 있는데   致知在格物

그것은 밖에서 나를 녹이는 것이 아니라   非由外鑠我也

나에게 본래 있는 것이다.   我固有之也.

사물에 이끌려 바뀌면   因物而遷

혼미해져 깨닫지 못하고 천리天理가 끊어진다.   迷而不悟 則天理滅矣.

그러므로 성인은 사물을 궁리하고자 하는 것이다.   故聖人欲格之.

이정전서二程全書/권18

사물과 나의 이理는 하나다.   物我一理

재능이 나를 깨우치면 곧 사물을 깨닫는 것이다.   才曉彼卽曉此.

듣고 본 지식은 덕성의 지식이 아니다.   聞見之知 非德性之知.

이정전서二程全書/권25

크게 교화된다 함은 천리天理와 내가 하나 된 것을 말한다.   大而化之 只是謂理與己一

미교화자는 척도를 고집하여 사물을 헤아리는 것처럼   其未化者 如人操尺度量物

그 쓰임이 착오를 면할 수 없을 것이다.   用之尙不免有差

만약 교화에 이르면   若至於化者

내가 곧 척도이고 척도가 곧 자기다.   則己便是尺度 尺度便是己.

배움이란 것은 사람으로 하여금 마음속에서 찾도록 하는 것이다.   學也者 使人求于內也

마음에서 구하지 않고 밖에서 찾는 것은   不求于內 而求于外

성인의 학문이 아니다.   非聖人之學也.

기학파의 경험론

주희보다 앞선 기학파들도 맹자의 성선설과 이학파의 선험론을 반대했을 뿐 근대적인 의미의 인식론을 말한 것은 아니다. 다만 기학파들은 사물에 대한 학습과 견문과 경험을 중시했으므로 이를 '경험론적'이라고 말하는 것뿐이다.

이러한 경험론적 전통은 묵자가 그 효시이며 순자를 계승한 법가들의 특징이기도 하다. 특히 왕안석은 맹자의 성선설性善說과 순자의 성악설性惡說을 반대하고 묵자의 성학습설性學習說을 취한다. 장재의 인식론은 객관적인 감각을 중시하지만 이성도 중시하여 주관과 객관의 합일을 강조한다.

견문 중시, 이구

우강집旴江集/권3/역론易論 4

성품은 저절로 현명해지지 않고 반드시 학습이 필요하다.	性不能自賢 必有習也.
사물은 저절로 알 수 없고 반드시 견문이 있어야 한다.	事不能自知 必有見也.
학습이 옳고 견문이 넓으면	習之是而見之廣
군자가 안민입정安民立政할 수 있는 것이다.	君子所以有成也.

성선설 반대, 왕안석

임천집臨川集/권68/원성原性

맹자는 사람의 본성이 선하다고 했고	孟子言人之性善
순자는 악하다고 했다.	荀子言人之性惡.
대저 태극이 오행을 낳은 연후에야	夫太極生五行然後
이해利害가 생겨났다.	利害生焉

그렇다고 태극을 이해利害로 말할 수는 없다.　　　而太極不可以利害言也.

성性이 정情을 낳고 정이 있은 연후에야　　　性生乎情 有情然後

선악이 나타난다.　　　善惡形焉

그렇다고 성을 선악으로 말할 수는 없다.　　　而性不可以善惡言也.

이 점에서 나는 맹자, 순자와 다르다.　　　此吾所以異於二子

또한 그들이 말한 것도　　　且諸子之所言

내가 말한 정과 습習이었지　　　皆吾所謂情也習也

성을 말한 것이 아니다.　　　非性也.

그런즉 선악이란　　　然則善惡者

정이 만들어낸 명칭인 것이다.　　　情之成名而已矣

공자는 "성은 서로 가까우나　　　孔子曰 性相近也

학습으로 서로 멀어진다" 라고 했다.　　　習相遠也.

내가 말하고 하는 것도 이와 같다.　　　吾之言如此然.

학습설

임천문집臨川文集/권68/성설性說

공자가　　　孔子所謂

"중인中人 이상에게만 상등의 교훈을 말하고　　　中人以上可以語上

중인 이하에게는 말하지 말며　　　中人以下不可以語上

상지上智와 하우下愚는 변하지 않는다" 한 것은　　　惟上智與下愚不移

무슨 말인가?　　　何說.

그것은 선에 물들었으면　　　曰 習於善而已矣

이른바 상지자요,　　　所謂上智者

악에 물들었으면 이른바 하우며,　　　習於惡而已矣 所謂下愚者

한 번 선에 물들고 한 번 악에 물들면　　　一習於善 一習於惡

이른바 중인임을 말한다.   所謂中人者.
상지 · 하우 · 중인이란   上智也下愚也中人也.
그 결과에 따라 명명한 것뿐이다.   其卒也命之而已矣.
오직 (악으로) 변하지 않은 연후에야 그를 상지라 하며   惟其不移然後謂之上智
오직 (선으로) 변하지 않은 연후에야 그를 하우라 함도   惟其不移然後謂之下愚
모두 그 결과에 따라 명명한 것일 뿐   皆於其卒也命之
대저 태어난 것은 변화가 불가능하다는 것은 아니다.   夫非生而不可移也.

경험론과 선험론 종합, 장재

장자전서張子全書/정몽正蒙/대심大心

사람들이 나에게 지각이 있다고 말하는 것은   人謂己有知
눈과 귀로 외물을 받아들인 것이다.   由耳目有受也
사람이 외물을 받아들인 것은 주관과 객관이 합친 것이다.   人之有受 由內外之合也
지각이 이목의 밖까지 주관과 객관을 합한다면   知合內外於耳目之外
그 지각이 그 사람을 넘어 멀리 알 수 있을 것이다.   則其知也過人遠矣.

장자전서張子全書/어록語錄

사물을 안다고 말하려면 두루 취합한 것으로 근거해야 한다.   言盡物者 據其大總也
그러나 오늘날 진물을 말하는 자는 궁리에 도달했다고 말할 수 없다.   今言盡物者 未說到窮理
다만 견문만으로 마음이 생기면 진심이 부족할까 염려된다.   但恐以聞見爲心 則不足以盡心
사람은 본래 마음이 없다가도 사물로 인하여 마음이 생긴다.   人本無心 因物爲[1]心
만약 견문만으로 마음이 생기면   若只以聞見爲心
좁은 틈새의 마음이 될까 염려된다.   但恐小郤心

---

1) 爲(위)=成也, 造作也, 僞也.

천지간에 가득한 것은 모두 물질이다.

만약 자기의 견문에만 의존한다면 접할 수 있는 것이 얼마나 될까?

어찌 천하의 사물을 다 접할 수 있겠는가?

이 때문에 마음을 다하고자 하는 것이다.

今盈天地之間者皆物也

如只據己之聞見 所接幾何.

安能盡天下之物

所以欲其盡心也

도덕론

유교 도덕론의 변천

공자의 도덕률은 행동거지와 그 결과를 묻는 책임 윤리였다. 그런데 맹자에 이르면 주관적인 면이 강조되기 시작한다. 그것이 성리학에 이르면 심성을 중요하게 생각하는 심정 윤리로 변한다. 그래서 인仁의 해석도 인외설仁外說에서 인내설仁內說로 바뀐다. 이러한 공맹의 윤리도덕론은 유교라는 종교의 교리로 이행되면서 혈연적 공동체 윤리에서 우주적 윤리로 확장된다. 유학은 왕王 중심의 가부장적 일가一家를 지향했으나, 유교는 천天 중심의 우주적 일가를 지향했기 때문이다. 그러므로 유학에서 인륜의 기본은 군사부君師父에 대한 효孝였으나 유교의 인륜人倫은 천지天地에 대한 효였다. 하늘에 대한 제사도 바로 하늘에 대한 효도였던 것이다.

그러나 성리학에 이르면 내 안에 내재한 천심天心을 보존하는 것이 바로 인仁이므로 윤리도덕은 공동체 및 천제보다

도 내 생명에 대한 존중으로 중심이 옮겨진다. 그러나 이때
도 군주와 천제에 대한 효는 여전히 중요한 것이므로 성리
학의 개인 존중은 가부장적 공동체의 틀을 벗어나지 않는
다. 이런 점에서 서양의 개인주의적 윤리와는 다르다.

그러므로 유학이든 유교든 성리학이든 또는 주리론이든
주기론이든 유가의 이상인 천인합일과 천하일가天下一家를
지향하는 것은 마찬가지다. 공자는 인간의 특성을 이러한
공동체적 도덕성에서 찾는다. 그는 도덕성으로 인仁과 효를
말하고 도덕률로서 삼정三正을 제시한다. 맹자는 이를 다시
오덕五德과 오륜五倫으로 발전시켰다.

삼정三正

예기禮記/애공문哀公問

애공이 물었다.	公曰
"감히 묻사오니 정치는 어떻게 하는 것입니까?"	敢問爲政如之何.
공자가 답했다. "부부夫婦는 분별하고	孔子曰 夫婦別
부자父子는 사랑하고 군신君臣은 엄하게 하는 것입니다.	父子親 君臣嚴.
이 세 가지를 바르게 하면 모든 사물이 그것을 따를 것입니다."	三者正則庶物從之矣.

오륜五倫

맹자孟子/등문공滕文公 상

사람에게는 도道가 있다.	人之有道也
배부르고 등 따습고	飽食煖衣
빈둥거리며 배움이 없다면 금수에 가깝다.	逸居而無教 則近於禽獸.
성인(堯)은 이를 염려하여 설契²⁾을 사도司徒로 삼아	聖人有憂之 使契爲司徒

인륜을 교화토록 했으니	教以人倫
부자간에는 사랑이 있어야 하고	父子有親
군신 간의 의리가 있어야 하고	君臣有義
부부간의 분별이 있어야 하고	夫婦有別
장유長幼 간에는 서열이 있어야 하고	長幼有序
벗들 간에는 신의가 있어야 하니 이것이 오륜이다.	朋友有信.

동중서의 특색은 공자의 삼정을 삼강三綱으로 절대화하여 유학을 종교적인 교리로 만든 데 있다. 삼강이란 군君은 신 臣의 기강紀綱이요, 부父는 자子의 기강이요, 부夫는 부婦의 기강이라는 뜻이므로 반동적이다. '기紀'라는 글자는 원래 실 꾸러미의 실마리를, '강綱'은 그물을 규정하고 고정시키 는 기본 틀을 말하는 것으로, 기강이란 벼리 즉 기본 법칙이 라는 뜻이다.

이러한 동중서의 삼강은 후한後漢(東漢) 때 백호관白虎觀 회의에서 유교의 교리로 정착됐으며, 유교의 세계관인 우주 일가론 및 인간 소우주론에 따른 천하일가의 정치적 이상을 위한 인간의 도덕론이었다. 그러나 이것은 정치적으로 보면 공자보다 더욱 봉건적이었다. 공자는 소국연방주의를 지향 했고 동중서의 유교는 절대 왕권을 지향했기 때문이다.

또한 동중서는 유학의 도덕론인 오덕(仁義禮智信)을 우주 론인 사계절과 오행(金木水火土)으로 설명했다. 주돈이와 주 희도 이를 계승했다(제1부 2장의 '유교와 음양오행설' 참조).

---

2) 殷나라 湯왕의 始祖.

백호통의白虎通義/삼강육기三綱六紀

삼강이란 무엇을 말하는 것인가?

군주는 신하의 법이 되고 아비는 자식의 법이 되며

지아비는 지어미의 법이 되는 것이다.

三綱者何謂也.

君爲臣綱 父爲子綱

夫爲妻綱.

생명 윤리로 반전

이처럼 유교는 자연과 인간을 하나로 보았으며 식물과 동물과 인간이 똑같은 생명체임을 주목했다. 그리고 그것들이 천지의 품 안에서 운명공동체로 나아가는 일체임을 발견한 것이다. 급기야 성리학에 이르면 공자의 인仁은 인간관계론을 넘어 우주적 자비慈悲로까지 확대된다. 특히 주희는 『주역』에 언급된 천지天地의 덕德인 '원형이정'을 인간의 덕인 '인의예지'와 같은 것으로 보았다. 이는 천天과 인人을 하나로 본 것이며 천인합일이야말로 인간의 도덕적 목표라고 본 것이다.

공자

주역周易/문언文言

원元은 선한 것의 으뜸이며

형亨은 아름다움이 모인 것이며

이利는 뜻의 화합이며

정貞은 일의 줄기다.

元者 善之長也.

亨者 嘉之會也.

利者 義之和也.

貞者 事之幹也.

정이

역전易傳

건乾은 만물의 비롯됨이니	乾者 萬物之始.
원형이정元亨利貞을 사덕四德이라 말한다.	故元亨利貞謂之四德.
원은 만물의 비롯됨이며	元者 萬物之始.
형은 만물의 자람이며	亨者 萬物之長.
이는 만물의 열매 맺음이며	利者 萬物之遂.
정은 만물의 완성이다.	貞者 萬物之成.

주희

주역본의周易本義

'원元'은 생물의 비롯됨이니 천지天地의 덕이요,	元者生物之始 天地之德.
이보다 앞선 것이 없으므로	莫先於此
시절은 봄(春)이라 하고	故於時爲春
사람에 있어서는 인仁이라 하며	於人則爲仁.
모든 선善의 으뜸이라 한다.	而衆善之長也.
'형亨'은 생물의 소통이니	亨者生物之通
만물이 이에 이르면 아름답지 않음이 없으므로	物至於此 莫不嘉美
시절은 여름(夏)이라 하고	故於時爲夏
사람에 있어서는 예禮라 하며	於人則爲禮
모든 아름다움의 모임이라 한다.	而衆美之會也.
'이利'는 생물의 이룸이니	利者生物之遂
만물은 각각 뜻을 이루되 서로 방해되지 않으므로	物各得意 不相妨害
시절은 가을(秋)이라 하고	故於時爲秋
사람에 있어서는 의義라 하며	於人則爲義

그 분수를 얻어 화평함이라 한다.	而得其分之和.
'정貞'은 생물의 완성이니	貞者生物之成
실리實理가 다 갖추어져 곳에 따라 각각 만족하므로	實理具備 隨在各足
시절은 겨울(冬)이라 하고 사람에 있어서는 지智라 하며	故於時則爲冬 於人則爲智
모든 사업의 줄기라 한다.	而衆事之幹
줄기는 나무의 몸통과 같으니	幹木之身
가지와 잎이 의지하며 서 있을 수 있는 것이다.	而枝葉所依 而立也.

생의生意, 진순[3] 陳淳

북계자의北溪字義/인의예지신仁義禮智信

인성에는 인의예지仁義禮智 사덕四德이 있는데	人性之有仁義禮智
이 사덕은 천지의 마음인 원형이정의 이理다.	只是天地元亨利貞之理.
'원'은 개개 사물의 생명 의지이며	蓋元是箇生意
'형'은 이 생명 의지가 통하는 것이며	亨只是此生意之通
'이'는 이 생명 의지를 이루는 것이며	利只是此生意之遂
'정'은 이 생명 의지를 저장하는 것이다.	貞也只是此生意之藏.

이학파의 극기론克己論

멸인욕滅人欲 존천리存天理

공자의 테제인 '극기복례克己復禮'는 성리학에서는 '멸인

---

3) 1159~1223. 字는 安卿, 號는 北溪. 朱熹의 제자.

욕減人欲 존천리存天理'로 바뀐다. '존천리'란 본성을 찾아야 한다는 뜻으로 맹자의 '잃어버린 마음을 찾는 것'이나, 불교에서 '불심을 찾자'는 것과 같은 것이다. 이것은 두 가지 의미가 있다.

첫째, 주례周禮를 천리天理로 절대화함으로써 주周의 봉건제를 정치 이상으로 삼았다.

둘째, 인자仁者가 되기 위해서는 마음속의 사욕을 없애고 천리를 보존해야 한다는 것이다.

천일합일, 주돈이

태극도설太極圖說

오성五性이 감동하여	五性[4]感動
선악이 나뉘고 만사가 나온다.	而善惡分 萬事出矣.
이에 성인은 오성을 편안하게 하고자	聖人定之
중정中正과 인의仁義, 무욕無慾의 고요함을 위주로 하는	而中正仁義[5] 而主靜[6]
사람의 표상을 세웠다.	立人極焉.
그러므로 성인은 그 덕성이 천지와 합치하고	故聖人與天地合其德
밝음이 일월과 합치하며	日月合其明
차례가 사시四時와 합치하며	四時合其序
길흉이 귀신과 합치한다.	鬼神合其吉凶.
군자는 이것을 닦으므로 길하고	君子修之吉

---

4) 주돈이는 동중서의 五行 五常說을 계승한다. 그러므로 여기서 五性은 五行의 德性을 말한다.

5) 中正仁義(중정인의)=聖人之道 仁義中正而已矣(自註).

6) 主靜(주정)=無慾故靜.

소인은 이것을 어기므로 흉하다.   小人悖之凶.

성인聖人=주정主靜, 주돈이

성리대전性理大全/권2/통서通書 1/성학聖學

성인은 배움으로 가능한가? 가능하다.   聖學可乎 曰可.

요점이 있습니까?   有要乎.

태초의 한결같음으로 요점을 삼아야 한다.   曰 一爲要

그 한결같음이란 무욕無欲이다.   一者無欲也

무욕하면 정靜하여 허虛하고 동動하여 곧다.   無欲則靜虛動直.

고요하여 비우면 밝고, 밝으면 통한다.   靜虛則明 明則通.

동動하여 곧으면 공평하고, 공평하면 두루 광대하다.   動直則公 公則溥.

밝게 통하고 두루 공평하면 그것으로 거의 성인이다.   明通公溥 庶矣乎.

정이

이정유서二程遺書/권15

보고 듣고 말하고 행동함에   視聽言動

이리가 아니면 하지 않는 것이 곧 예禮다.   非理不爲 卽是禮.

그러므로 예는 곧 이理다.   禮卽是理也.

천리天理가 아니면 곧 이것은 사욕私欲이다.   不是天理 便是私欲.

이정유서二程遺書/권19

욕심은 자기만 이롭게 하고   欲利于己

반드시 남에게 손해를 끼치며   必損于人.

의리義理를 잊고 원수를 쌓는다.   忘義理 致怨仇.

경敬

대체로 이학은 '멸인욕 존천리'를 위해 마음을 경계해야 한다고 주장한다. 경敬이란 하늘의 '무사無私(사사로움이 없음) 생생지심生生之心(낳고 살리는 마음)'을 내 마음으로 삼는 것이다. 이것은 정이가 주돈이의 주정主靜을 주경主敬으로 내실화한 것이다. 경敬은 '주일무적主一無適'을 뜻한다. '주일主一'은 무욕無慾 존성存性하여 천성天性을 주인으로 삼는 것을 말하고, '무적無適'은 사기私己 사욕私慾으로 달아나지 않는 것을 말한다.

정이

이정유서二程遺書/권15

경敬이란 본심의 한결같음을 주인으로 삼는 마음이며
한결같음이란 초심을 잃고 사욕으로 달아나지 않는 것을 말한다.

所謂敬者 主一之謂敬.
所謂一者 無適之謂一.

성리대전性理大全/권46/학學 4

사람이 경敬을 얻어 보존할 수 있다면
내 마음은 맑아지고 천리天理는 찬연해진다.
성인들이 전해 내려온 것은 단지 이理 한 글자이다.
경을 공부하는 것이 성문聖門의 제일 정법이었다.

人能存得敬
則吾心湛然 天理粲然
聖人相傳 只是一箇字.
敬字工夫乃聖門第一義.[7]

---

7) 義(의)=正也, 法也.

기학파의 극기론

이욕利欲 긍정

기학자들은 대체로 성선설 또는 성악설을 부정하고 묵자의 인성학습설을 따른다. 왜냐하면 마음은 이理가 아니고 기氣이기 때문이다. 이理는 마음에 있는 것이 아니고 사물에 있을 뿐이다. 그러므로 본성本性을 찾는다 해도 거기에는 이理도 없고 선악도 없다고 보았기 때문이다.

장재

장자전서張子全書/어록語錄

기화氣化가 있으므로 도道라는 이름이 있게 된다.	有氣化 有道之名.
따라서 이理는 인심人心에 있지 않고 모두 사물에 있다.	理不在人 皆在物.
따라서 만물에는 모두 이理가 있다고 말한다.	萬物皆有理.

왕안석

임천문집臨川文集/주관신의周官新義/성정性情

성性과 정情은 하나다.	性情一也.
성은 본래 선악이 없다.	性本無善惡
단 선하게 할 수도 있고	但可以爲善
또는 악하게 할 수도 있을 뿐이다.	亦可以爲惡
선과 악은 습관에 달려 있을 뿐이다.	其善其惡在于習.[8]

---

8) 性是情的本體 情是性的運用.

그러므로 그들에게는 대체로 이학理學의 극기克己 곧 '멸인욕'은 반대하고 이利와 욕欲을 긍정하는 경향이 있다. 이것은 인간의 욕망과 민民의 생산 활동을 천시하는 유가들의 귀의천리貴義賤利 사상을 거부하는 것으로 인간 해방에 획기적인 진전이다.

이처럼 욕欲에 대한 긍정적 이론은 아마 이구로부터 계발됐다고 보아야 할 것이다. 그는 인간의 타고난 욕망을 인정하고 다만 공동생활을 위해 예禮로써 그 욕망을 절제하고 꾸미는 것을 인仁이라고 말한다.

이구

우강집盱江集/권2/예론禮論 1

대저 예禮가 비롯됨은	夫禮之初
사람의 본성인 욕망欲望을 따르되	順人之性欲
그것을 다스려 절도 있고 아름답게 꾸미는 것이었다.	而爲之節文也.

우강집盱江集/권2/원문原文

이利를 도모해도 되는가?	利可言乎
사람은 이利가 아니면 살아갈 수 없으니	曰 人非利不生
어찌 도모하면 안 된다 하겠는가?	曷爲不可言.
욕欲은 도모해도 되는가?	欲可言乎
욕이란 사람의 정이니	曰 欲者人之情
어찌 도모함을 불가하다 하겠는가?	曷不可言.
다만 도모한다 해도 예禮로써 하지 않으면	言而不以禮
이것은 탐욕이요 방탕이니 죄악罪惡이다.	是貪與淫 罪矣.

성誠

유교에서 성誠은 천성天性이다. 이것을 이기론理氣論으로 말하면 이성理性을 회복하자는 것이다. 이것은 『중용』의 "성誠"을 성리학에서는 이리로 대체한 것이다. 즉 성리학은 천天·인人의 성실함을 이리라고 말한 것이다. 성은 천의 외형이고, 이는 천의 내면이다. 이처럼 성은 하늘의 성품이요 성인의 성품이다.

다만 기학파는 멸인욕을 반대하므로 극기론에서도 주관적인 마음공부보다 객관적인 수신修身을 강조한다. 따라서 기학파는 주관적·주정적主靜的인 경敬보다도 객관적 주동적主動的인 성誠 또는 노恕를 강조한다. 성誠은 생명 살림의 성실한 하늘을 본받아 행동하는 것을 말하며, 노恕는 나의 처지에서 남을 배려하는 것을 말한다.

자사

중용中庸/20장

성誠이란 하늘의 도道이며	誠者 天之道也
하늘처럼 성실하려는 것은 사람의 도다.	誠之者 人之道也
성은 힘쓰지 않아도 맞고 생각하지 않아도 할 수 있다.	誠者 不勉而中 不思而得.
행동거지가 성의 도에 맞으면 성인이다.	從容中道 聖人也
성실하다는 것은 선을 선택하여 굳게 지키는 것이다.	誠之者 擇善而固執者也

중용中庸/22장

오직 천하에 지극히 성실한 자만이 능히 자기 본성을 다할 수 있으며	惟天下至誠 爲能盡其性.
자기 본성을 다할 수 있으면 능히 남의 본성도 다하게 하며	能盡其性 則能盡人之性.
남의 본성을 다하게 할 수 있으면 능히 사물의 본성을 다하게 하며	能盡人之性 則能盡物之性.

사물의 본성을 다하면 천지의 화육을 도울 수 있고, .   能盡物之性 則可以贊天地之化育.

천지의 화육을 돕는다면   可以贊天地之化育

천지와 나란히 참여하는 것이다.   則可以與天地參矣.

주돈이

성리대전性理大全/권2/통서通書/성誠 상

성誠이란 성인의 근본이다.   誠者聖人之本.

위대한 건원乾元이여!만물이 이로써 비롯되었으니 성의 근원이로다.   大哉乾元 萬物資始 誠之源也

건도乾道(天德=元亨利貞)는 변화하여 각각 성명을 바르게 하니   乾道變化 各正性命

이는 성이 세운 것이며 순수 지선한 것이다.   誠斯立焉 純粹至善者也

원元·형亨은 성의 통창이요, 이利·정貞은 성의 부흥이다.   元亨誠之通 利貞 誠之復也.

성聖이란 성誠일 뿐이다.   聖 誠而已矣

성誠은 인의예지신仁義禮智信의 근본이요 온갖 행실의 근원이다.   誠 五常之本 百行之源也.

장재

장자전서張子全書/정몽正蒙/태화太和

성誠이란 하늘의 도道다.   誠者 天之道也.

음양이 실질적인 모습을 일러 성이라 한 것이다.   陰陽有實之謂誠.

성리대전性理大全/권37/성리性理 9

성誠은 곧 실實이다.   張子曰 誠則實也

태허太虛란 하늘의 실이다.   太虛者天之實也

만물은 태허에서 취함이 풍족하고, 사람은 태허에서 나왔다.   萬物取足於太虛 人亦出於太虛.

태허란 마음의 실이다.   太虛者心之實也

성이란 허虛에서 실의 출현을 추구하는 것이다.   誠者虛中求出實.

왕안석

임천문집臨川文集/권66/예악론禮樂論

정신精神은 성性에서 생기고, 성性은 성誠에서 생기며,

성誠은 심心에서 생기고, 심은 기氣에서 생기고,

기는 형체에서 생긴다. 그러므로 형체는 생명의 근본이다.

神生于性. 性生于誠.

誠生于心·心生于氣.

氣生于形 形者有生之本也.

주희

성리대전性理大全/권37/성리性理 9

주자가 말하되 성誠은 실리實理이며 또 정성(誠慤)이다.

한대漢代이래 오로지 정성을 성이라 말했는데

정자가 실리라고 말한 후부터

후학들이 정성이란 말을 버렸다.

『중용』에서 성을 실리라고 말했고

또한 성을 정성이라고 말한 점을 감안하지 않더라도

단지 실리만을 성이라 하고

정성은 성이 아니라고 하는 것은 잘못이다.

朱子曰 誠實理也 亦誠慤也

由漢以來 專以誠慤言誠.

至程子乃以實理言

後學皆棄誠慤之說.

不觀中庸亦有言實理爲誠處

亦有言誠慤爲誠處

不可只以實爲誠

而以誠慤爲非誠也.

성리대전性理大全/권2/통서通書/성誠 상

성誠이란 진실 무망한 것을 말하는바

하늘이 주고 사람이 받은 올바른 이理이다.

사람에게는 모두 있는 것이지만

성인이 성인된 까닭은 다름이 아니라

그만이 이것을 온전히 할 수 있기 때문이다.

주돈이『통서通書』는『태극도설』과 함께 표리를 이루는 것으로

'성은 곧 이른바 태극' 이다.

誠者 至實而無妄之謂.

天所賦物所受之正理也

人皆有之

而聖人之所以聖者 無他焉

以其獨能全此而已.

此書與太極圖相表裏

誠卽所謂太極也.

제4장. 정치론

원시유교의 정치사상

공자의 정치사상

옛 유사儒士들의 삶의 목표는 수신修身 제가齊家 치국治國 평천하平天下에 있었다. 수신은 극기克己와 효제孝悌로 도덕적 인간이 되는 것이며, 이는 제가와 치국과 평천하를 위한 준비다. 제가란 가문家門에 '취직'하여 대인大人을 도와 '가문을 잘 다스리는 임무'를 수행하는 것이요, 치국이란 공실公室에 취직하여 대부大夫를 돕고 군자君子로 승진하면 '제후를 잘 보필하는 것'이요, 평천하란 왕실에 취직하여 공경公卿이 되어 왕이 천하를 태평하게 다스릴 수 있도록 잘 보필하는 것을 말한다. 흔히 제가를 가정을 꾸리는 일로 착각하기 쉽지만 당시 가정사家庭事는 유사의 직분이 아니었으며,

공자가 가정학을 말한 것도 아니다. 가문의 권력이 사라진 오늘날로 말하면 가정을 잘 꾸리는 일은 자기 수양과 더불어 수신에 해당되고, 제가는 기업을 잘 꾸리고 직장 생활을 잘하는 일이 될 것이다.

그래서 유학을 수기치인修己治人 또는 군자학 내지 성학聖學이라 말하는 것이다. 군자학이란 군주가 인人 계급과 원만한 관계를 유지하고 민民 계급을 잘 다스리도록 보필하여 좋은 군자 즉 대부 이상의 관장이 되는 길을 배우는 것이며, 성학이란 성군·성왕이 되는 선인先人의 가르침이다. 퇴계가 선조宣祖(재위 1567~1608)에게 『성학십도聖學十圖』를 올린 것도 이러한 성왕의 정치를 실현해 달라는 당부였던 것이다. 그러므로 공자학은 군자학이며 성군학이며 오늘날로 말하면 정치도덕학인 것이다.

공자가 살던 기원전 6~5세기의 춘추시대는 주周의 봉건제가 몰락해 가던 난세요 말세였다. 공자의 학문은 이처럼 영일寧日 없는 전쟁으로 기울어져 가던 주 왕실(周室)을 보위하고 극도로 피폐한 민생을 해결하려는 난세 극복의 정책 대안이었던 것이다. 그러므로 유학을 유사들의 경세치학經世治學 또는 이를 줄여 경학經學이라고 말한다. 유교가 물론 유학과 반드시 같은 것은 아니나 유교의 뿌리는 공자의 '유학儒學'이다. 그러므로 유교의 도덕론은 유가의 정치 이론을 기초로 한다. 따라서 정치론을 모르면 도덕론도 제대로 이해할 수 없다.

공자는 인仁에 대해 '극기克己하여 주나라의 통치제도인 주례周禮로 돌아가는 것'이라고 말했다. 또 "효孝는 군주를 섬기는 방법"이며(『예기』「대학大學」), "예禮란 국가(나라와 가문)를 다스리고, 사직(社神과 稷神)을 안정시키며, 인人(귀족)과 민民(四民)을 차례 지으며, 후사를 이롭게 하는 것"이라고 말했다(『좌전』「은공隱公11년(BC 712)」). 이처럼 공자의 인仁·효孝·예禮·악樂도 모두 정치론이라고 말할 수 있다. 따라서 공자의 도덕론은 정치론과 불가분의 관계이며, 공자의 정치론은 공자학 전체에 관련된다.

반패도反覇道 왕도王道주의

공자의 정치론이라면 일반적으로 왕도王道라고 말한다. 그 특색은 주공周公이 정비했던 주례를 기본으로 하되 요순의 치세를 이루겠다는 복고적 이상주의였다. 주례의 통치구조는 봉건제를 특색으로 하는 가부장적 정치 체제다. 이는 천자天子 또는 성인聖人으로 불리는 왕이 중앙을 이루고, 그의 친척과 공신들이 각각 국토를 분봉받아 제후가 되어 중앙을 둘러싸고 호위하는 통치제도를 말한다. 그러므로 봉건제란 천명을 받은 대종중大宗中의 수장인 천자를 중심으로 제후와 소국들을 혈연관계로 묶어 천하일가天下一家를 이루어 왕권을 보위하는 가문들의 연방제였던 것이다. 왕도주의는 이러한 소국의 안전보장을 담보하고 모든 제후국들이 혈연으로 연결되는 연방제적 공화정이었다.

그러나 세월이 갈수록 혈연적 유대가 희미해져 결속력이 약화됐고 전란으로 천명론의 종교적 교리도 무력해졌다. 그리고 무엇보다 물적 토대가 기존의 균형을 흔들어놓았다.

당시 철기가 발달하고 수전水田의 개발이 활발해져 제후국들 사이에 국부와 병력 면에서 현격한 불균형이 생김으로써 소국은 대국에 흡수될 수밖에 없었던 것이다.

이러한 정세로 인하여 주나라 왕실을 중심으로 하는 연방제적 왕도주의가 무너지고 이른바 춘추전국시대라고 하는 군웅활거의 시대가 열린 것이다. 이처럼 왕권이 유명무실해지고 춘추오패春秋五霸 또는 전국칠웅戰國七雄과 같은 패권제후가 왕을 대신하여 천하를 통치하는 것을 패도覇道주의라고 말한다. 공자는 소국들을 병탄하려는 대국들의 패도주의를 반대했다.

공자

논어論語/계씨季氏 2

공자가 말했다.	孔子曰
"천하에 도道가 있으면	天下有道
예악과 정벌이 천자로부터 나오고	則禮樂征伐 自天子出.
천하에 도가 없으면	天下無道
예악과 정벌이 제후로부터 나온다.	則禮樂征伐 自諸侯出.
제후로부터 나오면	自諸侯出
십 대 안에 망하지 않는 나라가 드물고	盖十世希不失矣.
대부로부터 나오면	自大夫出
오 대 안에 망하지 않는 나라가 드물고	五世希不失矣.
가신이 국권을 잡으면	陪臣執國命
삼대 안에 망하지 않는 나라가 드물다.	三世希不失矣.
천하에 도가 있으면 정사가 대부의 손에 있지 않고	天下有道 則政不在大夫.

천하에 도가 있으면 서인이 정사를 논하지 않는다." 　　天下有道 則庶人不議.

사기史記/태사공자서太史公自序

춘추 이백사십이 년 동안 시해된 군주가 서른여섯 명이고 　　春秋之中 弑君三十六

멸망한 나라가 쉰둘이며 　　亡國五十二

쫓겨나거나 사직을 보전하지 못하고 　　諸侯奔走 不得保其社稷者

대국에 흡수된 나라는 이루 다 셀 수 없다. 　　不可勝數.

그 까닭을 살펴보면 모두가 그 근본을 잃었기 때문이다. 　　察其所以 皆失其本已.

성인 정치와 제정祭政

공자는 이러한 난세를 종식시키기 위해서는 성인聖人 정치를 부활하는 것만이 유일한 방도라고 생각했다. 공자는 요·순·우·탕·문·무·주공 등 7인을 성인으로 추앙하고 이들을 정치의 이상으로 삼았다.

이러한 성인 정치는 플라톤의 철인哲人 정치와 비슷하다. 다만 성인은 철인과는 달리 천명을 받은 천자로서 하늘에 제사(天祭)를 올리는 제사장이었다는 점이 다를 뿐이다. 천자의 천제天祭는 제사 의식을 통하여 자신이 '하늘의 뜻(天志)'을 대표한다는 것을 과시하는 통치 행위다. 그러므로 만약 제후나 공경이나 대부가 천제를 지낸다면 이는 반역의 뜻을 나타내는 것이 된다. 제후는 땅과 조상에게, 대부는 조상에게만 제사를 지낼 수 있었다. 그리고 조상에게 지내는 제사도 신분에 따라 규제함으로써 사회를 계급적으로 조직하는 정치적 기능을 했다.

이처럼 성인 정치란 천자를 대종주로 하여 천제를 지내고 이를 매개로 가부장적 혈연 공동체를 만드는 것이다. 그러므로 유교의 정치론은 시대에 따라 그 방법이 다르고 표현이 다르지만 한마디로 말한다면 모두가 천하일가를 지향한 것이라고 할 수 있다. 천하일가란 천하가 씨족 공동체처럼 되는 것을 의미한다. 그리고 씨족 공동체는 제사를 통해 확인되고 유지된다. 그러므로 공자는 "무릇 인人을 다스리는 도道는 예禮보다 긴요한 것이 없으며, 예에 오경五經이 있으나 제사보다 중요한 것은 없다"고 말한다(『예기』「제통祭統」).

다만 성인이란 말은 시대의 변천에 따라 변화했다. 공자가 말한 성인은 성왕聖王을 지칭했으므로 오늘날 통속적으로 쓰는 성인이라는 말과는 다르다. 전국시대에 이르면 노장이 말하는 진인眞人·신인神人·천인天人·지인至人 등과 결합하여 성인은 왕이라는 의미보다 신비적이고 초월적인 색채가 짙어진다. 이때의 성인은 대체로 천도天道와 인도人道에 통달한 초인을 표상한다. 전국 후기의 『순자荀子』와 『주역』에서는 문자·기물·제도 등 최초로 문명을 창조한 사람들도 성인으로 부른다. 북송 이후에는 불교에 영향을 받으면서 기존의 이미지가 더욱 내면화된다. 그래서 길거리의 보통 인간도 학문과 수양에 의해 깨달으면 성인이 될 수 있다고 생각했다. 이것이 오늘날의 성인 개념이다. 성인이란 말은 이처럼 시대의 변천에 따라 하방下方됐으므로 공자가 말하는 성인과는 다르다는 것을 유념해야 한다.

복례와 정명

공자는 난세의 원인을 구체제의 문란에서 찾았으므로 그 대처 방안도 구체제의 부흥을 주장한다. 그것이 복례復禮이며 정명正名이다. 그러므로 공자는 극기克己와 복례를 인仁의 조건으로 제시했다(『논어論語』「안연顏淵」 1). 여기서 '복례'는 주나라 통치 헌장인 주례周禮를 부흥한다는 뜻이므로 구체제인 왕도주의로 돌아가자는 것이며, '정명'이란 주례에서 정한 신분과 이에 따른 직분 즉 명분名分을 바르게 한다는 뜻이다. '명名'이란 왕, 대인, 사민(士農工商), 군, 신, 부父, 자子, 부夫, 부婦 등의 명칭을 말하며, '분分'이란 그 이름에 따른 직분과 분수分數(직분에 대한 책임)를 말한다. 즉 아비는 아비답고, 군주는 군주답고, 인人은 인답고, 민民은 민답고, 천민은 천민답고, 종은 종답고, 노예는 노예다운 것이 정명이다(『논어』「안연」 11).

유교를 창립한 동중서는 '정명'에 대해 '신분과 직분의 명名은 천명天命이므로 명에 따른 분수를 지킨다'는 뜻으로 풀이했다(『춘추번로』 권10 「심찰명호深察名號」). 역으로 명을 명답게 체계화한 것이 예禮다. 즉 '예'는 관직과 백성들에게 세세한 명칭을 주고 그 명칭에 부합되는 행동을 요구함으로써 '정사를 다스리고 군주를 편안케 하는 군주의 권력'이다(禮者君之大柄也 所以治政安君也. : 『예기』「예운禮運」). 결국 복례와 정명은 왕도주의의 강령이며 신분차별의 질서를 바르게 해야만 난세를 극복할 수 있다는 정치론이었다. 그러므로 공자의 인仁과 복례와 명분은 하나다.

논어論語/자로子路 3

자로가 물었다.

"위나라 군주가 선생님을 초대하여 정치를 맡긴다면

선생은 무엇을 제일 먼저 하겠습니까?"

공자가 말했다. "반드시 명분을 바르게 할 것이다."

子路曰

衛君待子而爲政

子將奚先.

子曰 必也正名乎.

덕치주의와 법치

왕도 봉건제는 소국연방주의이므로 제후국들마다 군사
주권이 있었고 천자보다 강력한 군사력을 보유하고 있었다.
그러므로 천자는 제례祭禮와 명분과 덕德으로 제후를 따르게
할 수밖에 없었다. 이를 덕치주의라고 말한다.

이처럼 덕치는 권력이나 무력보다 의례儀禮를 통한 종교
적 도덕적 권위로써 백성의 존경과 복종을 얻어낸다는 것이
므로 제정일치祭政一致의 유습이라고 볼 수 있다.

다만 덕치주의라고 해서 법을 버리는 것은 아니다. 주례
에 의하면 당시 형벌은 얼굴에 먹줄로 죄명을 써넣는 묵형墨
刑, 코를 베는 의형劓刑, 고환을 거세하는 궁형宮刑, 발꿈치를
자르는 월형刖刑, 목숨을 끊는 살형殺刑 등 오형五刑이 있고,
오형의 죄목은 각각 500가지로 도합 2,500가지의 죄목이 있
었다. 더구나 당시 주례에 의하면 예禮는 서인庶人에게까지
미치지 않고, 형벌은 대부에게까지 올라가지 않았다(禮不下
庶人. 刑不上大夫. : 『예기』「곡례曲禮」 상). 이처럼 치외법권治外
法權을 가진 대부들이 법을 집행했으므로 형벌이 자의적이
고 가혹하여 당시 시장과 길거리는 형벌을 받은 병신들로

넘쳐났다.

그런데 패도를 지향하는 관자, 자산 등은 당시 치외법권을 가진 대부 이상의 귀족에게도 법을 평등하게 적용하려는 경향이 있었다. "법은 귀족에게 아부하지 않고 먹줄은 굽은 것에 굽히지 않는다(法不阿貴 繩不撓曲. : 『한비자韓非子』「유도有度」)"는 한비의 말은 인구에 회자되는 법가들의 대표적 명문이다.

이는 주례의 '형불상대부刑不上大夫' 원칙을 파기하는 개혁이다. 그러므로 공자는 이를 반대했다. 공자의 입장은 귀족과 특권계급에게 형벌을 가하는 것은 주례를 범하는 일이며, 그들은 지식인이므로 형벌을 가하지 말고 덕德과 예로 다스려 염치를 알게 해야 하며, 신神을 통창하여 경계하는 것으로 충분하다는 것이었다(『논어』「위정爲政」 3). 즉 '형불상대부'라는 불평등 조항을 옹호한 것이다. 그 대신 민民 계급에게도 예를 적용하여 덕치를 강화하고 형벌을 관대하게 할 것을 주장했다. 즉 서인에게는 예가 적용되지 않는다는 '예불하서인禮不下庶人'의 불평등 조항을 완화하자는 것이었다.

논어論語/위정爲政 3

정법政法으로 인도하고 형벌로 평등하게 한다면
사민四民은 법망을 모면하고 부끄러움을 모를 것이다.
덕으로 인도하고 예로 다스리면
사대부는 염치를 알고 바르게 고칠 것이다.

道之以政 齊之以刑
民免而無恥.
道之以德 齊之以禮
有恥且格.[1]

유교의 천하일가론

대동사회와 소강사회

공자의 정치론은 인본주의적 제정祭政, 왕도주의, 덕치주의로 요약할 수 있다. 그러나 이것은 공자의 창작이 아니라 주례를 정비한 주공의 정치사상을 재해석한 것이다. 그런데 주례는 하례夏禮·은례殷禮를 종합·발전시킨 것이므로 공자는 하·은·주 삼대의 정치를 모범으로 삼았다고 말할 수 있다.

논어論語/팔일八佾 14

주나라는 하·은 이 대를 거울로 삼았으니	周監於二代
빛나도다, 그 문물이여!	郁郁乎文哉.
나는 주나라를 따르겠다.	吾從周.

한편 공자는 우·탕湯·문무주공文武周公의 삼대와 함께 요순을 성인으로 추앙했다. 그러므로 그의 정치사상은 삼대를 모범으로 삼되 요순의 태평성대를 이상으로 삼았다고 해석할 수 있을 것이다. 공자와 노장은 요순의 정치를 '무위無爲'의 정치라고 찬양했다.

---

1) 格(격)= 正也

논어論語/위령공衛公 5

무위無爲로써 천하를 다스린 사람은 순임금이 아닐까?　　　　無爲而治者 其舜也與.

대체 그는 어떻게 했던가?　　　　夫何爲哉

다만 공손히 팔짱을 끼고 바르게 앉아　　　　恭己正

남면南面하고 있었을 뿐이다.　　　　南面而已矣.

　그런데 공자가 지향하는 요순의 정치와 삼대의 정치를 한 마디로 표현하는 강령적 개념이 필요했다. 바로 『예기』에서 이것을 정리해 놓았다. 여기서 공자는 "요순의 대도大道를 행하는 것과 삼대의 영걸英傑에는 미치지 못하지만 뜻은 가지고 있다"고 술회하고, 요순시대를 '대동大同사회'로, 하·은·주 삼대를 '소강小康사회'로 명명한 것이다. 즉 공자는 주례가 지향하는 예치禮治의 '소강사회'를 따르지만, 요순이 지향했던 대도의 '대동사회'의 이상을 버리지 않고 실현하려고 했던 것이다.

예기禮記/예운禮運, 공자가어孔子家語/예운禮運

지난날 공자가 노나라 사제蜡祭에 빈객으로 참여했다.　　　　昔者仲尼與於蜡2)賓.

일을 마치고 나와 누대에 올라 쉴 때　　　　事畢 出遊於觀之上

한숨을 쉬며 탄식했다.　　　　喟然而嘆.

공자가 탄식한 것은 속으로 노나라를 개탄한 것이다.　　　　仲尼之嘆 蓋嘆魯也.

언언言偃이 옆에서 모시고 있다가 물었다.　　　　言偃在側曰

"군자께서는 어찌 탄식합니까?"　　　　君子何嘆.

---

2) 蜡(사)＝蜡祭＝年終祭名. 夏曰淸祀. 殷曰嘉平. 周曰蜡. 秦於臘.

공자가 말했다. "요순의 대도를 행하는 것(대동)과　　　　　　孔子曰　大道之行也
삼대 영걸(소강)에는 미치지 못하지만　　　　　　　　　　　　與三代之英　丘未之逮也
나도 뜻만은 간직하고 있다."　　　　　　　　　　　　　　　　而有志焉.

예기禮記/예운禮運

대도大道가 행해지니 천하는 만민의 것이 됐고　　　　　　　　大道之行也　天下爲公
어질고 유능한 자가 선출되어 화목하게 됐다.　　　　　　　　　選賢與能
사람들은 자기 부모만 사랑하지 않고　　　　　　　　　　　　故人不獨親其親
자기 자식만 자애하지 않고　　　　　　　　　　　　　　　　　不獨子其子.
늙은이는 수명을 다하고　　　　　　　　　　　　　　　　　　使老有所終
젊은이는 재능을 다하고 어린이는 무럭무럭 자랐으며　　　　　壯有所用　幼有所長
홀아비, 과부, 고아, 늙은이, 병자들도　　　　　　　　　　　　鰥寡孤廢疾者
모두 편히 부양받았다.　　　　　　　　　　　　　　　　　　　皆有所養
남자는 직분이 있고 여자는 시집을 갈 수 있었다.　　　　　　　男有分女有歸.
재물을 땅에 버리는 낭비를 싫어했지만　　　　　　　　　　　貨惡其棄於地也
자기만을 위하여 소유하지는 않았으며　　　　　　　　　　　　不必藏於己
몸소 노동하지 않는 것을 싫어했으나　　　　　　　　　　　　力惡其不出於身也
반드시 자기만을 위하지는 않았다.　　　　　　　　　　　　　不必爲己
그리하여 간특한 모의가 통하지 않았고　　　　　　　　　　　是故謀閉而不興
도둑, 변란, 약탈이 일어나지 않았으니　　　　　　　　　　　　盜竊亂賊而不作
대문을 닫지 않고 살았다.　　　　　　　　　　　　　　　　　故外戶而不閉
이것을 일러 '대동大同' 이라 말한다.　　　　　　　　　　　　是謂大同.

예기禮記/예운禮運

지금은 대도가 이미 쇠미해졌다.	今大道旣隱
천하는 한 가문을 위한 것으로 여겨	天下爲家
자기 부모와 자식만을 사랑하고	各親其親 各子其子
재화와 노동은 자기만을 위했다.	貨力爲己
대인은 세습을 예禮로 삼았으며	大人世及以爲禮
성곽을 쌓고 못을 파서 굳게 지키고	城郭溝池以爲固
예의禮義를 만들어 기강을 세웠다.	禮義以爲紀.
이로써 군신이 바르고 부자가 돈독했다.	以正君臣 以篤父子
형제가 화목하고 부부가 화락했다.	以睦兄弟 以和夫婦.
용기와 지혜를 어질다 칭송하니	以賢勇知
자기만을 위하여 공을 세우려 하고	以功爲己.
예로써 제도를 설정하고 정전제井田制를 수립했다.	以設制度 以立田里.
이에 세상에는 간특한 모의와 전쟁이 일어나기 시작했다.	故謀用是作 而兵由此起.
우·탕·문·무와 성왕成王과 주공이	禹湯文武成王周公
이로써 선택됐다.	由此其選也.
이들 여섯 군자는 모두	此六君子者
예에 힘쓰지 않은 자가 없었다.	未有不勤於禮者也.
그 의宜를 드러내고 신의를 밝히고	以著其宜 以考其信
허물을 드러냈으며	著有過.
인애와 겸양의 도를 알려	刑仁講讓
백성들에게 오상五常의 도道를 보여줌으로써	示民有常
이들을 따르지 않는 세력이 제거됐다.	如有不由此者在勢者去
모두에게 큰 재앙이 되기 때문이다.	衆以爲殃

이것을 일러 소강小康이라 말한다.   是謂小康.

동중서의 우주일가론

　공맹 '유학'의 정치론은 '유교'에 그대로 수용된다. 하지
만 그것은 음양론으로 해석되어 종교의 교리가 된다. 공자
의 이른바 가부장적 천하일가론인 소강사회론이 동중서의
유교에서는 음양론으로 해석되어 우주일가론으로 교리화된
것이다. 이미 설명한 대로 동중서의 음양오상설에 의하면
천·인은 하나이며 인간은 소우주다(『춘추번로』 권12 「음양의
陰陽義」). 그러므로 우주는 하느님을 조상으로 하는 한 가족
이 된다(『춘추번로』 권17 「천지지행天地之行」).
　따라서 천자는 하느님에게 자식처럼 효도하고, 하늘을 조
상으로 받들어 제사를 드려야 한다. 그리고 민民은 하느님의
명을 받은 천자를 천하의 종가집 종주宗主로 모셔 효도를 다
해야 한다. 결국 부모, 군주, 천제에 대한 효는 하나이며 종
교 교리로 절대화되어 통치 규범이 되는 것이다. 이는 공자
가 "효는 인仁의 근본이며, 효를 펴는 것만이 진정한 정치"
라고 말한 것(『논어』 「위정」 21)을 제정祭政으로까지 확대한
것이다.
　이러한 유교의 우주일가론은 1천여 년이 지난 후 성리학
에서 장재의 민포물여民胞物與 사상과 주희의 만물일체萬物一
體 사상으로 계승 발전된다. 결국 부모와 군주와 하느님에
대한 효孝가 천하 유일의 절대적인 통치 규범이 된 것이다
(제2부 4장의 '주희의 계몽적 정치론' 참조).

춘추번로春秋繁露/권17/천지지행天地之行

천天은 모든 신들의 임금이며 만물의 시조다.　　　　　　　　天者百神之君 萬物之祖.

춘추번로春秋繁露/권11/위인자천爲人者天

사람이 사람인 것은 하늘을 본받았기 때문이다.　　　　　　人之爲人本于天

천天은 사람의 먼 조상이다.　　　　　　　　　　　　　　天亦人之曾祖父也

이 때문에 사람들은 천을 숭상하고 제사하는 것이다.　　此人之所以乃上類³⁾天也.

춘추번로春秋繁露/권10/심찰명호深察名號

천명을 받은 군주란　　　　　　　　　　　　　　　　受命之君

천天의 뜻으로 왕권을 받은 것이라는 뜻이다.　　　天意之所予也.

그러므로 천자라고 부르는 자는　　　　　　　　　故號爲天子者

마땅히 하늘을 아비처럼 여겨야 하며　　　　　　宜視天如父

하늘을 효로 섬기는 것이 도리다.　　　　　　　　事天以孝道也.

춘추번로春秋繁露/권11/왕도통삼王道通三

옛날 문자를 만든 사람이　　　　　　　　　　　　古之造文者

삼 획을 긋고 그 중앙을 연결해 왕王이라 했다.　三畫而連其中謂之王.

삼 획은 천지인天地人을 의미하고　　　　　　　　三畫者天地與人也.

그 중앙을 연결한 것은 그 도를 관통시키는 뜻이다.　而連其中者通其道也.

---

3) 類(류)=祭名.

예기禮記/왕제王制

천자가 순행巡行할 때는

상제上帝에게 제사하고 사직에 제사하고

조상의 묘당에 제사한다.

제후가 순행할 때는 사직과 조상의 묘에만 제사한다.

天子將出

類乎上帝 宜乎社

造⁴⁾乎禰⁵⁾.

諸侯將出 宜乎社 造乎禰.

이학파의 정치론

성삼품설 완화

공맹 유학으로부터 시작하여 유교 성리학에 이르기까지
인간은 본질적으로 평등한 존재다. 그러나 유가들은 자연에
고저장단高低長短의 차이가 있듯이 인간에게도 신분적 위계
가 있다고 믿었다. 그러므로 신분차별을 당연한 것으로 생
각했다.

신유학에서는 인성을 이기론理氣論으로 설명했기 때문에
인성의 평등을 말하지 않을 수 없다. 그러나 이것은 공자의
성삼품설과 모순된다. 그러므로 신분차별을 이기론으로 설

---

4) 類(류)·宜(의)·造(조)=祭名.

5) 禰(니)=父祖의 祠堂.

명해야 하는 난제에 봉착한다. 이에 불변의 혈통주의에서
벗어나 학습學習의 결과에 따른 신분이동을 긍정하기에 이
른다.

천성론天性論, 사마광

집주태현集注太玄/권7/현형玄衡

촘촘하여 틈이 없는 것이 정情이요,	密不可間 情也
한번 타고나면 바꿀 수 없는 것이 성性이다.	成不可更 性也
정은 천성天性이요 성은 천명天命이다.	情天性也 性天命也.

사마문정공집司馬文正公集/권74/우서사칙迂書士則

지혜로운 자와 어리석은 자, 용기 있는 자와 겁쟁이	智愚勇怯
빈부와 귀천은 하늘의 분수다.	貴賤貧富 天之分也.
군주는 밝고 신하는 충성하며	君明臣忠
아비는 자애롭고 자식은 효성스러운 것이 사람의 분수다.	父慈子孝 人之分也.
하늘의 분수를 어기면 반드시 하늘의 재앙이 있고	僭天之分 必有天災
사람의 분수를 잃으면 반드시 사람의 재앙이 있다.	失人之分 必有人殃.

정이

성리대전性理大全/권31/성리性理 3

공자께서 "상지上智와 하우下愚는 옮기지 않는다"고 한 것은	惟上智與下愚不移
옮길 수 없다고 말한 것이 아니라	非謂不可移也.
옮기지 않는 이유가 있다는 말이다.	而有不移之理.
옮기지 않는다고 말한 까닭은 양 측면이 있으니	所以不移者 只有兩般
자포자기하여 배우려 하지 않는 자도	爲自暴自棄不肯學也.

배우게 하여 자포자기하지 않도록 한다면
어찌 옮기지 않겠는가?

使其肯學 不自暴自棄
安不可移哉.

경리輕利 사상 계승

본래 유교는 중의경리重義輕利 사상을 신조로 하는 종교였
다. 신유학에서도 이러한 사상은 계승된다. 그래서 그들은
부귀공명을 뜬구름처럼 여기는 고고한 선비가 되기를 소망
했고, 이로 인해 조선의 근대화를 늦추었다고 비판받는다.

공자는 부자가 되기를 원했고 인민이 부해지기를 바랐다.
다만 그는 유사 신분이었으므로 관리가 되는 귀貴를 택했고
이로써 부富와 이利를 직접 추구하지 않고도 부귀를 획득할
수 있었다. 그러므로 그는 의義를 중히 여기고 이利를 가볍
게 보라고 가르쳤다.

다만 여기서 주의할 것은 공자가 유세한 대상은 제후와
대부들이었으며 가르친 대상은 벼슬길에 나서려는 유사들
이었다는 것이다. 그러므로 그가 '중의경리'를 말한 것은 지
배계급이나 관리들에게 한 말이지 민民에게 한 말은 아니었
다. 그렇기 때문에 유교는 민중종교가 아니라 지식인 계급
즉 선비들의 종교가 된 것이다.

이러한 공자의 중의경리의 통치철학은 후대로 갈수록 생
산노동을 천시하는 관존민비官尊民卑 사상으로 발전하게 됐
다. 그러므로 경리론輕利論은 도덕적 생활에 대한 규정력보
다는 경제적 진보에 장애로 작용했을 뿐이다.

민생 외면, 전쟁 긍정의 보수주의

왕권을 옹호하는 보수파들은 민생보다 체제 유지에 관심
이 많았고 따라서 전쟁을 긍정했다. 이학파들도 대체로 중
심 내지 중앙을 굳건히 세우는 것을 중시했으므로 보수적이
었다. 그들은 공자를 충실히 따르며 정명론正名論을 만고의
진리로 간주했다.

정명이란 군신君臣·부자父子·사농공상士農工商 등 그 이
름에 따른 신분적 직분을 바르게 한다는 뜻이다. 이에 따르
려면 '유사'라는 명칭을 가진 계급은 의리의 학문에만 전
념해야 하며, 경제 문제에 관심을 가지는 것은 사士의 직분
에 어긋난다. 따라서 공자 이래 유가들은 민생론民生論에
별 관심이 없었다. 이 점은 송대 신유학에서도 마찬가지였
다. 그러므로 보수적인 이학파들의 민생론은 거론할 만한
것이 없다.

전쟁 문제 또한 그랬다. 여진족인 금金나라에 대한 항전은
당연한 것이었으므로 전쟁으로 인한 민생 피폐가 큰 문제로
대두되지 않았다. 원래 유가들은 제후들의 겸병兼倂 전쟁을
반대했을 뿐 천자의 전쟁은 인정했다. 그러므로 전쟁에 대
한 인간적 고심도 이론도 없었다.

기학파의 정치론

예禮와 부국富國

기학파들은 이理의 보편성보다 기氣의 개별성을 중시하므로 대체로 개혁적이다. 다만 그들도 유학과 그 정치적 이상인 소강사회를 지향한 점에서는 이학파와 마찬가지다. 그러나 기학파들은 대체로 인격신 천제天帝를 부인하므로 그들에게 예禮는 천명天命이거나 천리天理가 될 수 없다.

그래서 이구는 예를 실용적으로 규정한다. 즉 예란 공동생활을 질서 있게 하기 위해 인간의 타고난 욕망欲望을 절제하고 꾸미는 것이라고 정의한다. 이는 묵자의 '민약론民約論'을 계승한 것으로 평가할 만하다.

이와 같이 기학파들은 예를 불변의 천리天理로부터 실용적인 질서로 세속화했으므로 유가의 전통인 '귀의천리貴義賤利' 사상에 묶이지 않고 민리民利와 부국富國을 강조할 수 있었다.

인류사를 통틀어 최초로 인간의 욕망과 이利를 긍정한 사상가는 동양의 묵자와 서양의 에피쿠로스일 것이다. 그리고 중세에서는 동양의 이구(1009~1059)가 최초일 것이다. 서양에서 처음으로 인간의 이기심을 해방시킨 애덤 스미스(1723~1790)보다 700여 년이나 빠르기 때문이다.

다만 이들은 이기심을 해방할 것을 주장했다는 점에서는 같지만 개개인의 이기심이 사회 전체의 복리가 되기 위한 조건에 대해서는 약간 다른 점이 있다. 이구는 예라고 하는 기강紀綱이 이를 제약해야 한다고 보았으나 스미스는 무의식적인 '신성한 손'이 인간을 이끌 것이라고 낙관했다. 다른 말로 표현하면 이구는 '보이는 손'이 필요하다고 주장했고 스미스는 '보이지 않는 손'에 맡길 것을 주장한 점에서 다르다고 할 수 있다.

이처럼 기학파들은 대체로 생산노동과 그것을 담당하는 민民을 천하게 보지 않고 권력으로부터 해방시키려 했다는 점에서 진보적이었다. 다만 여기서 '진보적'이란 말은 오늘날의 자본주의나 사회주의적 진보를 의미하진 않는다. 세속적 가치를 중시하는 근대로 다가섰다는 것을 말할 뿐이다.

그러나 이들 개혁파들의 주장을 오늘날 자본주의와 비교할 수는 없다. 당시 생산의 주인은 민民이었으나 오늘날 생산의 주인은 노동자가 아니라 자본이기 때문이다. 당시 생산 중시는 민을 위한 것이었지만 오늘날 생산 중시는 자본을 위한 것이다.

또한 개혁파들의 진보성이 전면적이었다고도 말할 수 없다. 이들 개혁파들은 균분均分보다는 생산과 차등배분을 중시했고 부국강병을 지향했기 때문이다. 오히려 보수파들이 균분과 소국연합주의를 지향했다는 점에서는 진보적이었다고 말할 수 있을 것이다.

이구

우강집盱江集/권2/원문原文

이利를 도모해도 되는가?　　　　　　　　　　　　利可言[6]乎

사람은 이利가 아니면 살아갈 수 없으니   曰 人非利不生

어찌 도모하면 안 된다 하겠는가?   曷爲不可言.

욕欲은 도모해도 되는가?   欲可言乎

욕이란 사람의 정이니 어찌 도모함이 불가하다 하겠는가?   曰 欲者人之情 曷不可言.

다만 도모한다 해도 예禮로써 하지 않으면   言而不以禮

이것은 탐욕이요 방탕이니 죄악이다.   是貪與淫 罪矣.

우강집盱江集/권2/예론禮論 1

대저 예禮의 시초는 인간이 천성과 욕망을 따르되   夫禮之初 順人之性欲

그것을 절도 있고 아름답게 하기 위한 데서 비롯됐다.   而爲之節文者也.

부부가 바르지 못하면 남녀가 분별이 없을 것이며   夫婦不正則男女無別.

부자가 친애하지 않으면 사람의 근본이 없을 것이며   父子不親則人無所本.

장유長幼가 분별되지 않으면   長幼不分

강자와 약자가 서로 침범할 것이며   則强弱相犯.

군신이 가려지지 않으면 일에 계통이 없을 것이며   君臣不辨則事無統.

상하에 차례가 없으면 무리 지어 싸울 것이다.   上下不列則群黨爭.

사람의 마음은 배우지 않으면 어지럽고   人之心不學則惛也.

사람이란 교합하지 않으면 뿔뿔이 흩어진다.   人之道不接[7]則離也.

죽음은 인생의 끝마침이므로   死者人之終也

후하게 하지 않을 수 없고   不可以不厚也.

신神이란 사람의 근본이니   神者人之本也

---

6) 言(언)=議也, 謀也.

7) 接(접)=交合也.

섬기지 않을 수 없는 것이다.   不可以不事也.

그러므로 주벌誅罰하고 죽이는 등급이 있고   誅殺有等

소원함과 친근함의 법도가 있으니   疏數有道

귀한 자는 받들어 주고 천한 자는 지켜주며   貴有常奉 賤有常守

어진 자도 감히 어길 수 없고   賢者不敢違

불초자도 미치지 않을 수 없는 것이다.   不肖子不敢不及

이것이 예禮의 큰 뿌리다.   此禮之大本也.

우강집盱江集/권16/부국책富國策 1

유가의 의론은   儒者之論

의義를 귀히 여기거나 이利를 천하게 여기지 않는 것이 없다.   鮮不貴義而賤利

그들의 말은 도덕과 교화가 아니면   其言非道德教化

입에 담으려 하지 않는다.   則不出諸口矣.

그러나 『서경』「홍범洪範」편의 팔정八政은   然洪範八政

"첫째가 식食이요 둘째가 화貨"라고 했으며   一曰食 二曰貨.

공자도 역시 "식食이 족하고 병兵이 족해야   孔子曰 足食足兵

민民이 믿는다"라고 말했다.   民信之矣.

이것은 나라를 다스리는 실질은   則治國之實

반드시 재용財用이 근본이라는 뜻이다.   必本於財用

예禮는 재용으로 거행되고   禮以是舉

정사政事는 재용으로 안민安民할 수 있고   政以是成

애愛는 재용으로 확립되며   愛以是立

위엄은 재용으로 시행된다.   威以是行

재용을 버리고는 선정善政이 있을 수 없다.   舍是而克爲治者未之有也.

그러므로 성현 군주와 경세제민經世濟民의 선비는   是故賢聖之君 經濟之士

반드시 먼저 나라를 부富하게 했던 것이다.   必先富其國焉.

임천문집臨川文集 / 답증공립서答曾公立書

천하의 재화財貨를 조리條理 있게 함으로써   理天下之財
천하의 사람을 조리 있게 하는 것이 곧 의義다.   以理天下之人 卽義.

평등사상

기학氣學은 신분제도를 완전 부정하지는 못했으나 천품에
세 등급이 있다는 성삼품설과 "예는 서인에게는 적용되지
않고(禮不下庶人), 형벌은 대부 이상에게는 적용되지 않는다
(刑不上大夫)"는 신분차별의 주례周禮에 대해 대체로 비판적
이다.

특히 이구는 『묵자』의 '안생생安生生 사회'와 『예기』의
'대동사회'를 계승하여 '천하는 한 사람의 소유가 아니다'
라고 주장했고, '예는 서인에게 적용되지 않는다'는 『예기』
「곡례」편의 신분차별 조항을 망령된 글이라고 반대했다.

또한 장재는 만민은 한 동포요, 만물은 인간의 벗이라는
'민포물여民胞物與' 사상을 주장했다. 이에 대해 정문程門 4
대 제자의 한 사람인 양시 등으로부터 묵자의 겸애설의 계
승이라고 비판받는다.

우강집盱江集/권20/잠서潛書

천하는 큰 것이니 한 사람의 소유라고 말할 수 없다.	不以天下之大私一人也.
어미의 존엄만 믿고 자식을 기르지 못하면	然則恃母之尊而不能養子
처를 쫓아낸다.	家之逐妻也.
군주의 고귀함을 믿고 민民을 사랑하지 않으면	夫倚君之貴而不能愛民
왕을 죽인다.	國之喪王也.

우강집盱江集/권18/안민책安民策

하늘이 민을 낳았으니	天生斯民矣
민을 위해 군주를 세운 것이다.	能爲民立君
군주를 위해 민을 기르는 것이 아니다.	而不能爲君養民.
군주를 세운 것은 하늘이므로	立君者天也
민을 길러야 할 자는 군주이지만,	養民者君也
천명天命은 군주 한 사람의 사유私有가 아니라	非天命之私一人
만인을 위한 것이다.	爲億萬人也.
민심이 돌아가는 곳은 하늘도 돕고	民之所歸 天之所右也
민심이 떠난 곳은 하늘도 외면한다.	民之所去 天之所左8)也.
천명은 가볍지 않고 민심은 두려운 것이다.	天命不易9)哉 民心可畏哉.

우강집盱江集/권2/예론禮論 6

예禮는 생민生民의 근본이다.	禮 生民之本.

---

8) 左(좌)=降也, 下也, 外也.
9) 易(이)=庵也, 輕也.

'예불하서인禮不下庶人'이라는『예기』「곡례」편의 기록은 망령된 것이다.

曲禮有述以禮不下庶人 而述曲禮者 妄.

장재

장자전서張子全書/서명西銘 (또는 정완訂頑)

천지를 가득 채운 기氣는 나의 육체가 되고
천지의 의지意志(氣의 將帥)는 나의 성성性이 됐다.
민民은 나의 동포요,
만물은 더불어 살아가야 할 나의 동료다.

天地之塞 吾其體.
天地之帥[10] 吾其性.
民吾同胞[11]
物吾與也.

균전均田과 부국

농업이 산업의 전부라고 할 수 있는 중세에 민생民生의 근본은 토지 균분均分에 있었다. 그러므로 토지 균분을 주장하지 않은 사람은 국가 위주의 보수주의자이며 결코 민생 위주의 개혁파라고 말할 수 없다. 특히 이구는 1036년에『평토서』를 썼는데 거기에는 농토를 균등하게 분배하여 소유권을 보장하고, 일하지 않는 자는 굶어야 하며 신분제도로 인한 인력의 낭비를 없애 생산력을 증대해야 한다는 선구적인 내용이 담겨 있다. 이것은 인류사에 선례가 없는 획기적인 것이었다. 이러한 진보적인 사상의 토양은 이보다 40년 전 빈

---

10) 帥(수)=志 氣之帥也(孟子/公孫丑上).
11) 民吾同胞(민오동포)=聖人能以天下爲一家 以中國爲一人者(禮記/禮運).

부균등을 내건 왕소파, 이순 등의 농민 의거에서 영향을 받은 것이라고 한다.

이구

우강집旰江集/권19/평토서平土書

생민生民의 도道는 먹는 것이 가장 큰 일이다.	生民之道 食爲大
나라를 가진 자들도 이것을 모를 리 없지만	有國者未始不聞此論也
진실로 근본을 깨달은 자는 드물다.	顧罕知其本焉.
근본을 모르고 말절을 구하니	不知其本而求其末
지혜를 다해도 다스릴 수 없다.	雖盡智力不可爲已
이런고로 토지는 근본이고 경작은 말절이니	是故土地本也 耕穫末也
땅도 없이 경작을 독촉함은	無地而責之耕
빈손으로 전투하라는 것과 마찬가지다.	猶徒手而使戰也.
법제가 정립되지 않아 토지가 균등하지 못하면	法制不立 土田不均
부자는 날이 갈수록 더 부유해지고 빈자는 더욱 가난해진다.	富者日長 貧者日削
아무리 농사일을 해도	雖有耒耜
곡식을 얻어먹을 수가 없게 된다.	穀不可得而食也.
양식이 부족하면 마음도 상도를 잃는 것이니	食不足心不常
비록 예의가 있다 한들	雖有禮義
민중을 교화할 수 없는 것이다.	民不可得而教也.
요순이 무덤에서 다시 일어난다 해도 어찌하지 못할 것이다.	堯舜復起 未如之何矣.

우강집旰江集/권20/잠서潛書

우리 민중이 굶주리는 것은 농사를 짓지 않기 때문인가?	吾民之飢 不耕乎.
아니다. 천하에 묵정밭은 없다.	曰 天下無廢田

우리 민중이 추위에 떠는 것은 누에를 치지 않아서인가?　　吾民之寒 不蠶乎.

아니다. 뽕나무는 들에 가득하고　　曰 柔桑滿野

연인들의 손길은 정성을 다한다.　　女手盡之

그런데 왜 그들은 굶주리고 추위에 떠는가?　　然則 如之何 其饑且寒也

농사짓는 자는 굶주리고 누에 치는 자는 헐벗는 것은　　曰 耕不免飢 蠶不得衣

밭 갈지 않고 누에 치지 않는 자들에게　　不耕不蠶

이익이 돌아가기 때문이다.　　其利自至.

농사꾼이 굶주리는 것은 농토가 자기 소유가 아니기 때문이며　　耕不免飢 土非其有也.

누에 치는 자가 헐벗는 것은　　蠶不得衣

입과 배를 채우려고 그것을 탈취하기 때문이다.　　口腹奪之也.

거부의 가문에는 곡식이 썩어나고 옷감은 좀먹는데　　巨産宿財之家 穀陣而帛腐.

굶주리는 머슴과 헐벗은 여종의 보수는　　傭飢之男 婢寒之女

몇 말, 몇 되, 몇 자, 몇 치에 불과하다.　　所售不過升斗尺寸.

오호라! 나는 이제 정전제井田制야말로　　嗚呼 吾乃今知 井地之法

민民을 살리는 관건인 것을 알았다.　　生民於權衡乎.

정전제가 시행되면 농토가 균등하고　　井田立則田均

농토가 균등하면　　田均

농사를 짓는 자는 밥을 얻을 것이며　　則耕者得食

베를 짜는 자는 옷을 얻을 것이다.　　食足則蠶者得衣.

반면 농사를 짓지 않고 베를 짜지 않는 자는　　不耕不蠶

춥고 배고픔(飢寒)을 면하기 어려울 것이다.　　不飢寒者希矣.

우강집旴江集/권6/주례치태평론周禮致太平論

하늘이 민民을 낼 때는 무능한 자가 없었으며　　天之生民 未有無能者也

일을 한 이후에만 먹을 수 있게 했다.　　　　　　　　能其事而後可以食.

일도 하지 않고 먹는 것은　　　　　　　　　　　　無事而食

민중의 재앙이며 정사政事의 해독이다.　　　　　　是衆之殃 政之害也.

정전제의 좋은 점을 말하는 사람들은　　　　　　　言井田之善者.

모두가 균등하면 가난이 없고　　　　　　　　　　皆以均則無貧

각각 자족할 것이라고 한다.　　　　　　　　　　各自足也.

이는 하나만 알고 둘은 모르는 것이다.　　　　　此知其一未知其二.

만약 버려진 노동력이 없고 버려진 토지가 없다면　必也人無遺力 地無遺利

농사를 짓지 않는 이가 한 사람도 없고　　　　　一手一足無不耕

씨를 뿌리지 않는 땅이 한 평도 없을 것이니　　一步一畝無不稼

곡물 산출은 많고 민民의 재물은 풍부할 것이며　穀出多而民用富.

민의 재물이 풍부해지면 국부도 풍부해질 것이다.　民用富而邦財豊者乎.

전쟁 반대

이구는 묵자의 반전론을 계승하여 전쟁을 반대한다. 전쟁을 반대한다는 것은 국가 내지 군주의 입장이 아니라 민중의 편에 선 것을 의미한다. 여기서도 이구는 민생 위주의 진보주의자임이 분명히 드러난다.

우강집旴江集/권20/잠서潛書

하늘이 군사를 마련한 것은 진실로 뜻이 있었다.　　天之制兵革 其有意乎.

그 말단만 본 자는 말하기를　　　　　　　　　　見其末者曰

"한 사람의 군왕을 위하여   爲一人
천하만민을 위협하는 것"이라 한다.   威天下.
그 근본을 밝히 아는 자는 말하기를   明其本者曰
"천하만민을 위하여 한 사람의 군왕을 위협하여   爲天下威一人
민을 살리는 것"이라 한다.   生民.
사해동포의 원망과 절규를 불쌍히 여긴   病傷四海寃叫
탕왕·무왕의 신하들이   湯武之臣
부월을 들어 걸주를 징계하지 않을 수 없었다.   不得以其斧鉞 私於桀紂
이로써 어리석은 군주를 재주에 알맞게   是以庸君中才
제거하여 감춤으로써   抽手入袖
무고한 민초들에게 재앙을 가하지 못하게 한다면   不敢加禍 於無辜之草木
오! 후인들은   噫 後之人
방탕한 덕을   其可以放蕩之德
임금으로 앉히겠는가?   席其上哉.

《제二부》

◎ 주희의 성리학

제1장. 이학파·기학파 종합

주희의 인품과 사명감

인품

주희朱熹(1130~1200)는 푸젠성福建省 유시현尤溪縣에서 태어났다. 자는 원회元晦 또는 중회仲晦이며, 호는 회암晦庵, 별호는 고정考亭 또는 자양紫陽이라 했다. 그는 안후이성安徽省 민베이閩北에서 자랐다. 세칭 주자학을 민학閩學이라 하고, 뤄양洛陽의 이정(정호·정이)의 학문을 낙학洛學이라 하는 것은 주희와 이정의 출신 지역 이름에서 연유한 것이다. 또한 주희는 청년 시절에 정문程門의 삼전三傳 제자인 이동李侗(1093~1163)에게 배웠으므로 정이의 사전四傳 제자인 셈이며 정이의 이理론을 계승했으므로 주자학을 정주학程朱學이라고 통칭한다.

주희에 대한 평가는 엇갈린다. 대체로 유물론자들은 공자 이후 중국 봉건사회에 가장 깊은 해독을 끼친 사람으로 비판하지만, 유심론자들은 유심철학을 집대성한 성인으로 추앙한다. 어쨌든 12세기 초 서양의 스콜라철학에 비교해 보면 선각적인 사상가임에는 틀림없으며, 더구나 중국과 조선의 사상계를 700여 년 동안이나 지배했다는 것은 놀라운 일이다.

그는 경서와 역사 외에 불교·노장·천문·지리 등 섭렵하지 않은 것이 없을 정도로 심원·박학했으며 저술도 방대하다. 중요한 철학 자료는 『회암문집晦庵文集』, 『주자어류朱子語類』, 『사서장구집주四書章句集注』, 『역학본의易學本義』, 『역학계몽易學啓蒙』, 『시집전詩集傳』이 있다.

주희의 인품은 자세히 알 수 없다. 그러나 중국 지성들의 공통된 특징이기도 하지만 그 역시 유학을 계승하면서도 노장에 심취한 듯하다. 그의 인품과 노장적인 풍취를 느낄 수 있는 그의 대표적인 시 「무이구곡武夷九曲」을 옮겨 싣는다.

무이구곡武夷九曲

주자대전朱子大全/권7/시詩

무이산 정상에는 신선의 영기 서려	武夷山上有僊靈
산 아래로 찬물이 골짜기마다 맑은데	山下寒流曲曲淸
그중에서 빼어난 절경을 찾으려니	欲識箇中奇絕處
한가로운 뱃노래에 두세 소리 화답하네.	櫂歌閑聽兩三聲.

| 한 구비 돌아들어 냇가 낚싯배에 오르니 | 一曲溪邊上釣船 |

만정봉 그림자는 맑은 물에 잠겼구나.　　　　　　幔亭峰影峰清川

무지개 구름다리 한 번 끊어져 소식 없고　　　　　虹橋一斷無消息.

만 골짜기 천 바위 푸른 연기 휘감았다.　　　　　　萬壑千巖鎖翠煙.

두 구비 돌아드니 우뚝 선 옥녀봉이　　　　　　　二曲亭亭玉女峰

꽃 꽂고 거울 앞에 누구를 위한 자태인가?　　　　插花臨水爲誰容

도인은 돌아오지 않고 누대의 꿈은 헛되어　　　　道人不復荒臺夢

산속으로 들어가니 푸르름만 깊어간다.　　　　　興入前山翠幾重.

세 구비 돌아드니 골짜기에 배가 걸렸는데　　　　三曲君看架壑船

노를 세워둔 지 몇 해인지 알 수 없네.　　　　　不知停櫂幾何年

상전벽해란 지금 이와 같은 모습일까?　　　　　桑田海水今如許

물방울인가 바람 찬 등불인가 스스로 가련하다.　泡沫風燈敢自憐.

네 구비 돌아드니 동서로 마주 선 왕바위는　　　　四曲東西兩后巖

절벽 꽃 옥 이슬 머금어 신선의 수염인 듯　　　　巖花垂露碧鬖髿

닭 울음소리 그치니 사람은 보이지 않고　　　　　金鷄叫罷無人見

빈산에 달빛 가득하고 연못엔 물이 가득하다.　　月萬空山水滿潭.

다섯 구비 돌아드니 산은 높고 구름은 깊은데　　五曲山高雲氣深

오랜 세월 안개비에 드넓은 숲이 어두워　　　　長時烟雨暗平林

숲 속에 객이 있어도 사람들은 알 리 없고　　　　林間有客無人識

야호! 한 소리에 만고의 마음이라.　　　　　　　欸乃聲中萬古心.

여섯 구비 병풍 절벽을 휘감는 푸른 만灣에 이르니　六曲蒼屛遶碧灣

띠 집은 온종일 사립문이 닫혀 있고   茅茨終日掩柴關

찾아온 객 돛에 기대니 바위 꽃이 떨어지고   客來倚櫂巖花落

원숭이, 새 들도 놀라지 않으니 봄 마음 한가롭다.   猿鳥不驚春意閑.

일곱 구비 배를 옮겨 반짝이는 여울로 올라가   七曲移船上碧灘

병풍에 가린 신선봉을 다시 돌아보니   隱屏仙掌更回看

아뿔싸, 어젯밤 산봉우리에 비가 내렸구나.   却憐昨夜峰頭雨

거기다 폭포수 쏟아지니 길은 얼마나 찰까?   添得飛泉幾道寒.

여덟 구비 돌아드니 흩날리는 안개 개려나   八曲風煙勢欲開

북이 걸린 누대 절벽 아래로 물이 휘감아 돈다.   鼓樓巖下水縈洄

아서라! 이곳엔 아름다운 경치 없다 하지 마소.   莫言此處無佳景

이로써 유람객들을 올라오지 않게 하려는가?   自是遊人不上來.

아홉 구비 돌자 길이 막혔다가 시야가 활짝 열리고   九曲將窮眼豁然

뽕나무 삼대 밭은 이슬비 맞고 평탄한 냇물이 보인다.   桑麻雨露見平川

어부가 잃어버린 무릉도원 길을 다시 찾은 듯   漁郎更覓桃源路

이곳 말고 인간 세상에 별천지 따로 있을까?   除是人間別有天.

시대 상황

주희가 활동하던 당시의 서양은 십자군전쟁(제2차 1147~
1149, 제3차 1189~1191)의 와중에 제지법製紙法이 전래되고
(1150년경), 신학적 철학을 비판한 유명론자唯名論者인 로스

켈리누스Roscelinus(1050?~1124?)가 죽고, 스콜라 철학자 아벨라르Pierre Abélard(1079~1142)의 합리주의적 경향이 상스Sens 공회의에서 탄핵을 받던(1140) 중세 암흑기였다.

한편 당시 고려에서는 고려자기가 융성했고, 『삼국사기』가 완성됐으나(1145), 무신정권武臣政權(1170~1270)이 들어선 후에는 1174년 조위총趙位寵의 반란을 시작으로 이후 약 30년 동안 반란이 계속되고 있었다. 1193년에는 농민 대폭동이 일어났고 사노私奴 만적萬積이 처형됐다(1198).

이처럼 신神이 지배하던 중세 암흑기에 동양에서 주희가 일어나 이성理性 중심적인 신유교를 제창하여 중국의 사상을 지배한 것은 중국 역사뿐 아니라 인류사에 획기적인 사건이었다.

도통道統의 맥락

유교를 국교로 삼은 한漢이 쇠하자 도교가 중심이 된 농민 반란인 황건黃巾의 난이 있었고, 위진남북조시대는 도교와 불교가 크게 흥성했다. 이때 왕필과 곽상 등은 공자를 무위를 실천한 도인으로 윤색하여 유교에 도교의 일부를 흡수하여 현학玄學을 만들었다. 이는 도교에 의거하여 유교의 명맥을 잇고자 한 고육지책이었다고 볼 수 있다.

기원후 618년 도교 세력의 지원을 받은 이연이 당나라를 세운 후에는 흥성하는 불교를 억제하고 도교를 국교로 삼았다. 서기 666년 태산泰山에서 노자를 제사 지내고 '태상현원

황제太上玄元皇帝'로 추존했다. 태상은 노자를 하느님으로 본 것이며, 현원은 현학의 원조라는 뜻이다. 이것은 도교에서 노자를 교주로 받들고 태상노군太上老君이라 부르던 것을 국가에서 공인한 셈이다. 그러나 여전히 불교는 흥성했고 또 유가들의 불만이 커지자 현종은 736년 공자를 제후의 지위인 문선왕文宣王으로 추존하여 귀족이 되게 하고 노자의 부하가 되게 했다.

이것이 상징하듯 유학은 도교의 보조 역할에 머물고 있었다. 그러나 당송팔대가唐宋八大家로 불리는 문장가이기도 한 한유가 순자를 이단으로 배척하고 맹자를 공자의 정통을 삼고 스스로 도통을 이었다.

당이 망하고 송이 일어나자 유교는 활력을 되찾고 불교와 도교를 흡수 통합하여 새로운 유학을 세우려 했다. 그러나 북송이 금나라에 망하고 남쪽으로 쫓겨난 한족들이 송을 부흥시켰으나 한족의 문화적 우월성을 잃고 금나라에 조공을 바치며 겨우 잔명을 유지하는 형편이 됐다. 이때 주희가 나타나 주돈이·정이 등의 도학과 장재의 기학 등 새로운 유학 운동을 집대성하여 '성리학性理學'을 만든 것이다.

일반적으로 경학을 대성한 사람은 한나라 유사인 정현이요, 도학을 대성한 사람은 주희라고 말한다. 다 같이 공자의 유학이지만 경학은 경세치학 즉 정치학이요, 도학은 성리학 즉 형이상학을 말한다. 경학과 도학의 다른 점은 경학은 본시 공자학이요, 도학은 공자학을 기본으로 불교의 선종과 노장을 흡수하여 유불선을 통합한 신유학이라는 것이다.

이처럼 유불선을 하나로 통합한 성리학은 서기 960년부

터 1644년까지, 송·원·명 시대의 약 700년간을 지배한 유
교 철학 사상의 정통이라고 말할 수 있다.

『송사宋史』「도학전道學傳」에는 도통에 대해 다음과 같이
기록하고 있다.

송사宋史/도학전道學傳

공자 사후에 증자曾子가 정통을 얻고	孔子沒 曾子獨得其傳
자사子思에게 전하여 맹자에 이르렀으되	傳之子思 而及孟子
맹자가 죽자 그 전승이 끊어졌다.	孟子沒而無傳
송 중엽에 이르러 용릉舂陵의 주돈이가 나타나	至宋中葉周敦頤出於舂陵
성현이 전해 주지 못한 학문을 얻어	乃得聖賢不傳之學
『태극도설』과 『통서』를 지어	作太極圖說通書
음양오행의 이理를 밝히고 가리켜주었다.	推明陰陽五行之理
천天이 명命하여 인人에 성性이 있게 됐음을	命於天而性於人者
가리켜주었다.	了若指掌
장재는 『서명西銘』을 지어	張載作西銘
이일분수理一分殊의 이치를 다 밝히고	又極言理一分殊之旨
그런 연후에야 도道의 근원이 천에서 나옴이	然後 道之大原出於天者
분명해지고 의심이 없어졌다.	灼然而無疑焉
송 인종仁宗 명도明道 초년(1032)에는	仁宗明道初年
정호와 정이 형제가 장성하여	程顥及弟頤實生及長
주돈이의 학업을 이어받아	受業周氏
자기가 들은 바를 확대하여	己乃擴大所聞
『예기』의 『대학』, 『중용』 두 편을	表章大學中庸二篇
『논어』, 『맹자』와 나란히 표장했다.	與語孟並行

이로써 위로는 제왕들이 전승해 오던 심법과
아래로는 초학자들이 덕德에 이르는 입문에 이르기까지
심오한 진리를 남김없이 종합 통일할 수 있었다.
마침내 송이 남쪽으로 쫓겨 오자 신안新安의 주희가
정씨程氏를 전수하여
그 학문을 한층 더 깊고 충실하게 했다.
그 대개를 말하면 격물치지格物致知를 우선으로 삼고
이로써 선善을 밝히고 신身을 성실誠實케 하는 것을
근본으로 삼았다.

於是上自帝王傳心之奧
下至初學入德之門
融會貫通 無復餘蘊
迄宋南渡 新安朱熹
得程氏正傳
其學加親切焉
大抵以格物致知爲先
明善誠身
爲要.

주희는 "진秦 · 한漢 이래로 성학聖學이 전하지 못했으며
유자儒者들은 오직 장구章句만 알고 훈고訓詁를 일삼을 뿐,
성인의 참뜻을 궁구하지 아니하고 성명도덕性命道德의 요점
을 밝힐 줄 몰랐다"고 하여 스스로 공자의 성학을 재건한 유
가의 법통임을 자임했다.

주희의 사명감

주희는 서기로는 12세기지만 공기孔紀로는 16세기 사람
이다. 공자 이래 1,600년이 흐르는 동안 공자학은 수많은 시
련과 변화를 겪어왔다. 특히 주희의 대에 이르러서는 유학
은 쇠락하여 위기에 처해 있었고, 무엇보다 유학의 주체인
유사들의 계급적 위상이 바뀌어 있었다.
공자 당시인 춘추전국시대의 유사들은 사민四民(士農工商)

의 하나였던 사민士民이라는 무산無産계급이었으나, 주희 당시의 유사들은 중소지주 내지 문벌門閥로 성장한 지배계급이었다. 그러므로 고대 노예제 사회의 사상인 공자의 경학은 중세 봉건제 유학으로 바뀌어야 했다. 고대의 유학은 정치학만으로도 충분했으나 신유학은 도교와 불교에 대항할 수 있는 철학이 요구됐던 것이다. 그러므로 신유학은 고대의 유학을 계승하면서도 한편으로는 그것을 지양해야 했다. 이에 부응하고자 한 것이 신유학의 건설이다. 그러므로 유교사에서 보면 신유학은 종교개혁인 셈이다.

주희가 살던 시대는 한漢족 정권인 송나라가 여진족인 금나라에 항복하고 왕족의 일부가 난징南京에 남송을 세워 금나라에 조공을 바치며 잔명을 보존하던 한족의 수난기였다. 사상적으로는 불교의 흥성과 도교의 발흥으로 민족 정통성과 유사 계급의 정체성을 잃어가고 있었다. 주희는 남송의 존재 근거와 인심을 정돈할 수 있는 지름길은 한족의 정통 사상인 유가 사상의 권위를 확립하는 것이라고 생각했다.

주희는 남송의 지식인으로서 북송으로부터 왕안석의 신법파와 사마광의 구법파로 상징되는 두 가지 경향 즉 개혁과 보수라는 학문적 유산을 물려받았다. 신법파의 관심은 당시 구체제의 부패와 지배계급의 착취로 파탄 지경인 민생을 구제하는 것이었으며, 구법파의 관심은 지배계급을 안정시키고 외세를 물리쳐 국권을 회복하는 것이었다.

이때 주희는 공자의 선례를 따라 민생의 안정보다는 민족과 국가를 우선시하고 지배계급의 안정을 선택했다. 즉 이구, 왕안석 등으로 대표되는 개혁사상을 외면하고 주돈이,

정이 등으로 대표되는 유교 전통사상의 우월성과 민족을 강조하는 보수사상을 계승·집대성하고자 했다. 그렇게 정주학은 한족 정권의 지배이념이 될 수 있었고 수천 년 동안 지배계급들의 지지를 받을 수 있었던 것이다.

그러므로 신유학의 특징은 지배계급의 지배이념을 위한 철학이라고 말할 수 있을 것이다. 사실상 고대와 중세에 학문은 동서양을 막론하고 지배계급의 독점물이었다. 지배계급을 위한 학문이 아니고는 지배이념이 될 수 없었다. 다만 지배계급의 생존을 위해서는 민民에 대한 배려가 필요했다. 그러므로 지배이념도 이 한도 내에서는 민생을 고려하는 개혁적 내용을 포함하지 않을 수 없었던 것이다. 이런 점에서는 신유학도 마찬가지라 할 것이다.

다만 신유학은 보수적이었으되 유교의 교리만은 혁명적으로 개혁했다. 천제를 부인하지는 않았지만 개혁파의 유물론적인 사상을 수용하여 천제가 인격신으로 역사를 지배한다는 종교적 요소를 버리고 '이념화' 했다는 점은 그 핵심일 것이다.

제2장. 주희의 우주론

천제天帝에서 태극으로

천제天帝 천명天命에서 천리天理 태극太極으로

동서양을 막론하고 철학의 탄생은 신화神話에 대한 이성의 승리를 의미한다. 그러나 그 승리는 신의 세속화를 의미하는 것일 뿐 신을 부정하는 것은 아니었다.

그러므로 제1부에서 이미 설명한 대로 성리학의 신관神觀도 종래 유교의 신관과는 다르다. 성리학은 어디까지나 공자의 유학을 새롭게 해석한 신유학이었다. 그렇다면 유학과 유교의 천론天論을 성리학에서는 어떻게 계승했을까? 이 질문에 대한 답변이 바로 신학에서 철학으로의 발전을 의미할 것이다.

공자는 천제天帝를 인정하고 천제와 조상에게 제사를 지

내는 제례祭禮를 통치의 중요한 수단으로 하는 주례周禮를 통치의 근본으로 삼아야 한다고 주장했다. 다만 주례의 기본 정신은 "신을 공경하되 멀리하고(敬神而遠之)" 인륜人倫을 우선하는 정신이라고 해석했다. 이것이 공자 유학의 기본 신관이다.

그러나 예수가 태어나기 1세기 전 한나라 때 동중서가 무제에게 건의해 공자를 교주로 삼되 공자의 신관과는 달리 천인감응설天人感應說을 교리로 삼고 천제의 인격성을 부각함으로써 공자의 경세치학의 학문인 유학을 종교로 만들었으니 이것이 유교다. 그 후 유교는 당唐대에 들어와 유종원·유우석 등의 천인분이설에 의해 도전을 받았으며, 1천여 년이 지난 송대에 와서 정주가 일어나 천제를 천명天命으로 해석한 『중용』을 근거로 삼고, 다시 천명을 천리天理로 해석함으로써 유교를 철학으로 만들었던 것이다.

이처럼 성리학이 유교와 다른 점은 하느님 대신 이理를 창조주로 본다는 점이다. 이는 공자의 인격신 개념을 버리고 천天을 섭리로 해석함으로써 유교에서 종교성을 덜어내 철학적인 정치이념으로 만든 것이다.

존재와 가치의 근원으로서의 천天이 유교에서는 천신天神이었으나 성리학에서는 천리天理인 태극太極으로 바뀐 것이다.

천신天神 부정, 주희

주자어류朱子語類/권4/성리性理 1

물었다. "운명은 일정하지 않으니   問. 命之不齊

아마 그렇게 되도록 부여하는 이가 있는 것 같지는 않습니다." 　　　恐不是眞有爲之賦予如此.

주자가 답했다. 　　　曰

"단지 이는 위대한 근원에서 유출되어 나오는 　　　只是從大原中流出來

모습이 그와 같을 뿐 　　　模樣似恁地

그것을 부여하는 자가 있는 것은 아닙니다. 　　　不是眞有爲之賦子者.

천하에 이理보다 높은 것이 없기 때문에 　　　天下莫尊於理

그것을 제帝라고 이름 지은 것뿐입니다. 　　　故以帝名之.

(다만 『서경』 「탕고湯誥」편에는) '높으신 상제께서 　　　惟皇上帝

백성에게 마음을 내리셨다(降)'는 글이 있는데 　　　降衷於下民

여기서 '강降'은 　　　降便

아마 주재主宰한다는 뜻으로 읽어야 할 것입니다." 　　　有主宰意.

태극은 창조주요 동정動靜의 근원

주자대전朱子大全/권45/답양자직答楊子直

천지간에는 다만 동動·정靜의 양단이 있어 　　　天地之間 只有動靜兩端

끊임없이 순환하는 것일 뿐 다른 것이 없다. 　　　循環不已 更無餘事

이것을 역易이라 한다. 　　　此之謂易.

그리고 그 동정은 　　　而其動其靜

반드시 동하고 정하는 이理가 있을 것이니 　　　則必有所以動靜之理焉

그것을 태극이라 말한다. 　　　是則所謂太極者也.

근원의 근원이므로 이렇게 이름 붙여진 것으로 　　　原極之所以得名

추동推動의 극極 즉 원동자原動者라는 뜻이다. 　　　蓋取樞極之義.

성인이 그것을 태극이라 말하는 것은 　　　聖人謂之太極者

천지만물의 근원임을 가리키는 것이다. 　　　所以指夫天地萬物之根也.

태극은 창조주요 동정의 근원, 진순

북계자의北溪字義/태극太極

태극은 이른바 온갖 조화의 중심이며   太極 所謂萬化之樞紐

온갖 사물의 뿌리다.   品彙之根柢.

태극은 초시공적 존재, 주희

주자대전朱子大全/권36/답육자정答陸子靜

주돈이가 무극無極이라 한 것은   周子所以謂之無極

그것은 공간도 형상도 없는데도   正以其無方所無形狀

사물이 존재하기 이전에도 존재하고   以爲在無物之前

사물이 있은 후에도 없어지지 않으며,   而未嘗不立於有物之後.

음양의 밖에도 존재하고   以爲在陰陽之外

음양의 안에서도 운행하지 않음이 없다고 생각했기 때문이다.   而未嘗不行乎陰陽之中.

이처럼 전체를 관통하여 있지 않은 곳이 없으며   以爲通貫全體無乎不在.

그렇다고 처음부터 소리나 냄새나 그림자나   則又初無聲臭影

메아리로 말할 수도 없는 것이기 때문이다.   響之可言也.

태극은 일리一理, 주희

주자어류朱子語類/권1/이기理氣 상
성리대전性理大全/권26/이기理氣 1

주자가 말했다.   朱子曰

"태극은 단지 하나의 이理라는 글자다.   太極只是一箇理字.

태극은 단지 천지만물의 이理다.   太極只是天地萬物之理.

천지에 있으면 천지 가운데 태극이 있다고 말하고   在天地言則 天地中有太極.

만물에 있으면   在萬物言則

만물 가운데 각각 태극이 있다고 말한다."   萬物中各有太極.

주자대전朱子大全/권78/강주중건염계선생서당기江州重建濂溪先生書堂記

대저 이른바 태극이란   蓋其所謂太極者

천지만물의 이理를 통합하여   合天地萬物之理

하나로 이름 붙인 것이다.   而一名耳.

그것은 그릇과 형체가 없으나   以其無器與形

천지만물의 이理는 있지 않은 곳이 없으므로   而天地萬物之理無不在

"무극無極이 곧 태극太極"이라고 말한다.   是故曰 無極而太極.

또 그것은 만물의 이理를 갖추고 있으나   以其具天地萬物之理

그릇과 형체가 없으므로   而無器與形

"태극이 곧 무극"이라고 말한다.   故曰太極本無極也.

주자어류朱子語類/권1/이기理氣 상

또한 만일   且如萬一

산하山河와 대지가 모두 함몰되는 경우에도   山河大地都陷了

필경 이理는 도리어 그 속에 있다.   畢竟理却是在這里.

주자대전朱子大全/권70/기정문제자논학동이記程門諸子論學同異

우주 사이는 하나의 이理가 있을 뿐이다.   宇宙之間 一理而已.

하늘이 그것을 얻어 하늘이 되고   天得之爲天

땅이 그것을 얻어 땅이 되고   地得之爲地.

무릇 우주 안의 생명체는   而凡生于天地之間者

각각 그것을 얻어 성품이 된다.   又各得之以爲性.

그것을 펴면 삼강三綱이 되며   其張之爲三綱

그것을 벼리로 하면 오상五常(仁義禮智信)이 된다.   其紀之爲五常.

모두가 이理의 운동이니   蓋皆此理之流行

없는 곳이 없다.   無所適而不在.

태극은 일리, 진순

북계자의北溪字義/태극太極

태극은 단지 혼돈 상태인 지극한 이理이므로   太極只是渾淪極至之理

형기形氣로는 말할 수 없다.   非可以形氣言.

옛 경서에서 태극을 설명한 것으로는   古經書說太極

『주역』「계사전」에서   惟見於易繫辭傳

"역易에 태극이 있다"라고 말한 것뿐이다.   日易有太極.

역은 단지 음양의 변화일 뿐이며   易只是陰陽變化.

바로 그 음양이 변화하는 이치가   其所謂陰陽變化之理

곧 태극이다.   則太極也.

또 (「계사전」에서는) '삼극三極의 도'를 말했다.   又日三極之道

이는 천지인天地人 삼재三才의 지극한 이치를 말한 것이며   只是三才極至之理

이로써 삼재는 그 속에 각각   以見三才之中各

하나의 태극을 갖추고 있다는 것을 알 수 있다.   具一太極.

천天은 이理요 성性이다, 주희

주자어류朱子語類/권5/성리性理 2

천天은 스스로 그렇게 되는 것(자연)을 말하고   天則就其自然者言之.

명命은 천天이 유행하여   命則就其流行

만물에 부여된 것을 말하고   而賦於物者言之.

성性은 만물이 그것을 온전하게 받아   性則就其全體以萬物所得

태어난 것을 말하고
이理는 사물마다
각각 법칙을 갖는 것을 말하는 것이다.
총괄하여 말하면 천天은 곧 이理며
명命은 곧 성性이며 성은 곧 이理다.

以爲生者言之.
理則就其事事物物
各有其則者言之.
到得合而言之則 天卽理也
命卽性也 性卽理也.

태극도설과 그 의의

태극이란 말은 『주역』 「계사전」에 처음으로 등장한다. 태太는 너무 크다는 뜻이고, 극極은 지극하다는 뜻이다. 그러므로 태극이란 더 이상 거슬러 올라갈 수 있는 원인이 없는 궁극적인 본원을 말한다. 성리학에서의 태극이란 개념은 유신론唯神論과 유물론唯物論을 아울러 종합하여 천제天帝를 대신하는 창조주다. 이 점에서 성리학의 태극은 노자의 도道나 무극無極, 『주역』의 태극, 장자의 이理를 종합하여 '천제天帝→도道=무극=태극→이理=성性'으로 이론화한 것이라 할 수 있다.

이 태극은 물질적인 음과 양이라는 두 기氣를 낳는 창조자다. 그러나 창조적이며 동적인 태극은 자기 존재의 근원을 가져야 하는 물질은 아니며 운동의 원인을 가지지 않은 고요함(靜)이다. 태극은 스스로 원인이 될 수는 있으나 자기를 존재하게 하는 원인이 따로 없기 때문이다. 이처럼 태극은 물질적이면서도 물질이 아니며, 유有이면서 동시에 무無이고, 동動이면서 동시에 정靜이다. 그러므로 태극은 창조와 운동의 근원이라고 생각했던 천天을 대신하는 새로운 범주인 것이다.

한漢대에는 태극을 '혼돈混沌 미분未分의 원기元氣'로 보는 유물론적 해석이 대체적인 경향이었다. 그러던 것을 위진시대의 현학가玄學家들이 노장의 학설을 따라 역易의 중심인 '허무본체虛無本體'로 태극을 해석했다.

주돈이의 태극도설도 이러한 현학玄學에서 나왔다(제1부 1장의 '보수파와 개혁파' 중 '보수파의 이학' 참조). 주돈이는 도가의 수련도인 〈무극도〉를 이용하여 인의예지를 설명함으로써 유가의 비전秘傳으로 만들었는데 이것이 이른바 『태극도설』이다. 이처럼 『태극도설』은 『주역』 「계사전」의 태극과 『노자』 28장의 무극을 통합한 것이나 성리학에서는 소옹의 상수학을 포용하여 이를 주리론主理論으로 종합한다.

태극도설의 의의는 다음과 같이 정리할 수 있다.

첫째, 태극도설은 만물일체 사상을 설명한 우주론이다. 음양은 하나의 태극이며(陰陽一太極也), 오행은 각각 하나의 음양이므로(五行一陰陽也), 음양오행의 조화인 만물도 각각 하나의 태극을 내재하고 있다고 본다. 이것은 만물에 각각 절대성을 부여하는 것이다. 그러므로 〈태극도太極圖〉는 태극을 일원一圓으로 표시하고, 오행도 각각 일원으로 표시하며, 만물 역시 일원으로 표시한다. 태극도설은 바로 '만유일원萬有一圓 사상'인 것이다.

그러므로 성인은 천인합일의 인극人極이라고 규정한다. 인극은 천지·일월·사시·귀신과 합습하는 지극한 인간을 말한다.

성리대전性理大全/권2/통서通書 1/이성명理性命

이기二氣와 오행은 변화하여 만물을 낳는다.	二氣五行 化生萬物.
다섯 가지로 다르고 두 개의 실체이지만	五殊二實
두 개의 뿌리는 곧 하나다.	二本則一.
그러므로 만 가지는 하나가 되고	是萬爲一
하나의 실체가 만 가지로 나뉘지만	一實萬分
만 가지와 하나는 각자 바르고	萬一各正
작거나 크거나 (태극을) 이룸이 있다.	小大有定.

둘째, 태극은 정신이며 스스로 운동하는 원동자原動者라는 유심주의 철학 사상이다.

성리대전性理大全/권2/통서通書 1/동정動靜

동動이면 정靜이 없고, 정이면 동이 없는 것이 물物이다.	動而無靜 靜而無動 物也.
동해도 동이 없고, 정해도 정이 없는 것이 신神이다.	動而無動 靜而無靜 神也.
"동해도 동이 없고, 정해도 정이 없다" 함은	動而無動 靜而無靜
부동不動이 아니고 부정不靜이 아니다.	非不動 非無靜也.
물物은 동정動靜이 불통不通이나	物則不通
신은 동정이 통하여 만물을 이룬다.	神妙1)萬物.

셋째, 인류와 자연의 법칙을 통합한다.

---

1) 妙(묘)=成也(神也者 妙萬物而爲言者也 : 周易/說卦傳).

태극은 곧 이理이므로 창조의 본원이면서 동시에 창조물의 운행법칙이다. 또한 태극은 곧 성性이므로 도덕적 가치의 본원이 된다.

주돈이

성리대전性理大全/권1/태극도太極圖

비록 오행이 각각 하나의 성性이라 말할 수 있지만	雖曰 五行各一其性
하나의 사물은 각각 오행의 이理를 갖추었다는 것을	然一物又各具五行之理
알아야 한다.	不可不知.
…인의예지신仁義禮智信의 성은	…仁義禮智信之性
곧 수水·화火·금金·목木·토土의 이理다.	卽水火金木土之理.
목의 인, 금의 의, 화의 예, 수의 지는	木仁 金義 火禮 水智
각각 사덕四德의 실체다.	各四德之實也.

주희

주자어류朱子語類/권17/대학혹문大學或問 상

천하의 사물은	至於天下之物
각각 반드시 그렇게 된 원인과	則必各有所以然之故
그렇지 않을 수 없는 법칙이 있기 마련이다.	與其所當然之則
이것을 이理라 말한 것이다.	所謂理也.

넷째, 사람은 누구나 성인의 학문을 배워 군자가 될 수 있다는 희망을 말한다. 사람은 누구나 무욕·보편·공정하면 군자다. 주돈이의 다음 글에서 '부溥'의 뜻은 묵자의 '겸兼'과 비슷하다. 군자는 종전처럼 신분과 혈통만으로 되는 것

이 아니라 수양이 필수 조건이다. 따라서 군자와 소인의 구
별은 신분보다는 닦음(修)과 어지럽힘(悖)의 차이로 이해되
기 시작한다(君子修之吉 小人悖之凶).

주돈이

성리대전性理大全/권2/통서通書 1/성학聖學

성인의 학문은 배울 수 있는가? 가능하다.	聖學可乎. 曰可.
요점이 있는가? 있다.	有要乎. 曰有.
요점이 무엇인가? 요점은 하나다.	請問焉 曰 一爲要
그 하나란 무욕이다.	一者無欲也.
무욕하면 정靜하여 허虛하고 동動하여 곧다.	無欲則靜虛動直.
고요하고 비우면 밝고, 밝으면 통한다.	靜虛則明 明則通.
동動하여 곧으면 공평하고, 공평하면 두루 광대하다.	動直則公 公則溥.[2]
밝게 통하고 공평하고 두루 광대하면 그것으로 거의 성인이다.	明通公溥 庶矣乎.

다섯째, 맹자의 과욕寡欲(욕망을 적게 함)을 한층 강화한 금
욕주의를 지향하는 수도사 같은 종교성을 요구한다. 무욕無
慾하면 중정中正의 성품이 발휘되어 인의仁義의 길로 나아가
인극人極을 이룰 수 있다는 것이다. 이는 공자의 극기를 멸
인욕滅人欲으로 해석한 것으로 보수적인 이학의 대표적인 특
성이 된다.

여섯째, 성誠을 강조한다. 성誠은 천성天性의 본질이다. 그
러므로 성誠실함은 인성人性에 내재한 천성을 회복하는 방법

---

2) 溥(부)=徧也, 普也.

이다. 주돈이는 『통서』에서 "천성 그대로 안정하면 성인이요, 천성을 회복하고 지키면 현인"이라고 말한다(『통서』「성기덕誠幾德」3).

이것은 이보다 앞선 이른바 복성설復性說과 같다. 복성설과 성선性善정악설情惡說은 당唐대 철학자인 이고李翺(772~841)가 『복성서復性書』에서 처음으로 주장한 것이다. 주돈이도 이 책에서 계발한 듯하다.

주돈이

성리대전性理大全/권2/통서通書 1/성誠 하

성誠은 인의예지신仁義禮智信 등 오상五常의 뿌리며   誠 五常之本
효孝·제悌·충忠·순順 등 백행百行의 근원이다.   百行之源也.
고요히 무위無爲해도 동動함이 있고   靜無而動有
바르게 행하니 밝게 통달한다.   至正而明達也.

고대의 사상은 모두 천天에 대한 인식을 그 기본으로 한다. 만약 인류가 천天을 발명하지 못했다면 오늘의 문명도 달라졌을 것이다. 고대 그리스에서는 한때 소피스트들이 가치판단의 기준으로서 신을 부정하고 만인이 각각 가치의 표준이라고 말했다. 그러나 그것은 보편적 가치의 실종을 의미하는 것이므로 일반적 동의를 얻기 어려웠다.

동서양을 막론하고 천을 인격신 천제天帝로 보는 것이 인류의 전통적인 인식이었으며 지금까지도 유효한 개념으로 살아남아 인류 문명의 기본 얼개로 작용하고 있다. 이러한 전통적인 인식을 계승한 것이 유가들이었다. 그들은 하느님 대신에 태극을 발명하여 그것을 천리天理라고 말하며 궁극적인 가치 표준으로 삼았던 것이다. 이것은 위대한 발명이었다. 한 걸음 더 나아가 만물의 품성은 모두 하나의 태극이며 이성이라고 말함으로써 신본주의神本主義에서 벗어나 만물일체 신인합일神人合一의 인본주의를 발전시킨 것은 더욱 놀라운 사실이다.

신 중심에서 인간 중심으로 발전한 것을 근대라고 한다면, 다시 말해 신성神聖 대신 이성理性을 존중하는 것이 근대라고 한다면 11세기의 동양 성리학 또는 이성학은 '근대적'이라고 평가할 수 있을 것이기 때문이다.

이처럼 태극론은 천제를 천리天理로 철학화한 데 그 의의가 있다. 존재와 가치의 근원인 인격신 천제를 천명天命의 천리로 해석함으로써 정치도덕론으로서의 유학을 철학화하고 유교 교리를 이념화했다.

동중서의 유교에서 하느님은 인간과 감응하는 인격신이었다. 그러나 정주학에서는 천하만물을 주재하는 존재를 인격신이 아니라 물리物理법칙으로 바꾸어버렸다. 그것은 코페르니쿠스적 전환이었다. 다만 그들은 물리를 곧 성리性理라고 말함으로써 유물唯物을 유심唯心으로 통합했다.

주희에 의하면 만물은 이기理氣가 결합하여 형성되는 것이며, 이理는 사물의 본성을 구성하는 근본이고 기는 사물의 형체를 구성하는 재료다(理本氣末). 이理의 총체는 태극이고 태극은 인간과 사물의 성性이다. 그리고 태극은 만리萬理를 함유하고 있는데 그 강령이 바로 인의예지라는 것이다. 이로써 유교의 강령인 인의예지는 천리天理가 된다.

결국 성리학은 공자의 운명론적인 왕권신수설인 천명론을 천명天命→천성天性→천리天理로 철학화함으로써 봉건 규범을 천리로 절대화하는 구실을 했다는 점에서는 봉건적인 한계를 벗어나지는 못했다고 할 것이다.

또한 도道 또는 이理는 인간이 선택·결정하는 것도, 인격신 하느님의 의지에 따르는 것도 아니다. 인간이 관여할 수 없는 객관적인 것이다. 그러므로 이것은 우주 자연의 원리인 천리를 가치의 표준으로 삼는 객관주의라는 점에서, 민중의 이로움 즉 천지天志를 가치의 표준으로 삼는 묵자의 주관주의 내지 주체주의와 대립된다.

이러한 천리와 천지의 차이는 역사의 주체에 대한 역사관의 차이로 나타난다. 예컨대 성왕聖王에 대해 묵자는 "선출된 지도자인 요堯·순舜·우禹는 천지에 순종하여 인민의 이利를 실천해 대동大同사회를 이루었으므로 성왕이라 칭송을 받았다"고 말하는 데 비해, 주희는 "삼대三代 성왕 시대는 천리가 유행되어 왕도王道정치를 열었고 삼대 이후는 인욕人慾이 유행하여 패도정치覇道政治가 열렸다"고 말한다. 즉 묵자에게 역사의 주체는 인민人民이었으나 주희에게 역사의 주체는 천리였던 것이다. 이처럼 주희는 공자의 극기복례克己復禮로 소외됐던 인간을 다시 천리에 의해 소외시키는 결과를 가져왔다는 점에서 여전히 주체적이지 못했다.

이런 점에서 볼 때 우리나라의 국기인 태극기도 주체가 소외된 우주론만으로 해석해서는 적극적인 주체를 담지 못한다. 천리가 곧 인성人性이라는 천인합일의 성리론性理論까지를 전제하지 않는 한 그 의미는 공허한 것이 될 것이다.

이러한 주희의 객관주의는 훗날 양명陽明 왕수인王守人
(1472~1528)의 주관주의로부터 도전받는다. 그러나 왕수인
도 여전히 봉건성을 벗어나지 못한다. 그 결과 끝내 동양은
주체적으로 봉건성을 극복하지 못하고 서양이라는 타력에
의해 근대화로 진입할 수밖에 없었다.

주리적 이기이원론

하나이며 둘이다

주희는 이학파와 기학파를 종합하여 이기이원론理氣二元
論을 주장한다. 그러므로 때에 따라서는 태극을 이理라고도
하고 기라고도 말한다. 그리고 이理와 기는 둘이면서 하나라
고 말한다. 그래서 이理와 기의 관계를 불상리不相離(서로 떨
어지지 않음) 불상잡不相雜(서로 섞이지 않음)이라고 표현한다.
사람의 경우 정신을 이理, 육체를 기라고 한다면 정신과
육체는 하나이며 둘이라는 것이다. 예컨대 병원에서 사람에
게 마취제를 투여하면 육체는 살아 있으나 의식은 잃는다.
그 상태에서는 수술을 해도 통증을 느끼지 못한다. 이것은
정신과 육체는 서로·다른 것임을 말한다. 그런데 육체가 심
히 손상되거나 노쇠하면 혼백이 떠나고, 혼백이 떠나면 육
체는 썩는다. 이처럼 정신과 육체는 서로 분리되면 흩어져

버린다. 그러므로 육체와 정신은 둘이면서 하나임을 알 수
있다.

이처럼 서로 떨어질 수 없다면 하나다. 그러나 서로 섞일
수 없다면 둘이다. 그러므로 이理와 기는 하나이면서 둘이라
고 말할 수밖에 없는 것이다. 이러한 모순의 변증법적인 통
합에 주희의 존재론의 핵심이 있다고 보아야 한다.

논리적으로 일一인 태극과 이二인 음양이 하나라는 것은
모순이다. 그러나 이러한 논리는 언어구조일 뿐 실재는 아
니다. 존재의 세계에서는 둘이면서 하나인 것이 변증법적인
진실이라는 것이다.

그러므로 그의 논리는 이원론으로 기울기도 하고, 주리론
또는 주기론으로 기울기도 하여 일관성이 없는 것 같다. 그
래서 후인들은 이런 허점을 보완하고자 이기理氣 논쟁과 사
단칠정 논쟁을 일으킨다.

주리론적 언명言明[3]

주자어류朱子語類/권1/이기理氣 상

성리대전性理大全/권26/이기理氣 1

천지天地가 있기에 앞서	未有天地之先
필경 이理가 먼저 있을 뿐이다.	畢竟是先有此理.
동動하여 양陽을 낳는 것도 역시 이理며	動而生陽 亦只是理
정靜하여 음陰을 낳는 것도 역시 이理다.	靜而生陰 亦只是理.

---

3) 주희의 이 글들은 氣 없는 理를 인정함으로써 '理氣不相離'를 폐기해 버린다. 그 말대로라면 완벽한 理先 氣後의 理
一元論이다.

주자어류朱子語類/권3/귀신鬼神

이理가 있은 연후에 기氣가 있다.

비록 한때 총체로 모여 있을지라도

필경 이理로 주인을 삼는다.

有理而後有氣.

雖是一時都[4]有

畢竟以理爲主.

주기론적 언명[5]

주자어류朱子語類/권1/이기理氣 상

이理는 도리어 뜻도 헤아림도 지음도 없다.

하나의 으뜸인 기氣가

끊임없이 운행 유통하여

만물을 낳을 뿐이다.

천하에 이理 없는 기가 없고

기 없는 이理도 없다.

理却無情意 無計度 無造作.

一元之氣

運轉流通 略無停間

只是生出許多萬物而已.

天下未有無理之氣

亦未有無氣之理.

주역본의周易本義

천지간에 근본인 하나의 기氣가 운행하여

동정動靜이 있을 뿐이다.

그 운동을 총체로 말하면

건乾이라고 하는 것이니

포섭하지 못하는 것이 없다.

그것을 동정으로 나누면

음양과 강유剛柔의 구별이 있다.

天地之間 本一氣之流行

而有動靜爾.

以其流行之統體而言

則但謂之乾

而無所不包矣.

以其動靜分之然後

有陰陽剛柔之別也.

---

4) 都(도)=聚, 總.

5) 주희의 이 글들은 '理氣不相離'를 강조하면서도 氣先 理後의 氣一元論을 말하는 것 같다.

이원론적 언명[6]

주자어류朱子語類/권4/성리性理 1

기氣가 아직 있지 않을 때도 이미 성性은 있었다.	未有此氣 旣有此性
기가 존재하지 않아도 성은 항상 존재한다.	氣有不存 而性却常在.
비록 그것이 기 속에 존재해도 기는 스스로 기이며	雖其方在氣中 然氣自是氣
성은 스스로 성이니 역시 서로 엉켜 붙거나 섞이지 않는다.	性自是性 亦不相夾[7]雜.

주자어류朱子語類/권1/이기理氣 상

이것은 본래 선후로 말할 수 없는 것이다.	此本無先後之可言.
하지만 구태여 그 온 곳을 따져 말하면	然必欲推其所從來.
모름지기 이理가 먼저 있다고 말해야 할 것이다.	則須說先有是理.
그러나 이理가 기와 별도로 하나의 물건이라는 것은 아니다.	然理又非別爲一物.
즉 이理는 기 속에 존재하는 것이다.	卽存乎是氣之中.

주자대전朱子大全/권58/답황도부答黃道夫

천지간에 이理가 있고 기가 있다.	天地之間 有理有氣.
이理란 형이상의 도道며	理也者 形而上之道也
만물을 낳는 근본根本이다.	生物之本也.
기氣란 형이하의 기器며	氣也者 形而下之器也
만물을 낳는 기물器物이다.	生物之具[8]也.

---

6) 주희의 이 글들은 '理氣不相離', '理氣不相雜'을 말하면서 理氣는 先後로 말할 수 없다고 강조함으로써 理氣二元論을 말하는 것 같다.

7) 夾(협)=兼 挾也.

8) 具(구)=器物, 材用.

주자어류朱子語類/**권94/주자지서**周子之書

기氣는	氣也者
음양오행의 일곱 가지가 혼합한 것으로	五行陰陽 七者滾[9]合
이것은 만물을 낳는 재료材料다.	便是生物之材料.

주자어류朱子語類/**권1/이기**理氣 **상**

천하에 이理 없는 기는 없고	天下未有無理之氣
기 없는 이理 역시 존재할 수 없다(理氣不相離).	亦未有無氣之理.

태극변증법 理氣의 動靜

음양 이기二氣는 서로 배척하면서도 항상 떨어질 수 없는 모순 관계다. 이런 모순이 운동과 생성을 낳는다. 오행은 상생·상극하면서 운동한다. 그러므로 음양은 변증법적 관계에 있는 것이다.

그런데 이학파에서는 기氣를 궁극적인 태원太元으로 보지 않는다. 그러므로 기의 운동은 그 운동을 일으키는 원동자가 있어야 한다. 이학파는 그 원동자를 태극 곧 이理라고 말한다. 그렇다면 이理는 동動이 없으면서 동을 일으키는 존재가 된다. 이것이 이른바 '이정理靜 기동氣動'이며 주정主靜 사상이다.

그러면 이理는 동이 없다고 말해야 하는가?

---

9) 滾(곤)=湯沸也.

만약 이理가 초공간적이고 초시간적인 형이상이라면 동정의 개념이 존재할 수 없다. 동이란 공간과 시간의 변화이기 때문이다. 또한 이理를 사물의 '소이연지고所以然之故'이며 동시에 '당연지칙當然之則'이라고 한다면 어찌 까닭(故)과 법칙(則)에 운동이 있겠는가? 그러므로 이理는 동이 없다고 말한다.

그러나 주돈이의 『태극도설』에서는 태극이 동한다고 말한다. 그런데 『태극도설』을 따르는 주희는 태극을 이理라고 말한다. 이것은 태극인 이理가 동한다는 말이 된다. 논리적인 모순을 떠나 만약 이理에 정의情意와 동정動靜이 있다고 한다면, 이러한 이理는 신격神格이 된다. 이理라는 것이 마음도 있고 행동도 한다면 인격을 가진 신일 것이다. 이것은 '이신론理神論'이다.

그러나 주희는 인격신을 부정한다. 이처럼 그의 이기론은 들쭉날쭉 일관되지 않다. 한편 주희는 이런 모순을 해결하기 위해 "이理가 동정이 있다고 말한 것은 '기를 탄 이理'를 말한 것"이라고 변론한다. 그렇다면 이理는 기의 조리가 되므로 '주기론主氣論'이 된다.

이러한 혼란은 이理를 동정의 주체적인 측면에서 보느냐 아니면 동정의 법칙으로 보느냐에 따라 전자는 이理에는 동정이 없다고 말하고 후자는 이理에도 동정이 있다고 말하기 때문이다. 주희의 이기론이 이처럼 일관되지 않는 것은 동정의 법칙성을 강조하는 이정二程의 주리론을 계승하면서도 동정의 주체를 주목하는 장재의 주기론을 종합한 것이기 때문이다.

태극변증법

주역周易/계사繫辭 상

모든 변화에는 그 중심에 태극이 있다.	是故易有太極
이 태극이 천지 또는 음양의 두 표준(兩儀)을 낳는다.	是生兩儀
양의兩儀는 네 형상(四象)을 낳고 사상四象은 팔괘를 낳고	兩儀生四象 四象生八卦
팔괘는 길흉을 정하고 길흉은 대업大業을 낳는다.	八卦定吉凶 吉凶生大業.

주희

주자대전朱子大全/권45/답양자직答楊子直

천지간에는 다만 동動·정靜의 양단이 있어	天地之間 只有動靜兩端
끊임없이 순환하는 것이니	循環不已 更無餘事
이것을 역이라 한다.	此之謂易.
그리고 그 동·정은	而其動靜則
그 동하고 정하는 이理가 있을 것이니	必有所以動靜之理焉
이것을 이른바 태극이라 한다.	是則所謂太極也.

이理는 동정이 없다

주자어류朱子語類/권2/이기理氣 하
성리대전性理大全/권1/태극도太極圖

양陽은 동動하고 음陰은 정靜하나	陽動陰靜
태극이 동정하는 것은 아니다.	非太極動靜.
다만 이理는 동정이 있으나 볼 수 없으므로	只是理有動靜 理不可見
음양의 동정으로 그것을 알 뿐이다.	因陰陽而後知.
이理가 음양 이기二氣에 타고 있는 것은	理搭在陰陽上
사람이 말을 타는 것과 비슷하다.	如人跨馬相似.

말은 사람을 싣는 수단이며 사람은 말을 타는 목적이다.　　　　　馬所以載人. 人所以乘馬.

말이 출입하면　　　　　馬之一出一入

사람도 역시 출입한다.　　　　　人亦與之一出一入.

무릇 일동일정一動一靜한다는 것은　　　　　蓋一動一靜

아직 태극의 묘용에 있지 않다.　　　　　而太極之妙 未嘗不在焉.

이는 타는 기틀을 말하는 것이며　　　　　此所謂所乘之機

무극은　　　　　無極

음양오행이 묘합하여 엉키는 원인이다.　　　　　二五所以妙合而凝也.[10]

주자어류朱子語類/권1/이기理氣 상

대체로 기氣는 능히 응결·조화 작용이 있지만　　　　　盖氣則能凝結造作.

이理는 정의도 없고 헤아림도 없고 조화 작용도 없다.　　　　　理却無情意 無忖度 無造作.

단지 기가 응결하여 모이면 이理는 곧 그 속에 있다.　　　　　只此氣凝聚處 理便在其中.

이것은 마치 천지간에　　　　　此如天地之間

인人·물物·초草·목木·금禽·수獸가　　　　　人物草木禽獸

태어남에 있어 종자가 있지 않으면 안 되는 것과 같다.　　　　　其生也莫不有種.

진정 종자 없이 백지白地에서는　　　　　定不會無種子白地

한 개의 사물도 태어날 수 없다.　　　　　生出一個物事

그러한 연유는 바로 기에 있다.　　　　　這都是氣也.

이理는 동정이 있다

주자어류朱子語類/권5/성리性理 2

태극은 이理이며 형이상이고　　　　　盖太極是理 形而上者.

---

10) 이처럼 태극은 동정이 없고 理는 동정이 있다면 '태극이 곧 理'라는 명제는 모순이다.

음양은 기氣이며 형이하다.

그러므로 이理는 형체가 없고 기는 자취가 있다.

기에 이미 동정이 있으니

그것에 실린 이理가

어찌 동정이 없겠는가?

陰陽是氣 形而下者.

然理無形 而氣却有迹.

氣旣有動靜

則所載之理

亦安得謂之無動靜.

주자대전朱子大全/권56/답정자상答鄭子上

다시 이르되

"(『태극도설』에 이르기를) '태극이 동動하여 양을 낳고

동이 극에 이르면 정靜하며 정하여 음을 낳는다' 라고 했습니다.

그러나 태극은 이理인데 이理가 어찌 동하고 정하겠습니까?

형체가 있으면 동정이 있는 것인데

태극은 무형이니 동정으로 말하는 것은 옳지 않을 것 같습니다.

남헌南軒 씨는 '태극은 동정이 없다고 말할 수 없다' 고 했지만

의미를 깨닫지 못한 것 같습니다" 했다.

주희가 말했다. "이理가 동정이 있으므로

기氣도 동정이 있는 것입니다.

만약 이理에 동정이 없다면

기에 어찌 스스로 동정이 있겠습니까?"

又曰

太極動而生陽

動極而靜 靜而生陰.

太極理也 理如何動靜.

有形則有動靜

太極無形 恐不可以動靜言.

南軒云 太極不能無動靜

未達其意.

曰 理有動靜

故氣有動靜

若理無動靜

則氣何自而有動靜乎.

이理는 기동氣動의 조리條理

주자어류朱子語類/권94/주자지서周子之書

물었다. "태극이 동動하여 양을 낳는다고 한 것은

태극에 동動의 이理가 있어

동할 수 있고 양을 낳는 것이 아닙니까?

問 太極動而生陽

是有這動之理

便能動而生陽否.

동動의 이理가 있어

동하여 양을 낳고

정靜의 이理가 있어 정하여 음을 낳을 수 있다고 한다면

태극이 동할 때는 이理가 동 속에 있고

정할 때는 이理가 정 속에 있을 것입니다.

그런데 동정하는 것은 기입니다.

이것은 동정의 이理가 기를 주재하기 때문에

기가 이와 같이 될 수 있는 것 아닙니까?"

주희가 말했다. "옳은 말씀입니다."

日有這動之理

便能動而生陽.

有這靜之理 便能靜而生陰.

旣動則理又在動之中

旣靜則理又在靜之中.

日 動靜是氣也

有此理爲氣之主

氣便能如此否.

日 是也.

주자어류朱子語類/권94/주자지서周子之書

태극은 이理며 동정은 기氣다.

기가 운행하면 이 역시 운행한다.

둘은 항상 서로 의지하여 떨어지지 않는다.

太極理也. 動靜氣也.

氣行則理亦行

二者常相依 而未嘗相離也.

음양변증법

또한 주희는 선배 기학파들로부터 음양변증법을 수용하여 태극(理) 중심의 이기이원론의 변증법에 하위범주로 포섭했다. 본래 음양변증법은 성리학 이전에 동중서의 음양오행 상생·상극 사상으로부터 시작된 유교의 전통적인 변증법이었다(제1부 2장 '우주론' 참조).

주자어류朱子語類/권62/중용中庸 1

동과 서, 상과 하,   東之與西 上之與下

한서, 주야, 생사에 이르기까지   以至於寒暑晝夜生事

모두가 서로 반대이지만(相反)   皆是相反

동시에 서로 짝을 이루어 합한다(相對).   而相對¹¹⁾也.

천지만물은 상대相對 아닌 것이 없다.   天地間物未嘗無相對者.

주자어류朱子語類/권95/정자지서程子之書 1

천지가 만물을 낳기 위해서는   如天地生物

음만으로는 불가능하고 반드시 양이 있어야 하며   不能獨陰 必有陽.

양만으로는 불가능하고 반드시 음을 필요로 하는 것이니   不能獨陽 必有陰.

모두가 짝을 이루고 합하는 대대待對 관계다.   皆是對.

주자어류朱子語類/권98/장자지서張子之書 1

무릇 천하의 사물은 하나로는 조화가 불가능하며   凡天下之事 一不能化.

반드시 음과 양이 있어야 조화가 가능한 것이다.   惟陰陽而後能化.

한 번 음하고 한 번 양해야만   且如一陰一陽

비로소 만물을 화생化生할 수 있는 것이다.   始能化生萬物.

---

11) 對(대)=配也, 合也.

태극 논쟁과 보편 논쟁

서양의 보편 논쟁 보편은 명목인가, 실재인가?

서양의 보편 논쟁은 동양의 성리학과 거의 같은 시기인 12~13세기에 일어나서 중세를 무너뜨리는 씨앗이 됐던 스콜라철학 논쟁을 말한다. 이 논쟁은 같은 시기에 일어난 이탈리아의 문예부흥 운동과 함께 신 중심에서 인간 중심으로 이동하는 중세 몰락의 기폭제가 됐다.

논쟁의 핵심은 개물個物 이외에 신과 같은 보편적 실체가 과연 존재하느냐 존재하지 않느냐에 관한 것이었다. 보편이 존재한다는 이론을 실재론實在論이라 말하고, 실재론을 반대하는 이론을 유명론唯名論이라 한다.

실재론의 대표 주자로는 '스콜라철학의 아버지'라 불리는 안셀무스 Anselmus(1033~1109)와 토마스 아퀴나스 Thomas Aquinas(1225?~1274)가 있다. 안셀무스는 "보편은 플라톤의 원자처럼 개물에 앞서 존재한다"고 주장했다. 아퀴나스는 "보편은 개물 속에 그것의 형상(이데아)으로서 존재한다"라고 말한 아리스토텔레스를 계승하여 "보편은 신의 정신精神으로서는 개물에 앞서고, 형상으로서는 개물 속에 있으며, 추상된 마음의 개념으로서는 개물 뒤에 있다"라고 말했다.

유명론의 대표주자로는 로스켈리누스와 로저 베이컨 Roger Bacon(1214?~1294), 윌리엄 오컴William of Ockham

(1285?~1349), 프랜시스 베이컨Francis Bacon(1561~1626) 등이 있다. 11세기 로스켈리누스는 "보편은 개물의 뒤에서 인간이 만든 명목名目에 불과하다"라고 했고, 오컴은 "보편은 많은 개물을 대표하는 명사일 뿐이다"라는 유명론을 부활시켜 스콜라철학을 붕괴시켰다. 마르크스는 이것을 "중세 유물론의 최초의 표현"이라고 말한 바 있다.

로저 베이컨은 연역적 논증의 취약성을 지적하면서 확실한 인식은 경험과 실험에 의해 얻어진다고 주장했다. 이로부터 '실험과학'이라는 말이 나오게 됐다. 프랜시스 베이컨은 '연역법'을 기초로 하는 아리스토텔레스의 형식논리학에 대해 새로운 인식 방법인 '귀납법'을 제창했다. 인간은 전래의 스콜라적인 편견·습관·언어·독단으로부터 오는 환상을 극복하고 감각으로부터 출발하여 실험에 근거하는 귀납적 방법으로만 자연법칙을 발견할 수 있다고 주장했다.

태극 논쟁 무극은 명목인가, 실재인가?

태극 논쟁(1188)은 당대當代 학계의 양대 거물인 이학理學의 주희와 심학心學의 상산象山 육구연陸九淵(1139~1192)이 직접 만나 토론한 아호사鵝湖寺 논쟁(1175) 이후 가장 큰 주륙朱陸(주희·육구연) 논쟁이었다. 논쟁의 요점은『태극도설』의 '무극이태극無極而太極'을 어떻게 읽느냐는 것이었다. 육구연은 이를 불필요한 연문衍文으로 보는 데 반해, 주희는 '무극이 곧 태극'이라고 보았다. 이것은 중대한 차이다. 왜냐하면 육구연은 '무無가 유有를 낳는다'는 것을 부정하는 입장이고, 주희는 '무와 유는 같은 것'이라는 입장임을 말하기 때문이다.

하지만 이로써 우리는 이들 모두가 태극이라는 보편적인 범주를 명목名目만이 아니라 실재實在로 보고 있다는 것을 알 수 있다. 그러므로 서구의 보편 논쟁과는 전혀 다른 것임을 알 수 있다.

『태극도설』은 누가 지었는가?

육구연은 주돈이가 『태극도설』을 직접 지은 것은 아닌 것 같다고 주장한다. 우선 '무극無極'이란 말은 『노자』28장에서 나온 말임을 지적한다.

노자老子/28장

수컷을 알고 암컷을 지키면 천하의 골짜기가 된다.　　　　　知其雄守其雌 爲天下谿.

천하의 골짜기가 되면 상덕常德이 떠나지 않아　　　　　　　爲天下谿 常德不離

갓난아이로 돌아간다.　　　　　　　　　　　　　　　　　復歸於嬰兒.

흰 것을 알아서 검은 것을 지키면 천하의 법이 된다.　　　　知其白 守其黑 爲天下式.

천하의 법이 되면 상덕이 어긋나지 않아서　　　　　　　　爲天下式 常德不忒

무극無極으로 돌아간다.　　　　　　　　　　　　　　　　復歸於無極.

그리고 『태극도설』의 '무극이태극'은 『노자』1장의 "무無라 이름 붙인 것은 천지의 시작이며, 유有라 이름 붙인 것은 만물의 어미다(無名天地之始 有名萬物之母)"와 같음을 지적한다. 그러므로 무극은 주돈이의 학설과 다르므로 불필요한 것이 끼어들었을 뿐이라는 것이다. 만약 무극을 태극과 별개로 인정한다면 '무극이태극'을 '자무극이위태극自無極而爲太極'으로 해석해야 하고 이것은 '무에서 유가 나온다'는 뜻이 되므로 노장의 학설일 뿐 유가의 학설이 아니며, 만약 무극과 태극이 같은 것이라면 옥상옥屋上屋일 뿐이다.

반면 주희는 주돈이가 『태극도설』을 직접 지었다고 주장한다. 주희는 노자의 무극은 '무궁無窮'의 뜻일 뿐으로 주돈이의 무극과는 다르며, 노자는 유와 무를 둘로 보았지만 주돈이는 하나로 보았고, '무극이태극'의 '이而'는 시간의 선후가 아니라 '그리고(又是)'로 읽어야 한다고 주장한다.

그러나 정확히 말하면 주돈이에 앞서 동진東晉의 한강백韓康伯(332~380)이 왕필·곽상의 귀무론貴無論을 계승하여 처음으로 '무극이 곧 태극'이라고 주장했다. 그는 『주역』의 태극을 허무본체虛無本體로 해석했던 것이다. 그 후 송대에 이르러 주돈이가 이것을 계승하여 '무극이태극'이라는 『태극도설』을 지은 것이다.

한강백

주역周易/계사繫辭 주注
대저 유有는 반드시 무無에서 비롯됐다.   夫有必始于無.
그러므로 태극은 두 표준을 낳았다.   故太極生兩儀也.
따라서 '허무본체虛無本體'를 태극이라 한다.   以虛無本體爲太極.

무극이란 개념은 필요한가?

육구연은 "선인들은 태극을 말할 뿐 무극을 말하지 않았다"라고 주장하면서 "태극만이 온갖 변화의 근본이며 태극 위에 무극을 놓는 것은 상 위에 다시 상을 올려놓은 격"이라 말했다. 반면 주희는 무극을 처음으로 말한 사람은 주돈이라 주장하면서 "무극은 방위나 장소, 형체가 없음을 뜻한다. 무극을 말하지 않으면 태극이 마치 고정된 물건처럼 되어 온갖 변화의 근본이 되기에 부족하고, 태극을 말하지 않으면 무극이 텅 빈 존재가 되어 온갖 변화의 근본이 될 수 없다"라고 말했다.

주희

성리대전性理大全/권1/태극도太極圖 주注

'무극이태극'이라 한 것은	無極而太極
태극 외에 따로 무극이 있다는 것이 아니다.	不是太極之外別有無極.
무無 중에 이理가 있다는 것일 뿐이다.	無中自有此理.
여기서 '이而'자는 중요치 않으니	此而字輕
차례와 순서가 있는 것이 아니기 때문이다.	無次序故也.
다만 이것은 무형한 가운데 이理가 있음을 말한 것뿐이다.	只是說無形而有理.
이른바 태극이란	所謂太極者
단지 음양오행의 이理일 뿐	只二氣五行之理.
그 밖에 물건이 있어 태극이라 하는 것이 아니다.	非別有物爲太極也.
이理로 말하면 유有라고 말할 수 없고	以理言之 則不可謂之有.
물건으로 말하면 무無라고 말할 수 없다.	以物言之 則不可謂之無.

사람들이 태극을	正恐人將太極
한 개의 형상이 있는 것으로 간주할까 염려되어	做一箇有形象底看
다시 무극이라고 말한 것뿐이다.	故又說無極.

한강백

주역周易/계사繫辭 주注

무극을 말하지 않으면	不言無極
태극은 한 개의 물건과 같아서	則太極同於一物
만화萬化의 근본이 될 수 없으며	而不足爲萬化根本.
태극을 말하지 않으면	不言太極
무극은 공허한 적막에 빠져	則無極淪於空寂
만화의 근본이 될 수 없다.	而不能爲萬化根本.

극極은 무엇인가?

육구연은 '극極'이 "홍범구주洪範九疇의 제5주疇인 '황극黃極'과 같은 것이며 '중中'으로 보아야 한다"고 주장하면서, "『중용』에서 온 세상의 가장 큰 근본이라고 말한 '중中'이 바로 태극이기 때문에 무극은 '무중無中'이 되므로 불필요한 표현"이라 했다.

반면 주희는 '극'은 '지극하다'는 뜻, '중'은 '치우치지 않는다'는 뜻으로 보고, "『주역』, 「홍범」, 『시경』, 『예기』에서는 모두 극을 말할 뿐, 극을 중이라 하지 않았다"고 주장했다.

성리대전性理大全/권26/이기理氣 1

태극을 극極 또는 지至라고 하는 까닭은	太極之所以爲極至者.
이 이理가 지극히 중정하고 지극히 정미하고	言此理至中 至正 至精
지극히 순수하고 지극히 신령스럽고	至粹 至神
지극히 오묘한 것을 말한 것이다.	至妙.
지극함은 다함이니 다시 보탤 수가 없는 것이다.	至矣盡矣不可以復加矣.

태극 이기理氣는 명목인가, 실재인가?

무극과 태극, 이理와 기는 실재인가? 인간이 만들어낸 의식구조나 관념일 뿐인가? 만약 유명론자라면 태극은 실재가 아닌 명목뿐인 허구라 할 것이다. 동양인들에게 태극 또는 음양은 보편적이고 시작도 끝도 없는 것이지만, 서구에서 말하는 허구적인 개념이나 범주처럼 언어구조나 사유구조에 그치는 것이 아니다. 신처럼 실재하는 것으로 믿는다. 그래서 동양인들은 우주의 기를 받아 초능력을 발휘할 수 있다고 믿고 지금도 심신수련을 열심히 하고 있는 것이다.

이처럼 동양의 인식론은 서양의 인식론처럼 실재와 명목, 사물과 범주, 보편과 개물을 반드시 별개의 대립적인 것으로 구분하지 않고 개물에 보편이 내재해 있는 것으로 본다. 즉 동양적 사고는 보편과 개물을 통합된 통일체로 보는 것이다. 동양인의 신관神觀에서 천제天帝를 유일자로 인정하면서도 만물에 각각 그 천제가 깃들어 있다는 범신론적 사고를 버리지 않는 것도 이와 관련이 있다.

동양사상에서 말하는 태극, 음양, 이기理氣라는 개념은 구체적인 시간과 공간에 갇혀 있는 어떤 물질적인 형체나 소리도 아니면서 실재라고 말하고, 또한 특정한 의미소이거나 형식이 아니면서 모든 것을 설명하는 범주로 쓰인다.

노장老莊식으로 말하면 이기理氣 음양은 형이상적인 존재이면서 보편적인 인상을 상기시키는 상象이라고 해야 옳을 것이다. 다시 말하면 이理나 기는 우주에 가득 차 있고 개개 사물에 가득 차 있으나, 스스로는 아무것도 없는 듯 형체도 소리도 없는 공허한 것이다. 그것을 크기로 말하면 우주를 담고도 남을 무한대이지만 조그만 사물에도 담기는 무한소無限小이기도 하며 자족한 것이다.

그러므로 명名을 붙여 외포와 내연을 한정하는 개념과 범주로 분별하여 말한다면 그것은 그 일부분에 지나지 않을 것이다. 그렇다 해도 성인들은 그 공효를 체험하여 상象으로 표현했고 또 그 상을 언言과 명名으로 개념화하고 범주화한 것이다.

이처럼 서양의 개념들이 동양의 무극과 태극, 이理와 기氣라는 개념에 꼭 들어맞는 것은 아니다. 그러므로 서양적 인식구조로 동양사상을 비교·검토할 때는 일방적으로 재단해서는 안 된다. 예컨대 성리학은 이성주의임에도 신을 부정하거나 제정일치적 요소를 버리지는 못했다는 점에서 봉건적 사상이라고 말할 수 있다. 그러나 현대인들도 대부분이 신을 부정하지 않는다는 점을 고려하면 성리학을 미개하다고 말할 수 없을 것이다.

오늘날 대부분의 현대인은 신·천리天理·도덕률 등 보편 개념을 잃어버린 지 오래다. 서양에서는 중세를 벗어나기 위해 보편개념을 명목뿐이라고 비판했다. 그러나 오히려 근대를 비판·극복해야 하는 21세기의 우리들은 보편개념을 부활시켜야 할지도 모른다.

보편개념들이 개인보다 집단을, 개성보다 전체성을 강조함으로써 오히려 인간을 억압하는 기제로 작용했음을 반성하는 것은 당연하다. 그러나 인간은 집단을 이루고 살아가는 동물이다. 그러므로 개인성과 더불어 공동체성을 회복하고 인간다운 삶을 담보하는 공동체를 이루기 위해서는 새로운 인류적 보편개념의 재건이 필요하기 때문이다.

우주는 명목인가, 실재인가?

묵자 이래 동양사상에서는 우주를 공간과 시간으로 보았다. 그리고 그것을 모든 존재의 필요조건으로 인식해 왔다. 그러므로 견백동이론堅白同異論에서 견과 백은 공간과 시간이 없는 비존재이므로 겹칠 수 있다고 말했던 것이다(제1부 2장의 '종교에서 철학으로' 참조). 이처럼 동양에서는 우주를 명목으로서만이 아니라 자연적인 실재로 보았던 것이다. 또한 플라톤도 우주를 실재로 인식했다.

그런데 철학이 존재론에서 인식론으로 발전하면서 서양 철학에서는 우주라는 개념은 실재가 아니라 인식의 한 형식이라고 주장하기 시작했다. 칸트는 그의 『순수 이성 비판

Kritik der reinen Vernunft』(1781)에서 공간과 시간이 선험적先驗的인 형식形式이라는 것을 형이상학적 방법과 인식론적 방법을 동원하여 규명하고 있다.

칸트는 지각知覺 속에 나타나는 것을 현상現象이라 부르고 이것을 두 부분으로 나눈다. 하나는 대상對象에 기인하는 것인데 이것을 감각感覺(sensation)이라고 부르고, 또 하나는 우리의 주관적主觀的 기관器官에 기인하는 것인데 이것을 '현상의 형식'이라 불렀다.

이 현상의 형식은 그 자체가 감각感覺은 아니다. 그러므로 가변적인 환경에 의존하고 있지 않으며, 언제나 동일한 것으로, 우리는 항상 이것을 지니고 있다고 보았다. 이것은 경험에 의존하지 않는다는 의미에서 선험적인 것이다. 이것은 감성의 순수형식이므로 이것을 감각과 구분하기 위하여 '순수직관'이라고 말한다. 그런데 이 순수직관에는 두 가지가 있다. 하나는 공간이라는 외감外感의 형식이며, 하나는 시간이라는 내감內感의 형식이다.

동양사상에서는 무극과 태극, 이理와 기, 우宇와 주宙를 형이상의 개념으로 본다. 그러므로 모두 보편개념이다. 그리고 그것은 둘이면서 하나이며 동動이면서 정靜이라고 말한다. 그리고 명목이 아니라 형이상적 실재라고 말한다. 이를 보편과 실재로 표현한다면 이것들은 모두 보편이며 동시에 실재라고 말할 수 있을 것이다.

동양적 사고로는 실재가 아닌 명목을 따로 인정하기가 도무지 쉽지 않다. 그것을 구분할 필요도 없다. 그러므로 인식론적인 진정한 불가지론이란 없다. 그보다는 현상과 본체를

구분하여 현상은 일시적인 모습이고 본체야말로 진정한 실
체이며 영원한 본모습이라고 말한다. 그리고 현상에 구애되
지 않도록 본모습을 알아야 하며 이를 위해 부단한 수양이
필요하다고 말한다. 그래서 동양에는 인식론이 없고 수양론
이 있을 뿐이다.

제3장. 주희의 인간론

인간의 정신은 우주의 본체

인성은 곧 태극

　인간의 육체보다 정신을 더 소중히 여기는 것은 동서양이 마찬가지다. 그래서 인격을 무시당하는 것을 죽음보다 더한 수치로 여긴다. 그런데 이와 같은 인격 중시도 선비정신에서 보듯 동양이 더 투철했던 것 같다. 예컨대 고종 32년 (1895) 단발령이 내려졌을 때 우리 선비들은 목숨을 버리면서까지 이를 거부했다. 단발령이 육체에 손상을 주는 것도 아니며 경제적인 손해를 끼치는 것도 아닌데 목숨을 걸고 반대한 까닭은 선비정신에 대한 모독이라고 생각했기 때문이다. 선비정신의 뿌리인 성리학에서는 정신을 신神의 속성이라 생각했고 인간의 존재근거라고 굳게 믿었다. 주희는 인간의 본성을 완전무결한 정신적 실체인 천리天理 태극이라고 보았다. 이것은 성性을 사람이 나면서부터 지니고 있는 인식의 주체로, 나아가 우주의 본체로 본 것이다. 그렇다면 사람은 누구나 우주의 중심이 되는 것이다.

주희는 이것을 부처가 말한 '월인만천月印萬川(달은 하나이지만 모든 냇물에 박혀 있음)'으로 설명한다. 이처럼 그의 '인인유일태극人人有一太極', '물물유일태극物物有一太極' 사상은 불성佛性이 만물에 구족具足해 있다는 불교 사상 그대로다.

주희

성리대전性理大全/권2/통서通書 1/이성명理性命 주注[1]

뿌리로부터 끝 가지로 나아가는 것을 말한 것으로	自其本而之末.
하나의 이理의 실체가	則一理之實
만물에 나뉘어 실체가 된다는 뜻이다.	而萬物分之以爲體.
그러므로 만물은 그 속에 각각 하나의 태극을 가지고 있다.	故萬物之中 各有一太極.

주자대전朱子大全/권58/답진기지答陳器之

성性은 태극이다.	性是太極
혼돈한 것이므로 본래 이름을 붙일 수 없는 것이다.	渾然之體 本不可以名字言
하지만 그 속에는 만물의 이理를 포함하고 있다.	但其中含具萬理
그 큰 강령으로는 네 가지가 있으니	而綱領之大者有四
그 이름을 인의예지라고 말한다.	故名之曰仁義禮智.

---

1) 주돈이의 "一實萬分 萬一各正(通書/理性命)"에 대한 주희의 注解.

태극도설해太極圖說解

하나인 이理의 열매는

만물에 씨앗으로 나뉘어 본체가 된다.

그러므로 하나의 사물 속에는 천리가 완전하게 갖추어져 있어

서로 빌리지 않는다.

一理之實

而萬物分之以爲體.

故一物之中天理完具

不相假借.

주자어류朱子語類/권18/대학혹문大學或問 하

석가가 이르길

"하나의 달은 만천萬川에 두루 비추고

만천 물속의 달은 하나의 달을 품었다"라고 한 것은

…염계 선생의 『통서』에 나오는

"일실만분一實萬分 만일각정萬一各正"과 같은 말이다.

釋氏云

一月普現一切水

一切水月一月攝.[2]

…濂溪通書

只是說這一事.

주자어류朱子語類/권94/주자지서周子之書

본래 태극은 단지 하나이며

만물이 각자 이를 품부받았으므로

각자가 하나의 태극을 온전히 갖추고 있다.

마치 달이 하늘에 있을 때는 하나지만

흩어져 강호에 잠겨 있는 것처럼

장소에 따라 다르게 나타난다고 하여

달이 나뉘었다고 말할 수는 없는 것과 같다.

本只是一太極

而萬物各有稟受

又自各全具一太極爾.

如月在天 只一而已.

及散在江湖

而隨處而見

不可謂月已分也.

---

2) 攝(섭)=引持也.

인성은 곧 천리性卽理

이미 언급한 대로『중용』에서 성性은 천명天命이다. 그리고 성리학에서는 천제天帝를 인정하지 않고 천명을 태극으로 대체한다. 따라서 '천명→천성→태극→천리'의 도식이 성립된다. 그래서 정이는 '성즉리性卽理'라고 말한 것이다. 다시 말하면 인성人性은 곧 천리天理라는 것이다. 주희는 이러한 이정二程의 '성즉리' 사상을 계승했다.

이理를 성性이라고 말하는 것은 이성理性 즉 물리物理가 곧 인성人性이라는 뜻이다. 태극을 이理라고 말하는 것은 이理가 창조주라는 뜻이다. 그러므로 '성즉리'라는 테제는 사람의 본성이 물질을 창조한다는 뜻이며, 사람의 마음은 '절대정신'이 된다는 뜻이다. 그래서 이것을 '유심주의唯心主義'라고 말하는 것이다.

천天=이理=명命=성性=정情, 주희

주자어류朱子語類/권5/성리性理 2

이理는 천天의 체體요,	理者天之體.
명命은 이理의 용用이요,	命者理之用.
성性은 인人이 받은 이理요,	性是人之所受.
정情은 성의 작용이다.	情是性之用.
성性은 이理다.	性卽理也.
(천명이) 마음에 있으면 성이라 부르고	在心喚做性
사물에 있으면 이理라 부른다.	在事3)喚做理.

맹자집주孟子集注/권11/고자장구告子章句 상
성性은 곧 천리이니 선하지 않은 것이 없다.

性卽天理 未有不善者也.

주자어류朱子語類/권5/성리性理 2
성이 태극이라면 심은 음양이다.
태극은 단지 음양 속에만 있으니
음양을 떠날 수 없다.
성과 심도 이와 같으니
이른바 둘이면서 하나이고, 하나이면서 둘이다.

性猶太極也 心猶陰陽也.
太極只在陰陽之中
非能離陰陽也.
惟性與心亦然.
所謂一而二 二而一也.

인성은 곧 천기天氣 性卽氣

성性이 이理라면 성이 발한 정情도 이발理發이 되어야 한다. 그런데 주희는 다 같은 성발性發이지만 사단四端과 칠정七情은 다르다고 말한다. 즉 사단은 정情 중에서 중정中正한 것이므로 당연히 이발이지만, 칠정은 이기理氣가 섞여 있으므로 기발氣發이라고 말해야 한다는 것이다. 그 까닭은 무엇인가? 그것은 성이 곧 기氣라는 뜻이다.

주희는 이처럼 성즉리性卽理와 성즉기性卽氣를 동시에 말한다. 주희는 이정二程의 성즉리와 장재의 성즉기를 동시에 받아들여 종합했기 때문이다. 이것은 천天이 이理이며 동시

---

3) 事(사)=事物.

에 기라는 뜻이 된다. 이처럼 주희는 이기이원론임을 알 수 있다. 다만 이理와 기는 불상잡不相雜의 이원二元이지만 불상리不相離의 대대待對 관계라는 뜻이다.

주희

주자어류朱子語類/권59/맹자孟子 9

성性과 기氣를 합하여 보아야만 극진한 것이니	須是合性與氣觀之 然後盡.
성은 기요, 기는 성이기 때문이다.	蓋性卽氣 氣卽性也.

주자어류朱子語類/권4/성리性理 1

누군가 물었다. "천명이 성이라고 말할 때는	某問 天命之謂性
단지 이理를 주로 말한 것일 뿐이며	只是主理言.
명命을 설명하려면 기氣도 그 사이에 존재하는 것입니다.	纔[4]說命則 氣亦在其間矣.
기가 없다면 무엇으로 사람과 만물을 지을 수 있으며	非氣則何以爲人物
기가 없다면 무엇으로 이理를 받겠습니까?"	理何所受.
주자가 말했다. "매우 옳은 말이다."	曰 極是.

천명인 성性이 만일 기질氣質을 갖고 있지 않다면	天命之性 若無氣質
안착하여 머무를 곳이 없다.	却無安頓處.
예컨대 한 국자의 물이라도 담을 그릇이 없다면	且如一勺[5]水 非有物盛之
귀착할 수 없다.	則無歸着.
정자는 "성을 논하며 기를 논하지 않으면 충분하지 않고	程子云 論性不論氣 不備.

---

4) 纔(재)=僅也, 微見也.

5) 勺(작)=국자.

기를 논하며 성을 논하지 않으면 분명하지 않으니 이것을 둘로 갈라놓으면 옳지 않다'라고 말했다.

論氣不論性不明 二之則不是.

기질의 성

이理의 편전偏全과 기氣의 수박粹駁

주희는 장재와 정이의 '기질氣質의 성性'을 계승한다. 다만 그것을 이통기국설理通氣局說로 설명함으로써 더욱 세련된 것으로 이론화했다.

그에 의하면 만물은 다 같이 전일全一한 태극을 품부받았다고 한다. 그런데 태극을 받아들이는 형기形氣에는 각각 청탁淸濁과 수박粹駁이 있다. 그러므로 형기에 담긴 이理는 본원은 전일할지라도 형기에 가리고 막혀 편파偏頗된 모습으로 나타날 수 있다. 따라서 성리性理도 기질에 따라 편파되거나 온전한(偏全) 모습으로 나타난다는 것이다.

이처럼 '본연의 이성理性'이 형기에 담기면 이것을 '기질의 이성理性'이라고 말한다. 본연의 성은 『중용』의 '천명지위성天命之謂性'을 말하고, 기질의 성은 장재가 처음으로 말한 것으로 형기로 받은 성을 말한다.

주희는 이처럼 기질의 청탁에서 선악의 원인을 찾는다. 그리고 성인과 군자, 소인과 민民의 차이를 타고난 '기질의 차이'로 설명함으로써, 학습의 차이로 설명한 공자보다 더욱 보수적으로 돌아간다.

학습설, 공자

논어論語/계씨季氏 9

태어나면서 아는 자는 상上이요(聖人)	生而知之者 上也.
배워서 아는 자는 다음이요(君子),	學而知之者 次也.
막히면 그때야 배우는 자는 그다음이요(小人),	困⁶⁾而學之 又其次也.
막혀도 배우지 못하면 민民이니 하下가 된다.	困而不學 民斯爲下矣.

성기국론性氣局論 ⁷⁾, 주희

주자어류朱子語類/권4/성리性理 1

"묻사옵니다. 기질은 혼탁이 같지 않으나	問 氣質有混濁不同
천성은 두루 온전한 것인지요?"	則天命之性有偏全否.
주자가 말했다. "두루 온전하지 않다.	曰 非有偏全.
햇빛과 달빛이 가려지는 것과 같다.	謂如日月之光.
가령 노지에서는 그것을 다 볼 수 있지만	若在露地則盡見之.
집 안에서는 가려져서 보이기도 하고	若在蔀屋之下 有所蔽塞
보이지 않기도 한다.	有見有不見.
그러나 사람에게는 가리고 막힘이 있어도	然在人則蔽塞
통할 수 있는 이理가 있다.	有可通之理.
금수는 성이 있지만	至於禽獸亦是此性
다만 형체에 구애되어	只彼他形體所拘
날 때부터 가리고 막힘이 심하여 통할 수 없다.	生得蔽隔之甚 無可通處.

---

6) 困(곤)=困은 不通함이 있다는 뜻이다. 사람의 기질은 같지 않으며 대략 4등급이 있음을 말한 것이다(困謂有所不通. 言 人之氣質不同 大約有此四等. : 朱子語類/卷四十六/論語二十八). 주희의 註解.

7) 주희의 성기국론은 율곡 기국설의 원본이다.

비유하면 조그만 틈새의 햇빛과 같다.　　　　　　譬如一隙之光.

동이東夷와 북적北狄처럼　　　　　　　　　　到得夷狄

오랑캐는 사람과 짐승의 중간이라　　　　　便在人與禽獸之間

끝내 고치기 어렵다."[8]　　　　　　　　　　所以終難改.

사람과 물物이 태어날 때　　　　　　　　　　人物之生

하늘이 부여한 이理는 모두 같다.　　　　　天賦以此理 未嘗不同.

그러나 그것을 받는 그릇에 따라 다름이 생긴다.　但人物之稟受 自有異耳.

마치 강물은 한결같지만　　　　　　　　　如一江水

표주박에 물을 담으면 한 표주박의 물을 얻고　　你將杓去取 只得一杓

사발에 물을 담으면 한 사발의 물을 얻을 것이며　將椀去取 只得一椀

통에 담으면 통만큼　　　　　　　　　　　之於一樋

항아리에 담으면 항아리만큼 얻을 것이니　　一缸

각자의 그릇에 따라 그 양도 같지 않을 것이다.　各自隨器量 不同.

그러므로 이理도 각자에 따라 달라진다.　　故理亦隨以異.

기질의 성 이론의 문제점

　　이러한 '기질의 성' 이론은 유가의 신분차별을 옹호하는 '성삼품설性三品說'과 한족 이외의 주변 민족을 오랑캐라고 비하하는 '화이론華夷論'을 이기론으로 합리화하는 데 유효한 무기였다. 그러나 그것은 혈통을 중시하는 근거 없는 봉

---

8) 당시 동이족에는 우리 민족도 포함되어 있다. 동이족을 사람으로 취급하지도 않은 주희를 조선의 학자들이 신처럼 숭앙했으니 딱한 일이다.

건주의적 이론일 뿐이다.

기질성론은 '정신은 선이며, 육체는 악의 근원'이라는 잘못된 선입견에 기초하여, '이理는 선이고 기는 악의 근원'이라는 가설을 전제한 것이다. 이것은 이기라는 존재적 명제와 선악이라는 당위적 명제를 곧바로 대입시키는 잘못을 범하는 것이다. 또한 도심道心은 선이요 인심은 악이라는 명제를 성리론性理論으로 설명하려는 데서 오는 논리적 모순도 범하고 있다. 이런 모순이 퇴계와 고봉의 '사단칠정 논쟁'의 원인이 됐던 것이다.

첫째, 도심과 인심은 성이 발현된 것이므로 성이 이理라면 도심도 인심도 모두 이발理發이다. 만약 인심이 악이라면 이理도 악일 수 있다는 말이 아닌가?

둘째, 인심이 선악으로 갈린다면 악에도 이理가 있는 것이 아닌가? 그렇다면 '이理=선'은 잘못이고 '이理=선악'이 맞는 것이 아닌가?

셋째, 성이 발하여 선이 된 인의예지의 경우는 악인 기를 타지 않고 이理만 발현된 '무질지성無質之性'인가? 그렇다면 기 없는 이理가 존재한다는 것이므로 이기불상리理氣不相離 원칙에 위배된다.

넷째, 그렇다면 성이 발현되어 악이 된 경우는 선인 성性도 이理도 없어지고 악인 기만 존재하는 기질지기氣質之氣란 말인가?

다섯째, 이것도 저것도 아니라면 이기이원론理氣二元論 자체가 잘못이 아닌가?

명대明代의 정암整庵 나흠순羅欽順(1465~1547)은 이러한 난점을 주희의 이기이원론을 버리고 기일원론을 취함으로써 해결하려 한다. 이理는 실체가 아니고 기의 운동법칙에 불과하다는 것이다. 그리고 '도심＝성＝체體＝미발未發', '인심＝정情＝용用＝기발旣發'로 정리한다. 도심은 체이며 지극히 정밀精密하므로 볼 수 없어 은미하고, 인심은 용이며 그 지극한 변화를 헤아릴 수 없어 위태하다고 말한 것일 뿐 도심과 인심이 별개의 물건이 아니라는 것이다.

반면 육왕(육구연·왕수인)은 이일원론理一元論적으로 해답을 찾는다. 즉 도심·인심은 모두 '이理＝심心' 하나일 뿐이다. 그리고 도심은 인위人爲를 더하지 않은 것이요 인심은 인위를 더한 것이라고 설명한다. 양명 왕수인은 "인심이 바름을 얻으면 도심이요, 도심이 바름을 잃으면 인심이다"라고 표현했다.

그러나 이러한 논의들은 맹자의 성선설을 계승하면서도 성품에 차등이 있다는 성삼품설을 옹호하기 위해 악의 선험적인 원인을 억지로 만들어내려고 하는 데 문제가 있다. 성선설과 성삼품설은 폐기돼야 하며 공자와 묵자로 다시 돌아가 악의 원인을 후천적인 학습에서 찾아야 할 것이다.

인성과 물성

성리학은 천명天命을 천리天理로 해석했으므로 천품天稟도 천리를 품부받은 것으로 본다. 이때 천품을 성性이라고 말한다. 그러므로 인간과 사물의 성이 똑같은 천리이므로 만물이 동체라는 결론에 도달한다.

　그러나 여기서 문제가 발생한다. 성인聖人과 천민賤民의 성품이 같다니? 더구나 사람과 벌레의 성품이 같다니? 큰일 날 일이 생긴 것이다. 이것을 설명하려는 것이 여기서 논하려는 인성물성론人性物性論이다.

동식물의 성性, 주희

주자어류朱子語類/권4/성리性理 1

"묻사옵니다. 동물은 지능이 있으나
식물은 지능이 없는 것은 무슨 까닭입니까?"
주자가 말했다. "동물은 혈기가 있으므로 지능이 있으나
식물은 비록 지각이 있다고 말할 수는 없으나
생명의 의지는 소리 없이 나타난다.
만약 식물을 꺾어 해치면 곧 마르고 시들어 싱싱치 못하니
역시 지각이 있는 듯하다.
가령 마른 가지와 시든 잎은 금방 초췌하게 느껴지니
기氣의 운행이 이미 지난 것이다."

> 問. 動物有知
> 植物無之 何也.
> 曰 動物有血氣 故能知.
> 植物雖不可言知
> 然一般生意亦可默見.
> 若戕賊之 便枯悴不復悅澤
> 亦似有知者.
> 若枯枝老葉 便覺憔悴
> 蓋氣行已過也.

서자융徐子融이 편지로 물었다.
"말라 죽은 것들도 성性과 기氣를 가지고 있습니다.
부자는 뜨겁고 대황은 차가운데
이 본성은 기질의 성입니까?"
주자가 말했다. "그대는 지각知覺을 성으로 혼동했기 때문에
그것을 기질의 성이라고 생각한 것이다.
성은 곧 이理다. 성이 있으면 기도 있다.

> 徐子融以書問.
> 枯槁之中有性有氣
> 故附子熱 大黃寒.
> 此性是氣質之性.
> 曰 子融認知覺爲性
> 故以此爲氣質之性.
> 性卽是理 有性則有氣

이것들도 일정한 기를 품부받았기 때문에
역시 일정한 이理를 가지고 있다."

是他稟得許多氣
故亦只有許多理.

"묻사옵니다. 말라 죽은 것도 성性이 있는 것은
무엇 때문입니까?"
주자가 말했다. "이것들은 응당 이理를 가지고 있기 때문이다.
그러므로 이르기를 천하에 성性이 없는 물物은 없다."

問. 枯槁之物亦有性
是如何.
曰 是他合下有此理.
故云 天下無性外之物.

인성과 물성의 차이

주희는 인人과 물物의 성性에 대해 같은 것으로 말했으나
(『중용장구中庸章句』, 『대학혹문大學或問』), 다른 곳에서는 다
르다고 말했다(『맹자집주孟子集注』). 즉 앞에서는 이理는 같
으나 기에 차이가 있다고 말했고, 뒤에서는 기는 같으나 이
理에 차이가 있다고 말한다. 주희의 이러한 모순된 발언으로
인해 조선에서는 이른바 인성人性과 물성物性이 같은가 다른
가에 대한 낙호洛湖 논쟁이 일어났다(제6부 3장의 '인물성 동
이 논쟁' 중 '율곡의 인물성론' 참조).

이동理同 기이氣異, 주희

대학혹문大學或問

사람과 사물이 생겨날 때
반드시 이理를 얻은 다음에
잘 조화된 오상의 성性을 이루는 것이고
반드시 기를 얻은 다음에

故人物之生
必得是理 然後有以爲
健順仁義禮智之性.
必得是氣 然後有以爲

혼백, 오장, 백해百骸의 신체를 이루게 된다.	魂魄五臟百骸之身.
…그런데 그 이理로 말하면	…然以其理而言之
만물의 근원은 하나이므로	則萬物一原
사람과 물질에 귀천의 차이가 없다.	固無人物貴賤之殊.
그러나 기로 말하면	以其氣言之
바르고 통창한 기를 얻은 것은 사람이 되고	則得其正且通者爲人.
편협하거나 막힌 기를 얻은 것은 물질이 된다.	得其偏且塞者爲物.
이로써 혹은 귀하고 혹은 천하여 같을 수 없게 된다.	是以或貴或賤而不能齊也.

이이理異 기동氣同

맹자집주孟子集注/권11/고자장구告子章句 상[9]

사람과 사물이 생겨남에 성性이 없을 수 없고	人物之生 莫不有是性
기氣 또한 없을 수 없다.	亦莫不有是氣.
그러나 기로 말하면 지각 운동은	然以氣言之 則知覺運動
사람과 물질에 다름이 없는 것 같다.	人與物若不異也.
그러나 이理로 말하면 인의예지의 품성을	以理言之 則仁義禮智之稟
어찌 물질이 온전하게 받았겠는가?	豈物之所得而全哉.
이것이 인간의 성이 선하며	此人之性 所以無不善
만물의 영장이 된 까닭이다.	而爲萬物之靈也.
고자告子는 성이 곧 이理라는 것을 모르고	告子不知性之爲理
기氣를 이에 해당시켰다.	而以所謂氣者當之.

---

9) 『孟子』「告子」편 참조.

주희의 심론心論

성性과 심心의 차이

이제 각론各論으로 들어가 성리론性理論으로 유교의 개념
들을 설명해야 한다. 왜냐하면 성리학은 유교를 계승했기
때문이다. 그러므로 무엇보다 성리론性理論은 유교 경전들
과 대립돼서는 안 된다.

『논어』의 '극기克己'의 기己는 성性인가?『서경』의 '인심
유위人心惟危 도심유미道心惟微'의 심心은 성인가?『맹자』의
측은지심惻隱之心, 수오지심羞惡之心, 사양지심辭讓之心, 시비
지심是非之心 등 이른바 사단의 심은 성인가? 이런 등등을
설명해야 한다.

그리고 그것은『예기』의 이른바 칠정(喜·怒·哀·樂·愛·
惡·欲)의 정情과는 어떤 차이가 있는가?『중용』의 존덕성尊
德性 도문학道問學, 및『대학』의 격물치지格物致知에서 학學과
지知는 심인가 성인가를 밝혀야 한다. 이를 위해서는 먼저
성·심·정의 관계와 차이를 알아야 한다.

성性은 천명天命이요, 이理이며 기氣라고 말한다. 만약 성
이 기요 이理라면, 심도 이理와 기다. 그렇다면 성과 심을 구
분하는 까닭은 무엇인가? 비유하기를 성은 물(水)이요 심은
그릇(器)이라고 한다. 그러나 성도 심도 다른 사물을 감응하
는 것은 같다. 이렇게 따져보면 성의 본체는 여전히 아리송
한 것이다.

우리는 여기서 성과 심의 차별은 천명에 있다는 것에 유의해야 한다. 즉 성은 천명이므로 선험적이고 전체적이며 불변의 것이고, 심은 천명인 성이 구체적인 질료에 담겨진 것이므로 개별적이며 질료에 따라 후천적이며 가변적이라는 뜻이다. 다시 말하면 성은 전체적인 심령이고 심은 개별적인 어떤 한 사람의 몸을 주재主宰하는 것이다.

주희는 성을 허령虛靈 또는 허명虛明이라고 설명한다. 허령·허명은 질료에 담긴 것이 아니므로 비어 있으면서 신령스럽고 밝다는 뜻이다. 이것은 성을 보이지도 않고 들리지도 않지만 작용하는 측면에서 보면 천天이나 신神과 같은 것으로 생각한 것이다. 즉 성은 천·신·섭리攝理의 내재적 주관적 분신分身인 것이다. 그러므로 천성天性·정신精神·이성理性이라고 말하는 것이다.

주자어류朱子語類/권5/성리性理 2

성性은 실체實體를 감응하지만	性 却實以感應
비어 있고 밝은 것을 말한다.	虛明言之.
성性이란 곧 천리天理다.	性者卽天理也.
만물을 그것을 품부받았으니	萬物稟而受之
하나라도 이理를 갖추지 않은 것은 없다.	無一理之不具
심心은 한 몸의 주인 노릇을 한다.	心者 一身之主宰.

성性과 정情

주희의 성性·심心·정情에 대한 개념 규정은 애매하다. 그는 "성性은 하늘에서 품부받은 본연 그대로의 발현되지 않은 품성을 의미하고, 정情은 그 성性이 발發하여 동動한 것"이라고 말한다. 그리고 인의예지仁義禮智 사단四端은 성이며, 희喜·로怒·애哀·락樂·애愛·오惡·욕欲의 칠정七情은 정이라고 구분한다. 나아가 성은 천리天理이므로 순수純粹한 선善이지만, 칠정에는 기질氣質이 개입되므로 선이기도 하고 악이기도 하다는 것이다.

반면 심心은 성이 내 몸에 내재하여 주재하는 것이며, 사단도 심의 발현이므로 정이라고 말한다. 이러한 애매한 개념 규정 때문에 조선에서는 이른바 사단칠정 논쟁이 벌어진 것이다.

앞에서 살핀 것처럼 기질의 성은 이미 기질에 담긴 것이므로 발현됐다고 보아야 하며, 따라서 기질의 성은 정과 같은 것이다. 그렇다면 사단과 칠정은 다 똑같이 기질의 성이며 똑같이 정인 것이다. 그러므로 사단과 칠정이 본래 다른 것이 아니고 기질의 청탁·수박에 따라 구분한 개념에 불과하다는 결론에 도달한다. 고봉 기대승과 율곡栗谷 이이李珥 (1536~1584)가 도달한 결론도 마찬가지였다.

주희

주자대전朱子大全/권32/답장경부答張敬夫

정情이 아직 발하지 않은 것이 성性이니   情之未發者性也

그래서 이것을 이른바 중中이라고 말하며 　　　　　　是乃所謂中也
천하의 대본大本이다. 　　　　　　　　　　　　　天下之大本也.
성이 발한 것은 정이니 　　　　　　　　　　　　性之已發者情也
그것이 모두 절제되어 중정中正하면 　　　　　　　其皆中節
화和라고 말하는 것이다. 　　　　　　　　　　　則所謂和也.

주자어류朱子語類/권5/성리性理 2

경소景紹가 심心과 성性의 구분에 대해 물었다. 　　　景紹問 心性之別.
주자가 말했다. "성은 곧 심(마음)의 도리道理이고 　　曰 性是心之道理.
심은 한 몸을 주재하는 것이다. 　　　　　　　　　心是主宰於身者.
사단은 곧 정情이니 심이 드러난 것이다. 　　　　　四端便是情 是心之發見處.
네 가지 싹은 모두 심에서 나오는데 　　　　　　　四者之萌 皆出於心.
그 까닭은 심은 　　　　　　　　　　　　　　　而其所以然者
본성의 이理가 있는 곳이기 때문이다." 　　　　　則是此性之理所在也.

도심·인심

　도심道心·인심人心 이란 말은 『서경』의 '인심유위人心惟危 도심유미道心惟微'에서 처음 나오는 말인데, 성리학은 이것을 이기론理氣論으로 해석하려 한다. 즉 도심은 성명지정性命之正 즉 본연지성本然之性에서 발한 것이므로 희미하고, 인심은 형기지사形氣之私 즉 기질지성氣質之性에서 발한 것이므로 위태롭다는 것이다. 이처럼 도심은 본연의 성에서 발한 것이므로 선하지 않은 것이 없고, 인심은 기질의 성에서 발한 것이므로 선할 수도 있고 악할 수도 있다는 것이다.

이것을 도식으로 설명하면 도심＝성명性命＝정正＝의리義理, 인심＝형기＝사私＝인욕人欲이 된다. 이것에 '성性＝이理'를 대입하면 도심＝성＝이발理發, 인심＝정情＝기발氣發의 도식이 된다.

서경書經/우서虞書/대우모大禹謨

인심은 위태롭고 도심은 희미하니   人心有危 道心有微

도심은 순수하게 하고 인심은 한결같이 하여   惟精惟一

진실로 그 중中을 잡아야 한다.   允執厥中.

주희

중용장구中庸章句 서序

(순임금이 우임금에게 이르되

"인심은 위태롭고 도심은 희미하다"고 하신 말씀을) 논한다면   盖嘗論之

심心의 텅 비고 신령한 지각은 하나일 뿐이다.   心之虛靈知覺 一而已矣.

그러나 인심과 도심의 차이가 있게 된 것은   而以爲有人心道心之異者

혹은 그것이 형기의 사私에서 발생하고   則以其或生於形氣之私

혹은 성명性命의 정正에서 근원하므로   或原性命之正

지각하는 것이 다르기 때문이다.   而所以爲知覺者不同.

그래서 혹은 위태하여 편안하지 못하고   是以或危殆而不安

혹은 미묘하여 보기 어려운 것이다.   或微妙而難見耳.

그러나 사람이란 육체를 가지지 않을 수 없으므로   然人莫不有是形

성인도 인심이 없을 수 없으며   故雖上智不能無人心.

사람이란 성을 갖지 않은 자가 없으므로   亦莫不有是性

미천하고 어리석은 자도 도심이 없을 수 없는 것이다.　　　　　　故雖下愚不能無道心.

그러므로 도심으로 하여금 늘 육신을 주관토록 하고　　　　　　必使道心常爲一身之主
인심이 도심의 명령을 따르게 한다면　　　　　　　　　　　　而人心每聽命焉
위태로움은 편안하게 되고, 희미함은 드러날 것이며　　　　　　則危者安 微者著.
동정動靜에　　　　　　　　　　　　　　　　　　　　　　　而動靜云爲
저절로 과불급過不及의 차이가 없게 될 것이다.　　　　　　　　自無過不及之差矣.

　　그러나 여기에서 정이와 주희의 차이가 생긴다. 정이는
'도심＝사단＝선, 인심＝칠정＝악'이라는 도식으로 설명했
으나, 주희는 인심이 모두 불선不善은 아니라고 말한다. 즉
심을 '도심＝천리＝선'과 '인심＝인욕＝악'으로 이분하는
것을 반대했다. 또한 사단도 정인데(四端便是情 是心之發見處.
：『주자어류』 권5 「성리性理」 2) '사단＝선, 칠정＝악'으로 이
분하는 것은 지나치다는 것이다.
　　이처럼 우주론인 이기론理氣論으로 인성론인 성性과 정情
을 설명함에 있어 이를 대칭하는 것으로 보느냐 아니면 착
종錯綜하는 것으로 보느냐에 따라 갈림이 생긴다. 도심과
인심을 성리론으로 설명하자니 혼란이 생긴 것이다.
　　그러나 이런 혼란의 근본적인 원인은 무엇보다 우리의 언
어구조와 의식구조 속에 선과 악이라는 도덕적 대칭 개념이
잠재해 있기 때문이다. 이런 의식구조 때문에 사물도 선악
의 대칭 개념으로 재단하는 것이다. 또한 논리적으로도 존
재법칙과 당위법칙은 다른데 이것을 하나로 종합하려는 데
서 혼란이 생긴 것이다. 즉 자연의 존재법칙에는 인간의 선

과 악이라는 대립 개념이 존재할 수 없는데도 억지로 통합
한 데서 혼란이 발생한 것이다.

주희

주자어류朱子語類**/권78/상서**尚書 **1**

인심과 도심의 구별을 묻는 이가 있으나	或問人心道心之別.
단지 하나의 마음일 뿐이다.	曰 只是這一介心.
지각이 이목의 욕심에 따라 나아가면	知覺從耳目之慾上去
곧 인심이요,	便是人心.
의리에 따라 나아가면 곧 도심이다.	知覺從義理上去 便是道心.
만약 도심은 천리요 인심은 인욕이라고 한다면	若說道心天理 人心人慾
두 개의 마음이 있는 것이 된다.	却是有兩箇心.
사람에게는 하나의 마음이 있을 뿐이다.	人之有一箇心.

주자대전朱子大全**/권32/문장경부**問張敬夫

심心은 하나다.	蓋心一也.
천리를 갖추고	自其天理備具
장소에 따라 발현하는 측면에서 말하면	隨處發現而言
도심이라 하고	則謂之道心.
경영하고 기획하는 측면에서 말하면	自其有所營爲謀慮而言
인심이다.	則謂之人心.
대저 경영과 기획 등 인심이 모두 불선不善은 아니다.	夫營爲謀慮 非皆不善
사욕이라 말하는 것은	便謂私欲者.
조금도 천리를 따르지 않고	蓋只一毫髮不從天理上
자연 발현되는 것이 곧 사욕이다.	自然發出 便是私欲.

인심은 전혀 나쁜 것이 아니다.　　　　　　　　　人心亦不是不好底

그래서 흉한 허물이라 하지 않고 위태롭다 말할 뿐이다.　故不言凶咎 只言危.

…그러므로 인심은 역시　　　　　　　　　　　　…人心亦

모두 좋지 않은 인욕만이 아니다.　　　　　　　未是十分不好底人慾

즉 배고프면 먹고 싶고 추우면 입고 싶은 마음이다.　只是飢欲食寒欲衣之心爾.

인식론

아호사 논쟁

아호사鵝湖寺 논쟁(1175)이란 당시 남송 학계의 두 거봉인 주희와 육구연이 여조겸呂祖謙(1137~1181)의 주선으로 신저우信州의 아호사에서 만나고 교육 방법에 관해 토론을 한 것을 말한다(이 당시의 '사寺'는 사찰이 아니라 오늘날의 호텔을 뜻했다). 논쟁은 『중용』에서 말한 '덕성을 닦는 것(尊德性)'과 '물어 배우는 것(道問學)' 가운데 어느 것이 더 중요한 것인가를 토론한 것이다.

중용中庸/27장

군자는 타고난 덕성을 높이고(尊德性)　　　　　故君子 尊德性

묻고 배움으로 인도하며(道問學)　　　　　　　而道問學.

넓고 크게 이르되 정미한 것까지 다한다.

높고 밝음을 지극히 하되 중용으로 인도하고

옛것을 익히되 새것을 알며

돈후하면서도 예의 분별을 숭상한다.

致廣大而盡精微.

極高明而道中庸

溫故而知新

敦厚而崇禮.

주희는 '도문학'을, 육구연은 '존덕성'을 더 중시했다. 이것은 이른바 공부 방법론 내지 수양론에 대한 논쟁이었다. 또한 이것은 '지식이 무엇인가?'라는 넓은 의미의 인식론에 대한 초보적 토론이었다. 이러한 수양론은 소크라테스의 문제이기도 했다. 스크라테스는 "덕을 '가르치는 것'은 불가능하고 스스로 '상기想起하는 길'뿐"이라고 말한 바 있다. 노장도 "가르치는 도道는 진정한 도道가 아니다"라고 말했다. 굳이 비교한다면 앎을 중시하는 주희의 합리주의적 경향은 아리스토텔레스를 닮았고 덕성을 중시하는 육구연의 감성적 경향은 소크라테스에 가까운 것이라고 말할 수 있을 것이다.

그러나 주희도 '간교한 이성'을 예상하지는 않았지만 오늘날처럼 '아는 것이 힘'이라고 말하지는 않았으며, 육구연도 '변덕스러운 감성'을 말하지는 않았지만 '느낌이 최선'이라고 말하지는 않았다. 다만 주희도 육구연도 외물에 의한 감각적 오류를 경계하고 마음의 사려와 자각自覺을 중시한 점에서는 일치한다.

상산선생전집象山先生全集/권36

아호사 모임에서는 교육에 대해 논의했다.

鵝湖之會 論及教人.

주자의 뜻은 사람들이 넓게 관찰하고 살피게 하고	元晦之意 欲令人泛觀博覽
그 후에야 간략한 데로 돌아가게 할 수 있다는 것이었고	而後之約.
육자(육구연)의 뜻은	二陸之意
먼저 사람의 본심을 밝게 발현시키고	欲先發明人之本心
그 후에야 널리 살피게 할 수 있다는 것이었다.	而後使之博覽.
주자는 육자의 교육 방법이 너무 간단하다고 생각했고	朱以陸之敎人爲太簡.
육자는 주자의 교육 방법이 곁가지로 이탈했다고 생각했다.	陸從朱之敎人爲支離.
둘의 차이는 합치되지 못했다.	此頗不合.

　주희의 인성론은 '성즉리'이므로, 발현된 성性인 정情을 '격물치지의 학學'과 '성현에게 물어 인도함(道問學)'으로써, 성 속에 내재한 천리를 아는 것이 '성을 보존하는(尊德性)' 최선의 방법이라고 주장한다. 다만 주희의 '도문학'도 최종 목표는 '존덕성'하여 도덕적 인간이 되는 데 있다는 점에서는 육구연과 다를 바 없다. 다만 그것을 이루기 위해서는 사물의 뜻을 아는 궁리가 급선무라고 말한 것뿐이다.

　오늘날의 기준에서도 도덕성은 합리성과 불가분의 관계에 있다는 점에서 주희의 말은 옳다고 생각된다. 앎이 곧 도덕은 아닐지라도 앎이 없는 의견과 선택은 불선不善이 될 수 있기 때문이다.

주희

주자대전朱子大全 / 권42 / 답석자중答石子重

| 사람이 배우려고 하는 까닭은 | 人之所以爲學者 |
| 나의 마음이 | 以吾之心 |

성인의 마음과 같지 않기 때문이다.

만약 내 마음이

천지 성인의 마음과 다름이 없다면

무엇 때문에 배우려 하겠는가?

그러므로 배우는 자는 반드시 저 통달한 이의 말에서

성인의 뜻을 구하고

성인의 뜻으로 천지 이치에 통해야 하는 것이다.

얕은 데서부터 깊은 데로 구하고

가까운 데서 먼 데로 이르기를

순서에 따라서 해야지

빨리 이르려는

급한 마음으로 구해서는 안 된다.

未若聖人之心故也.

若吾之心

與天地聖人之心無異矣

則尙何學之爲哉.

故學者必因先達之言

以求聖人之意

因聖人之意 以達天地之理.

求之自淺 以及深

至之自近 以及遠.

循循有序

而不可以欲速

迫切之心求也.

주자대전朱子大全/권74/옥산강의玉山講義

그러므로 군자의 학문은

'존덕성'으로 그 큰 것을 온전히 하고

'도문학'으로 그 작은 것을 다해야 한다.

요컨대 그렇게 하는 것은 이유가 있으니

서로 북돋우고 서로 밝혀

자연히 종합 체계적으로 남김없이 통달하여

도의 실체를 온전하고

흠결이 없는 경지에 처하는 데 있다.

故君子之學

旣能尊德性 以全其大.

便須道問學 以盡其小.

要當使之有

以交相滋益 互相發明

則自然諸[10]貫通達

而於道體之全

無欠闕處矣.

---

10) 諸(해)=和合, 調和.

"묻사옵니다. 궁리와 집의集義는 무엇이 먼저입니까?"

주자가 답했다. "궁리가 먼저가 돼야 할 것이다.

그러나 일률적으로 선후가 있다고 하는 것은 옳지 않다."

다시 물었다.

"궁리란 사물의 이치를 궁구窮究 분석分析하는 것이고

집의는 사물의 뜻을 종합綜合 정치定置하는 것이 아닙니까?"

주자가 답했다. "옳다."

問窮理集[11]義孰先.

朱子曰 窮理爲先.

然亦不是截[12]然有先後.

曰

窮是窮在[13]物之理

集是集處[14]物之義 否.

曰是.

학문의 근본은 일상생활 속에 있으니

공경한 마음으로(持敬) 뜻을 정치定置하는(集義) 공부는

곧 요점을 깨달아 생각을 거듭하고 성찰하는 것이다.

책을 읽어 뜻을 구하는 것도 그 가운데 한 가지 일이다.

요즘 학자들의 폐단은

굳이 학설이 너무 높고 과분한 것이다.

이와 같으니 단지 뜻의 실마리와 떨기의 잡다함만을 볼 뿐

뜻을 이해하는 공부가 없다.

오직 성현의 본뜻을 잃지 않아야 하지만

또한 일용과 실공實功을 분별하는 것도

學問根本 在日用之間.

持敬集義工夫

直是要得 念念省察.

讀書求義. 乃其間之一事耳.

近日學者之弊

苦其說之太高太多.

如此 只見意緒叢雜

都無玩味工夫.

不唯失却聖賢本意

亦分却日用實功

---

11) 集(집)=會合, 和同.

12) 截(절)=齊一也.

13) 在(재)=存, 察也.

14) 處(처)=位置, 定名也.

대처하지 않으면 안 된다.

불可不戒也.

　반면 육구연은 심心이 곧 천리(心卽理)이므로 마음 밖에 이理가 따로 없다는 것이다(心外無理). 따라서 그는 '격물치지'나 '도문학' 처럼 밖에서 이理를 구하는 것은 돌아가는 길이라고 생각했으며, 문자에 매이지 않고 안으로 마음을 수양하여 곧바로 양지良知에 이르는(致良知) 것이 '존덕성' 의 바른 길이라고 주장했다.

　그가 "건乾은 쉽기에 지혜롭고 곤坤은 간단하기에 능하다(乾以易知 坤以簡能)"는 『주역』 「계사전」의 말을 인용하며 인자仁者가 되는 길을 쉽게 하여 무식한 민중에게도 개방하려고 한 점은 평가할 만하다.

육구연

상산선생전집象山先生全集/권5/여서서미서與舒西美書

사람은 누구나 마음이 없으랴?	人孰無心
도를 밖에서 찾아서는 안 된다.	道不外索
병통은 마음을 잃어버리고 해치는 데 있다.	患在傷賊之耳 放失之耳.
옛사람이 사람을 가르치는 방법은	故人敎人
심心을 간직하고 길러 잃어버린 심을 찾는 것뿐이다.	不過存心養心求放心.

상산선생전집象山先生全集/권35/어록語錄 하

학자는 모름지기 바탕을 정결하게 되도록 거듭 힘쓰고　　　　　學者須是打疊[15] 得田地淨潔

---

15) 打疊(타첩)=포개다, 정돈하다, 준비하다. 打(타)=ㅁㅁ을 하다, 쌓다.

그렇게 된 연후에야 분발하여 바로 설 수 있다.　　然後令他[16] 奮發植立.

만약 바탕이 정결하지 못하면　　若田地不淨潔

책을 읽는다 해도 얻을 것이 없다.　　亦讀書不得.

상산선생전집象山先生全集/권34/어록語錄 상

폐허된 묘지가 슬픔을 일으키고　　墟墓興哀

종묘가 공경한 마음을 일으키는 것은　　宗廟欽

천고에 변하지 않는 사람의 마음이다.　　斯人千古不磨心

졸졸 흐르는 물이 창해에 이르고　　涓[17] 流滴到滄溟水

돌이 쌓여 태산과 화산의 높은 봉우리를 이루듯　　拳石崇成泰華岑[18]

쉽고 간단한 공부가 끝내는 오래가고 크게 된다.　　易簡工夫終久大

지류로 떨어진 사업은 필경 넘치고 가라앉는다.　　支離事業竟浮沈.

　이러한 주희와 육구연의 차이는 어디서 비롯된 것일까? 주희는 공자에 충실한 입장이고 육구연은 불교의 마음공부에 가까웠기 때문이다. 육구연은 당시의 '공부하는 불교'에 대항하여 '깨달음의 불교'로 개혁한 선종禪宗의 발흥에 크게 영향을 받아, 선비 중심의 공부 유학을 민중 중심의 실천 유학으로 개혁하려 했다. 이 점은 평가할 수 있을 것이다.

　반면 주희는 선왕의 말씀과 더불어 일용日用과 사물에 대한 공부를 강조했다. 이 점은 의리義理와 실공實功을 병행하

---

16) 他(타)=그. 어세를 강하게 함, 강조의 의미.

17) 涓(연)=小流也.

18) 岑(잠)=峰也.

자는 것이므로 유교의 세속화라는 측면에서 진일보한 것으로 평가할 수 있을 것이다.

공자

논어論語/위령공衛靈公 31

공자가 말했다.
"나는 일찍이 종일 밥도 먹지 않고 밤새 자지 않고
생각에 골몰해 보았으나 무익했으니
배우는 것만 못하다."

子曰
吾嘗終日不食 終夜不寢
以思無益
不如學也.

돈오점수 논쟁

이른바 돈점 논쟁은 불교계의 논쟁이지만 유학에 큰 영향을 미쳐 신유학을 발전시키는 계기가 됐으며 오늘날까지 회자되는 중요한 문제이므로 잠깐 언급하기로 한다.

특히 혜능慧能(638~713)의 '돈오頓悟(갑자기 깨달음)' 는 유학에 큰 파문을 일으켰다. "도살부가 소의 눈물을 보고 도끼를 내려놓는 그 순간 그 자리에서 부처가 된다"라는 혜능의 말은 『논어』「위정」편에서 열다섯 살에 학문에 뜻을 두어 마흔에 불혹不惑에 도달했고 일흔이 돼서야 도덕적 완성을 이룰 수 있었다는 공자의 자기 고백을 단번에 무색하게 만드는 것이기 때문이다. 이것은 유학 전체를 흔들어놓은 폭탄이라고 해도 과언이 아니었다.

또한 신수神秀(606?~706)와 혜능의 돈점 논쟁은 주희와 육구연의 아호사 논쟁의 근원이라고 말할 수 있다. 이 논쟁에서 신수는 '점오漸悟(점차로 깨달음)'를 주장했는데 이는 주희가 강조한 '도문학'과 비교되고, 혜능의 '돈오'는 육구연이 강조한 '존덕성'과 비교될 수 있다.

신수는 중국 선종의 북종北宗 창시자다. 어릴 때 유학을 공부하다가 입산하여 불법을 연구한 박학다식한 학승學僧이었다. 50세에 후베이성湖北省 치저우蘄州 쌍봉산双峰山 동산사東山寺에서 선종 5대조 대만선사大滿禪師 홍인弘忍(601~674)의 제자가 되어 6년간 주야를 가리지 않고 공부하여 상좌가 됐다. 당唐 중종과 예종에 의해 '이경법주二京法主', '삼제국사三帝國師'란 칭호를 받았으며 시호는 대통선사大通禪師다.

혜능은 중국 선종의 6대조이며 남종南宗의 창시자다. 세 살 때 아비를 여의고, 빈곤하여 나무를 팔아 어머니를 봉양했다. 하루는 땔나무를 팔다가 『금강경金剛經』을 듣고 득도하여 홍인의 법제자가 됐다. 조계산曹溪山 보림사寶林寺에 머물면서 『반야경般若經』을 가르쳤다. 시호는 대감선사大鑑禪師다.

후인들은 두 선사의 이름을 따서 '남능북수南能北秀'라 하고 그 특징을 일컬어 '남돈북점南頓北漸'이라고도 한다. 북점 학풍이 "마음에 머물러 고요히 관조하며(住心觀淨), 눕지 않고 오래 좌선하는 것(長坐不臥)"을 중시하는 데 비해, 남돈 학풍은 이것은 "머리 위에 머리를 얹고(頭上安頭) 눈 위에 서리를 더하는 것이니(雪上加霜) 이는 병통일 뿐 선禪이 아니다(是病非禪)"라고 비판한다.

돈오 학풍은 "곧바로 인심을 붙잡아(直指人心), 본성을 발견하면 부처가 된다(見性成佛)"고 주장하고 "도살부가 칼을 버리는 그 마음이(放下屠刀), 성불하는 자리(立地成佛)"라고 말한다. 수양 방법으로 "마음으로 마음을 전할 뿐(以心傳心), 문자를 세우지 않는 것(不立文字)"을 위주로 하여 "지혜의 삼매三昧를 근본으로 삼아(定慧爲本[19]), 문득 깨달으면 바로 그 순간에 부처가 된다(頓悟成佛)"고 가르친다.

당시 홍인의 최고 수제자로 명성이 높은 신수가 벽에 써 놓은 게송偈誦을 본 혜능은 신수가 아직도 선학禪學의 요지를 깨닫지 못했다고 생각하여 다시 새로운 게송을 남겼다고 전해진다.

신수의 게송

북종오방편문北宗五方便門

몸은 보리수요,	身是菩提樹
마음은 명경대니	心如明鏡臺
때때로 부지런히 닦아내어	時時勤拂拭
먼지가 끼지 않게 하라.	莫使有塵埃.

혜능의 게송

육조단경六祖壇經/행유품行由品

보리는 본래 나무가 없고	菩提本無樹

---

19) 『대학』에서 '定而後能靜'의 定은 '無欲'을 뜻하고, '定論', '定理'의 定은 '不易'을 뜻한다. '定慧'의 定은 마음을 한곳에 집중하여 어지럽게 하지 않는 '三昧'의 경지를 뜻한다.

명경은 또한 대臺가 아니니   明鏡亦非臺

본래 한결같이 사물이 없는 것을   本來無一物

어디에 먼지가 낄 것인가?   何處惹塵埃.

주희의 격물 해석

　유가들의 인식론 원전은 『대학』의 '격물치지格物致知' 한
구절뿐이다. 격물치지란 '사물을 궁리하여 지식에 이른다'
는 뜻이다. 그러나 『대학』에서는 '격물格物'과 '물격物格'을
동시에 말하는데 그것이 같은 말인지, 아니면 다른 말인지,
또 다르다면 어떻게 다른지 설명이 없다. 이 지점에서 논쟁
의 싹이 숨어 있었던 것이니, 훗날 조선의 퇴계와 고봉 간의
'격물 논쟁'이 바로 그것이다.

격물格物

대학大學/경經 1장

몸을 다스리고자 하면 먼저 마음을 바르게 하고   欲修其身者 先正其心.

마음을 바르게 하려면 먼저 뜻을 성실히 하고   欲正其心者 先誠其意.

뜻을 성실히 하려면 먼저 지식을 이루어야 하며   欲誠其意者 先致其知.

지식을 이루는 것은 (내가) 물리를 궁리하는 데(格物) 있다.   致知在格物.

물격物格

대학大學/경經 1장

물리에 (나에게) 이른 연후에야 (物格) 지식에 이르고   物格而後知至.

지식을 얻은 후에야 뜻이 성실하고

뜻이 성실한 후에야 마음이 바르다.

知至而後意誠.

意誠而後心正.

위와 같이 해석한다면 '격물'은 마음의 이理가 사물의 이
理를 적극적으로 모사한다는 이른바 '모사설模寫說'과 비슷
하고, '물격'은 사물의 이理가 적극적으로 마음의 거울에 다
가와 비춘다는 이른바 '반영설反映說'과 비슷한 것이 된다.
즉 '격물'과 '물격'은 주어가 다르고 인식의 주체가 전혀 다
른 대립적인 인식론이 되는 것이다.

주희의 격물설은 이정을 계승한 것이다. 이정의 인식론은
천리를 품부받은 인간 본성을 회복한다는 이른바 '복성설復
性說'을 기초로 한다. 즉 선험론적이다. 그러므로 정주는 '사
물의 이理를 인간이 인식 가능한가?'라는 문제를 제기하거
나 의심하지 않았다. 그래서 격물치지는 인식론으로 발전하
지 못하고 도덕적 수양에 한정되어 있었다.

정이

이정유서二程遺書/권25

"치지는 격물에 있다"는 말은

밖의 사물로 나를 밝혀주는 것이 아니고

나에게 본래부터 있는 것이다.

致知在格[20]物[21]

非由外鑠[22]我也

我固有之也.

---

20) 格(격)=至也.

21) 物(물)=猶理也.

22) 鑠(삭)=銷也, 光明也.

사물로 인해 마음이 흐트러지면

因物有遷[23]

미혹되어 깨닫지 못할 것이니 천리가 사라진다.

迷而不悟 則天理滅矣.

주희는 『대학장구大學章句』에서 '격물格物'의 격格을 '지至'로 읽고 '사물에 나아가 그 이치를 궁리하는 것'으로 해석했다. 이것은 인식 주체인 나의 심리心理가 인식 대상인 사물의 물리物理를 접해, 심리 스스로 깨우쳐 인식에 이른다는 것이므로 주관적 선험론이다. 즉 심리가 운동하여 심리 속의 물리를 깨우치는 심의 내재적 운동을 인식 작용으로 본 것이다.

주희

대학장구大學章句/경經 1장

격格은 이르는 것(至)이고, 물物은 사事와 같다.

格 至也. 物猶事也.

사물의 이理에 궁지窮至하는 것은

窮至事物之理

그 극처까지 이르지 않음이 없도록 하는 것이다.

欲其極處無不到也.

대학장구大學章句/전傳 5장

(『대학』에서) 이른바

所謂

"지知에 이름은 사물을 격格하는 데 있다"고 한 것은

致知在格物者

나의 지식을 이루고자 하면

言欲致吾之知

'사물에 나아가 그 이理를 궁구함'에 있음을 말한 것이다.

在卽物而窮其理也.

대저 사람의 마음의 영혼은 지각이 있지 않음이 없고

蓋人心之靈 莫不有知.

---

23) 遷(천)=離散也.

천하의 사물은 이理가 있지 않음이 없으나

다만 사물의 이理를 궁구하지 못함이 있으므로

따라서 사람의 지知를 다하지 못함이 있는 것이다.

그러므로 『대학』에서 처음 가르칠 때는

반드시 배우는 자로 하여금 천하의 사물에 나아가

자기가 이미 알고 있는 이理로써

더욱 궁구하여 그 지극함에 이르고자 하는 것이다.

오랫동안 힘쓰면

하루아침에 활연관통豁然貫通하여

여러 사물의 표리表裏와 정조精粗에

이르지 않음이 없을 것이니

내 마음의 전체 대용大用이

밝아지지 않음이 없을 것이다.

而天下之物 莫不有理.

惟於理有未窮

故其知有不盡也.

是以大學始敎

必使學者 卽凡天下之物

莫不因其己知之理

而益窮之 以求至乎其極.

至於用力之久

而一旦豁然貫通焉

則衆物之表裏精粗

無不到

而吾心之全體大用

無不明矣.

'물격'에 대해서는 별도의 해석이 없으나, 만약 '격물'의 문법대로 '물격'을 해석한다면 '사물의 이치가 나의 심리에 이른다'는 뜻이 된다. 이것은 인식 주체인 심리는 백지와 같은데, 사물의 물리가 운동하여 심리를 이루게 한다는 뜻이다. 결국 물리가 운동하여 심리에 도달하는 이른바 '이도理到'를 말한 것이 되므로 '격물'과는 전혀 다른 뜻이 된다.

그러나 주희는 '물격'을 '격물'과 다른 것으로 보지 않고 '격물'의 결과로만 이해했다. 이로 볼 때 주희는 '격물치지'를 '천리天理·인륜人倫·성현聖賢·처세사處世事' 등 도덕을 배우는 학문의 문제로만 이해했을 뿐 인식론으로 이해한 것은 아니다.

주자어류朱子語類/권16/대학大學 3

격물은 사물의 이理를 궁리하여

그 극진함에 이르지 않는 곳이 없고자 노력하는 것이며

물격은 극진함에 이른 물리로

(매사에 적용하여) 이르지 않는 곳이 없도록 하는 것이다.

格物 窮其事物之理

欲其極處[24]無不到也.

物格 物理之極處

無不到也.

대학혹문大學惑問/격물格物

이理는 사물에 있는 것이니

이미 극진함을 살피면 감추어짐이 남지 않을 것이며

지식은 나에게 있으니

역시 그 깊은 살핌(조예)에 따라가면

다하지 못함이 없을 것이다.

理之在物者

既詣[25]其極而無餘蘊.[26]

則知之在我者

亦隨所詣

而無不盡也.

첫째, 주희는 '격格'을 '궁지窮至'로 해석하고 '사물의 이理를 내 마음에서 궁구한다'고 읽는다. 그러므로 그들의 '궁리窮理'는 견문과 실험으로 객관적 물리를 밝히는 것이 아니라, 만물의 이理가 내 마음속에 이미 갖추어져 있으니 그것을 상기想起해 내면 그만이다.

주자어류朱子語類/권9/학學 3

마음은 만리萬理를 품었으니

心包萬理

---

24) 極處(극처)=盡處, 至處, 本處, 高遠處.

25) 詣(예)=至也, 進也, 造也.

26) 蘊(온)=藏也, 積也.

만 가지 이理는 내 한 마음에 구비되어 있다.　　　　　　　　　　萬理具于一心.

주자어류朱子語類/권18/대학혹문大學或問 하
무릇 이理는 비록 사물에 있지만　　　　　　　　　　　　　　盖理雖在物
그 작용은 실로 마음에 있다.　　　　　　　　　　　　　　　　而用實在心也.
…그래서 내 몸을 주인으로 삼고 사물을 객으로 삼는다.　　　…此是 以身爲主 以物爲客.
그러므로 이렇게 말할 수 있다.　　　　　　　　　　　　　　　故如此說
요컨대 이理는 사물에 있거나 내 몸에 있거나　　　　　　　　要之 理在物與在吾身
단지 같을 뿐이다.　　　　　　　　　　　　　　　　　　　　　只一般.

만물은 각각 하나의 이理를 가지고 있으며　　　　　　　　　萬物各具一理
그 모든 이(萬理)는 똑같이 한 근원에서 나왔다.　　　　　　　而萬理同出一原
그런 까닭에 추리할 수 있으며 통하지 않음이 없다.　　　　　此所以可推 而無不通也.

둘째, 주희는 '격물치지'를 '격물'과 '치지'를 따로 나누
지 않고, '물리를 궁리하는 것은 심리에 이르는 것'이란 뜻
으로 해석한다.

주자어류朱子語類/권5/성리性理 2
지각되는 것(인식의 객체)은 사물의 이理다.　　　　　　　　所知覺者是理.[27]
그 이理는 (나의) 지각을 떠나지 않고　　　　　　　　　　　理不離知覺
(나의) 지각도 사물의 이를 떠나지 않는다.　　　　　　　　　知覺不離理.

---

27) 知覺之客體(事物) 是理也.

지각의 주체는 심心의 이理며

깨달을 수 있게 하는 것은 기氣의 영靈이다.

所覺者 心之理也.[28]

能覺者 氣之靈也.

셋째, '사물'이란 성왕의 사적事績과 천지자연을 말한다. 그러나 그들이 말한 천지자연은 자연과학의 대상으로서의 자연이 아니라 도덕적·종교적 대상으로서의 천지자연을 의미한다. 즉 하늘은 높고 땅은 두터우며, 산은 높고 골짜기는 깊은 자연의 질서 즉 천리天理가 신분차별, 직분차별 등 사람의 질서 즉 인륜과 같다는 것을 배우는 것이다.

주자대전朱子大全/권39/답진제중答陳齊仲

(격물치지는) 천리를 궁리하고 인륜을 밝히고

성현의 말씀을 배우고 세상사를 아는 것이다.

窮天理 明人倫

講聖言 通世故.

넷째, '이理'란 하늘의 도리(天理)에 맞는 인간의 도리(인륜도덕)를 의미한다. 천리는 '사물이 그렇게 된 까닭'이라 하고, 인륜은 '마땅히 그러해야 할 법칙'이라고 말한다. 서양철학에서는 전자를 존재법칙이라 하고, 후자를 당위법칙이라 하여 엄격히 구분하지만, 동양 이학理學에서는 존재와 당위를 하나의 이理로 보는 것이다. 그러므로 여기서 존재법칙은 '하늘의 도리(天道)'를 의미할 뿐 자연과학적 법칙을 의미하는 것이 아니다.

---

28) 知覺之主體(心) 是理也.

주자어류朱子語類/권18/대학혹문大學或問 하

천하 사물을 궁구하면   至于天下之物

반드시 그렇게 된 까닭과   則必有其所以然之故

당연히 그러해야 하는 법칙이 있다.   與其所當然之則

이것을 이리라고 말한다.   所謂理也.

다섯째, 유가들의 격물치지는 사물의 법칙을 발견하는 것을 말한 것이 아니라 유사들이 의리義理를 행하기 위한 사물의 이용후생利用厚生에 대한 공부를 말한다. 주희가 '지선행후知先行後 지경행중知輕行重'을 강조한 것도 그 때문이다. '지선행후'란 먼저 지식이 있어야 행할 수 있다는 것이며, '지경행중'이란 지식은 행하기 위한 수단일 뿐이므로 지식보다 행실이 중요하다는 뜻이다.

주자어류朱子語類/권17/대학혹문大學或問 상

지식이 더욱 밝아지면 행실은 더욱 돈독할 것이다.   知之愈明 則行之愈篤.

행실이 돈독해질수록 지식은 더욱 밝아질 것이다.   行之愈篤 則知之益明.

주자어류朱子語類/권9/학學 3

지知와 행行은 항상 서로를 필요로 한다.   知行常相須.[29]

마치 눈이 없으면 발은 걷지 못하고   如目無足不行

발이 없으면 눈은 볼 수 없는 것과 같다.   足無目不見.

선후를 논한다면 지식이 먼저다.   論先後 知爲先.

---

29) 須(수)=需也, 求也, 待也, 資也.

의리가 밝지 않으면 어떻게 실천할 수 있겠는가?　　　　　　　義理不明 如何踐履.

　이상에서 알 수 있는 것처럼 주희의 격물론은 '성인聖人인 봉건 군주의 말은 영원한 진리'라고 하는 교리를 불변의 공리公理로 전제한 지식론이다. 또한 그들의 인식론적 접근은 유심주의적 선험론이다. 이러한 성리학의 지식론은 오늘날 과학시대의 경험론에 비추어보면 후진적이라고 탓할지 모른다. 그러나 동양의 불교와 근대 이전의 서양철학의 지식론도 모두 유심주의에서 벗어나지 않는다.

　기원전 5세기경 소크라테스의 스승 파르메니데스는 헤라클레이토스의 "모든 것은 변한다"는 명제를 반대하여, "아무것도 변하지 않는다"고 주장했다. 그러므로 그는 "생각할 수 있다는 것과 존재할 수 있다는 것은 동일한 것"이라고 말한다. 그 이후로 소크라테스나 플라톤에게도 지식은 '상기想起(Recollection)'에 그쳤다.

　이처럼 정주는 격물치지를 오늘날 말하는 이른바 형이상학을 대체하는 인식론으로 이해하지는 못했다. 주희로부터 500여 년이 지난 후 조선에서 퇴계와 고봉 간에 이루어진 격물 논쟁에서 비로소 인식론적으로 해석되기 시작한다.

　아호사 논쟁은 근대적 인식론과는 달리 봉건적인 것이었지만 유교사儒敎史에서 중요한 의미를 가지는 획기적인 것이다. 누누이 설명한 대로, 본래 공자의 유학은 세상을 경륜하고 나라를 다스리는 경세치학이고 군신·부자·부부·붕우 등의 인간관계학이라고 말할 수 있으며, 동중서의 유교는 우주일가론, 인간 소우주론 등 개별 생명 위에 전체 생명을 강조하는 종교적 생명공동체론이라고 말할 수 있다. 그런데 주희의 신유학은 이러한 도덕론과 생명론 외에 사물학事物學을 사군자士君子의 조건으로 요구한 것이다. 아호사 논쟁은 바로 이러한 사물학의 지위에 대한 논쟁이었던 것이다.

물론 주희가 『대학』의 '격물'을 '일상 사물에 대한 지식'을 말하는 것으로 해석했다고는 하나, 그것은 사물에 대한 객관적 지식만을 말하는 것이 아니라 그것의 실용과 실천을 요구하는 경세치학의 실용학적 측면이라는 점에서 서양의 순수한 과학적 지식과는 다르다. 그러나 선비나 군자들에게 경세치학이나 종교도덕론을 넘어 사물학을 요구한 것은 획기적인 것이다.

심성론의 의의

심성론과 유불선

본래 유학의 주제는 예론禮論이었다. 예는 부모에 대한 효孝를 군왕에 대한 충忠으로 승화시키는 것이었다. 그러므로 유학에는 도덕론 또는 인간관계론이 있었을 뿐이며, 인간본질론은 없었다. 그래서 성리학은 유학을 철학화하기 위해 불교의 불심佛心을 '인성人性＝천심天心＝천리天理'로 해석하여 유학의 인간본질론으로 삼았다. 즉 유교의 관계론적인 예론에 불교에서 흡수한 본질론적인 심론을 결합한 것이다. 즉 도가의 도道와 불교의 심心, 유가의 인仁을 하나로 통합한 것이다.

즉 불교에서는 마음에서 부처님(釋帝)을 찾는 데 반해, 이를 수용한 성리학에서는 마음에서 삼강오륜 등 인간의 도리를 찾는 것이다. 요약하면 불교에서 본심을 성性이라 말하는 것을(以心爲性), 성리학은 성을 이理로 파악함으로써(以理爲性) 불교를 도가로 걸러서 흡수한 것이다. 그 결과 도덕의 근원을 천심天心을 품부받은 인심人心에서 찾음으로써 유학의 실천적 도덕론은 마음 수양론으로 바뀌었다.

성리학에서 천제天帝를 천리天理로, 천리를 태극으로, 태극을 본성으로 보았다는 것은 이로써 우주론과 인간론을 통합한 것이다. 이것은 객관적인 자연의 이理와 주관적인 인간의 심心을 통합한 것이며, 동시에 도덕론과 자연론과 생명론을 통합한 것이다. 다만 성리학의 자연론은 자연과 인간과의 관계론일 뿐, 자연 자체의 법칙과 원리를 추구하거나 이용을 말하지 않는다는 점에서 서양의 자연학과는 다르다.

한유

한창려문집韓昌黎文集 / 원도原道

노자의 도덕론이란	老子之所謂道德云者
인의仁義를 버리고 (자연을) 말한 것이다.	去仁與義言之也.
부처의 도道는	佛之道也
군신을 버리고 부자를 떠났으며	是必棄而君臣 去而父子
서로 살리고 기르는 도를 금하고	禁而相生養之道

다만 이른바 청정清淨과 적멸寂滅을 구할 뿐이다.

以求其所謂清淨寂滅者.

주희

주자어류朱子語類/권4/성리性理 1

도道는 형체가 없으나
본성이 바로 도의 형체다.
유가는 본성을 실제적인 것으로 여기지만
불가에서는 본성을 공空이라 말하면서
이러한 성을 가리켜 심心이라고 말하니
옳지 않다.

蓋道無形體
只性便是道之形體.
吾儒以性爲實
釋氏以性謂空
若是指性來做心說
則不可.

불교의 무명無明 번뇌煩惱는 성리학의 정情 또는 인심人心과 닮았다. 또한 무명 번뇌가 본심을 가려 혼탁해지지 않도록 허정虛靜 무상無想하여 본심을 원각圓覺해야 한다는 불교의 마음공부는 거경궁리居敬窮理하여 인심을 가다듬어 도심道心을 붙잡고 마음의 천리를 보존한다는 성리학의 수양 방법과 비슷하다.

이로부터 성리학에서 군자의 이상은 원시 유가들이 지향하던 치국평천하治國平天下의 경세인經世人이 아니라 천인합일의 인격자인 도인道人으로 대치됨으로써 종교성을 띠게 됐다. 이로써 군자는 현실 참여의 관장官長이 아니라 현실을 멀리하는 산림처사山林處士로 바뀌었다. 이것은 불교의 개인 성불成佛과 비슷한 것이다.

또한 가치의 표준을 객관적인 천天이 아니라 주관적인 심心에서 찾게 됐다. 그래서 선비의 수양은 관리학官吏學인

'예학禮學'이 아니라 인간학인 '심학心學'으로 변했고, 결국
절간의 '마음공부'와 다를 바 없게 되어 현실에서 멀어지게
됐다.

주희

주자어류朱子語類/권5/성리性理 2

성性은 곧 천리天理다.	性者卽天理也
만물은 그것을 품부받았으니	萬物稟而受之
이理를 갖추지 않은 것은 없다.	無一理之不具.
심心은 내 몸을 주재하는 것이요,	心者一身之主宰.
뜻(意)은 마음이 발현한 것이요,	意者心之所發.
정情은 마음이 움직인 것이요,	情者心之所動.
의지(志)는 마음이 지향하는 것이므로	志者心之所之
정의情意보다 더 무겁다.	比於情意尤重.
또한 마음을 버리면 본성本性을 볼 수 없고	又曰 舍心無以見性
본성을 버리면 마음을 볼 수 없다.	舍性無以見心.

제4장. 주희의 도덕·정치론

공맹의 도와 노장의 도
인의예지(공맹의 인륜)
+도(노자의 자연)＝천리(성리학)

노장의 도는 불변의 자연법

도道라는 개념이 철학적으로 정립된 것은 노자로부터다. 그가 말한 도는 사물의 본질이며 법칙이다. 다만 우리가 알고 있다고 생각하는 본질은 의식의 단계를 거치면서 가공된 조형물일 뿐이다. 그러므로 인간은 오직 자신의 순수의식에 비친 '사상事象'을 통해 그것을 엿볼 수 있을 뿐이다. 노자는 그 사상을 통해서 본 도를 대상大象이라고도 말한다. 다만 노자의 의도는 이미 조형화되고 규격화된 도의 선입견을 버리고 직관을 통한 자연의 도를 복원하려는 것이다. 구체적으로 말하면 유가들이 말하는 성왕의 도를 백지화하고 선험적인 사상 속에서 사물의 본질과 법칙 즉 자연의 도를 복원

하려 한다. 이는 마치 20세기의 현상학에서 형상形相적 환원
이니 선험적 환원이라고 말한 것과 흡사하다.

성리학을 도학道學이라고 하는 것은 유학과 노자를 결합
한 이후부터다. 그러나 앞에서 언급한 것처럼 본래 노자가
말하는 도는 유가들의 도학에서 말하는 도와는 전혀 다른
것이었다. 보통 유가의 도를 '인륜人倫의 도'라고 말하고 노
자의 도는 '자연自然의 도'라고 말한다. 다시 말하면 유가들
이 말하는 도는 '진리眞理로서의 도'를 빌려다가 '도리道理
로서의 도'로 바꾸어놓은 것이다.

공자가 말한 천도天道의 '천天'은 천제天帝이며, 노장이 말
한 천도의 '천'은 자연을 뜻한다. 다만 노자의 자연은 날것
으로의 자연에 머물지 않고 '인간이 포함된 자연'으로 발전
한다. 즉 신화를 극복한 자연은 기氣라고 하는 형이상학적
개념으로 발전하고, 더 나아가 인간에게 내재화된 자연인
도道로 발전한다.

성리학은 '자연의 소이연所以然' 즉 인과법칙과 '인간의
소당연所當然' 즉 당위법칙을 포괄하여 이理라고 말한다. 이
로써 천륜과 인륜은 하나가 되고, 천심과 인심은 일체가 되
고 노자의 무위자연無爲自然은 공자의 인륜으로 통합된다.
그리하여 단순한 도덕률과 처세술이었던 유교를 형이상학
으로 심화시킨 것이다.

중용

중용中庸/12장

군자의 도道는 일상적인 것이지만 은미하다.　　　　　　君子之道 費¹⁾而隱.

천지는 크지만 사람은 오히려 한정된 것으로 여긴다.　　　　天地之大也 人猶有所憾.[2]

군자의 도는 큰 것으로 말하면 천하도 (그것을) 실을 수 없고　　故君子語大 天下莫能載焉

작은 것으로 말하면 천하도 (그것을) 깨뜨릴 수도 없다.　　　語小天下莫能破焉.

군자의 도는 부부를 바르게도 하지만　　　　　　　　　　　君子之道 造端乎夫婦

그것이 지극하면 천지를 감찰한다.　　　　　　　　　　　　及其至也察乎天地.

정호

이정전서二程全書/권5

하늘은 이理다.　　　　　　　　　　　　　　　　　　　　　天者理也

사람과 천지는 한 물건이다.　　　　　　　　　　　　　　　人與天地一物也.

이理와 심心은 하나다.　　　　　　　　　　　　　　　　　　理與心一.

주희

주자어류朱子語類/권17/대학혹문大學或問 상

천하만물은　　　　　　　　　　　　　　　　　　　　　　至於天下之物

각각 그렇게 된 까닭(존재법칙)과　　　　　　　　　　　　則必各有所以然之故

마땅히 그러할 법칙(당위법칙)이 있으니 이것을 이理라 한다.　與所當然之則 所謂理也.

　　원래 도道라는 글자는 길(路)을 가는 모습을 본뜬 상형문
자다. 길은 자연이면서도 문명이다. 이로부터 질서, 규율,
우주적 본원 등의 의미로 확장된 것이다.
　　『좌전』「소공昭公18년(BC 524)」을 보면 정나라 재상 자산

---

1) 費(비)=散也, 侂也.
2) 憾(감)=恨也, 感(動, 荷也).

이 "천도는 멀고 인도는 가까우니 서로 미치지 않는다(天道遠 人道邇 非所及也)"라고 말했다. 여기서 도는 우주의 질서와 규율을 말한 것이다. 『서경』「대우모大禹謨」편을 보면 순임금이 우에게 이르기를 "인심은 위태롭고 도심은 희미하다"라고 했다. 그런데 같은 글에서 "정도正道를 따르면 길하고 역리逆理를 따르면 흉하니 그림자와 메아리 같다"라고 말한다. 그러므로 여기서 도는 '바른 길'이라는 '경經'자와 '길을 따라간다'는 '적迪'자를 아우른 의미로 사용된 것임을 알 수 있다.

서경書經/우서虞書/대우모大禹謨

인심은 위태롭고 도심은 희미하다.

정도를 따르면 길하고 역리를 따르면 흉하다.

그림자와 메아리처럼 떨쳐버릴 수 없는 것이다.

人心惟危 道心惟微.
惠[3]迪[4]吉 從逆凶
惟影響.

공자 당시 '도道'라는 글자의 용례를 보면, 『좌전』에서는 '법술法術' 또는 '전술戰術'의 의미로 쓰였고, 『주역』에서는 음양의 운동법칙 즉 '자연법自然法'이란 뜻으로 쓰였다. 『논어』에서도 '길(路)', '경經', '예법禮法' 등 여러 가지 뜻으로 사용됐다. 오늘날처럼 '도道'를 행정구역 명칭으로 사용하기 시작한 것은 당나라 태종 때부터였으므로 먼 훗날의 일이다.[5]

---

3) 惠(혜)=順也.
4) 迪(적)=道也, 進也, 導也, 正也.

도道=전술戰術

좌전左傳/정공定公5년(BC 505)

진나라 장수 자포子蒲가 말했다.

"나는 오나라의 전술(吳道)을 알지 못한다."

秦 子蒲曰

吾未知吳道.

천도天道=천제의 경經

논어論語/공야장公冶長 12

공자가 인성人性과 천도天道에 대해 말하는 것을

들어본 적이 없다.

夫子之言性與天道

不可得而聞也.

도道=길(路)

논어論語/양화陽貨 14

공자가 말했다.

"길에서 듣는 소리와 길가의 담론은

덕을 파기하는 것이다."

子曰

道聽而塗說

德之棄也.

도道=예악禮樂

논어論語/양화陽貨 4

군자가 도를 배우면 인자를 사랑하고

소인이 도를 배우면 부리기 쉽다.

君子學道則愛人

小人學道則易使也.

    그러나 공자의 '문명으로서의 도'와는 달리 『노자』에서
도는 천제天帝를 대체하기 위해 '우주의 본원'이란 개념으로

---

5) 唐貞觀時 凡州府三百五十八 依敍爲十道 後所增五道. 如秦之郡. 漢之部 宋元之路.

사용된 것이다. 그러므로 형이상학적인 의미의 도는 『노자』에서 시작된 것이다.

　　노자는 『노자』에서 '음양의 기氣가 조화로운 자연'을 도라고 말했다. 『주역』에서는 '한 번 그늘지면(陰) 한 번 햇볕 드는(陽)' 음양의 운동을 도라고 말했다. 다시 말하면 음양의 동정動靜 즉 기의 운동법칙을 도라고 한 것이다. 즉 도는 곧 '물리物理' 또는 자연법을 말하는 것이었다.

　　이처럼 『노자』에서의 도는 『주역』에서의 도와 같은 의미인 자연법을 의미한다. 즉 도는 시대와 필요에 따라 변하는 성왕의 법이 아니라 항상 변하지 않는 자연의 법을 말하는 것이므로 '상자연常自然'이라고 표기한다. 그리고 장자에 이르러 도는 '이理'로 해석되기 시작한다. 이처럼 노자는 도를 인륜의 도리라는 의미가 아니라 천제를 대신하는 우주의 본원이란 의미로 사용한 것이다.

도道＝자연법

주역周易/계사繫辭 상
한 번은 그늘지고(陰)
한 번은 햇볕이 드는 것(陽)을 도라고 말한다.

一陰
一陽之謂道.

도道＝상자연常自然

노자老子/60장
도道로써 천하에 군림하면 귀신도 신령스럽지 않다.

以道莅[6]天下 其鬼不神.

---

6) 莅(리)＝臨也.

귀신이 신령스럽지 않은 것이 아니라   非其鬼不神

그 귀신이 사람을 상하게 하지 않는 것이다.   其神不傷人.

도道=이理

장자莊子/외편外篇/선성繕性

무릇 덕德은 평화요, 도道는 이理다.   夫德和也 道理也.

덕은 용납하지 않는 것이 없으니 인仁하며   德無不容 仁也.

도는 이치 아닌 것이 없으니 의義롭다.   道無不理 義也.

자연의 도를 인륜의 도리로

정주는 노자의 자연의 도를 인간의 성리性理와 같다고 말함으로써 도의 외연을 확대하여 '도리道理'로 만들었다. 즉 도에 주관화·관념화된 이理를 덧붙인 것이다. 그래서 물리物理도 성리도 모두 천리天理이며 인성人性은 천성天性이 된다. 즉 객관적인 천리와 주관적인 인리人理가 하나라는 것이다. 이것은 공맹의 인륜과 노장의 자연의 도를 통합한 것으로 이른바 '도리'라고 말하는 것이다.

이로써 정주는 노자의 원시반본原始反本, 만물일체萬物一體, 무욕無慾, 무극無極, 허정虛靜을 유학에 도입할 수 있었다. 다만 노자의 반문명주의는 거부한다.

원래 천성을 따른다는 것은 곧 자연의 이理를 따르는 것을 의미한다. 그러므로 노장은 천성을 따르려면 자연으로 돌아가라고 한다. 성리학은 반대로 자연을 따르려면 인성으로 돌아오라고 말한다. 이른바 복성설復性說이다. 도가의 '자연의 도'가 유가의 '인륜의 인仁'이 되어버린다. 유가들은 그것을 천인합일이라고 말한다.

정이

이정유서二程遺書/역설강령易說綱領

위로 하늘이 실은 것은 소리도 없고 냄새도 없다.	上天之載 無聲無臭
그 천天의 체현을 역易이라 하고	其體則謂之易
그 천의 이理를 도道라 하며	其理則謂之道
그 천의 용用을 신神이라 한다.	其用則謂之神.
음양이 열리고 닫히는 것은 곧 역易이며	陰陽闔闢便是易
한 번 열리고 닫히는 것은 변화라 한다.	一闔一闢謂之變.

이정유서二程遺書/경설經說/권6

음양을 떠나서 다시 도란 없다.	離了陰陽 更無道
음이고 양인 까닭이 도인 것이다.	所以陰陽者是道也.
음양은 기氣다.	陰陽氣也
기는 '형이하'이며	氣是形而下者
도는 '형이상'이다.	道是形而上者.
성性은 곧 이理다.	性卽理也
이성理性이라고 말하는 것이 바로 이것이다.	所謂理性是也.

주희

주자어류朱子語類/권63/중용中庸 2

이른바 도道란 성性을 따르는 것뿐이다.[7]	蓋所謂道者 率性而已.

성이 있지 않은 곳이 없듯이

도道도 있지 않은 곳이 없다.

크게는 부자·군신 관계에서

작게는 동정動靜과 먹고 쉬는 것에 이르기까지

사람의 힘으로 하지 않는 모든 것은

각각 당연하고 변하지 않는 이理가 있다.

이것을 도라고 하는 것이다.

性無不有

故道無不在.

大而父子君臣

小而動靜食息.

不假人力之爲

而莫不各有當然不易之理

所謂道也.

이처럼 성리학자들은 노장의 무위자연의 도를 비난하면서도 한편으로는 그것을 끌어다가 자기들의 유학을 설명하는 데 이용했다. 그래서 막상 '도란 무엇인가'를 묻는다면 언뜻 대답하기 어려워진다. 그것은 낙관적이고 문명주의적인 공맹의 '유학'에 염세적이고 문명 해체주의적인 부처와 노장을 결합시켜 '도학'을 만들고 도를 현학적으로 해석했기 때문이다.

부처는 이 세상의 모든 집착은 허망한 것이라고 가르쳤고, 노장은 이 세상의 모든 담론은 거짓이라고 말했다. 이들은 모두 당시 세상의 가르침과 제도를 거부했다. 본래 도는 사람들이 통행通行하는 길이다. 그런데 그 길이 민중을 얽어매고 괴롭히는 길이 됐기 때문에 민중을 사랑한 부처와 노장이 나서서 "저들이 말하는 그 길은 무無요, 공空일 뿐 잘못된 길"이라고 깨우쳐 가르친 것이다.

그런데 위진魏晉대의 현학玄學자들은 노장의 말을 거부와

---

7) 性을 따른다 함은 自然의 理를 따름이다(循性是循其理之自然爾).

해체가 아니라 적극적인 수용과 복귀로 해석함으로써 어렵고 복잡하게 만들었다. 그들은 "지배자들이 말하는 도라는 것은 본래 없는 것(無)이고 헛된 것(空)이다"라는 본래 뜻을 버리고, "도는 물질적 존재와 인간의 일상과는 아무런 상관이 없는 무無이며 초월적인 공空"이라고 해석한다. 그리고 나아가 무와 공이 진실이고 세상의 만물萬物과 인간사人間事는 모두 환상幻相이라고 말함으로써 불우한 자들이 삶을 자포자기하도록 만들었다.

그렇지만 허虛한 무와 공에 어찌 실實이 있다는 말인가? 이것은 거부나 저항할 용기가 없는 나약하고 비겁한 지식인들이 자신의 은둔을 미화하거나 또는 혹세무민惑世誣民의 종교가들이 남의 재산을 빼앗기 위해 하는 말이다.

송대에 들어와서는 유가들이 유교에 노장을 끌어들인 위진 이래의 현학을 더욱 세련되게 만들고자 불교의 심론을 끌어들여 성리학을 만든 것이다. 다만 이들은 부처나 노장처럼 도를 공이나 무라고 말하지 않고 자연의 이치이며 아울러 인간의 이치요 길이라고 말함으로써 인仁과 도道를 결합한다. 인간의 인륜과 사물의 운동법칙을 이理로 통합한 것이다. 나아가 그들은 "공자가 말하는 인예仁禮는 하늘의 도이므로 바꿀 수 없는 절대적인 것"이라고 말함으로써 자기들의 지배이념을 절대화한다.

그래서 유가들의 예학은 현학이 됐다가 다시 도학이 됐고 급기야 이학이 됐다. 그 이학이 성리학인 것이다.

논어혹문論語或問/공야장公冶長

인仁이란 마음의 덕이며 하늘의 도리道理다.　　　　　　　仁者 心之德而天之理也.

진순

북계자의北溪字義/도자道字

도道는 길과 같다.　　　　　　　　　　　　　　　　　道猶路也.

사람이 통행하기 때문에 노路라고 말하기도 한다.　　　人所通行方[8]謂之路.

한 사람이 홀로 다닌다면 길이라고 말할 수 없다.　　一人獨行不得謂之路.

도의 큰 강목은 모든 사람이 날마다 사용하는　　　　道之大綱只是日用

인간관계의 도리이며　　　　　　　　　　　　　　間人倫

사물이 마땅히 운행하는 조리條理인 것이다.　　　　事物所當行之理.

그 근원은 모두 하늘로부터 온 것이다.　　　　　　其根源皆是從天來.

그러나 노장은 "도와 인간과 사물은 상관없다"고 말한다.　　老莊說 道與人物不相干.

그들은 도가　　　　　　　　　　　　　　　　　　皆以道爲

천지와 형기를 초월해 있다고 생각한다.　　　　　超乎天地形氣之外.

이를테면 '도가 태극보다 먼저 존재한다'고 말하는 것은　如云道在太極之先.

도대체 이것은 천지만물이 아직 있기 이전에　　　　都是說未有天地萬物之初

비로소 어떤 공허한 도리가 있었다고 상상한다.　　　有箇空虛道理.

불가에서 도를 논하는 것도 대개 이와 같다.　　　　佛氏論道 大槪亦是此意.

단 노자는 무無를 근본으로 삼는데　　　　　　　但老氏以無爲宗

불가에서는 공空을 근본으로 삼는다.　　　　　　佛氏以空爲宗

---

8) 方(방)=곳, 비로소.

천지가 있기 전을 나의 참다운 몸으로 생각하고
천지만물을 모두 환상으로 생각한다.
인간의 일이란 모두 조잡한 흔적이라 하여
모두 제거해 버리려 한다.
그리하여 "한결같이 참다운 공으로 돌아가야만
도를 얻을 수 있다"고 말한다.
그들은 도가 인간사의 도리임을 모르는 것이다.

以未有天地之先 爲吾眞體
以天地萬物皆爲幻化.
人事都爲粗迹
盡欲屛[9]除了.
一歸眞空
乃爲得道.
不知道只是人事之理耳.

인예와 천리

공자는 "기己를 극克하여 예禮로 복귀하는 것(克己復禮)"이 인仁이라고 말했다. 그러므로 그는 "예禮가 아니면 듣지도 말고, 말하지도 말고, 행하지도 말라"고 가르쳤다. 그러므로 후인들이 말하는 도道니 이理니 하는 것도 만약 예禮가 아니라면 듣지도 말하지도 말아야 할 것이다.

그러므로 공자가 말한 예는 도덕적인 에티켓이 아니라 주周나라의 예법을 말한다. 즉 주나라의 외교적 예의禮儀, 귀족의 관혼상제 등의 전례典禮, 정치제도, 도덕규범을 망라한 총체적 통치 규범을 예라고 말한 것이다. 그리고 그 예를 제정한 왕王은 천명天命을 받은 성천자聖天子 즉 내성외왕內聖外王 또는 성인聖人이라고 존칭된다. 이로써 봉건적 질서인

---

9) 屛(병)=隱蔽, 放去也.

예는 천제天帝의 재가를 받은 것이 된다. 이러한 성인의 통치 규범은 지배자가 만든 것이 아니라 천명 또는 천리天理라고 말한다.

이처럼 인과 예는 제왕이 제정한 인륜이다. 그러므로 인예는 노장이 말한 이른바 자연의 질서인 도가 아니다. 그런데 앞서 제1부 1장 '종교개혁'에서 설명한 것처럼 현학에서는 공자의 예학과 노장의 도학을 결합하여 인예를 도리道理로 형이상학화했다. 그리고 성리학에서는 공자가 가르친 유학을 도학이라고 바꿔 불렀다. 이처럼 성인의 인예를 도리로 바꿔버린 성리학은 과연 공자를 버린 것인가?

| 주희 |

주자대전朱子大全/권70/독대기讀大紀

우주 사이에는 하나의 이理가 있을 뿐이다.	宇宙之間 一理而已.
하늘이 그것을 얻어 하늘이 되고	天得之爲天
땅이 그것을 얻어 땅이 되고	地得之爲地.
무릇 우주 안의 생명체는	而凡生于天地之間者
각각 그것을 얻어 성품이 된다.	又各得之以爲性.
그것을 펴면 삼강三綱이 되며	其張之爲三綱
그것을 벼리로 하면 오상五常(仁義禮智信)이 된다.	其紀之爲五常.
모두가 이理의 운동이니	蓋皆此理之流行
없는 곳이 없다.	無所適而不在.

주희가 유학의 사서四書의 하나로 승격시킨 『중용』에서는 인성人性을 천명天命이라고 하고, 이 성性을 따르는 것을 도

라 말하고, 이 도를 다스리는 것을 교화教化라고 했다. 이에 의하면 도는 천명을 따르는 것을 말한다. 그러므로 인仁·예禮와 성性·도道의 관계는 천명을 통해 연결된다. 그러면 천명은 무엇인가?

유교에서 천자는 천명을 받은 자이므로 성왕聖王의 명령은 천명이 된다. 그러나 성리학은 천명을 천리로 해석한다. 결국 성왕이 제정한 인예는 천리라는 것이다. 여기서 자연의 도리 즉 천리와 인륜의 인예가 통합된다. 다시 말하면 자연의 물리와 인간의 윤리는 같은 것이며 또한 노장의 도와 공자의 인이 같은 것이라는 뜻이다. 그래서 성리학에서는 맹자가 말한 사덕四德을 이理로 설명한다. 즉 인은 '애지리愛之理', 예는 '경지리敬之理', 의義는 '의지리宜之理', 지智는 '별지리別之理', 신信은 '실지리實之理'라고 말한다.

주희

주자어류朱子語類/권20/논어論語 2

사랑이 인仁이 아니라 사랑의 천리天理가 인이다.	愛非仁 愛之理是仁.
마음이 인이 아니라 마음의 덕이 인이다.	心非仁 心之德是仁.

논어혹문論語或問/학이學而

인仁이란 애愛의 이理며	仁則愛之理也
예禮란 경敬의 이理며	禮則敬之理也
의義란 의宜의 이理며	義則宜之理也
지智란 별別의 이理며	智則別之理也
신信이란 진실眞實의 이理다.	信則實有之理也.

이는 모두 천리가 그러한 것이며   是皆天理之固然
인심人心이 이루는 것이기 때문이다.   人心之所以爲妙也.

이것은 중대한 변화를 의미한다.
　첫째, 이제 인예는 지배자인 제왕의 명령이 아니라 천리
가 된다. 이로써 자연의 도리와 인륜의 인예가 통합된다.

주희

논어혹문論語或問/권12/안연顏淵

예禮란 마음을 재단하는 곱자와 그림쇠가 되나니   蓋禮爲心之規矩
그 작용은 없는 곳이 없다.   而其用無所不在.
몸으로 말하면 보고, 듣고, 말하고, 행동하는 네 가지가   以身而言 則視聽言動四者
그것으로 마땅하게 된다.   足以該10)之矣.
예는 곧 천리다.   禮卽天之理也
예가 아니면 개인의 사私일 뿐이다.   非禮則己之私.

　둘째, 천리는 만물을 낳고 기르는 마음(生物之心)이라고 말
한다. 사람이 이러한 천리를 품부받은 것이 인성이다. 천덕
天德인 원형이정元亨利貞의 이리가 곧 인의예지라는 사덕이
다. 주목할 것은 이러한 정주의 '생물지심'은 『주역』의 '생
생지심生生之心'과 묵자의 '안생생安生生 사회'의 '생생生生'
과 같은 뜻이라는 점이다. 이로써 『주역』과 묵자는 성리학에
포섭된다.

---

10) 該(해)=備也, 宜也.

이정유서二程遺書/권2

(『주역』에서는) 생명 살림(生生)을 역易이라 하는데	生生之謂易
이것이 천天을 도道라고 하는 까닭이다.	是天之所以爲道也.
천天은 다만 생명살림을 도道로 삼는 것이며	天只是以生爲道
나아가 이러한 살림의 도리道理는 오직 선할 뿐이다.	繼此生理者只是善也.

주역周易/건괘乾卦

천天은 전일하게 말하면 도道다.	夫天 專言之則道也.
하늘은 결코 어긋나는 일이 없으므로 그렇다.	天且不違是也.
이를 나누어 말하면 형체形體로는 천天이라 하고	分言之則 以形體謂之天.
주재主宰하는 것으로 말하면 제帝라 하고	以主宰謂之帝.
공을 이루는 작용으로(功用) 말하면 귀신鬼神이라 하고	以功用謂之鬼神.
생명의 오묘한 작용(妙用)으로 말하면 신령神靈이라 하고	以妙用謂之神.
성정으로 말하면 건乾이라 한다.	以性情謂之乾.
건乾은 건健이니 쉼이 없는 것을 말한다.	乾 健也. 健而无息之謂乾.

건乾이란 것은 만물의 비롯됨이다.	乾者萬物之始.
그래서 『주역』은 원형이정을 사덕이라고 말한 것이다.	故元亨利貞謂之四德.
원元이란 만물의 비롯됨이요,	元者萬物之始.
형亨이란 만물의 성장이요,	亨者萬物之長.
이利란 만물의 이룸이요,	利者萬物之遂.
정貞이란 만물의 완성이다.	貞者萬物之成.

주자대전朱子大全/권32/답장경부答張敬夫

인仁은 천지天地의 생물지심生物之心이	仁 乃天地生物之心
마침내 사람에게 내재한 것을 말한다.	而在人者.

주역본의周易本義

원元이란 만물을 낳는(生物) 비롯됨이니	元者生物之始
천지天地의 덕德으로 이보다 앞선 것이 없다.	天地之德莫先於此.
그러므로 시절로 말하면 봄이요,	故於時爲春.
사람에게는 인仁이 되나니	於人則爲仁
모든 선善의 으뜸이다.	而衆善之長也.

형亨이란 만물을 낳는 형통함이니	亨者生物之通.
만물을 이로써 아름답지 않음이 없다.	物之於此莫不嘉美.
그러므로 시절로 말하면 여름이요,	故於時爲夏.
사람에게는 예禮가 되나니	於人則爲禮
모든 아름다움의 모임이다.	而衆美之會也.

이利란 만물을 낳는 이룸이니	利者生物之遂.
만물은 각각 마땅함을 얻어 서로 방해하지 않는다.	物各得宜不相妨害.
그러므로 시절로 말하면 가을이요,	故於時爲秋.
사람에게는 의義가 되나니	於人則爲義
각자 분수의 조화를 얻음이다.	而得其分之和.

정貞이란 만물을 낳는 안민입정安民立政함이니	貞者生物之成.

실리實理를 구비하여 존재마다 각각 자족한다.

그러므로 시절로 말하면 겨울이요,

사람에게는 지智가 되나니

만사의 줄기다.

實理具備隨在各足.

故於時爲冬.

於人則爲智

而衆事之幹也.

북계자의北溪字義/인의예지신仁義禮智信

사람의 본성에는 인의예지 사덕이 있으니

이것은 천지의 마음인 원형이정元亨利貞의 이理다.

'원'은 개개 사물의 생명 의지이며(生意)

'형'은 이 생명 의지를 형통하게 함이며(通)

'이'는 이 생명 의지를 이루는 것이며(遂)

'정'은 이 생명 의지를 저장하는 것이다(藏).

人性之有仁義禮智

只是天地元亨利貞之理.

蓋元是箇生意

亨只是此生意之通

利只是此生意之遂

貞也只是此生意之藏.

셋째, 또한 이것은 정치적으로 중대한 전환을 의미한다. 공자가 말한 경經은 다스림의 길이고, 노자가 말한 도道는 자연의 길이다. 그런데 공자가 말한 경학의 근원은 성왕이었지만 신유학이 말하는 도학의 근원은 천리 즉 자연법이다. 그러므로 천명을 받은 왕일지라도 천리에 복종해야 한다. 이로써 왕은 절대적 가치 표준으로서의 지위를 상실한 것이다. 그것은 절대왕권의 후퇴를 의미하며, 성인의 통치가 후퇴하고 이념의 통치가 개막된 것을 의미한다. 나아가 왕·제후 등 귀족들과 지식인 계급의 권력 분점分占을 의미한다. 지식인들은 이理를 해석하는 지위에 있었기 때문이다.

극기를 멸인욕滅人欲으로

약신約身을 멸인욕으로

공자가 말한 인仁의 조건인 '극기克己'의 본뜻은 약신約身
이었다. 약신은 예에 의한 자기 절제를 의미한다. 그러므로
원래 극기란 사私를 공公에 복종시킨다는 뜻으로 개인주의
를 반대하는 정치적 명제였다. 그런데 성리학에서는 멸인욕
으로 강화됨으로써 주체를 소외시키는 결과를 낳았다.

이처럼 유교의 최대 약점은 공을 위해 사를 극도로 제약
하는 봉건성에 있다고 볼 수 있다. 그렇지만 자유주의 내지
개인주의 사회인 오늘날에도 공과 사를 어떻게 조화할 것인
가는 여전히 해결되지 않는 문제로 남아 있다.

마르크스는 공동체와 개인이 조화로워 인간의 유적 본질
(Gattungswesen)이 구현되는 사회를 공산사회라고 말했다.
그러나 현실의 사회주의는 공자의 극기나 성리학의 멸인욕
과 다를 바 없이 공을 위해 사를 희생시키는 전체주의로 흐
르고 말았다. 한편 자본주의는 공보다 사를 우선하는 자유
주의라고 말하지만 사실 주체를 소외시키는 것은 마찬가지
인 실정이다. 이利와 욕欲은 해방됐지만 인간은 해방되기는
커녕 이利와 욕의 노예가 되고 말았다.

봉건시대의 인간이 성인이라고 칭송되는 제왕의 노예였
다면, 오늘날 자본주의 시대의 인간은 기업이라는 물신物神
의 노예다. 이제 우리는 다시 공자의 극기와 성리학의 멸인

욕을 비난만 할 것이 아니라 재음미해야 한다. 극기 없이는 만인과 만인이 살인적인 투쟁을 벌이며 약육강식하는 정글의 야만을 벗어날 수 없을 것이기 때문이다.

맹자는 다욕多慾으로는 인간의 선성善性을 보존할 수 없다고 보아 '과욕寡慾'을 주장했다. 이것이 성리학에서 멸인욕滅人欲으로 강화된다. 그러나 이것은 노장과 불교의 수도사처럼 금욕주의로 다가서자는 것은 아니었다. 예컨대 노장이 말하는 '무욕無欲'은 욕망의 구속을 버리고 마른 나뭇가지와 같이 된다는 것을 의미하지만, 그것은 욕망을 기초로 만들어진 문명으로부터 인간의 해방을 요구하는 것이었다. 그러나 성리학의 '멸인욕'은 개인적으로는 근검절약을 요구하는 것이며 정치적으로는 공리 추구 이외에는 사리 추구를 금지하는, 농노를 착취하는 봉건제적 도덕이기 때문이다. 그러므로 이러한 '멸인욕'의 테제는 송 이래 명청明淸대를 거치면서 계속 기학파들의 비판의 표적이 됐다. 이에 대해서는 제3부 '정주리학 비판'에서 다시 논의하기로 한다.

노자

노자老子/3장

유능한 자가 숭상되지 않으면 백성은 다투지 않고	不尙賢 使民不爭.
얻기 어려운 재화가 비싸지 않으면	不貴難得之貨
백성은 도둑질하지 않고	使民不爲盜.
욕심낼 물건을 보지 않으면	不見可欲
백성의 마음이 어지럽지 않을 것이다.	使民心不亂.
그러므로 무위자연의 성인의 다스림은	是以聖人之治

마음을 비우고 배를 채우며   虛其心實其腹

의욕을 약하게 하고 뼈를 강하게 한다.   弱其志强其骨.

그리하여 항상 백성들로 하여금 무지·무욕하게 하여   常使民無知無欲

배운 자들이 아무것도 못하게 한다.   使夫知者不敢爲也.

주돈이

성리대전性理大全/권2/통서通書 1/성학聖學

성인은 배움으로 가능한가? 가능하다.   聖學可乎 曰可.

요점이 있는가? 요점이 있다.   有要乎. 曰有.

요점은 오직 하나다.   請問焉 曰 一爲要

그 하나란 무욕無慾이다.   一者無欲也.

무욕하면 정靜하여 허虛하고, 동動하여 곧다.   無欲則靜虛動直.

고요하여 비우면 밝고, 밝으면 통한다.   靜虛則明 明則通.

동動하여 곧으면 공평하고, 공평하면 두루 광대하다(溥).   動直則公 公則溥.[11]

밝게 통하고 공평하고 두루 광대하면 그것으로 거의 성인이다.   明通公溥 庶矣乎.

정이

이정유서二程遺書/권15

보고, 듣고, 말하고, 행동함을   視聽言動

이理가 아니면 하지 않는 것이 곧 예禮다.   非理不爲 卽是禮.

그러므로 예는 곧 이理다.   禮卽是理也.

천리가 아니면 곧 이것은 사욕私欲이다.   不是天理 便是私欲.

---

11) 溥(부)=廣也, 徧也, 普也.

이정유서二程遺書/권19

욕심은 자기만 이롭게 하고   欲利于己

반드시 남에게 손해를 끼치며   必损于人.

의리義理를 잊고 원한을 쌓는다.   忘義理 致怨仇.

주희

주자어류朱子語類/권13/학學 7

인욕 속에도 저절로 천리가 있어   人慾中自有天理

천리와 인욕은 같이 운행되지만   然天理人欲同行

전혀 다른 감정이다.   異情.

주자어류朱子語類/권40/논어論語 22

천리와 인욕은 늘 서로 대면하지만   天理人慾常相對

병립을 용납하지 않는다.   然不容立立

인욕을 모두 바꿔야 천리를 다시 밝힐 수 있다.   革盡人慾 復明天理.

논어혹문論語或問/권12/안연顔淵

극기克己의 '기己'는 인욕의 사私요,   己者 人欲之私也.

복례復禮의 '예禮'는 천리의 공公이다.   禮者 天理之公也.

한 마음속에서 기己와 공公은 병립을 용납하지 않는다.   一心之中 二者不容立立.

인욕에 대한 새로운 인식

주희는 인욕에 대해 전향적인 태도를 보인다. 그는 주로 이욕利欲을 비판하되 생명 욕구는 인정한다. 그러므로 그가 말한 멸인욕은 멸사리滅私利를 뜻하는 것으로 보아야 한다. 주희는 어느 정도 예禮에서 해방되려 했고 인욕도 인정하려 했다. 그는 정이와는 달리 인심이 모두 불선不善은 아니라고 했다. 그리고 음식과 남녀의 욕망은 자연적인 천리일 뿐 사욕이 아니라고 했다. 인욕이 사욕이 아니라면 천리이므로 그것을 부정하는 것은 포악이 된다.

이처럼 주희가 공자의 '극기'와 유교의 '경리輕利' 사상을 완화하려 한 것은 이利를 긍정한 묵자와 욕망을 해방하려 한 이구를 비롯한 선배 기학파들에게 자극을 받은 것이겠지만 그보다는 시대적 상황의 변화가 결정적인 원인이었을 것이다(제1부 4장의 '기학파의 정치론' 참조).

주희가 살던 시대는 공자로부터 1,600년이 지난 12세기였으므로 이미 정전제가 무너진 상태였고 생계의 책임이 개인에게 있었다. 당시의 이러한 상황을 수용하기 위해서는 개인의 이익 추구가 어느 정도 허용돼야 했을 것이다. 또한 공자의 시대와는 달리 당시의 유사들은 무산계급이 아니고 문벌이거나 재산을 가진 중산층이었다. 때문에 유사들은 공직을 맡지 않아도 살아갈 수 있었다.

그러므로 공자가 인仁의 조건으로 제시한 극기를 금욕주의로 엄격하게 해석할 필요가 없었을 것이며, 무엇보다 이미 문벌이 된 유사들 자신의 부유한 생활을 용인할 수밖에 없었을 것이다.

또한 당시는 불교와 도교가 융성할 때였으므로 이들과 경쟁하기 위해 유학은 서민들에게도 문호를 넓혀야 했다. 그

러기 위해서는 인자仁者가 되기 위한 조건을 완화할 필요가
있었다.

　　그 방법은 바로 '의義＝공公', '이利＝사私'라는 도식에서
그 '사私'를 좁게 해석하는 것이었다. 즉 이利 중에서 사私가
아닌 사事를 구분하는 것이다. 예컨대 재물·명성·지위·작
록은 이利임에는 틀림없으나 그 자체로는 사私가 아니라 일
(事)이며 그것이 사리私利로 흐르지 않는 한 용인돼야 한다
는 것이다. 그러나 주희는 여전히 신분차별을 강조하는 봉
건주의자였다. 그러므로 귀족의 욕망과 서민의 욕망은 등급
이 달라야 한다고 생각했다.

주희

주자어류朱子語類/권13/학學 7
성리대전性理大全/권50/학學 8

천리가 있으면 곧 인욕이 있다.	有箇[12)]天理 便有箇人欲.
무릇 이것들은 얽혀 있으며	蓋緣[13)]這箇
천리는 모름지기 머물 곳이 있어야 한다.	天理須有箇安頓處.
잠시라도 머물면 원치 않아도	纔安頓得 不恰好
인욕이 나타나기 마련이다.	便有人欲出來.
천리와 인욕은 여러 가지 점에서 구분돼야 하지만	天理人欲 分數有多少.[14)]
천리의 근본은 얼마쯤 인욕이니	天理本多人欲也

---

12) 箇(개)＝得也.
13) 緣(연)＝因也, 繞也.
14) 多少(다소)＝다소간, 얼마쯤. 多(다)＝얼마나, 아무리, 훨씬, 다만.

인욕은 천리 가운데서 나오는 것으로 보아야 한다.
便是天理裏面做出來.

그러므로 비록 인욕이라 해도
雖是人欲

인욕 가운데는 천리가 있다.
人欲中自有天理.

주자어류朱子語類/권61/맹자孟子 11

입은 음식을 좋아하고 눈을 색을 좋아하고
夫口之欲食 目之欲色

귀는 소리를 좋아하고 코는 향기를 좋아하고
耳之欲聲 鼻之欲臭

육체는 안일을 좋아하니
四肢欲安逸

저절로 그러한 것을 어찌할 것인가?
如何自會[15]恁[16]地[17]

이것은 본래 천리天理의 자연인 것이다.
這固是天理之自然.

맹자집주孟子集注/권2/양혜왕장구梁惠王章句 하

음악과 사냥과 유람의 즐거움
盍[18]鐘鼓 苑囿. 觀游之樂.

그리고 용기와 재화와 여색을 좋아하는 마음은
與夫好勇 好貨 好色之心

모두 천리에 있는 것이니
皆天理之所有

어찌 인정에 없을 수 없겠는가?
而人情之所不能無者.

그러나 천리와 인욕은 길은 같으나 정情이 다른 것이다.
然天理人欲 同行異情.

이理에 따라 천하에 공평한 것은
循理而公[19]于天下者

성현이 그 성품을 다하는 까닭이며
聖賢之所以盡其性也.

욕망에 따라 자기 한 사람에게 사사로운 것은
縱欲而私于一己者

---

15) 會(회)=至也, 깨닫다. 잘한다.
16) 恁(임)=그, 저, 그처럼, 이렇게.
17) 地(지)=(助)的. (名)바탕.
18) 盍(합)=何 何不也.
19) 公(공)=平分也, 無私也.

사람들이 그 천리를 없애는 까닭이다.　　　　　　　衆人之所以滅其天也.

이처럼 천리와 인욕의 차이는 표현하기 어려우나　二者之間 不能以發[20]

그 시비 득실의 귀착점이　　　　　　　　　　　而其是非得失之歸

서로 거리가 먼 것이다.　　　　　　　　　　　相去遠矣.

대학혹문大學或問

마시고 먹고 싶은 욕구, 남녀의 욕구가　　　　　飮食男女之欲

반드시 나쁜 것은 아니다.　　　　　　　　　　固亦莫非.

그것은 인간이면 당연히 있는 것이므로　　　　人之所當有

없앨 수 없는 것이다.　　　　　　　　　　　而不能無者也.

주자어류朱子語類/권13/학學 7

성리대전性理大全/권50/학學 8

"묻습니다. 음식에 있어서　　　　　　　　　　問 飮食之間

무엇이 천리天理이고 무엇이 인욕입니까?"　　孰爲天理 孰爲人欲.

주자가 말했다. "음식은 천리이고　　　　　　曰 飮食者天理也

맛있는 것을 요구하는 것은 인욕이다."　　　　要求美味人欲也.

진순

북계자의北溪字義/의리義利

성인이 나타나 천하를 무리 지음에　　　　　　蓋聖人出來君[21]天下

천하 인민의 소망에 부응하고자 했을 뿐　　　姑[22]以應天下之望

---

20) 發(발)=明也.

21) 君(군)=群也.

천하로써 자기 이로움을 꾀하지 않았다.

모든 일에 천하의 대의大義를 널리 펴 다스렸고

천하의 땅을 나누어 만국을 세워

유덕자와 유공자들이 함께 공유했다.

왕의 땅은 천千 리, 공작·후작은 백 리,

백작은 칠십 리, 자작·남작은 오십 리,

서민은 백 무畝의 농토를 받았다.

…그러나 봉건제가 무너지고 천하에 대법大法을 널리 펴

군현제를 실시하게 되자

천하의 권세를 모아 자기에게 귀속시키게 됐다.

이제 천하의 땅을 정전井田으로 나누어 백성에게 줄 수 없으니

백성들은 자기가 땅을 사서 생계를 책임져야 한다.

不以天下爲己利.

所以凡事 皆公天下之大義

而爲之 分天下之地爲萬國

與有德有功者共之.

王畿千里. 公[23]侯百里.

伯七十里. 子男五十里.

庶人受田百畝.

…毁封建 公天下之大法

而爲郡縣.

欲摠天下之權歸於己.

不井天下之田以授民

民自賈[24]田爲生.

사리私利 부정 義와 利

2,500년 전 묵자는 의義를 이리라고 주장했다. 이때 이리는 인민의 경제적 이득을 포함하는 근대적인 개념이다. 그러나 맹자는 이리를 "도둑의 도"라고 말했다. 일반적으로 유가들은 이리와 의義를 적대 개념으로 생각했다. 성리학에서도 여전히 이리를 경제적인 측면에서 파악하지 못했다.

---

22) 姑(고)=夫母也. 故也, 且也.

23) 公(공)=正也, 廣也, 明白.

24) 賈(가)=値也, 買也, 賣也.

이러한 인식의 차이는 유가들은 국가를 임금의 것이라고 생각했고, 묵가는 인민의 것이라고 생각했기 때문이다. 즉 유가들은 '군주君主=국가國家=공公=의義'라는 틀로 인식했으나 묵가들은 '인민人民=국가=겸兼=의義=이利'라는 틀로 인식했던 것이다. 그러므로 묵가들에게 민리民利는 곧 정의正義였으나, 유가들에게 민리는 곧 사리私利였다.

주희는 이욕利欲을 다소 긍정적으로 인식했지만 그 제자들은 그런 전향적 자세를 발전시키지 못했다. 오히려 주희의 개방적인 경향을 더욱 엄격하게 해석하려 했다. 그처럼 유가들의 이욕에 대한 부정적 인식은 뿌리 깊은 것이었다.

주희

성리대전性理大全/권50/학學 8

배우는 자는 모름지기 인욕을 바꾸어	學者須是 革盡人欲
천리天理를 부흥시켜야 한다.	復盡天理.
그 방책은 배움으로부터 시작된다.	方始是學.
또 이르기를 "인욕과 천리는	又日 人欲與天理
이것이 커지면 저것은 부족하고	此長彼必短
이것이 부족하면 저것은 커진다" 한다.	此短彼必長.

진순

북계자의北溪字義/의리義利

의義와 이利는 상대이지만 실은 서로 반대한다.	義與利相對 而實相反.
잠시라도 의에서 벗어나면 바로 이利로 들어간다.	纔出乎義 便入乎利.
글 뜻으로 말하면	自文義而言

의는 천리의 마땅한 것이고

이利는 인정이 욕망하는 것이다.

천리의 마땅한 것이란

당연한 것을 하는 것이며 자연스런 것이다.

반면 인정이 욕망하는 것이란

부당한 것을 하는 것이고

인위적인 것이다.

행위의 결과가 천리에 마땅한 것이면 공公이요,

인정이 욕구하는 것이면 사私다.

예컨대 재물·명예·지위·작록 등은

이利 중에서 조잡한 것이다.

그러나 강약과 다과多寡를 재는 것도 역시 이利다.

또한 자신의 편의를 도모하는 것도 이利다.

그리고 명성을 추구하고 공을 바라는 것

자기에 구애되어 사사로움을 좇는 것

타인의 취향대로 행동하는 것

외물을 사모하고 마음을 정체시키는 것이 모두 이利다.

그러나 재물·이름·지위·작록 등은

그 자체를 바로 이利로 간주하는 것은 옳지 않다.

그것들은 단지 하나의 일(事)로 보아야 할 것이다.

義者天理之所宜

利者人情之所欲.

天理所宜者

卽當然而然 無所爲而然也.

人情所欲者

只是不當然而然

有所爲而然也.

天理所宜是公

人情所欲是私.

如貨財名位爵祿等

此特[25]利之粗者.

如計較强弱多寡 便是利.

如取己之便宜 亦是利.

如求名覬[26]效. [27]

如狗己自私.

如狗人情而爲之.

如有外慕底[28]心. 皆是利.

然貨財名位爵祿等

亦未可便做利.

只當把一件事[29]看.

---

25) 特(특)=一也, 獨也.

26) 覬(기)=望也, 幸也.

27) 效(효)=獻也, 功也.

28) 底(저)=極下之處. 停滯하다.

하지만 일(事)로 나아가면 사리로 빠지기 쉬울 뿐이다.　　　　　　　但此上易陷於利耳.

북계자의北溪字義/의리義利

부자, 군신, 부부, 형제,　　　　　　　　　　　　　　　　　凡處[30]父子君臣夫婦兄弟

친구 간의 관계에서　　　　　　　　　　　　　　　　　　朋友之間

조금이라고 사사로운 마음이 있어　　　　　　　　　　　纔有一毫自私之心

천리의 당연함을 실천하지 못하는 것은　　　　　　　　而不行乎天理之當然

모두 이利다.　　　　　　　　　　　　　　　　　　　　皆是利.

비록 천하의 일을 백성과 함께 하더라도　　　　　　　雖公[31]天下事

사심에 의해 그렇게 하는 것이라면 그것은 역시 이利다.　　而私心爲之 亦是利.

북계자의北溪字義/의리義利

어린아이가 우물에 빠지면　　　　　　　　　　　　　如赤子入井

당연히 구해야 한다.　　　　　　　　　　　　　　　是所當救

그런데 마음에서 생긴 측은한 마음 때문이라면　　　而惻隱自生於中

이것은 의義다.　　　　　　　　　　　　　　　　　便是義.

그러나 만약 교제나 명예를 위하고　　　　　　　　若爲內交 要譽

나쁜 소문 때문이라면　　　　　　　　　　　　　　惡其聲而然

이것은 이利다.　　　　　　　　　　　　　　　　　便是利.

---

29) 事(사)=業也, 職事也.

30) 處(처)=處決하다, 分別하다.

31) 公(공)=正也, 廣也, 明白.

복례를 존천리로

복례를 복성復性으로

　인仁의 둘째 조건인 '복례復禮'는 성리학에서는 '존천심存天心'으로 바뀐다. 존천심은 '존덕성尊德性 존천리存天理'를 의미한다. 공자의 '극기복례'가 '멸인욕 존천리'로 발전한 것이다.

　이러한 변화는 천리인 본성을 회복하자는 복성설復性說의 다른 표현으로, 불교의 마음공부에 해당하는 것이다. 즉 소극적으로는 '멸인욕'하여 마음을 수양하고, 적극적으로는 '존덕성 존천리'하여 '생명 살림(生生)'의 마음 즉 천심天心 또는 불심佛心을 보존한다는 뜻이다.

　그런데 정주는 본마음을 회복하는 방법으로 성誠과 경敬을 강조한다. 전국시대 초에 자사子思(BC 483?~402?)가 썼다는『중용』에서 처음으로 성誠을 천도天道라고 규정했다(『중용』20장). 그리고 성을 '자성自成'이라고 설명한다(『중용』25장). 여기서 '자自'는 자연과 천성天性의 뜻으로 '도'를 의미한다. 즉 성誠은 인人과 물物의 천성 또는 도를 뜻한다. 쉽게 말하면 하늘이 만물을 낳고 기르는 성실함을 성誠이라 하는 것이다.

　성리학에서는 극기나 예학보다 성誠과 경敬을 강조한다. 그러나 이러한 변화는 객관적인 질서를 강조하는 당초의 인학仁學이 마음을 닦는 주관적이고 개별적인 수양론으로 바뀐 것을 의미하며, 이것은 후대로 갈수록 공리공담으로 형해形骸화되는 결과를 낳는다.

성誠

유교에서 성誠은 천성天性이다. 이것을 이기론理氣論으로 말하면 이성理性을 회복하자는 것이다. 이것은 『중용』의 '성誠'을 성리학에서 '이理'로 대체한 것이다. 즉 성리학은 천天 · 인人의 성실함을 이理라고 말한 것이다. 성誠은 천의 외형이고, 이理는 천의 내면이다.

> **자사**
>
> **중용中庸/20장**

성誠실한 것은 하늘의 도道며	誠[32]者 天之道也.
성실하게 하려는 것은 사람의 도다.	誠之者 人之道也.
성실한 것은 힘쓰지 않아도 중정中正하고	誠者不勉而中
생각지 않아도 알며 순하고 넉넉하여 도에 맞는 것이다.	不思而得 從容[33]中道.
성인聖人은 성실한 사람이며	聖人也誠之者
선을 선택하여 굳게 지키는 사람이다.	擇善而固執之者也.

---

32) 誠(성)=實→實理.
33) 從容(종용)=순하고 포용함, 침착하다, 넉넉하다, 擧動.

중용中庸/25장

성誠이란 천성天性대로 이루는 것이며	誠者自[34]成也
도道는 천성으로 인도하는 것이다.	而道自道也.
성은 사물의 시작이요 끝이니 성이 아니면 사물도 없다.	誠者物之終始 不誠無物.
그러므로 군자는 성을 귀하게 여긴다.	是故君子誠之爲貴.
성은 자기를 이루는 것에 그치는 것이 아니라	誠者非自成己而已也
그것으로 사물을 이룬다.	所以成物也.
자기를 이루는 것은 인仁이며 사물을 이루는 것은 지知이니	成己仁也 成物知也
본성의 덕이며, 안팎을 합한 도道다.	性之德也 合內外之道也.
그러므로 때와 조치가 마땅하게 되는 것이다.	故時措之宜也.

중용中庸/22장

오직 천하에 지극히 성실한 자만이	惟天下至誠
능히 자기 본성을 다할 수 있으며	爲能盡其性.
자기 본성을 다할 수 있으면	能盡其性
능히 남의 본성도 다하게 할 수 있으며	則能盡人之性.
남의 본성을 다하게 할 수 있으면	能盡人之性
능히 사물의 본성을 다하게 할 수 있으며	則能盡物之性.
사물의 본성을 다하게 할 수 있으면	能盡物之性
천지의 화육을 도울 수 있다.	則可以贊[35]天地之化育.
천지의 화육을 도울 수 있으면	可以贊天地之化育
가히 천지와 나란히 참여하는 것이다.	則可以與天地參矣.

---

34) 自(자)=自然也.
35) 贊(찬)=佐, 明, 進也.

장재

성리대전性理大全/권37/성리性理 9

성誠하면 실實하다. 　　　　　　　　　　　　　　誠則實也.

태허太虛란 하늘의 실이다. 　　　　　　　　　　太虛者天之實也.

만물은 태허에서 취함이 풍족하고 　　　　　　萬物取足於太虛

사람 또한 태허에서 출생했다. 　　　　　　　人亦出於太虛.

태허란 마음의 실이다. 　　　　　　　　　　　太虛者心之實也.

성실하다는 것은 허虛에서 실의 출현을 추구하는 것이다. 　　誠者虛中求出實.

정이

성리대전性理大全/권37/성리性理 9

망령됨이 없는 것을 성誠이라 말하고 　　　　無妄之謂誠.

속임이 없는 것은 그다음이다. 　　　　　　　不欺其次也.

천리에 따라 행동하면 망령됨이 없고 　　　　動以天謂無妄.

인욕에 따라 행동하면 망령된다. 　　　　　　動以人欲則妄矣.

망령됨이 없는 것은 성에 이르는 길이요, 　　無妄者至誠也.

성에 이르는 것은 천天의 도道다. 　　　　　　至誠者天之道也.

주희

성리대전性理大全/권37/성리性理 9

성誠은 실리實理이며 또 정성(誠慤)이다. 　　　　誠實理也 亦誠慤也.

한대漢代 이래 오로지 정성을 성이라 말했는데 　　由漢以來 專以誠慤言誠.

정자가 실리라고 말한 후부터 　　　　　　　至程子乃以實理言

후학들은 정성이란 말을 버렸다. 　　　　　　後學皆棄誠慤之說.

『중용』에서 　　　　　　　　　　　　　　　不觀中庸

성을 실리라고 말하고   亦有言實理爲誠處

또한 정성이라고 말한 것을 감안하지 않더라도   亦有言誠愨爲誠處[36]

단지 실리만을 성이라 하고   不可只以實爲誠

정성을 성이 아니라고 하는 것은 잘못이다.   而以誠愨爲非誠也.

진순

북계자의北溪字義/성자 誠字

성誠이라는 글자에 대해 후세에서 말한 것은 모두 잘못됐다.   誠字 後世都說差了.

주자가 "진실하고 망령됨이 없음을 성"이라고 말함으로써   至晦翁 日眞實無妄之謂誠

도리가 더욱 분명해졌다.   道理尤見分曉.

…성이란 본래 천도天道에 대해 말한 것으로   …誠字本就天道論.

(『시경』에서) "하늘의 명은 신실하여 그침이 없다"고 한 것은   維天之命 於穆[37]不已

단지 성에 대해 말한 것이다.   只是一箇誠.

천도의 유행은 옛날부터 지금까지   天道流行自古及今

털끝만큼도 망령됨이 없었다.   無一毫之妄.

…사람으로 말하면   …就人論

하늘의 진실한 도리가 유행하여   則只是這實理流行

사람에 부여한 것이   付子於人

저절로 발현되어 나온 것이다.   自然發見出來底.

…어린아이도 어버이를 사랑하고   …如孩提之童

형을 공경할 줄 모르는 아이가 없는 것과 같다.   無不知愛親敬兄.

이것은 모두 진실한 도리가 발현되어 나타난 것이다.   都是這實理發見出來

---

36) 處(처)=부분, 점.

37) 穆(목)=敬也, 信也.

이는 곧 양지良知와 양능良能이니 굳이 가감할 필요가 없다.   乃良知良能不待按排.

북계자의北溪字義/충신忠信

성誠과 신信을 대비하여 말한다면   誠與信相對論

성은 자연이고 신은 노력이며   則誠是自然 信是用力.

성은 이理이고 신은 심心이며   誠是理 信是心

성은 천도이고 신은 인도이며   誠是天道 信是人道.

성은 천명으로 말한 것이고 신은 인성으로 말한 것이며   誠是以命言 信是以性言.

성은 천도로써 말한 것이고 신은 인덕으로 말한 것이다.   誠是以道言 信是以德言.

경敬

경敬이란 천天의 실질인 생명을 낳고 기르는 천심天心을 품부받은 내 마음이 달아나지 않도록 공경하는 것이다. 즉 선험적으로 천심을 내재한 내 마음을 한결같이 한다는 뜻이다. 쉽게 말하면 하늘처럼 성실한 내 마음을 본래대로 보존하기 위해 공경한다는 뜻이다.

정이

성리대전性理大全/권37/성리性理 9

성誠하면 불경不敬이 없다.   誠則無不敬

아직 성에 이르지 못해도 경敬한 연후에는 성한다.   未至於誠 則敬然後誠.

하나(태극=理)를 주인으로 삼는 것을 일러 경敬이라 하고   主一者謂之敬.

그 하나(태극=理)를 일러 성이라 한다.   一者謂之誠.

성으로 말하면 진실뿐이다.   誠之謂言實而已矣.

주희

성리대전性理大全/권46/학學 4
자고로 성현들은 모두 마음을 근본으로 삼았다.   自古聖賢皆以心地爲本.
성현들의 수많은 말씀의   聖賢千言萬語
요지는 사람들이 그 본심을 잃지 않는 것이었다.   只要人不失其本心.
마음이 보존되지 않으면 몸을 주재할 것이 없어진다.   心若不存一身便無所主宰.

주자어류朱子語類/권12/학學 6
사람의 심성은 경敬하면 보존되고   人之心性 敬則常存
불경하면 보존할 수 없다.   不敬則不存.

주자대전朱子大全/권67/관심설觀心說
마음이란 사람이 자신의 몸을 주재하는 도구로서   心者人之所以主乎身者也.
하나일 뿐 둘이 아니다.   一而不二者也.
주인이 될 뿐 객이 되지 않는다.   爲主 而不爲客者也.
사물을 명령할 뿐 사물의 명령을 받지 않는다.   命物 而不命於物者也.

성리대전性理大全/권46/학學 4
성인들이 전해 준 것은 단지 한 개의 글자였다.   聖人相傳 只是一箇字.
경敬을 공부하는 것이 성문聖門의 제일 정법이었다.   敬字工夫乃聖門第一義.[38]
철두철미 한시도 쉼이 없어야 한다.   徹頭徹尾 不可頃刻間斷.

---

38) 義(의)=正也, 法也.

경이란 한 글자는 참으로 성문의 강령이며   敬之一字眞聖門之綱領
천심을 보존하는 요체다.   存養之要法.

성리대전性理大全/권48/학學 6

마음은 온갖 이理를 품었으니   心包萬理
만리萬理는 사람마다 마음에 갖추어져 있다.   萬理具于一心.
마음을 보존할 줄 모르면 이理를 알 수 없고   不能存得心 不能窮得理
이理를 알지 못하면 마음을 알 수 없다.   不能窮得理 不能盡得心.

진순

북계자의北溪字義/경자敬字

정자는 "하나(태극=性)를 지키는 것이 경敬이며   程子謂主[39]一之謂敬
딴 길로 나가지 않는 것이 일一"이라고 했는데   無適之謂一.
주자는 이것을 합하여 이르기를   文公合而言之 曰
"하나(태극=性)를 지켜(主一)   主一
딴 길로 나가지 않는 것이 경敬"이라고 함으로써   無適之謂敬
뜻을 더욱 분명히 했다.   尤分曉.

대개 마음이 항상 그 속에 깨어 있다는 것은   蓋心常惺在這裏
곧 항상 생생하게 살아 있다는 것을 의미한다.   便常惺惺恁地[40]活.
만약 마음이 없으면 곧 죽음이다.   若不在便死了.
마음이 그 속에 있음으로써   心纔[41]在這裏

---

39) 主(주)=守也, 主張也.
40) 恁地(임지)=그렇게, 이와 같이.

만 가지 도리가 그 가운데 가득 차는 것이다.
옛사람이 이르기를 "경敬은 덕이 모인 것"이라고 한 것은
바로 이것을 말한 것이다.

則萬理森然於其中.
古人謂敬德之聚
正如此.

격물치지格物致知도 모름지기 경敬이요,
성의誠意·정심正心·수신修身도 모름지기 경이요,
제가齊家·치국治國·평천하平天下도 모름지기 경이다.
경이란 글자는 한 마음의 주재요,
만사의 근본이다.
『예기』에 이르기를 "허공을 잡을 때도 가득한 것처럼 잡고
빈 집에 들어갈 때도 사람이 있는 것처럼 하라"고 했다.
…단정하고 엄숙한 것이 경의 모습이다.
앉을 때 몸을 기울이거나 의관이 어지러운 것은
경이 아니다.

格物致知也 須敬.
誠意正心修身也 須敬.
齋家治國平天下也 須敬.
敬字一心之主宰
萬事之根本也.
禮謂執虛如執盈
入虛如有人.
…整齊嚴肅 敬之容.
如坐而傾側 衣冠落魄
便不是敬.

성리론과 성선설

맹자는 자사를 계승했다. 그러므로 성품이 곧 천명天命이
라는 자사의 명제를 따라 물성과 인성이 모두 선하다고 하
는 이른바 성선설을 주장했다. 천명이 악하다고 할 수는 없
기 때문이다. 성性이란 글자는 심心과 생生이 합한 글자다.

---

41) 纔(재)=방금, 비로소.

그러므로 성은 태어날 때의 마음, 즉 선험적인 마음이라는 뜻이다. 후에 순자는 맹자와는 반대로 명命은 악하나 위僞는 선하다고 반박했다.

성性이란 보편적인 이理가 나에게 있을 때를 말한다. 이理는 원래 천지의 모든 인간과 물질에 내재하는 보편적인 법칙이다. 이러한 이理를 하늘에서 품부받아 소유하면 이를 성性이라 말하는 것이다. 그래서 '성즉리性卽理'라고 말하고 '성리학性理學'이라고 말한다. 이것은 성선설을 이기理氣론으로 설명한 것이며, 이로써 인간론은 우주론과 통합된다.

그렇다면 본성이 인의예지라고 하면 악은 어디서 나오는가? 본성은 선한데 마음에서 악이 나온다면 칠정이 악인가? 성리학에 의하면 '성즉리'이므로 마찬가지로 '심즉리心卽理'가 아닌가? 아니면 성은 이理이고 심은 이기理氣이며 기氣가 악의 근원인가? 그러나 자연의 이理와 기는 인간의 도덕관념인 선악으로 재단할 수 없는 것 아닌가?

이에 대한 주희의 해답은 애매했다. 그것은 성선설을 전제로 하면서 그 성性을 이理라고 하는 데서 생기는 괴리다. 원래 이理에는 선악의 개념이 존재할 수 없다. 이理와 기氣는 존재론적 개념이고, 선과 악은 당위론적 개념이기 때문이다.

'감각感覺=명命, 사덕四德=성性', 맹자

맹자孟子/진심盡心 하

입은 맛에 대해, 눈은 색에 대해,	口之於味也 目之於色也
귀는 소리에 대해, 코는 냄새에 대해,	耳之於聲也 鼻之於臭也
사지는 편안함과 한가함에 대해	四肢之於安逸也

본성이지만 본질은 천명天命이다.   性也有⁴²⁾命焉

그래서 군자는 성性이라 말하지 않는다.   君子不謂性也.

인仁은 부자에 있어서,   仁之於父子也

의義는 군신에 있어서,   義之於君臣也

예禮는 주인과 빈객에 있어서,   禮之於賓主也

지知는 현자에 있어서,   知之於賢者也

성인聖人은 천도에 있어서   聖人之於天道也

천명이지만 본질은 본성이다.   命也有性焉

그래서 군자는 천명이라 말하지 않는다.   君子不謂命也.

정이

이정유서二程遺書/권6/경설經說

무릇 인仁은 성性이다.   蓋仁是性也.

효제는 용用이다.   孝悌是用也.

성 속에 어떤 것이 있다면   性中只有箇

그것은 인의예지 사덕뿐이다.   仁義禮智四者而已

어찌 그 이전에 효제가 나올 수 있겠는가?   曷嘗有孝悌來.

자기를 이롭게 하려면 반드시 남을 덜어내기 마련이다.   欲利于己 必損于人.

주희

주자어류朱子語類/권5/성리性理 2

성性은 곧 천리다.   性者卽天理也

만물이 그것을 품부받았으니   萬物稟而受之

---

42) 有(유)=質也.

하나도 이理를 갖추지 않은 것이 없다.　　　　　　　無一理之不具.

진순

북계자의北溪字義/성자性字

성性은 곧 이理다.　　　　　　　　　　　　　　　　性卽理也.

대개 이理는　　　　　　　　　　　　　　　　　　　盖理是泛言

천지간의 인人과 물物의 공통된 법칙을 말한다.　　　天地間人物公共之理.

성이란 나에게 이러한 공통된 이理가 깃든 것이다.　性是在我之理.

다만 이 도리를 하늘에서 받아　　　　　　　　　　只這道理受於天

내가 소유한 것이기 때문에　　　　　　　　　　　　而爲我所有

성이라 말한 것뿐이다.　　　　　　　　　　　　　　故謂之性.

성이란 글자는 심과 생을 합한 것인데　　　　　　　性字從生從心

이것은 사람이 태어날 때　　　　　　　　　　　　　是人生來

마음속에 이理가 갖추어졌다는 뜻으로　　　　　　　具是理於心

성이라 이름 지은 것이다.　　　　　　　　　　　　方名之曰性.

성의 큰 항목은　　　　　　　　　　　　　　　　　　其大目

단지 인의예지 사덕뿐이다.　　　　　　　　　　　　只是仁義禮智四者而已.

천명에서 받은 '원형이정' 을　　　　　　　　　　　得天命之元亨利貞

내가 간직할 때 '인예의지' 라고 말한다.　　　　　　在我謂之仁禮義智.

이처럼 인성과 천명은 본래 두 가지 물건이 아니다.　性與命本非二物

하늘에 있으면 명命이라 하고　　　　　　　　　　　在天謂之命

사람에게 있으면 성이라 한다.　　　　　　　　　　在人謂之性.

주희의 계몽적 정치론

예禮의 통치이념화

앞서 우리는 성리학이란 유교를 개혁한 종교개혁이라고
말했고. 그러나 정치론에 있어서는 개혁이라고 말할 수 없
을 듯싶다. 왜냐하면 유교의 왕도정치 사상은 그대로이기
때문이다. 다만 천天이 인격신에서 천리로 내재화하면서 천
자 개념도 천명을 받은 천제의 대리자에서 천리의 구현자로
바뀌었으므로 다소 계몽적으로 발전한 것뿐이다. 여기서는
이러한 계몽적인 측면만 구체적으로 소개하고 통치철학의
문제는 앞의 제1부 4장에서 다룬 것으로 대신하겠다.

설명한 것처럼 유학의 도덕정치론은 천명론을 기본으로
한다. 천명론이란 '왕은 천제의 명을 받은 자'라는 뜻이다.
그러므로 왕은 천제를 대행하는 천자天子로 불리며 성스러
운 인人 계급인 성인聖人이라고 칭송된다. 이는 바로 왕권신
수설의 다른 명칭이다. 성리학은 유학을 철학적으로 설명하
려는 것이었지만 여전히 유교의 왕권신수설을 계승한다. 다
만 이것을 종교적인 천명으로서가 아니라 철학적인 이기론
으로 설명할 뿐이다.

이처럼 성리학에 유학과 다른 통치론이 존재하는 것은 아
니었지만, 공자와 1,600년의 차이가 있었던 만큼 약간의 변
화가 없을 수는 없었다. 그것을 한마디로 말하면 성리학은
'노예제적 요소가 다소 완화된 계몽적인 봉건 통치이념'이

라고 말할 수 있을 것이다.

성리학은 공자가 말한 소강사회의 구체적인 통치질서인 예禮를 인성에 근거한 보편적인 천리로 절대화한다. 이로써 왕권신수설은 천제가 없이도 이념적으로 정당화될 수 있었다. 다시 말하면 제정일치祭政一致가 아니더라도 왕은 천리인 예법에 의해 천자의 권위를 유지할 수 있었던 것이다.

그러나 인격신 개념이 천리라는 개념으로 대체됨으로써 천자의 신격화가 불가능해진다. 또한 천자가 신의 독생자인 것이 아니라 만인이 모두 천리를 내재한 것으로 이해됨으로써 신 중심에서 인간 중심으로 더욱 이동한다. 따라서 왕은 절대자가 아니므로 천리인 예禮에 복종할 것이 요구된다. 이제 최고의 통치 규범은 천자의 명령이 아니라 예에 표현된 천리인 것이다.

예를 인륜이라고 말하는 것은 인간이 공동체를 이루고 살아가기 위한 종교·정치·도덕을 포괄하는 모든 질서를 규정한 것이기 때문이다. 그래서 공자는 예에 대해 "만사를 다스리며, 모든 제도의 기본"이라고 말했다(『예기』 「중니연거仲尼燕居」). 즉 예라는 것은 천시天時에 합合하고, 지재地財를 베풀고, 귀신鬼神을 따르고, 인심人心에 합하고, 만물萬物을 다스리는 그릇이었던 것이다(『예기』 「예기禮器」). 이처럼 공자의 예는 원래 형이상학이 아니라 사회질서와 인간 도덕을 말하는 실용적인 것이었다.

주희의 임무는 이처럼 유가의 통치 규범인 예를 천리가 되게 하는 것이었으며, 나아가 그 천리를 만물의 규율로, 인간의 최고 가치와 목표로 규정하는 것이었다. 그래서 제도

였던 공자의 예를 정주는 인간 본성에 내재한 천리로 설명
함으로써 철학화한다. 따라서 유학의 통치철학은 성인의 예
법이었지만 성리학에서는 철학적 이념이 됐다. 이로써 종교
적인 천명론은 왕권신수설이라는 철학적인 통치이념이 된
것이다.

　이러한 천자절대주의 사상은 기원전 1122년 주周 무왕이
중국을 통일하고 천자가 된 후부터 청나라 때까지 약 3천 년
동안 지속됐다.

주희

주자대전朱子大全/권32/답장경부答張敬夫[43]

천하만사는 위대한 근본이 있다.　　　　　　　　　　天下萬事有大根本.

…이른바 위대한 근본이란　　　　　　　　　　　　…所謂大根本者

반드시 인민의 주인인 군주의 마음씨를 벗어나는 것이 없다.　固無出于人主之心術.

주자대전朱子大全/권12/기유의상봉사己酉擬上封事

신臣이 듣건대　　　　　　　　　　　　　　　　臣聞

"천하만사는 그 뿌리가 한 사람에게 달려 있고　　　　天下之事 其本在於一人.

한 사람의 몸은 그 주인이 한 마음에 있다"고 합니다.　　而一人之身 其主在於一心.

그러므로 군주의 마음이 한번 바르면　　　　　　　故人主之心一正

천하만사가 바르지 않음이 없고　　　　　　　　　則天下之事無有不正.

군주의 마음이 한번 어긋나면　　　　　　　　　　人主之心一邪

천하만사가 그르지 않음이 없는 것입니다.　　　　　則天下之事無有不邪.

---

43) 張敬夫(1133~1180). 程門의 大儒. 이름은 栻. 호는 樂齋, 南軒.

마치 겉모습 바르면 그림자도 곧고

근원이 흐리면 흐르는 물도 더러운 것과 같습니다.

그 이치가 반드시 그러한 것입니다.

如表端而影直

源濁而流汚.

其理有必然者.

효孝는 최고의 정치 강령

유교의 이상은 한마디로 말하면 '천하일가天下一家' 즉 천하를 한 가문家門처럼 혈연적 공동체로 만드는 것이다. 주례周禮는 종법宗法 질서이며 천하일가의 정치 헌장인 것이다. 그리고 종법의 최고 강령은 효제孝悌다. 따라서 효는 통치의 벼리(維)인 만법萬法의 근원이 된다.

그러므로 유교에서는 도덕론과 정치론이 분리되지 않는다. 따라서 유학의 도덕정치론인 인정론仁政論은 권력權力이라는 것을 부정한다. 권력이란 개념이 논의되기 시작한 것은 전국 말 한비에 의해서였다.

또한 천하일가론에 의하면 왕은 권력자가 아니라 덕정德政과 무위無爲(=無治)를 펴는 천하일가의 가장家長이 된다. 그러므로 왕권은 지배 복종의 권력이 아니라 가부장적 종권宗權 내지 부권父權과 같은 것이다. 즉 왕은 종족 연합의 종자宗子이므로 효孝의 대상이다. 또한 군君·사師·부父는 일체이며 충忠과 효는 같은 것이 된다. 오늘날 북한의 수령이나 지도자가 법률상 선출된 권력자가 아니면서도 사실상 최고 통치권자이며 어버이로 불리는 것은 바로 천하일가론의 잔재다.

따라서 유교의 강령인 인의예지仁義禮智라는 교리도 그 실체는 효제일 뿐이다. 그러므로 효는 통치의 실마리(紀)요 만법의 근원이 되는 것이다.

서경書經/주서周書/군진君陳

성왕께서 이윽고 말했다. "군진君陳이여!

그대는 덕을 아름답게 하여 효성스럽고 공경스럽구나!

효성이 있어야 형제간에 우애할 수 있고

그것을 정사에 베풀 수 있나니

그대를 동교의 성주로 임명하노니 삼가 받들라!"

王若[44]日 君陳.

惟爾令德孝恭.

惟孝 友于兄弟

克施有政.

命汝尹玆東郊 敬哉.

논어論語/위정爲政 21

어떤 사람이 공자에게 말했다.

"선생은 어찌 정치를 하지 않습니까?"

공자가 답했다.

"(『서경』 「군진」편에 이르기를) '효를 할 뿐' 이라고 했다.

효만이 형제간에 우애할 수 있고

그것을 정사에 연장하여 펴면 이것이 정치를 하는 것이니

어찌 그대가 말하는 것을 정치라 하겠는가?"

或謂孔子日

子奚不爲政.

子日

書云 孝乎.

惟孝友于兄弟

施於有政 是亦爲政.

奚其爲爲政.

논어論語/학이學而 2

유자가 말했다.

"효제는 인仁의 근본이 아니겠는가?"

有子日

孝悌也者 其爲仁之本與.

---

44) 若(약)=乃也.

맹자孟子/이루離婁 상

맹자가 말했다.   孟子日

"인仁의 실체는 어버이를 섬기는 효이며   仁之實 事親是也.

의의 실체는 형을 따르는 제悌이며   義之實 從兄是也.

예의 실체는 효제를 절도 있게 꾸미는 것이며   禮之實 節文斯二者是也.

지의 실체는 효제를 깨닫고 버리지 않게 하는 것이며   智之實 知斯二者不去是也.

악樂의 실체는 효제의 마음이 생기게 하는 것이다."   樂之實 樂斯二者 樂則生矣.

그러나 성리학에 이르면 효제보다 인仁을 상위 개념으로
부상시켜 강조한다. 효제는 인의 한 부분에 지나지 않는 것
으로 이해된다. 이는 '복례復禮'가 '존심存心'으로 바뀐 것에
상응하는 것이며 인을 '존천심存天心'으로 해석하기 때문이
다. 이것을 이른바 인내설仁內說이라고 말한다. 그러나 효를
중시하지 않는 것은 아니다.

주희

주자어류朱子語類/권20/논어論語 2

효제는 인仁을 행하는 근본이다.   只孝悌是行仁之本.

인의예지의 근본은 모두 효제에 있다.   仁義禮智之本皆在此.

어버이를 섬기고(事親) 형을 따르게 하여(從兄)   使其事親從兄

마땅함을 알게 하는 것이 의義를 행하는 근본이며   得宜者 行義之本也.

사친 종형을 절도 있게 하고 꾸미는 것이   事親從兄有節文者

예禮를 행하는 근본이다.   行禮之本也.

어버이를 섬기고 형을 따르는 까닭을 아는 것은   知事親從兄之所以然者

지智의 근본이다.   智之本也.

자기 아버지를 사랑하지 않고 타인을 사랑하는 것은
패덕이다.
자기 부모를 공경하지 않고 타인을 공경하는 것은
패례다.
효제를 버리면 근본이 없는 것이다.

不愛其親而愛他人者
謂之悖德.
不敬其親而敬他人者
謂之悖禮.
舍孝悌則無以本之矣.

또한 사회가 분화하면서 군사부일체나 효만으로는 통치
가 어렵게 되어갔다. 물론 봉건제도는 종법을 기본으로 하
는 천하일가를 지향하는 것이지만 효를 기초로 한 도덕규범
의 교화와 동시에 법과 형벌의 강제가 병행됐다.

원래 효란 국가와 군주보다는 개인과 가정을 중시하는 것
이므로 봉건제도가 붕괴되어 가는 위기 국면에서는 국가를
지키기에는 부족한 점이 있었다. 그래서 가정적 효보다 군
주에 대한 효인 충을 더욱 강조하게 된다.

조선 후기의 이른바 '예론 논쟁(禮訟)'은 그 대표적인 사
례라고 할 수 있다. 당시 조선의 집권파였던 서인의 대표인
사계沙溪 김장생金長生(1548~1631)과 그의 제자 우암尤庵 송
시열宋時烈(1607~1689) 등은 "예의 근본은 충"이라고 주장했
다. 이것은 "인의 실체는 효"라고 말한 공자, 맹자, 주희와는
그 강조점이 판이하게 다르다. 송시열 등은 효는 인을 실천
하는 기본이 되는 것이지만 인의 실체라고 하기에는 부족하
다고 생각한 것이다. 즉 인의 실체는 예요, 예의 실체는 충
이라는 것이다.

인의 실체가 충이라면 혈연관계의 예보다 군신 관계의 예
가 우선돼야 한다. 그러나 인의 실체가 효라고 본다면 군신

관계의 예보다 혈연관계의 예가 우선돼야 한다. 조선의 이러한 예론 논쟁은 반대파를 서로 죽이는 치열한 당쟁으로 비화되어 갔다.

이 논쟁은 표면적으로는 왕가의 복상服喪 문제에서 시작된 '예송禮訟'이었지만 실제로는 신권臣權 강화를 바라는 훈구파와 왕권王權 강화를 바라는 사림파의 권력투쟁이었으며, 나아가 봉건체제의 위기 극복을 위한 방법론의 차이에 생긴 정치 논쟁이었던 것이다. 이처럼 소강사회에서의 효는 사사로운 가정의 문제에 그치지 않고 나라의 통치 문제였던 것이다.

신분차별과 신분이동의 완화

유가들의 가장 두드러진 후진적 특성은 신분차별이다. 공자는 인간을 상지上智·중지中智·하우下愚의 등급으로 구분하고 이것은 불변不變이라고 말했다. 그리고 하우에게는 도道를 말하지 말라고 권고했다. 즉 신분·계급의 이동을 차단한 것이다.

유교를 창시한 동중서는 성삼품설性三品說을 주장했다. 즉 오로지 선한 천명을 받은 성인지성聖人之性, 익힘에 따라 선할 수도 있고 악할 수도 있는 중민지성中民之性, 어두워 깨닫지 못하고 오로지 악에 가까운 두소지성斗筲之性으로 구분한 것이다. 공맹의 도통道統을 이은 한유도 이를 계승한다.

한유

한창려문집韓昌黎文集/원성原性

사람의 성품은 세 등급이 있다.   人性有三.

상품은 선한 데에 그칠 뿐이고   上焉者[45] 善焉而已矣.

중품은 인도하는 데 따라 상품도 하품도 될 수도 있으며   中焉者 可導而上下也.

하품은 악한 데 그칠 뿐이다.   下焉者 惡焉而已矣.

상품은 배울수록 더욱 밝아지며   上之性就學而愈明

하품은 위엄을 두려워하여 죄를 적게 한다.   下之性畏威而寡罪.

그러므로 윗사람은 가르칠 수 있고   是故上者可敎

아랫것들은 제재할 수 있을 뿐이다.   而下者可制也.

이러한 품계는 공자께서 옮겨지지 않는다고 말했다.   其品則孔子謂不移也.

한창려문집韓昌黎文集/원도原道

군주는 영을 내리는 자며   君者出令者也.

신하는 군주의 영을 행하여   臣者行君之令

백성을 개전改悛시키는 자며   而改之民者.

백성은 곡식과 옷감을 산출하고   民者出粟米麻絲

그릇을 만들고 재화를 유통시켜   作器皿 通貨財

그 상전을 섬기는 자다.   以事其上者也.

　신유학에서도 신분차별의 봉건성을 극복하지 못하고 계
승한다. 사마광 등 보수파들과 그들을 계승한 주희는 신분
차별의 정당성을 이기理氣론으로 이론화한다. 본연지성에는

---

45) 焉者(언자)=也者. 焉(언)=是也, 則也.

차별이 없지만, 기질지성에 차이가 있다 하여 신분차별을 불가피한 것으로 합리화한 것이다.

　장재도 '만물은 한 동포(民胞物與)'라는 사상을 주장한 개혁적인 학자였으나 신분차별만은 긍정했다. 그는 자연적인 차별은 자연질서이므로 용인돼야 한다고 생각했다.

천성론=성삼품설, 사마광

사마문정공집司馬文正公集/태현주太玄注/현형玄衡

성性은 천명이다.	性 天命也.
그러므로 한번 타고나면 바꿀 수 없는 게 성품이다.	成不可更 性也.

사마문정공집司馬文正公集/권74/우서사칙迂書士則

지혜로운 자와 어리석은 자,	智愚
용기 있는 자와 겁쟁이,	勇怯
빈부와 귀천은 하늘의 분수다.	貴賤貧富 天之分也.
군주는 밝고 신하는 충성하며	君明臣忠
아비는 자애롭고 자식은 효성스러운 것이 사람의 분수다.	父慈子孝 人之分也.
하늘의 분수를 어기면 반드시 하늘의 재앙이 있고	僭天之分 必有天災
사람의 분수를 잃으면 반드시 사람의 재앙이 있다.	失人之分 必有人殃.

신분차별론, 장재

장자전서張子全書/경학이굴經學理窟/예악禮樂

천지가 만물을 낳을 때부터	天地生物
존비 대소의 형상이 있었다.	便有尊卑大小之象.

장자전서張子全書/경학이굴經學理窟/시서詩書

하늘의 질서는 개변할 수 없는 것이다.

맹자가 말한 것처럼

"요순의 도는 효제일 뿐"이라고 한 것은

하늘 질서의 근본이 되는 것을 깨우쳐준 것이다.

天序天秩不能改變.

如孟子言

堯舜之道孝悌而已

蓋知所本.

주희

대학혹문大學或問

사람은 천지간에 태어날 때

천지의 기를 품부받았다.

그러므로 사람의 몸은 천지의 몸이요,

사람의 마음은 천지의 마음이다.

人生天地之間

稟天地之氣.

其體卽天地之體.

其心卽天地之心.

주자어류朱子語類/권4/성리性理 1

사람과 만물은 모두

천지의 이理를 받아 본성을 이루고

천지의 기를 받아 형체를 이룬다.

인품이 같지 않은 것은

이 기가 어둡거나 밝고

두텁거나 엷은 차이가 있기 때문이다.

人物皆

稟天地之理以爲性.

皆受天地之氣以爲形.

若人品之不同

固是氣有昏明

厚薄之異.

주자어류朱子語類/권13/학學 7

사람은 기를 품부받고 태어난다.

그때 품부받는 기에는 청탁이 있다.

그러므로 성현과 우불초愚不肖의 나뉨이 있게 된다.

人稟氣而生

所稟之氣有淸濁.

故有聖賢愚不肖之分.

주자어류朱子語類/권4/성리性理 1

한유의 삼품설은	如退之說三品等
모두 기질의 성으로 논하면 설득력이 있다.	皆是論氣質之性 說得盡好.
다만 맞지 않는 것이 있으니	只是不合
그것은 기질의 성으로 파악하여 설명하지 않고	不說把箇氣質之性
단지 본성으로만 간주하여 말할 때는	却只是做性說時
옳지 않은 점이 있다.	便不可.
사람의 등급을 나누어간다면	如三品之說 便分將來
어찌 삼품에 그치겠는가?	何止三品
오히려 수천 수백 가지도 가능할 것이다.	雖千百可也.

아부亞夫가 물었다.	亞夫問
"기질에 대한 학설은 누구로부터 비롯됐습니까?"	氣質之說 始於何人.
주자가 말했다. "장재·정이로부터 시작됐다.	曰 此起於張程
그전에는 일찍이 다른 사람이 그것을 말한 적이 없다.	前此未曾有人說到此.
한유의 경우는 「원성原性」편에서 성삼품설을 말했는데	如韓退之原性中說三品
그 말은 옳지만	說得也是
기질지성을 명확히 설명하지는 못했다.	但不曾分明說是氣質之性耳.
어찌 성에 세 등급만이 있겠느냐?"	性那裏有三品來.

주자대전朱子大全/권14/무신연화주차戊申延和奏箚

형이 가벼울수록	刑愈輕
민중의 풍속을 순후하게 하기보다는	而愈不足以厚民之俗
오히려 반대로	往往反
어지럽게 하여 작란하려는 마음을 조장시키기 마련이다.	以長其悖逆作亂之心

반면 옥송獄訟이 번다하면 할수록	而使獄訟之愈繁則
선왕의 법을 강구하지 못하는 과오를 범한다.	不講乎先王之法之過也.
무릇 옥송이 있으면	凡有獄訟
반드시 먼저 그 존비·상하와	必先論其尊卑上下
장유·친소의 공公을 논한 다음	長幼親疎之分
그 사안의 옳고 그름(曲直)을 들어야 한다.	而後聽其曲直之辭.
만일 하위자가 상위자를 범하고	凡以下犯上
비천이 존귀를 능욕(凌罵)했다면	以卑凌尊者
비록 옳았다 해도 도와주지 말아야 하며	雖直不右
옳지 않았다면 죄를 덧붙여야 한다.	其不直者罪加.

그러나 성삼품설과 성리론은 서로 모순된다. 성리론에 의하면 만물은 똑같은 하나의 천리를 품부받은 우주 가족이다. 더구나 인간은 모두 하느님의 한 동포다. 반면 성삼품설은 신분차별론이다. 따라서 신분차별을 그와 모순되는 이기론의 민포民胞 사상으로 설명해야 하는 난제에 부딪힌다. 이처럼 대립된 두 담론을 종합하기 위해서는 성삼품설을 부정하지 않으면서도 신분이동을 완화할 수밖에 없었다.

특히 장재는 신분차별을 인정했으나 학문을 통해 기질을 바꿀 수 있다고 말함으로써 신분이동을 용인했다. 이것은 획기적인 일이었다. 정이도 성삼품설을 완화한다.

> **장재**

장자전서張子全書/경학이굴經學理窟/의리義理

학문을 함으로써 얻을 수 있는 큰 이익은	爲學大益

스스로 기질을 변화시킬 수 있다는 데 있다.　　　　　　在自能變化氣質.

정이

성리대전性理大全/권31/성리性理 3

(공자께서) "상지와 하우는 옮기지 않는다"라고 한 것은　　惟上智與下愚不移

옮길 수 없다고 말한 것이 아니라　　　　　　　　　　非謂不可移也.

옮기지 않는 이유가 있다는 말이다.　　　　　　　　　而有不移之理.

옮기지 않는다고 말한 까닭은 양 측면이 있으니　　　　所以不移者 只有兩般

자포자기하여 배우려 하지 않는 자도　　　　　　　　爲自暴自棄不肯學也.

배우게 하여 자포자기하지 않도록 한다면　　　　　　使其肯學 不自暴自棄

어찌 옮기지 않겠는가?　　　　　　　　　　　　　安不可移哉.

주희

맹자혹문孟子或問/권7 (목간본 257쪽)

사람이 태어날 때 받은 인성은 균등하다.　　　　　　人之生也均有是性.

인성이 균등하므로 윤리도 균등하다.　　　　　　　均有是性故均有是倫.

윤리가 균등하므로 도리도 균등하다.　　　　　　　均有是倫故均有是道.

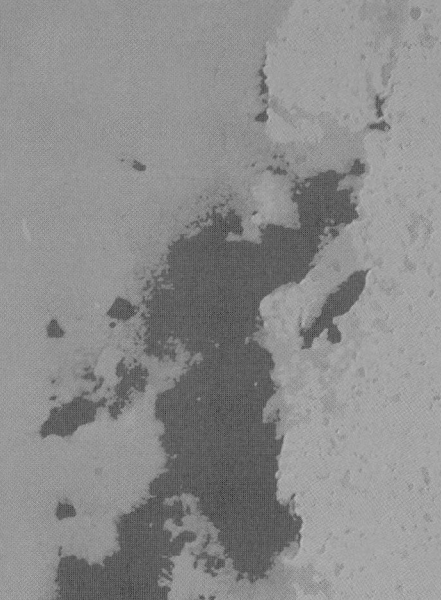

정주리학 비판

제1장. 주희의 논적들

육구연의 심즉리

주관적 유심주의

상산 육구연은 주희보다 9년 연하였으나 당시 주희의 논적이었다(제2부 3장의 '인식론' 중 '아호사 논쟁' 참조). 훗날 학자들이 정주程朱를 이학理學이라 말하고 육왕陸王(육구연·왕수인)을 심학心學이라 말하여 구분한 것처럼, 육구연은 '성즉리性卽理'의 성리학을 심즉리心卽理의 심리학心理學으로 바꾸어놓은 것이다.

또한 육구연은 "심心은 곧 우주이며(心卽宇宙), 심은 곧 도이며(心卽道), 심은 곧 이理(心卽理)"라고 말함으로써 심을 천天·지地·인人을 창조하는 신처럼 말한다. 이것은 천지 우주의 모든 객관 사물은 주관 심리의 창조물이라는 극단적인 절대관념론이다.

　정주가 '객관적 유심주의'라고 한다면 육왕은 이처럼 '주관적 유심주의'라는 차이가 있다. 그러나 유심주의라는 점에서는 같다. 다만 주희는 본성과 인심 또는 본연지성과 기질지성을 구분했으나, 육구연은 심과 성 또는 본연과 기질을 하나로 본다는 점이 다를 뿐이다. 또한 사의私意와 공리公理, 이욕利欲과 도의道義는 양립할 수 없는 것으로 보았다는 점에서도 주희와 별 차이가 없다.

육구연

상산선생전집象山先生全集/권22/잡설雜說

우주는 곧 내 마음(心)이요,	宇宙便是吾心
내 마음(心)은 곧 우주다.	吾心卽是宇宙.

상산선생전집象山先生全集/권34/어록語錄 상

만물은 삼대같이 무성하나	萬物森然
방촌지간方寸之間에 가득한 마음이요,	於方寸之間滿心
그 마음이 발하여 우주를 채우니	而發充塞宇宙
이理 아님이 없구나!	無非此理.

대승개심현성돈오진종론大乘開心顯性頓悟眞宗論

물었다. "무엇이 도道며,	問日 云何是道.
무엇이 이理며, 무엇이 마음(心)입니까?"	云何是理. 云何是心.
답했다. "심心은 도道요 이理입니다.	答日 心是道 心是理.
그러므로 심 밖에 이理가 없고	則是心外無理

이理 밖에 심이 없습니다."

理外無心.

상산선생전집象山先生全集/권1/여조감與趙監

도道가 우주를 채우니 숨을 곳이 없다.

道塞宇宙 非有所隱遁.

하늘에 있으면 음양이라 말하고

在天曰陰陽

땅에 있으면 강유剛柔라 말하고

在地曰柔剛

사람에 있으면 인의仁義라 말한다.

在人曰仁義.

그러므로 인의란 사람의 본심이다.

故仁義者 人之本心也.

상산선생전집象山先生全集/권22/잡설雜說

천만세 전에 성인이 출현할 때도

千萬世之前 有聖人出焉

똑같은 이 심心이요 똑같은 이 이理다.

同此心 同此理也.

천만세 후에 성인이 출현할 때도

千萬世之後 有聖人出焉

똑같은 이 심心이요 똑같은 이 이理일 것이다.

同此心 同此理也.

양지良知 양능良能

육구연은 심과 성性을 구분하지 않으므로 '심즉리心卽理'라 말했고, 주희는 심과 성을 엄격히 구분하므로 '성즉리性卽理'라 말했다. 그러나 주희도 '심즉리'를 말한 바 있다. 즉 그는 "심과 이理는 하나이며, 심은 만리萬理를 내포하며 만리는 심에 구비됐다"고 말한 것이다.[1]

그런데 왜 주희를 이학理學이라 하고 왕수인을 심학心學이라 하는가? 심을 이해하는 데 차이가 있다. 주희는 심이 본성에서 나오면 사단과 도심道心이 되지만 기질에서 나오면 칠정과 인심人心이 된다고 설명한다. 그리고 기질의 청탁淸濁·수박粹駁에 따라 선악이 갈린다고 말한다. 그러나 육구연은 심은 곧 성이며 선험적 양지良知·양능良能이므로 모두 선하며 다만 외물에 가리면 물욕物慾이 되어 불선不善이 될 뿐이라고 말한다.

양지·양능이란 맹자가 처음 말한 것으로, 육구연이 심성의 고유한 선험적 도덕 판단 능력을 표현하기 위해 이를 언급했고 후에 왕수인이 계승·발전시켜 이른바 양명학을 일으켰다.

육왕의 심리학 또는 양지설은 성을 심으로 바꿔놓았을 뿐이지만 정주의 성리학과는 수양의 문제에서 차이가 있다. 즉 주희는 학문과 궁리와 수양을 거쳐 진심盡心의 경지에 이르러야 심과 이理가 일치되어 선성善性에 이른다고 보았으나, 육구연은 심은 양지·양능이므로 학문과 궁리가 없더라도 마음만 되찾으면 곧바로 선善에 도달한다고 보았다. 이것은 혜능의 돈오설에 영향을 받은 것으로 그 효과는 선善을 하방下方시켜 군자가 되는 길을 낮추고 넓히는 데 있다.

---

1) 不是心外別有箇理 理外別有箇心(朱子語類/卷1/理氣上).

心與理一 理便在心之中(朱子語類/卷五/性理二).

心包萬理 萬理具于一心(朱子語類/卷九/學三).

一事一物 莫不皆有一定之理 今日明日積累旣多則 胸中自然貫通 如此則 心則理 理卽心(朱子語類/卷十八/大學或問下).

상산선생전집象山先生全集/권1/여증택지서與曾宅之書

맹자가 이르기를						孟子曰

"사려하지 않고 알 수 있는 것은 양지良知요,		所不慮而知者　其良知也.

배우지 않고 능한 것은 양능良能이다"라고 했다.		所不學而能者　其良能也.

이것은 자연이 나에게 부여한 것으로			此天之所與我者

내게 본래부터 있는 것이지				我固有之

밖에서 나에게 주어진 것이 아니다.			非由外鑠我也.

그러므로 만물은 모두 나에게 구비된 것이다.		故萬物皆備於我矣.

극기복례 → 절기자반切己自反

공자의 '극기복례'는 정주에 의해 '멸인욕 존천리'로 철학화됐으나, 다시 육구연에 의해 '절기자반切己自反'으로 대중화된다. '절기자반'은 기기를 극복한다는 점에서 '극기복례'와 같지만 주례周禮로 돌아가는 것이 아니라 자기로 돌아온다는 점에서 다르다. 이에 따르면 심心은 양지이므로 존천리의 방법은 학문學問이 아니라 본심本心을 회복하는 구방심求放心이다. 육구연은 이것을 '치양지致良知'라고 말한다. 그러므로 주례로 돌아가는 것(복례)은 객관적이요 자기로 돌아오는 것(自反)은 주관적이라는 점은 다르지만, 다 같이 천리天理로 돌아가려는 점은 같다. 예禮도 천리요 심心도 천리이기 때문이다. 다만 주희는 밖에서 구하고 육구연은 안에서 구할 뿐이다.

그러나 그 효과는 다른 점이 있다.

첫째, '절기切己'는 심을 흐리게 하는 물욕物欲과 의견意見(邪說과 異端)을 제거하는 것이다. '절기'의 '절切'은 박락剝落을 뜻하며 '멸기滅己'와 비슷하므로 공자의 '극기'보다 주체를 더욱 제거한다.

둘째, '자반自反' 즉 본심으로 돌아와야 한다는 것은 공자의 '복례'와 대응하는 개념이지만 민중적이라는 점에서 큰 차이가 있다. 심은 주관적이지만 예는 객관적이기 때문이다. 그러므로 주희는 육경을 절대화하고 학문을 중시했으나, 육구연은 육경을 존덕성存德性의 수단으로 간주했으므로 도문학道問學을 가볍게 보고 존덕성을 중시했던 것이다.

종전에는 인자仁者가 되려면 예와 천리를 알아야 했으므로 글을 모르는 서민이 인자가 된다는 것은 도저히 불가능한 것이었다. 하지만 이제는 '자기로 돌아오기만 하면 된다'는 것이니 훨씬 쉬워지고 문호가 넓어진 것이다. 다만 양지설은 이처럼 겉으로는 민중적이지만 속으로는 '극기'의 반주체적인 측면을 더욱 강화한 것이었다.

상산선생전집象山先生全集/권5/여서서미서與舒西美書

옛사람이 가르치는 법은	古人敎人
마음을 지키고(存心) 마음을 기르고(養心)	不過存心 養心
잃어버린 마음(放心)을 찾는 것뿐이었다.	求放心.
사람은 선험적으로 마음의 양지良知를 가졌으나	此心之良 人所固有
오직 보양할 줄을 모르고	人惟不知保養.
도리어 이것을 해치고 잃어버릴 따름이다.	而戕[2]賊放失之耳.

진량의 공리주의

영강永康학파 창립

진량陳亮(1143~1194)은 주희와 동시대의 학자이며 저장성浙江省 융캉永康 사람으로 자는 동보同甫다. 사람들은 그가 용굴촌龍窟村에 살았으므로 용천龍川선생이라 불렀다. 그는 금金에 대항할 것을 주장한 주전파主戰派였으며 효종에게 「중흥오론中興五論」을 지어 올렸으나 권력자들의 원한을 사서 광괴狂怪의 죄로 세 번의 옥고를 치렀다. 이후 집안에 사숙私塾을 열고 강학과 저술에 몰두했다. 50세에 진사進士 시험에 참가했고 광종의 발탁을 받았으나 부임하기도 전에 51세의 나이로 졸했다.

그는 주희와 대립하여 '실사실공實事實功'을 강조하는 영강학파永康學派를 창립한 주희의 논적이었다.

사물을 떠나 도는 없다

진량은 주희의 의리주의義理主義를 반대하고 공리주의功利主義를 주장하며 주희와 서신으로 격렬한 논쟁을 벌였다. 그의 저서 『작고론酌古論』은 경험론적 입장에 서서 고금의 인

---

2) 戕(장)=殘, 傷也.

물을 평한 것이고, 『왕패의리지변王覇義利之辨』은 왕도와 패도, 의義와 이利에 대한 논쟁을 내용으로 한 것이지만 그 논리 전개 과정에서 경전을 평론하는 등 그의 철학과 사상을 담고 있다.

진량

용천집龍文集/권10/경서발제서종經書發題書終

대저 우주에 가득한 것은 물物 아닌 것이 없고	夫盈宇宙者 無非物.
일용지간日用之間에 사事 아닌 것이 없다.	日用之間 無非事.
옛날 제왕들도 인심人心을 따르고	古之帝王 順民之心
시의時宜에 따라 일상日常을 게을리 하지 않았다.	因時之宜.

용문집龍文集/권19/여응중실서與應仲實書

도道는 하늘에 있지 않고 천하에 있는 것이니	夫道之在天下
어느 사물이 도 아닌 것이 있으랴?	何物非道.
도를 말하는 이는 천 갈래 만 갈래이나	千途萬轍
모두 사물로 준칙을 삼았다.	因事作則.

용천문집龍文集/권9/면강행도대유공勉强行道大有功

천하에 어찌 도道 밖의 사물이 있겠는가만	天下豈有道外之事哉
인심은 위태로워	而人心之危
한 순간도 붙잡지 않으면 안 된다.	不可一息而不操[3]也
도는 형기形氣의 표현을 벗어나는 것이 아니며	夫道非出于形氣之表[4]

---

3) 操(조)=把持也.

사물事物 사이에서 변함없이 운행하는 것이다.

대저 희喜·로怒·애哀·락樂·애愛·오惡·욕欲 칠정은

천지에서 형체를 받아

그 모양대로 생긴 것이다.

그 육정六情이 바름을 얻으면 도라 하고

바름을 잃으면 욕欲이라 한다.

그러므로 도는 다른 것이 있겠는가?

희·로·애·락·애·오의 육정이 바른 것일 뿐이다.

而常行于事物之間者也.

夫喜怒哀樂愛惡欲之

所以受形於天地

而被色而生者也

六者得其正則爲道

失其正則爲欲

夫道豈有他物哉

喜怒哀樂愛惡之端而已.

공리주의

진량은 의리보다 공적과 실리를 중히 여기는 공리주의자였다. 그는 주희가 이理와 욕欲, 의義와 이利를 대립적으로 파악하는 것에 반대했다. 그러므로 그는 의리와 이욕, 왕도와 패도의 병용을 주장했다.

진량과 섭적葉適(1150~1223) 등 공리주의자들은 표면적으로는 공자를 인정했지만 그들의 주장은 유가를 초월한 것이었다. 진량이 주장한 의리·이욕의 병행은 이구 등 선배 기학파들을 한 걸음 더 진전시킨 것이라고 볼 수도 있으나 왕도·패도 병용 주장은 공자의 왕도주의를 버리는 것이므로 유가를 초월한 것이다(제1부 4장의 '기학파의 정치론' 참조). 그러므로 이들 공리주의자들은 실제로는 묵가의 전통을 계

---

4) 表(표)=顯也, 正也, 表也.

승한 것으로 보아야 할 것이다.

진량

주자대전朱子大全/권36/답진동보答陳同甫

내 생각으로는 고금은 마땅함이 다르니	亮以爲古今異宜
성현의 일이면 다 본받아야 한다는 것은 불가하다.	聖賢之事 不可盡以爲法.
다만 시대를 구하려는 의지와	但有救時之志
어지러움을 구제한 공이 있다면	除亂之功
그가 한 일이	則其所爲
비록 의리義理에 다 합당하지 않는다 해도	雖不盡合義理
일세의 영웅이 되는 데는 지장이 없다고 생각한다.	亦不自妨爲一世英雄.

주자대전朱子大全/권20/복주원회서復朱元晦書

왕도와 패도는 병용하고	王覇竝用
의義와 이利는 다 같이 행해야 한다.	義利双行.
천리天理와 인욕은 병행할 수 있다.	天理人欲可以竝行.

송원학안宋元學案/용천학안龍川學案

우임금이 공功이 없다면 어찌하여 육부六府를 이루었고	禹無功 何以成六府[5].
건乾이 이利가 없다면 어찌 사덕(元亨利貞)을 갖추었겠는가?	乾無利 何以具四德.

용천집龍川集/권4/문답問答 하

욕망은 성性에서 나왔으므로	欲出于性

---

5) 六府(육부)=水火金木土(湛軒書/內集/권4~29/醫山問答).

사람은 모두 욕망이 있다.

그것이 바름을 얻으면 도라 하고

바름을 잃으면 욕이라 할 뿐이다.

…그러므로 욕이 악이 되면 절제할 뿐이다.

則人之所同欲也.

得其正則爲道

失其正則爲欲.

…因其欲 惡而爲之節而已.

섭적의 변증법적 유물론

도통道統 부정

섭적은 저장성 융자永嘉 사람으로 자는 정칙正則이고 수심선생水心先生이라 부른다. 남송의 병부시랑兵府侍朗을 지냈고 진량과 마찬가지로 항금抗金 주전파였으며, 주희·육구연과 대립하는 영가학파永嘉學派를 창립했다. 그는 음양 이기二氣의 변증법적 조화가 만물의 시원이라고 보는 유물론적 기일원론자였다.

특히 그는 한유의 도학 전통설에 대해 '요→순→우→탕→문·무·주공→공자' 는 인정했으나 '증자→자사→맹자'로 도통이 전승됐다는 주장에 대해서는 반대했다. 그러므로 정주의 성리학은 공자의 도통을 이은 것이 아니라고 생각했다. 공자와 그 이전까지는 실공학문實功學文이었으나 『대학』·『중용』·주희는 유심唯心주의라고 생각한 것이다.

생각건대 후세 사람들은 도통이 공자 문인들로부터　　　按後世言道統相承自孔氏門人

맹자·순자까지 전승되다가 그쳤다고 말한다.　　　至孟荀而止

공자는 일찍이 말씀으로 도를 밝혀준 바 없다.　　　孔氏未嘗以辭明道

안으로 편안한 것을 인仁이라 했고,　　　內之所安則爲仁

밖으로 밝히는 것을 학學이라 했다.　　　外之所明則爲學

자사의 무리들은 말로써 도를 밝히려 했으나　　　子思之流 始以辭明道國

도를 밝힐 수 없었다.　　　則道不可以明

맹자는 말에 그치지 않고 변론을 잘했다.　　　孟子不止於辭而辨勝矣

순자는 본래 직하학궁에서 몸을 일으켰는데　　　荀卿本起稷下

그의 말은 모두 하사들의 예봉을 꺾고　　　有所言皆欲挫下士之鋒

골개의 표적을 부숴버리려고 했다.　　　破滑稽之的

그의 가르침은 가르고 깨뜨림이요, 그의 말은 격분한 호통이요,　　　其指決割 其言奮呼

노한 눈은 찢어지도록 흘긴다.　　　怒目裂眥

결국 대도를 경위하고자 했으나 어찌 머리 숙여 본받을 것인가?　　　極將經緯大道 奈何俛首效之

또한 작은 것은 추구하여 큰 것을 얻지 못했으니　　　且未有求其小而能得其大者

애석하구나! 끝내 밝게 강구하지 못했다.　　　惜乎 其未講矣

내가 일찍이 맹자를 의심한 것은　　　余嘗疑孟子

양자와 묵자를 극력 배척한 때문이다.　　　盡力排楊墨

양묵이 어찌 도를 해쳤단 말인가?　　　楊墨豈能害道

그런데도 비난을 그치지 않았으니 해로움을 낳았다.　　　然非之不已者害所生也

이는 맹자로부터 생긴 병통이니 본받을 수 없다.　　　此自孟子一病不可爲法

또 그는 더 나아가 '공자학'을 부정했다. 공자는 이른바

성인이라 불리는 삼제삼왕三帝三王의 도를 전했을 뿐 공자의
도가 따로 있는 것이 아닌데도 맹자에 이르러 양자와 묵자
의 학파와 다투면서 유가의 파가 생기고 마치 공자의 도인
것처럼 인식됐다는 것이다. 따라서 그의 논리학은 명칭(名)
보다 사물(實)을 중시하고 순자의 정명론正名論을 찬양했다.
순자의 정명론은 묵자의 명실론名實論에서 연원된 것이다.
  섭적의 유물론적 경향은 청대 기철학에 큰 영향을 끼쳤다.

섭적

섭적집葉適集/습학기언習學記言/권44/경자荀子

전국시대의 많은 담론과 의론들은   戰國群談衆議
망령되어 맞는 말이 없다.   妄爲無類[6]之言.
저들도 물론 스스로 그것이 불가함을 알았으나 彼固自知其不可
잠시 세상을 조롱하며 농락한 것이다.   而姑爲戲以玩[7]一世.

유물변증법적 기일원론

  주희를 중도파라 가정하면 육구연은 우파였고 섭적은 좌
파였다. 섭적은 주관적 유심주의 관념론자인 육구연과는 반
대로 객관적 유물주의적 입장이었다. 그에게는 만물이 음양
의 변증법적 조화의 산물일 뿐이며, 그 이상의 근원은 인정

---

6) 無類(무류)=無尾怪戾也(荀子/性惡). 類(류)=似也, 善也.
7) 玩(완)=가지고 놀다, 弄也.

되지 않는다. 그러므로 '태극太極=이理'는 고사하고 태극
그 자체의 실체를 부인한다. 즉 극極이란 사물의 극치를 표
현한 데 지나지 않는다는 것이다.

섭적

수심선생문집水心先生文集/별집別集/권7/진권進卷/황극皇極

극極은 천하 어디에도 있지 않음이 없으니	極之於天下无不有也
이목이 총명하고 혈기가 화평하며	耳目聰明 血氣和平
음식을 좋아하고 젊고 늙어가는 것은	飮食嗜好 能壯能老
일신一身의 극이요,	一身之極也
부모가 효자하고 형제가 우애하며	孝慈友悌
서로 미워하거나 원망하지 않으며	不相疾怨
노인과 고아를 부양하고 기한이 없는 것은	養老字孤 不飢不寒
일가一家의 극이다.	一家之極也
형벌이 잦아들고 도적이 일어나지 않으며	刑罰衰止 盜賊不作
시절이 화평하고 풍년이 들어 재용이 넉넉한 것은	時和歲豐 財用不匱
일국一國의 극이요,	一國之極也.
나라끼리 서로 넘보지 않고	越不瘠秦 夷不謀夏
병혁이 그치고 위대한 가르침이 어긋나지 않음은	兵革寢伏 大敎不爽
천하의 극이다.	天下之極也.
이것이 극의 큰 줄거리다.	此其大凡也.
사농공상의 경우는 족성이 다른데도	至於士農工賈 族姓殊異
각자가 극이 되므로	亦各自以爲極.
서로 상통하지 못하여	而不能相通
그 사이에 애증이 생겨 서로 공격하고	其間愛惡相攻

편당을 지어 서로 해치게 되면   偏黨相害

극이 되게 한 목적을 잃게 된다.   而失其所以爲極

그래서 성인이 일어나   是故聖人作焉

대도를 바로잡아 그것을 가리고 덮음으로써   執大道以冒之

이異로써 이異를 해침이 없게 했으니   使之有以爲異而無以害異

이것을 일러 황극皇極 즉 황제의 극이라 한 것이다.   是之謂皇極.

섭적집葉適集/진권進卷/역易

천지天地, 수화水火, 풍뢰風雷, 산택山澤 등   夫天地 水火 雷風 山澤

팔괘로 표시된 물질은   此八物者

일기一氣의 역사役事요,   一氣之所役

음양의 분배分配다.   陰陽之所分.

그 시작은 조화造化라 하고 그 끝은 기화氣化라 하니   其始爲造 其卒爲化

성인도 그것이 유래한 곳을 알지 못한다.   而聖人不知其所由來者也.

섭적집葉適集/진권進卷/중용中庸

도는 하나에서 근원하지만 둘로 이룬다.   道原于一 而成于兩.

예로부터 도를 말하는 사람은 반드시 둘이라고 했다.   古之言道者必以兩

무릇 사물의 형상形相(形式)은   凡物之形

음양陰陽 · 강유剛柔 · 순역順逆   陰陽 剛柔 逆順

향배向背 · 기우奇偶 · 이합離合 · 경위經緯 · 기강紀綱 등   向背 奇偶 離合 經緯[8] 紀綱[9]

모두 모순 대립하는 둘이다(兩占論).   皆兩也.

---

8) 經緯(경위)=씨줄과 날줄.

9) 紀綱(기강)=실패(중심)와 벼리(테두리).

어찌 이것뿐이랴?

무릇 천하에 말할 수 있는 것은

모두 둘이다.

인류는 오랫동안 모순의 변증법적 작용을 모르고 있었다.

그래서 각각 한쪽만 붙잡고 설명했다.

그것은 짝이 안 맞고 어그러지며 비밀스럽고 괴이할 뿐이다.

우둔하고 고루하고 넓고 크지 못한 것은

모든 생명이 모순된 둘로 된 것을 밝히지 못했기 때문이다.

섭적집葉適集/습학기언習學記言/권44/경자荀子

종족을 무리 짓는다는 것은

다른 것들이 대동大同한 것이며

사물을 분별한다는 것은 같은 것들이 다른 점을 말한다.

…그러므로 종족은 서로 다르지만 무리 지으면 같아지고

사물은 같지만 분별하면 달라진다.

동同과 이異의 조건을 깊이 성찰하고

그런 후에야 진실로 대동을 알 수 있다.

夫豈惟此

凡天下之可言者

皆兩也.

天下不知其爲兩也久矣.

而各執其一而自述.

奇譎10)秘愧

謇11)陋而不弘者

皆生于兩之不明.

類族者

異而同也.

辨物者 同而異也.

…故族之異者 類而同之.

物之同者 辨而異之.

深察于同異之故

而後得12)所謂誠同者.

---

10) 譎(휼)=乖也, 詐欺也.

11) 謇(건)=虧也, 愆(過)也. 騫와 통용.

12) 得(득)=知也.

도는 사물에 있다 ^{유물론}

섭적은 도가 마음에 있는 것이 아니라 마음 밖의 사물에 있다고 말한다. 이는 유신론唯神論 및 유심주의를 거부한 것이다.

수심선생문집水心先生文集/별집別集/권5/진권進卷/시詩

하늘과 땅 사이에 형체를 이룬 것은 사물이다.	形於天地之間者 物也
모두 한결같으면서도(齊物) 같지 않은 것이	皆一¹³⁾而有不同者
사물의 실정(情)이다.	物之情也.
그 같지 않음을 용납하고	因其不同而聽之
그 원인의 한결같음을 잃지 않는 것이	不失其所以一者
사물의 이치(理)인 것이다.	物之理也
단단하게 엉키고, 어지럽게 나뉘고	堅凝紛錯
달아나 피하고, 변하고 숨지만	逃遁謫伏
풀리지 않는 것이 없는 듯 열리고	無不釋然而解
구름이 피어오르듯 만난다.	油然而遇
그 이치를 따르면 어지럽지 않은 것이다.	由其理之不可亂也.

섭적집葉適集/습학기언習學記言/권47/여씨문감呂氏文鑑

사물이 있는 곳에는 반드시 도道가 있다.	物之所在 道則在焉.
그러므로 사물을 알지 못하는 자는 도에 이를 수 없다.	非知物者 不能至道.
도는 비록 광대하고	道雖廣大
이理를 갖추어 일마다 충족하지만	理備¹⁴⁾事足
종국의 귀착점은	而終歸之
사물을 산란하게 흐르지 않도록 하는 것이다.	于物 不使散流.

정명正名과 정사正事

섭적집葉適集/습학기언習學記言/권44/경자苟子

후왕들이 명名을 지음에 법의 명은 은殷을 따르고	後王成名 形名從商
벼슬의 명은 주周를 따르고, 문식의 명은 예禮를 따랐으며	爵名從周 文名從禮
만물에 잡다한 이름을 붙였다.	散名之加於萬物
그런즉 중원의 풍속을 따라 곡진할 수 있었다.	則從諸夏之成俗 曲15)期
그렇지만 고인은 일을 바로잡고자 했을 뿐	雖然古人正事
명을 바로잡으려 한 것이 아니다.	而不正名
명과 천지는 모두 그 유래를 모르고	名與天地竝未知 其所由來者
『서경』과 『시경』에서 호칭한 것이다.	以書詩所稱
그런즉 후왕들이 어찌 앞 것을 버리고 뒷 것을 취하겠는가?	則何必後王捨前而取後
이처럼 명은 인주人主에 따라 폐하고 흥했던 것이다.	是名因人而廢興也
공자가 위나라 정사를 말할 때 마땅히 정명正名을 앞세웠다.	孔子謂衛之政 當先正名
이때는 부자의 관계가 바르지 못하여 인도가 질서를 잃었으므로	是時父子不正 而人道失序
공자가 바로잡고자 한 것은 그 사물이었던 것이다.	則孔子所欲正者 亦其事而已
명분이 바르지 못하면 사물이 어지럽고	名不正故事亂
명분이 바르면 사물도 그에 따라 바르게 되기 때문이다.	名正則事從矣

경험론적 인식론

섭적은 심사숙고 이전에 견문을 중시한다. 그의 말을 종

---

13) 一(일)=統一也, 獨也, 同也, 齊也.

14) 備(비)=具 成也. 無所不順者(禮記/祭統).

15) 曲(곡)=委細也

합해 보면, 그는 대체로 도리道理는 연역적演繹的 추리로 인
식이 가능하지만 사물은 귀납적歸納的 추리로만 인식이 가능
하다고 생각한 것 같다.

섭적

수심선생문집水心先生文集/잡저雜著/제요령위서계집題姚令威西溪集

천하의 의를 공정하게 판단하려면	欲折[16]夷天下之義理
반드시 천하의 사물을 상세히 고찰해야만	必盡考詳天下之事物
오류에 빠지지 않는다.	而後不謬.

수심선생문집水心先生文集/별집別集/권5/진권進卷/총의總意

상고 성인은 천하를 다스림이 지극했다.	上古聖人之治天下 至矣.
그 도는 기수器數(器物의 법도)에 있고	其道在於器數
그 변통은 사물에 있었다.	其通變在於事物
그렇다 해도 곧 이 경전에서	雖然 將卽是經
제도와 기수를 구하고	以求其制度器數之等
모두 요순과 삼대의 시대로 되돌아가야 할 것인가?	而盡復堯舜三代之舊歟
그렇지만 그 시대는 먼 옛날이고	則其世遠矣
그 사업은 지나간 일이다.	其事往矣
세상사에 어둡고 밝지 못하여	迂暗不明
억지로 부합시켜도 통하지 않을 것이니	牽合難通
천하의 병통만 될 것이다.	而天下病矣
그런즉 사물에 징험하지 않으면 그 말이 맞지 않고	則無驗於事者 其言不合

---

16) 折(절)=截也. 判斷(折獄).

기물에 고증하지 않으면 그 도道는 조화造化하지 못한다.　　　　無考於器者 其道不化

고원함만 논한다면 실지와 어긋나므로　　　　論高而實違

이 또한 옳지 않다.　　　　是又不可也.

수심선생문집水心先生文集/권29/잡저雜著/제주자실소록題周子實所錄

근세에는 심성心性을 통달하는 것으로 학문을 삼으니　　　　近世心性通達 爲學

견문은 거의 폐기되었으며, 덕을 쌓을 수 없게 되었다.　　　　而見聞幾廢 爲其不能畜德也.

수심선생문집水心先生文集/권3/법도총론法度總論 1

폐하!　　　　陛下

먼저 고인들의 나라 다스리는 방법을 살펴보시기 바랍니다.　　　　先觀古人之所以爲國

다만 고인의 정치를　　　　夫觀古人之所以爲國

반드시 외경하고 모방하라는 것은 아닙니다.　　　　非必遽倣之也

기물을 많이 본 사람이 훌륭한 장인이 될 수 있고　　　　故觀衆器者爲良匠.

병자를 많이 진찰한 사람이 좋은 의사가 될 수 있습니다.　　　　觀衆病者爲良醫.

다 살핀 후에는 스스로 다스리는 것이므로　　　　盡觀而後自爲之故

옛날의 잘못에 빠지지 않고　　　　無泥古之失

도에 합당할 수 있는 공부가 됩니다.　　　　而有合道之功.

섭적집葉適集/습학기언習學記言

귀와 눈의 감각 기관이　　　　耳目之官

사고하지 않아도 총명한 것은　　　　不思而爲聰明

외물外物이 들어옴으로써 내심內心을 이룬 것이다(≒경험론).　　　　自外入以成其內也.

사려가 예지롭다고 말하는 것은(≒선험론)　　　　思曰睿[17]

내심이 나감으로써 외물을 이룬 경우다.　　　　自內出以成其外也.

공리주의

섭적집葉適集/습학기언習學記言/권23/전한서前漢書

어진 이는   仁人

마땅함을 바로할 뿐 이利를 도모하지 않고   正誼不謀利

도를 밝힐 뿐 공功을 계산하지 않는다는 말은   明道不計功.

처음 들으면 대단히 좋은 말 같으나   此語初看極好

자세히 들여다보면 완전히 공소空疏한 말이다.   細看全疏闊.

옛사람은 남에게 이익을 주면서도   古人以利與人

스스로 그 공을 자랑하지 않았으므로   而不自居其功

도의道義가 빛났을 뿐이다.   故道義光明.

후세 유가들은 이러한 동중서의 말을 실천했으나   後世儒者行仲舒之論.

아무런 공적(功)과 이로움(利)이 없다면   旣無功利

도의라는 것이   則道義者

쓸모없는 헛소리일 뿐이다.   乃無用之虛語爾.

수심선생문집水心先生文集/권24/잡저雜著/증설자장贈薛子長

독서가 경세치학의 실마리에 접근하지 못한 것이라면   讀書不知接統[18]緖

비록 훌륭하다 해도 무익한 것이다.   雖多無益也.

뜻을 세우되 세상을 걱정하는 것이 아니라면   立志而不存于憂世

비록 인仁이라 해도 무익한 것이다.   雖仁無益也.

---

17) 睿(예)=深明也, 通乎微也. 睿莫大乎自慮.

18) 統(통)=經也.

인욕 긍정

섭적은 예禮란 정욕情欲을 조절하는 데 목적이 있는 것일
뿐, 정욕을 멸절滅絶하자는 것이 아니라고 강조한다. 이로써
공리功利와 의리義理를 종합하려 한다.

섭적집葉適集/습학기언習學記言/권2/역易

천리天理와 인욕人欲을	以天理人欲
성스러움과 거짓됨으로 나누는 것은	爲聖狂之分者
그 뜻을 선택함이 정밀하지 못한 것이다.	其擇義未精也.
의義를 숭상함으로써 이利를 기르고	崇義以養利
예禮를 높임으로써 각자의 능력을 발휘토록 하는 것이다.	隆禮以 致力.
사도司徒는 오례五禮로써	司徒以五禮
만민의 허위를 방비하고 중도中道를 교화했고,	防萬民之僞 而敎之中
육악六樂으로써	以六樂
만민의 정情을 방비하고 화목을 교화했다.	防萬民之情 而敎之和
예와 악으로 겹쳐 방비하여	禮樂兼防
중中과 화和를 얻었으니 성정은 바르고 몸은 편안했다.	而中和兼得則性正而身安
이것이 고인들의 미언微言 독론篤論이다.	此古人之微言篤論也.
만약 후세의 스승들이	若後世之師者
인정을 억제하고 허위를 조장하면	敎人抑情徇僞
예는 중정中正하지 못하고	禮不能中
예는 화목하지 못할 것이니	樂不能和
성품은 비뚤어지고 몸은 병들 것이다.	則性枉而身病矣.

제2장. 명대 심학의 이학 비판

왕수인의 치양지설致良知說

이학의 세속화

양명 왕수인의 부친은 난징에서 이부吏部상서를 지냈고 왕수인 자신도 병부兵部상서를 지냈다. 그는 일생 동안 부패한 명나라 왕조를 위해 봉사했다. 그는 어려서부터 무인의 협객 기질이 있어 꿈에서 복파伏波장군 마원馬援(BC 14~AD 49)을 보고 시를 짓기도 했다.

그는 아무것에도 거리낌 없는 활달한 성품을 가진 공명심이 많은 야심가였다. 왕수인의 묘지명墓誌銘에는 다음과 같이 기록하고 있다. 이것을 이른바 '교教의 삼변三變'이라고 말한다.

왕문성공전서王文成公全書/권37/묘지명墓誌銘[1]

처음에는 협객의 습속에 탐닉했고	初溺於任俠之習
다음은 말 타고 활 쏘는 데 탐닉했고	再溺於騎射之習
그다음은 문장에 탐닉했고	三溺於辭章之習
네 번째는 신선에 탐닉했으며	四溺於神仙之習
다섯 번째는 불교에 탐닉했으나	五溺於佛氏之習
정덕 병인년에 비로소 성현의 정학正學으로 돌아왔다.	正德丙寅始歸於聖賢之學
서울에서 담약수湛若水를 만나	會甘泉子於京師
드디어 서로 벗이 됐다.	遂相與定交
강학은 한결같이 정호程顥를 따랐는데	講學一從程氏
그 취지는 인자는 만물과 일체가 되어야 한다는 것이었다.	仁者渾然與物同體之旨.

왕문성공전서王文成公全書/권7/별담감천別甘泉 서序

나는 어릴 때 묻고 배우지 못하여	某幼不問學
거짓되고 치우친 것에 이십 년간이나 빠져 있다가	陷溺於邪僻者二十年
처음에는 도교와 불교에 마음을 쏟았으나	而始究心於老佛
하늘의 영명에 힘입어 조금 깨닫게 되면서	賴天之靈 因有所悟
비로소 주돈이와 정호를 따라 궁구한바	始得沿周程之說究之
조금 얻은 듯했다.	而若有得焉
뒤늦게 담약수 선생을 벗으로 얻고 난 후부터	晚得友於甘泉湛子而後
나의 뜻은 더욱 굳건해져	吾之志益堅毅
누구도 막을 수 없는 경지에 이르렀다.	若不可遏.

---

1) 湛若水(1466~1560) 作. 五溺=度

특히 왕수인은 각지에서 발생한 대규모 농민 봉기를 몸소 진압했다. 그가 명나라 무종武宗에게 올린 글에 의하면 1년 동안에 1만 명이 넘는 농민들을 살해했다. 그 밖에도 묘족 등 여러 소수민족들의 무장 폭동을 잔혹한 살육으로 진압했다. 그 공로로 신건백新建伯을 봉해받고, 죽은 후에는 '문성文成'이란 시호를 받고 공묘孔廟에 종사從祀됐다.

왕수인

왕문성공전서王文成公全書/권32/연보年譜 1

너희들이 어리석고 완고하여 교화되지 않아	惟是爾等冥頑不化
부득이 군사를 일으켰으니	然後 不得已而興兵
이것은 내가 너희를 죽이는 것이 아니라	此則非我殺之
하늘이 죽인 것이다.	乃天殺之也.
…아! 민民은 나의 동포요	…嗚呼 民吾同胞
너희들은 모두 나의 적자赤子이거늘,	爾等皆吾赤子
끝내 어루만져 구휼하지 못하고	吾終不能撫恤爾等
나는 너희를 죽였구나!	而至于殺爾等.
가슴이 아프고 아프도다!	痛哉痛哉
말이 여기에 이르니 눈물이 절로 나는구나!	與言至此 不覺淚下.

왕수인 연보

왕문성공전서王文成公全書/권34/연보年譜 3

양명 선생은 열다섯 살 때	先生十五歲時
꿈속에서 복파장군을 배알한 적이 있었는데	嘗夢謁伏波廟
이제야 사당 아래에 절하니 꼭 꿈속 같으니	至是拜祠下 宛然如夢中

이번 군사를 일으킴도 우연이 아닌 것 같다며
이에 두 수의 시를 지었는데 그 하나의 시에서 가로되
"사십 년 전 꿈속에 시를 지었으니
이번 행군은 하늘이 정했을 뿐 어찌 인위人爲리오?
정벌해 나감에 풍운의 진법을 감행하니
지나는 곳마다 다 같이 단비 같은 군사들은
오히려 먼 곳 사람들이 지향하는 소망을 알아주어 기쁘지만
도리어 그들의 고통을 다 구제할 수 없으니 부끄럽구나.
결국 승리의 공은 조정에 귀착되는 것이니
군대로 오랑캐를 정벌한 것을 말하자니 부끄럽다."

謂玆行殆非偶然
因識二詩其一曰
四十年前夢裏詩
此行天定豈人爲.
徂征敢倚風雲陳
所過如同時雨師
尙喜遠人知向望
却慚無術救瘡痍.
從來勝筭歸廊廟
恥說兵戈定四夷.

위 글에서처럼 왕수인은 수만 명의 농민군을 살육하고 뉘우치기는커녕 장재의 '민포물여民胞物與'와 주희의 '만물동체萬物同體' 등 적자 사상을 거론하며 변명하는데 이것은 보통 사람으로는 납득할 수 없는 것이다. 민民이 정말 동포요 적자라면 어찌 수만 명을 무참히 살육할 수 있단 말인가? 설사 어쩔 수 없이 살육했다 하더라도 자책감에 괴로워해야 하거늘 어찌 자기가 죽인 수만 명의 영령들에게 '나의 적자'라는 말을 입에 담을 수 있단 말인가? 천하일가, 적자, 민포라는 단어는 유가들의 전통적인 정치 이상이므로 유사라면 누구나 관습적으로 입에 달고 살았으니 탓할 것이 못 된다고 변명할 수도 있다. 그러나 측은지심과 사양지심을 강조하는 유사로서 자기가 죽인 자들을 나의 적자라고 말하는 것은 몰염치한 짓이다.

당시의 유사들은 군주의 명命을 받은 대부 이상의 관장(君

子)이 되는 것이 소망이었으며, 공자도 대부가 되어 같은 대부 소정묘少正卯(?~BC 496)를 법살法殺했음을 상기하면 왕수인이 병부상서로서 반란군을 토벌한 것은 당시 사람들에게는 탓할 일이 아니었을 것이다. 당시로는 인심仁心과 무술武術을 겸비한 군자요 현자라고 생각하는 것이 당연한 일이었는지도 모른다. 그러나 그가 살육한 수많은 반란군이 굶주린 농민들이었음을 생각한다면 그의 과오를 숨겨서는 안 될 것이다. 그러나 양명학에서는 왕수인의 살육을 묻어버린 채 그 과정에서 대오 각성한 것만을 부각시킨다.

그가 진리를 깨달았다고 믿는 이도 있을 것이다. 그렇다고 그를 성인으로 추앙하거나 공묘에 종사하는 것은 옳은 처사가 아니다. 왜냐하면 왕수인은 군사 전문가였지만, 공자는 사람됨이 온화하고 단호한 문사였을 뿐 무사와는 거리가 멀었기 때문이다.

논어論語/위령공衛靈公 1

위나라 영공靈公이 공자에게 진법을 물었다.　　　　　　衛靈公 問陳於孔子.
공자가 답했다. "제사 때 제기를 벌여놓는 일은　　　　對曰 俎豆之事
일찍이 들은 일이 있지만　　　　　　　　　　　　　　則嘗聞之矣
군사에 관한 일은 배우지 않았습니다."　　　　　　　軍旅之事 未知學也.
공자는 날이 밝자마자 위나라를 떠나버렸다.　　　　　明日遂行.

논어論語/술이述而 26

공자는 낚시질을 하되 그물은 쓰지 않으며　　　　　　子 釣而不網
주살은 쓰되 자는 새는 쏘지 않았다.　　　　　　　　弋不射宿.

왕수인이 주희의 이학理學을 반대하고 심학心學을 열게 된 첫 번째 계기는 격물설格物說에 대한 깨달음이라고 한다. 왕수인은 "사물의 이理를 궁리하면 활연관통豁然貫通의 앎을 이루어 성인이 될 수 있다"는 주희의 '격물치지설'을 따라 열심히 노력했으나 허사였다고 고백한다. 석실에 정좌하여 명상하던 어느 날 "성인의 도가 나의 성性에 자족하니 따로 사물에서 이理를 구하는 것은 잘못"임을 깨닫고, 주희의 격물설과 결별했다는 것이다. 그러나 그의 깨달음이란 것도 육구연이 이미 제시했던 것일 뿐 결코 새로운 것이 아니다.

왕문성공전서王文成公全書/권32/연보年譜 1

선생이 삼십칠 세 때 적소인 구이양貴陽에 있다가	先生三十七歲 在貴陽
봄에 룽창龍場에 이르렀다.	春至龍場
룽창은 구이저우성 서북쪽	龍場在貴州西北
첩첩산중 가시덤불 속에 있었다.	萬山叢棘中
오직 사생 일념으로 깨닫고자 했으나 변화가 없었다.	惟死生一念尙覺未化
이에 돌무덤이 되더라도 스스로 맹세하기를	是乃爲石槨自誓曰
"나는 오직 운명을 기다리기로 했다"고 했다.	吾惟俟命而已
밤낮으로 단정히 앉아 맑은 물처럼 침묵으로	日夜端居澄默
주정主靜 주일主一을 추구했다.	以求靜一
그것을 오래하자 가슴속이 깨끗이 씻긴 것 같았다.	久之胸中灑灑
그러나 따르는 이들이 모두 병이 들었으므로	從者皆兵
스스로 나무를 하고 물을 길러 죽을 쑤어 그들을 먹였다.	自析薪取水 作糜飼之
또 그들의 마음이 억눌리고 막힐까 봐	又恐其懷抑鬱
같이 시가詩歌를 불렀다.	則與歌詩

또 기뻐하지 않으면

유행가를 부르고 섞어서 농담을 하고 웃었다.

그러자 비로소 질병과 이적의 환난을 잊을 수 있었다.

만약 성인이 이에 대처했다면

어떤 다른 도리가 있었을까를 생각해 보았다.

한밤중이 돼서야 홀연 격물치지의 뜻을 크게 깨달았다.

꿈속에서 그것을 말해 준 사람이 있는 것 같아

무심결에 환호하고 흥분하니 따르는 이들이 모두 놀랐다.

비로소 깨달았다. 성인의 도란 나의 본성으로 족할 뿐,

그것을 사물에서 구하려 함은 잘못이라는 것을!

又不悅

復調越曲 雜以詼笑

始陵忘其疾病夷狄患難也

因念聖人處此

更有何道

忽中夜大悟 格物致知之旨

寤寐中若有人語之者

不覺呼躍 從者皆驚

始知聖人之道 吾性自足

向之求理於事物者誤也.

위 글에서도 알 수 있는 것처럼 왕수인은 주희의 주지주의主知主義적 '도문학'으로는 민중을 교화할 수 없다고 생각하고 이를 거부한 데서 출발한다. 그러나 유의할 것은 민중이 쉽게 성인군자가 될 수 있도록 길을 열어주었다는 것만으로 왕수인을 민중적이라고 말할 수는 없다는 것이다.

그는 민중과 민생民生을 조금도 염려하지 않았다. 그가 고심한 것은 '산중의 적'을 토벌하는 것보다는 '어리석은 민중들의 마음속의 적'을 토벌하는 것이었다. 그들이 도둑이 되지 않고 왕명에 순종하는 순박한 백성이 되는 길을 가르친 것뿐이었다.

그러나 정주학이 여전히 공자의 군자학이지만 군자가 되는 방법에서 공자보다 더 까다로운 조건을 추가했다는 왕수인의 비판은 적절한 것이었다. 공자는 군자의 조건으로 신분적 혈통 외에 선왕의 글을 익히는 문文을 추가했으나, 주

희는 여기에 욕망을 없애고 천리를 깨달아야 한다는 조건을 더 추가하여 종교적인 금욕주의를 요구했기 때문이다.

왕수인에 앞서 육구연은 이처럼 어려운 학문을 요구하는 선비들만의 정주학으로는 문자도 모르는 대다수 어리석은 민중을 깨우칠 수 없다고 보았다. 이에 왕수인은 정주의 '학문적 유교'를 '대중적 유교'로 바꾸고자 했다. 그래서 글을 읽지 않고도 마음만 고쳐먹으면 누구나 타고난 착한 마음을 찾을 수 있다고 설파한 것이다.

특히 많은 글을 읽고 오랫동안 수양하며 공덕을 쌓아야만 부처가 될 수 있다는 '점오漸悟'를 비판하고, 글을 모르는 백정도 한순간 마음만 고쳐먹으면 부처가 될 수 있다고 한 혜능의 '돈오頓悟' 사상이 왕수인을 크게 고무시켰다. 왕수인 자신은 수만 명을 죽인 사람이었지만 한순간 깨달아 성인이 된 사례에 가장 적합한 인물이었기 때문이다.

왕수인

전습록傳習錄/상/설간록薛侃錄

사람이 각각 자기 역량과 정신을 다하려면	各人儘著[2] 自己力量精神
다만 마음의 순수함과 천리天理에 대한 공부에 달려 있다.	只在此心純天理上用功[3]
그리하면 목전에서 사람마다 저절로 풍부해지고	卽人人自有[4]
하나하나 원만하게 이루어질 것이다.	個個圓成.

---

2) 著(착)=붙다, 접촉하다(動). 명령이나 부탁의 語基(助動).

3) 用功(용공)=힘써 배우다, 노력하다.

4) 有(유)=爲也, 많이 있다(有經驗).

곧 대인은 크게 이루고 소인은 작게 이룰 것이니　　　　　便能大以成大　小以成小

(경전·자연·사물 등) 밖을 탐하고 빌리지 않더라도　　　不假外慕

만족하게 구비되지 않음이 없다.　　　　　　　　　　　無不具足.

전습록傳習錄/상/육징록陸澄錄

사람이 성性에 대한 공부를 하려고 마음만 먹으면　　　　人只要在性上用功.

성이란 한 글자만 분명히 알아도　　　　　　　　　　看得一性字分明

천하만물의 이치가 분명해질 것이다.　　　　　　　　卽萬理燦然.

　그는 젊어서부터 유불선儒佛仙 삼교三敎를 일치시킬 수 있는 한 마디 말이 없을까 고심한 듯하다. 그것이 자신의 농민 반란 진압에서 얻은 교훈과 연결되면서 그 일치점은 '진심盡心'에 있다고 생각했다. 그리하여 말년에는 이理와 기, 성과 심을 하나로 묶어 '양지'라고 말하고 '양지는 곧 일기一氣'라는 테제로 발전시켰다. 이처럼 그의 특징은 이 세상의 모든 가르침을 묶어 '양지'라는 하나의 개념으로 환원시킨 데 있다.

전습록傳習錄/상/육징록陸澄錄

도교와 불교가 극점에 이르면　　　　　　　　　　　仙佛到極處

유가와 대략 같습니다.　　　　　　　　　　　　　　與儒者略同.

그러나 그것들은 다만 높은 경지만 있고　　　　　　　但有了上一截

낮은 경지는 버린다는 점에서　　　　　　　　　　　遺了下一截.

아무래도 성인의 완전함만 같지 않습니다.　　　　　終不似聖人之全.

그는 여러 차례의 농민 봉기를 진압하는 과정에서 "산중의 적은 무찌르기 쉽지만 그들의 마음을 무찌르기는 어렵다(破山中賊易 破心中賊難)"는 것을 깨달았다. 그 결과 왕조의 위기를 모면할 수 있는 길은 농민의 반항하는 마음을 없애는 것이며 그 방도는 '진심' 뿐이라고 결론을 내렸다. 그래서 유사가 아닌 민중들도 알아듣기 쉽도록 성리학의 '멸인욕 존천리' 라는 어려운 요구를 거두고 '치양지致良知' 로 바꾸어 제창한 것이다.

이것은 육구연의 '심즉리' 와 '양지설' 을 계승·발전시킨 것이다. 즉 경전을 중시하는 정주의 도문학을 버리고, 진심을 중시하는 육구연의 '존덕성' 을 계승·발전시킨 것이다. 명대에 들어와, 경전만을 중시하는 정주의 보수주의에 실망하고 개혁을 열망한 유사들은 육왕의 심학에 의지하여 복고復古와 단절할 수 있었으므로 이를 주목하게 된다.

전습록傳習錄/하/황이방록黃以方錄

내가 오늘날 '심즉리' 를 주장하는 의도는	我如今⁵⁾說箇⁶⁾心則理
무엇 때문인가?	是如何.
만약 사람들이 심과 이理를 둘로 나눈다면	只爲⁷⁾世人分心與理爲二
많은 폐단이 생기기 때문이다.	故便有許多病痛.
예컨대 춘추오패들처럼	如五伯

---

5) 如今(여금)=現今.
6) 箇(개)=得也.
7) 爲(위)=如(假設辭).

오랑캐를 물리치고 주 왕실을 받든 것은　攘夷狄尊周室

사사로운 마음에서 나온 것이므로　都是一箇私心

도리에 합당치 않는 것과 같다.　便不當理.

그런데도 사람들은 저들이 합당한 도리를 얻었다 하고　人却說他做得當理

다만 마음이 순수하지 못했을 뿐이라고 주장하며　只心有未純.

왕왕 저들의 행위를 흠모하여　往往悅慕其所爲

외면만을 좋게 보이려 하고　要[8]來[9]外面做得好看

마음을 온전히 하는 것은 상관하지 않는다.　却與心全不相干.

그러므로 나는 '심즉리' 를 설파하여　故我說箇心卽理

마음과 도리가 하나임을 알려줌으로써　要使知心理是一箇

마음공부를 하게 하여　便來心上做工夫

의외설義外說을 답습하지 않도록 하려는 것이다.　不去[10]襲義於外.

　　그러므로 그의 심학은 정주의 이학을 세속화한 것일 뿐, 유학의 명교名敎 사상은 물론 정주리학의 기본을 완전히 벗어난 것은 아니라고 보아야 한다. 불교에서 '점오' 를 '돈오' 로 바꾼 것처럼 양명학은 이학을 심학으로 바꾼 신유학의 일파일 뿐이다.

　　도덕론으로 볼 때도 정주의 '멸인욕 존천리' 의 금욕주의는 '치양지' 로 명칭만 바꾸었을 뿐 여전히 유효한 교리였다. 다만 치양지는 존천리에 비해 그 방법에 있어서 학문이 아

---

8) 要(요)=□□ 하려고 한다.

9) 來(래)=□□ 하고자 한다(語氣辭).

10) 去(거)=□□ 하고자 한다(語氣辭).

니라 일상사에서 공부하라는 '사상연마事上鍊磨'를 강조함
으로써 세속화된 점이 특징이다. 이러한 그의 민중화·세속
화 경향은 청대 학자들로 하여금 민중 유학을 발전시키게
했다는 점에서 평가할 수 있을 것이다.

주관적 유심주의心學

그래서 왕수인은 성리학의 기본 개념들을 '심心'이라는
하나의 글자로 묶었다. 그러므로 양명학을 '심학心學'이라
부른다. 주희의 이기이원론理氣二元論은 파기되어 '이기합일
理氣合一'이 된다. 주희는 사물에서 이理를 찾고 육구연은 마
음에서 이理를 찾는다. 왕수인은 주희를 버리고 육구연의
'심즉리心卽理'와 양지良知설을 계승한다. 정주는 밖의 사물
에서 물리物理를 찾되 이것을 마음의 도리인 성리性理와 일
치시키려 하는 데 반해, 육왕은 마음에서 도리를 찾아 물리
로 환원시킨다. 그래서 학자들은 정주를 주관客觀적 유심唯
心주의라고 말하고 육구연과 왕수인을 객관主觀적 유심唯心
주의라고 말한다. 그러나 주관적 유심주의는 객관적 물질의
존재를 방기해 버린다는 치명적인 결함이 있다.
    왕수인은 육구연을 계승했으나 거기에 머물지 않는다. 그
는 심心을 천제天帝와 똑같은 효용으로 삼은 것이다(心卽是
天). 그래서 성性을 심心에 통합시키고 이 심心을 천제天帝 또
는 천리天理라고 말한 것이다. 이를 '심성일체설心性一體說'
이라고 말하기도 한다. 따라서 칠정七情도 성性이요 심心일

뿐 따로 구분하지 않는다. 그러나 이러한 '심즉시천心卽是天'의 테제는 불교의 불심佛心을 유가적으로 표현한 것으로 물리物理를 배제해 버린다는 비판을 받는다.

왕문성공전서王文成公全書/권6/답이덕명서答李德明書

사람은 천지만물의 마음이요,.	人者天地萬物之心也
심心은 천지만물의 주관자다.	心者天地萬物之主也
심은 곧 천天이다.	心卽是天
심을 말할 수 있다면 천지만물을 다 거론한 것이다.	言心則天地萬物皆擧之矣.

전습록傳習錄/상/육징록陸澄錄[11]

마음은 공허하고 신령스러우니 우매하지 않고	虛靈不昧
모든 이理를 갖추어 만사가 출현한다.	衆理具而萬事出.
마음 밖에 이理가 없고, 마음 밖에 만물이 없다.	心外無理 心外無事.

왕문성공전서王文成公全書/상산전집象山全集 서序[11]

심心과 이理를 둘로 나눔으로써,	折心與理爲二
정미하고 일관된 학문이 사라지고,	而精一之學亡.
세속의 유사들은 지리멸렬하게 되어	世儒之支離
밖으로 형명刑名과 기수器數의 말단에 매달려	外索于刑名器數之末
이로써 물리를 밝히려고 한다.	以究明其所謂物理者.
이는 내 마음이 곧 물리이므로	而不知吾心卽物理.
본래부터 밖에서 빌려올 수 없음을 알지 못한 것이다.	無假于外也.

---

11) 心外無理 心外無事.

양지설

앞에서 말한 것처럼 양명학은 양지학이다. 원래 '양지'라는 말은 맹자의 "호연지기浩然之氣를 길러야 양지양능良知良能할 수 있다"는 말에서 나온 것으로 육구연이 이를 강조한 바 있다.

양지는 시비선악을 선험적으로 지각할 수 있다는 뜻으로 우리가 흔히 쓰는 '양심良心'이라는 말과 같은 말이다. 왕수인의 문인門人 진구천陳九川은 양지에 대해 설명하기를 "시비를 가리는 하나의 시금석이나 지남침과 비슷한 것으로 불가의 '심인心印(마음의 印影)'과 같은 말"이라고 했다(『전습록傳習錄』하「진구천록陳九川錄」).

왕수인은 처음에는 심心만을 말했으나 그가 죽기 7년 전인 1521년 50세가 되던 해에 육구연의 양지설을 극단적으로 전개해 나간다. 그는 천天·신神·천리天理·도道·기氣·정精·역易·심心·성性을 모두 한데 모아 '심=양지'라는 한마디로 통일하여 유일·절대화시킨 것이다.

양지를 '체體'로 말하면 천지만물의 발생 원천이라는 의미에서는 양능이며, 천지만물이 의존하는 근거라는 의미에서는 천리이며, 역사와 사회의 법칙이라는 의미에서는 도 또는 이理다.

한편 양지를 '용用'으로 말하면 그 영묘한 작용은 신이며, 그 유행은 기氣이며, 그 응집은 정精이라고 말한다. 오늘날 우리가 쓰는 이성理性이라는 말은 '성性이 곧 이理'라는 말에서 따온 것이며, 정신精神이라는 말은 '정기精氣가 곧 신'

이라는 말에서 따온 것이다.

　이상을 종합해 보면 심心이 없으면 만물도 없다는 것이다. 그러므로 왕수인의 심은 창조주인 천제를 대신하는 유일자이며 절대자였다. 다만 천제 또는 천리는 초월자이지만 심이나 양지, 정신은 인간의 내재적 힘이라는 점에서 다를 뿐이다.

전습록傳習錄/하/황직록黃直錄

심心의 본체는 갖추지 않은 곳이 없으니	心之本體無所不該.[12]
원래 하나의 천天이다.	原是一個天.
다만 사욕으로 장애를 받으면	只爲私欲障碍
천의 본체를 잃는다.	則天之本失了.
심의 이理는 무궁한 것이니 본래 하나의 연못이다.	心之理無窮盡 原是一個淵.
다만 사욕으로 막히면	只爲私欲窒塞
연못의 본체를 잃는다.	則淵之本體失了.

전습록傳習錄/중/답섭문울答聶文蔚

사람의 심은 천지의 심이다.	夫人者 天地之心
그러므로 천지만물은 본래 나와 일체다.	天地萬物本吾一體者也.

전습록傳習錄/하/황성증록黃省曾錄

양지良知는 천지만물을 조화하는 정령精靈이다.	良知是造化精靈
이 정령은 하늘을 낳고 땅을 낳으며	這些[13]精靈 生天生地

---

12) 該(해)=備也.

귀신이 되고 천제가 되니   成鬼成帝

모두 정령에서 나오는 것이다.   皆從此出.

왕문성공전서王文成公全書/권5/답서국용答舒國用

무릇 심의 본체는 천리다.   夫心之本體 卽天理也.

즉 그 천리의 밝고 신령스런 지각(昭明靈覺)을   天理之昭明靈覺

이른바 양지라고 한다.   所謂良知也.

전습록傳習錄/하/황성증록黃省曾錄

천명을 성이라 했으니 천명天命은 곧 성性이다.   天命之謂性 命卽是性.

성을 따르는 것이 도道라 했으니 성은 곧 도다.   率性之謂道 性卽是道.

도를 닦는 것이 교敎라 했으니, 도는 곧 교화이다.   修道之謂敎 道卽是敎

도를 교화라 함은 도는 양지良知이기 때문이다.   如何道卽是敎 曰道卽是良知.

전습록傳習錄/중/답구양숭答歐陽崇 1

양지는 천리의 밝고 신령스런 지각(昭明靈覺)이다.   良知是天理之昭明靈覺.

그러므로 양지는 곧 천리이며   故良知卽是天理.

사려는 양지의 발용發用이다.   思是良知之發用.

왕문성공전서王文成公全書/권26/대학문大學問

양지란 맹자가 말한 시비지심是非之心으로   良知者 孟子所謂是非之心

사람은 누구나 그것을 가지고 있다.   人皆有之者也

시비지심은 숙고하지 않아도 알고   是非之心 不待慮而知

---

13) 些(사)=動量辭. 得(吃箇胞).

배우지 않아도 알 수 있다.   不待學而能
이런 까닭에 양능良能이라고도 말한다.   是故謂之良知
이는 (『중용』에서 말한) 천명의 성이요 내 마음의 본체며   是乃天命之性 吾心之本體
스스로 소명영각昭明靈覺한 것이다.   自然靈昭明覺者也.

전습록傳習錄/중/답고동교서答顧東撟書
양지에 있어 규칙의 조목과 시간의 변화는   夫良知之於節目時變
그림쇠와 곱자에 있어   猶規矩尺度之
모나고 둥글고 길고 짧은 것과 유사하다.   於方圓長短也.

전습록傳習錄/하/황수이록黃修易錄
양지는 자연이 낳은 영묘한 뿌리며   良知是天生靈根
스스로 낳고 살며 쉬지 않는다.   自生生不息.

전습록傳習錄/하/황성증록黃省曾錄
사람의 양지는   人的良知
초목과 와석의 양지를 이룬다.   就[14]是草木瓦石的良知.
초목과 와석도 사람의 양지가 없으면   若草木瓦石 無人的良知
초목과 와석이 될 수 없을 것이다.   不可以爲草木瓦石矣.
어찌 초목과 와석이 그렇게 됐겠는가?   豈惟草木瓦石爲然.
천지도 사람의 양지가 없다면   天地無人的良知
역시 천지가 될 수 없었을 것이다.   亦不可爲天地矣.
그러므로 무릇 천지만물과 사람은 원래 일체다.   蓋天地萬物與人 原是一體

---

14) 就(취)=卽也, 終也, 成也(功成業就).

그 발현되는 구멍의 정미한 곳이	其發竅之最精處
한 점 인심의 신령스런 밝음(靈明)이다.	是人心一點靈明.

전습록傳習錄/중/**답고동교서**答顧東橋書

예컨대 (양지가) 혹은 사친事親에 쓰이면	如[15]意[16]用于事親
사친은 곧 하나의 사물을 위한 것이며,	卽事親爲一物,
혹은 치민治民에 쓰이면	意用于治民
치민은 곧 하나의 사물을 위한 것이며,	卽治民爲一物,
혹은 독서에 쓰이면	意用于讀書
독서는 곧 하나의 사물을 위한 것이다.	卽讀書爲一物.

양지와 성리性理 성즉리→심즉천

주희는 사물에서 이理를 찾고 육구연은 마음에서 이理를 찾는다. 왕수인은 주희를 버리고 육구연의 심즉리와 양지설을 계승한다. 정주는 밖의 사물에서 물리를 찾되 이것을 마음의 도리인 성리와 일치시키려 한 데 반해, 육왕은 마음에서 도리를 찾아 물리로 환원시킨다. 그래서 학자들은 정주를 객관적 유심주의라고 말하고, 육왕을 주관적 유심주의라고 말한다. 즉 정주는 이원론적이었고 육왕은 일원론적이었으나 모두 유심주의였던 것은 마찬가지다. 그러나 중대한

---

15) 如(여)=그래서, 예컨대.
16) 意(의)=抑也(혹은).

차이가 존재한다. 후자는 객관적 물질의 존재를 방기해 버린다는 치명적인 결함이 있다.

　그럼에도 불구하고 왕수인은 육구연에 머물지 않는다. 그는 심을 천제와 똑같은 효용으로 삼는다. 그래서 성을 심에 통합시키고 이 심을 천제 또는 천리라고 말한다. 이를 '심성일체설心性一體說'이라고 말하기도 한다. 따라서 칠정도 성이요 심일 뿐 따로 구분하지 않는다.

왕문성공전서王文成公全書/권6/답이덕명서答李德明書

마음은 천지만물의 주관자다.	心者天地萬物之主也.
심은 곧 천天이다.	心卽是天.

왕문성공전서王文成公全書/권8/서제양권書諸陽卷

심의 체體는 성이며, 성은 곧 이理다.	心之體性也 性卽理也
천하에 어찌 심 외에 성이 있으며	天下寧有 心外之性
성 외에 이理가 있으며	寧有 性外之理乎
이理 외에 심이 있겠는가?	寧有理外之心乎
심 밖에서 이理를 구하는 것은	外心以求理
고자告子의 의외설이다.	此告子義外之說也
이理란 심의 조리일 뿐이다.	理也者心之條理也
이 이理가 어버이에게 발현하면 효가 되고	是理也 發之於親則爲孝
군주에게 발현되면 충忠이 되고	發之於君則爲忠
붕우에게 발현되면 신信이 되며	發之於朋友則爲信
천변만화 지극하여 다하고 마르지 않는 것이니	千變萬化 至不可窮竭
이 모두가 내 마음의 발현이 아닌 것이 없다.	而莫非發於吾之一心.

전습록傳習錄/하/황성증록黃省曾錄

칠정이 그 자연의 유행을 따름은

모두 양지의 작용일 뿐

선악으로 구분할 수 없다.

다만 집착해서는 안 된다.

칠정에 집착하면 욕欲이 되며

양지를 가리는 것이 된다.

七情順其自然之流行

皆是良知之用.

不可分別善惡.

但不可有所着.

七情有着 俱[17]謂之欲

俱爲良知之蔽.

전습록傳習錄/중/답육원정서答陸原靜書

양지는 곧 발하지 않은 중中이며

텅 빈 듯하지만 위대한 공평이요,

고요한 듯하지만 부동의 본체며

사람마다 똑같이 구비한 것이다.

다만 물욕에 어두워지고 가려지지 않을 수 없는 것이니

배움에 의해 이러한 가림(昏蔽)을 제거해야 한다.

그러나 양지의 본체는

처음부터 조금도 증감할 수 없다.

良知卽是未發之中.

卽是廓然大公

寂然不動之本體

人人之所同求者也.

但不能不昏蔽於物欲.

故須學以去其昏蔽.

然於良知之本體

初不能有加損於毫末也.

이처럼 주희는 "인성人性은 천리를 품부받았다"고 말하여 객관적 물리와 주관적 심리를 종합하려 했으나, 왕수인은 "심 외에 물이 없고(心外無物), 심 외에 이理가 없다(心外無理)"고 말하면서 '심리는 곧 물리'라고 보고 하나로 통일하여 심을 유일한 근원으로 삼았다. 이는 인간의 정신을 천신

---

17) 俱(구)=함께, 나란히, 완전히.

天神과 같은 것으로 보는 것이다.

　이것은 맹자의 '구방심求放心(잃어버린 마음을 찾는다)', 육구연의 '명본심明本心(본마음을 밝힌다)', 불가의 '성불成佛(불심을 이룬다)'과 같은 맥락으로 유심주의의 극단적 전개에 다름 아니다.

왕문성공전서王文成公全書/권32/연보年譜 1

성인의 도는 나의 성품만으로 충분하다.　　　　　聖人之道 吾性自足

사물에서 이理를 찾으려 하는 것은 잘못이다.　　　向之求理於事物者 悞[18]矣.

전습록傳習錄/상/육징록陸澄錄

마음은 공허하고 신령스러우니 우매하지 않고　　　虛靈不昧

모든 이理를 갖추어 만사가 출현한다.　　　　　　衆理具 而萬事出.

마음 밖에 이理가 없고 마음 밖에 사물이 없다.　　心外無理 心外無事.

양지와 이기론 기의 질료성 제거

　앞에서 말한 것처럼 왕수인은 '이기합일설'을 주장했다. 뿐만 아니라 '인人·물物', '심心·성性', '천리天理·인욕人慾', '도심道心·인심人心' 등에 대해, 정주는 이기이원理氣二元의 모순 종합綜合의 관계로 본 데 비해, 육왕은 유일심唯一心 일원一元의 동정動靜 체용體用의 양면兩面으로 보았다. 그러므

---

18) 悞(오)=誤謬也.

로 이런 양면을 정주의 이원론에서는 '상응相應'이라고 표현하고 육왕의 일원론에서는 '상즉相卽'이라고 표현하는 것이다. '상응'은 서로 대응한다는 뜻이고, '상즉'은 서로 같다는 뜻이다. 여기서 '즉卽'은 '시是(곧 ▢▢이다)'로 번역된다.

유의할 것은 왕수인이 말하는 기氣는 정주학에서 말하는 기와 다르다는 점이다. 그가 말하는 기는 물질적 질료가 아니라 신이고 정령이기 때문이다. 왕수인은 말년에 양지를 기로 설명하려고 시도했다. "양지의 유행流行은 곧 기"라고 말한 것이 그것이다. 달리 말하면 기는 양지 곧 '심의 유행'을 말한 것이다. 그러므로 유물론적 기철학이 아니라 오히려 기를 이理로 환원시키는 극단적 유심주의인 것이다.

따라서 그는 "성性은 곧 기(性卽氣)"라고 말하고 또는 "양지는 곧 기(良知卽是氣)"라고 말하면서도 한편으로는 "양지는 이理요, 태허太虛요, 조화造化의 정령精靈이다"라고 말한다. 이는 양지는 기인 동시에 이理라는 뜻이므로 이기이원론으로 보면 모순된 말이다. 그러므로 '양지'는 이기의 통일체인 태극의 대체물임을 알 수 있다.

이처럼 유심주의적 이기합일론의 기는 '이理의 질료質料'가 아니라 '이의 운용'일 뿐 독자적인 존재가 아니다. 그 결과 기에서 질료적인 요소가 희미해짐으로써 앞에서 지적한 것처럼 물질의 제거라는 결함이 생기고, 기에서 개별성이라는 요소가 사라짐으로써 전체주의로 흐를 수 있는 함정이 생긴다.

양지는 하나다.	夫良知一也
그 영묘한 작용은 신神이며	以其妙用而言謂之神
그 유행하는 것은 기氣이며	以其流行而言謂之氣
그 응집으로 말하면 정精이다.	以其凝聚而言謂之精.
이理란 기氣의 조리條理요,	理者氣之條理.
기란 이理의 운용이다.	氣者理之運用.
조리(理)가 없으면 운용(氣)이 불가능하고	無條理則不能運用
운용되지 못하면(氣가 없으면)	無運用則亦
조리(理)가 나타날 수 없다.	無以見其所謂條理者矣.
태극의 낳고 살리는 기의 조리條理는	太極生生之理
그 묘용妙用(생명의 생성 작용)이 쉼이 없고	妙用無息.
그 상체常體가 불변이다.	而常體不易.
태극의 생생生生은	太極之生生
곧 음양의 생생이다.	卽陰陽之生生.
…그 생생의 묘용이 쉬지 않는 것을 동動이라 말하고	…指其妙用無息者而謂之動
또 양陽의 생生(생명운동)이라 한다.	謂之陽之生
그러므로 동한 후에 양이 생기는 것은 아니다.	非謂動而後生陽也
…그 생생의 상체가 바뀌지 않는 것을	…指其常體不易者
정靜이라 말하고 또 음陰의 생(생명운동)이라 한다.	而謂之靜 謂之陰之生
그러므로 정한 후에 음이 생기는 것은 아니다.	非謂靜而後生陰也
만약 정이 있고 난 후에 음이 생기고	若果靜而後生陰
동이 있고 난 후에 양이 생긴다면	動而後生陽

음양 동정은 단절되어　　　　　　　　　　　　　則是陰陽動靜截然

각각 일물一物이 되어버릴 것이다.　　　　　　各自爲一物矣.

음양은 하나의 기(一氣)며　　　　　　　　　　陰陽一氣也

하나의 기가 굽히고 펴 음양이 되는 것이다.　一氣屈伸而爲陰陽

동정은 하나의 이(一理)며　　　　　　　　　　動靜一理也

하나의 리가 숨고 드러나며 동과 정이 되는 것이다.　一理隱顯而爲動靜.

전습록傳習錄/하/황성증록黃省曾錄

양지의 허虛는 곧 천天의 태허太虛이며　　　　良知之虛便是天之太虛

양지의 무無는 곧 태허의 무형無形이다.　　　良知之無便是太虛之無形

일월·풍뢰·산천·인민 등 만물과　　　　　　日月風雷山川民物

무릇 모양과 형색을 가진 모든 것들은　　　　凡有貌象形色

태허의 무형한 가운데 작동하고 유동하지만　皆在太虛無形中發用流行.

하늘의 장애가 되는 일이란 없는 것이다.　　未嘗作得天的障礙.

사상연마설事上鍊磨說

　학자에 따라서는 왕수인은 육구연의 유심주의와 양지설을 극단적으로 밀고 나간 것일 뿐 새로운 발명은 없다고도 말한다. 그러나 굳이 그의 발명을 꼽으라면 '사상연마설事上鍊磨說'을 들 수 있을 것이다. '사상연마'란 각자 자기의 일상생활에서 선한 본심을 찾자는 뜻이다. 그는 농민 반란군을 토벌하는 군진에서 얻은 경험으로 구체적 사건의 즉결처리는 즉물궁리卽物窮理가 아니라 양지의 선택과 판단에 의

존할 수밖에 없음을 깨달았다. 그리고 그것을 설명하기 위해 순舜임금이 부모에게 고하지 않고 장가를 든 것과, 무왕이 부친의 상을 마치자 곧바로 전쟁터로 달려간 것을 예로 든다(『전습록』 중 「답고동교서答顧東橋書」). 그래서 그는 『대학』에 나오는 '치양지致良知'의 '치致'는 '사상연마'라고 규정하기에 이른다.

이것은 주희의 즉물궁리설과 함께 청대 고증학에서 '즉사卽事' '실용實用'의 경학經學 정신을 회복하려는 학풍을 크게 고무시켰다. 다만 여기서 유의할 것은 왕수인이 말하는 '사事'는 주희가 즉물궁리라고 해석할 때의 '물物'과 다르다는 것이다. 엄격하게 해석하면 '사事'는 인사人事를 뜻하고 '물'은 물질을 뜻한다. 그런데 일반적으로는 '사'자나 '물'자는 한 글자만 쓰면 사물을 뜻하는 경우가 많아 혼동하기 쉽다. 그러나 왕수인이 말하는 '사상事上'의 '사'는 주희의 물리物理가 아니라 인사人事인 일상日常을 뜻한다. 그러므로 왕수인의 사상연마는 주희의 '거경궁리居敬窮理'와 도교의 신선술, 불교의 '선禪공부'를 세속화시켜 고쳐 말한 것일 뿐이다.

이처럼 왕수인은 심心을 강조하다 보니 물物을 제거해 버린다. 이를 혹평하자면, 그의 사상연마설은 주희의 격물格物설을 격심格心설로 후퇴시킨 사례라고 말할 수도 있을 것이다. 다만 그렇다고 양지를 위한 사전 준비로서 정좌靜坐와 독서讀書를 부정한 것은 아니다.

전습록傳習錄/하/황이방록黃以方錄

천지간에 원기가 왕성한 것은

이理가 아닌 것이 없으니

이것은 곧 나의 양지가 쉬지 않고 유행하는 것이다.

그러므로 치양지는 반드시 일상사에 대한 공부다.

天地間活潑潑地

無非此理.

便是吾良知的流行不息.

致良知便是必有事的工夫.

전습록傳習錄/중/답고동교서答顧東橋書

격물치지로 성정誠正한다는 학설은 해설이 구구하지만

이것의 본래 취지는 본심으로

일용 생활에서

몸소 궁구하고 실천하는 데서 배워나가야 한다는 데 있다.

실제 공과를 따진다면

순서와 성과에 많고 적음의 차이가 있겠으나

정작 공허한 돈오설과는 상반되는 것이다.

區區格致誠正之說

是就學者本心

日用之事爲間

體究踐履.

實地用功

是多少次第 多少績累在

正與空虛頓悟之說相反.

지행합일설知行合一說

우리는 흔히 선비의 특징을 말할 때 '학행일치學行一致', '지행병진知行竝進'을 말한다. 그러나 그것은 선비의 특징이라기보다는 그들이 유난히 행行을 중시한다는 것을 말한 것일 뿐이다. 이는 비단 선비뿐만 아니라, 위선자가 아니라면 모든 지식인이 지향하는 덕목이기 때문이다.

왕수인이 말하는 '지행합일'은 행을 힘쓰라는 일반적인 의미에 그치는 것이 아니다. 그것은 주희의 '지선행후知先行

後'를 반대하는 테제다. 반대 이유는 주희처럼 "앎이 있고
난 후에 행한다"라고 할 경우, 앎에 악이 있어도 미리 규제
하지 않고 행위만을 규제할 것이므로 이미 늦는다는 것이
다. 이것은 왕수인이 농민 반란을 토벌하면서 얻은 교훈에
서 발단된 것으로 추측된다. 즉 산중山中의 적은 행行이요,
심중의 적은 지知로 비유할 수 있다. 그는 '산중의 적'인
'행'을 토벌하는 것으로는 문제가 해결할 수 없고 '심중의
적'인 '지'를 정복해야만 반란이 없을 것이라고 생각한 것
이다. 악의 싹은 지에서 시작되므로 지부터 발본색원해야
한다는 것이다.

그의 논지는 지로부터 행이 결정된다면 그 동기인 생각도
행위와 다를 것이 없으므로 지와 행은 하나라는 것이다. 즉
동기가 되는 생각도 행이라고 본 것이다. 그러므로 '지행합
일'은 행을 규제하는 것은 쉽지만 그것으로는 도道로 나아
갈 수 없고, 행의 동기요 싹인 지부터 다스려야 인자仁者가
될 수 있다는 것을 말한다. 이것은 또한 지도 행과 똑같은
책임을 져야 한다는 뜻이다. 요즘 말로 하면 사상과 학문도
행위로 보고 처벌해야 한다는 엄중한 의미를 함의하고 있는
것이다. 이것은 사상과 학문의 자유를 말살하는 위험한 학
설이다.

전습록傳習錄/하/황이방록黃以方錄

이는 모름지기 내가 말한 본뜻을 알아야 한다.   此須識我立言宗志.

지금 학자들은   今人學問

단지 지행을 두 물건으로 나누는 것을 추종한다.   只因知行分作兩件.

그러므로 한 생각이 발동하면 그것에 불선이 있다 해도
아직 행하지 않았다는 이유로 제거하거나 금지하지 않는다.
내가 이제 지행합일을 주장하는 것은
바로 사람들로 하여금 한 생각이 발동하면
곧 행동한 것임을 알게 하며
생각의 발동에 불선이 있으면
그 불선의 생각을 미리 극복·전복시켜 버리고자 하는 것이다.

故有一念發動 雖是不善
然却未曾行 便不去禁止.
我今說箇知行合一
正要人曉得 一念發動處
便卽是行了.
發動處有不善
就將這不善的念克倒[19]了.

전습록傳習錄/중/답육원정서答陸原靜書

마음이 반드시 천리天理를 온전히 하여
한 올의 인욕人欲의 사사로움도 없도록 하려면
싹이 트기 전에 막지 않으면
싹이 틀 무렵에는 이기지 못할 것이다.

必欲此心純乎天理
以無一毫人欲之私
非防于未萌之先
而克于方萌之際不能也.

　또한 왕수인은 실천(行)이 곧 지식(知)을 창조한다고 보았
다. 행이 없는 지知는 참된 지, 즉 '양지' 혹은 '진여眞如'가
아니라는 것이다. 참된 지는 감정 혹은 심정과 실천(行)을
통해서만 가능하다. 가령 효孝의 이理를 안다고 해서 그것을
참된 지라 할 수 없고, 효를 실행해야만 양지라 할 수 있다
는 것이다.
　이처럼 그는 의식과 행위를 인과관계 즉 '상응相應'의 관
계로 보지 않고 '상즉相卽' 관계로 본다. 그러므로 주희와 육
구연의 지선행후知先行後가 아니라 지행합일이라고 말한 것

────────────
19) 倒(도)=顚覆也.

이다. 그러므로 지행합일은 '행선지후行先知後' 또는 '지행
병진'과는 다르다. 선후니 병진이니 하는 것은 이자二者를
상응 관계로 보는 것이기 때문이다.

전습록傳習錄/상/**서애록**徐愛錄

지知는 행위를 주장하는 뜻이요,   知是行的主意

행行은 지의 공부다.   行是知的功夫.

지는 행의 시작이요 행은 지의 완성이다.   知是行之始 行是知之成.

전습록傳習錄/중/**답고동교서**答顧東橋書

지의 진정 절실하고 독실한 경지는 곧 행이요,   知之眞切篤實處 卽是行.

행의 밝은 깨달음과 정밀한 살핌의 경지는 곧 지다.   行之明覺精察處 卽是知.

그러므로 지행知行 공부는 분리될 수 없는 것이다.   知行工夫本不可離.

복례復禮→ 진심盡心

앞에서 지적한 대로 왕수인의 첫째 특징은 정주리학을 세
속화한 것이요, 둘째 특징은 극단적인 주관주의다. 그러므
로 왕수인은 공맹을 교주로 삼는 유심주의라는 점에서 정주
와 별다른 차이가 없다. 예컨대 인간의 욕망을 제거해야 할
부정적인 것으로 보는 것이나 주례가 지향하는 천하일가론
은 정주와 같다. 또한 유교의 만물일체 사상도 그대로 계승
한다.

전습록傳習錄/중/답고동교서答顧東橋書

무릇 성인의 마음은
천지만물을 일체로 생각하므로
천하만민을 안과 밖, 멀고 가까움을 가리지 않고
혈기 있는 것은
모두 형제와 자식 같은 친속親屬으로 생각하고
안전하도록 가르치고 길러주지 않음이 없다.
이로써 만물을 일체로 보는 마음을 다한다.

夫聖人之心
以天地萬物爲一體.
其視天下之人 無外內遠近.
凡有血氣
皆其昆弟赤子之親
莫不欲安全而敎養之.
以遂其萬物一體之念.

전습록傳習錄/하/황성증록黃省曾錄

천지만물은 원래 사람과 더불어 일체다.
그것이 드러나는 구멍 중에
가장 정치精緻한 곳이 영명한 사람의 마음이다.
바람과 비, 우레와 서리,
금수와 초목, 산천과 토석도
원래 사람과 더불어 한 몸이다.
…똑같은 일기一氣이므로
상통하기 때문이다.

天地萬物與人原是一體.
其發竅之
崔精處是人心一點靈明.
風雨露雷
禽獸草木山川土石
與人原是 一體.
…只爲同此一氣
故能相通耳.

육구연은 앞에서 말한 것처럼 공자의 '극기복례'를 '절기자반切己自反'으로 바꾸어놓았다. 왕수인도 육구연의 기조를 계승한다. 그런데 그는 '극기'와 '절기'는 근본적으로 다른 것이 아니라고 본다. 그러므로 그의 '거인욕去人欲 존천리存天理'도 정주의 '멸인욕 존천리'와 다를 바 없다.

전습록傳習錄/상/서애록徐愛錄

성인이 육경을 조술한 것은
단지 인심을 바르게 하고자 함이요,
인욕을 제거하여 천리를 보존하고자 함이다.

聖人述六經
只是要正人心
只是要存天理去人欲.

왕문성공전서王文成公全書/권7/시제입지설示弟立志說

성현의 가르침은
인욕을 없애고 천리를 보존하는 방법이 아닌 것이 없다.
사서오경도 모두 이것을 위한 것일 뿐이다.

聖賢垂訓莫非教人
去人欲存天理之方.
若五經四書是已.

그러나 왕수인은 공자의 '복례'에 대해서는 통치제도로 서의 효력을 이미 상실했다고 본 것 같다. 정주는 주나라의 '예禮'를 '존천리'로 해석하여 계승하려 했으나, 왕수인에 게 '주례'는 역사적 기록일 뿐이었다. 모든 경서經書를 역사歷史와 구별하지 않고 다 같이 마음의 기록으로 보았기 때문이다. 그러므로 정주와는 달리 경서를 절대화하지 않았다. 따라서 예와 제도는 모두 인정人情을 근본으로 해야 하므로 인정의 변화를 중시할 뿐, 옛 제도에 구애되지 않았다. 이처럼 경經과 사史를 하나로 본 것은 정주와 전혀 다른 전향적인 자세로 평가할 만하다.

왕문성공전서/권6/기추겸지寄鄒謙之

선왕의 예禮를 만들 때는 모두 인정人情을 좇아
그것을 절도 있게 무늬 지은 것이니
이로써 만세에 행하고 모두가 준칙으로 삼았다.

先王制禮 皆因人情
而爲之節文
是以行之萬世而皆準

그것이 혹시 내 마음에 납득되지 않는 것이 있다면

그것을 전하는 기록이 와전되고 빠진 것이 아니라

고금의 기풍과 습속의 마땅함이 다르기 때문이다.

만일 옛 예제禮制에 구애되고 마음에 납득되지 않는데도

맹목적으로 실행한다면 그것은 예禮가 아닌 예禮다.

其或反之吾心 而有所未安者

非其傳記之訛闕

則必古今風氣習俗之異宜者矣

若徒拘泥于古 不得于心

而冥行焉 是乃非禮之禮.

왕문성공전서王文成公全書/권7/계산서원존경각기稽山書院尊經閣記

육경은

내 마음의 상도常道에 지나지 않는다.

『주역』은

내 마음의 음양陰陽 소식消息에 대한 기록이요,

『서경』은

내 마음의 기강紀綱 정사政事에 대한 기록이요,

『시경』은

내 마음의 가영歌詠 성정性情에 대한 기록이요,

『예기』는

내 마음의 조리條理 절문節文에 대한 기록이요,

『악기樂記』는

내 마음의 흔희欣喜 화평和平에 대한 기록이요,

『춘추』는

내 마음의 성위誠僞 사정邪正에 대한 기록이다.

…따라서 육경은

내 마음(吾心)의 기록이며

육경의 실實은 내 마음에 구비되어 있다.

六經者

非他 吾心之常道也.

故 易也者

志吾心之陰陽消息者也.

書也者

志吾心之紀綱政事者也.

詩也者

志吾心之歌詠性情者也.

禮也者

志吾心之條理節文者也.

樂也者

志吾心之欣喜和平者也.

春秋也者

志吾心之誠僞邪正者也.

…故六經者

吾心之記籍也

而六經之實 則具於吾心.

전습록傳習錄/상/서애록徐愛錄

『춘추』도 경經이며 오경도 사史일 뿐이다.

春秋亦經 五經亦史.

왕문성공전서王文成公全書/권7/계산서원존경각기稽山書院尊經閣記

세상의 학자들은

육경의 실질을 내 마음에서 구하지 않고

헛되이 그 그림자와 메아리에서 찾으려 하며

글자 뜻의 말단·지엽에 묶여

옹색하게 그것을 육경이라 생각한다.

이는 부잣집 자손이

창고의 재산을 수성하고 향유할 줄 모르고

世之學者

不知求 六經之實於吾心

而徒考索於影響之間.

牽制於文意之末

碎碎然以爲是六經矣.

是猶富家之子孫

不務守視[20]享用其産業庫

藏之實積

나날이 유실하고 없애

가난뱅이가 되어 구걸할 지경에 이르러도

어리석게도 장부만을 들추며

이것이 내 창고에 쌓인 재산이라고 떠드는 것과

무엇이 다르랴?

日遺亡散失

至於竆人丐夫

而猶囂囂然指其紀籍曰

斯吾産業庫藏之籍也.

何以異於是.

전습록傳習錄/상/육징록陸澄錄

인심과 천리는 혼연한 한 몸이다.

성현이 책을 지을 때는 진영을 그려 정신을 드러내되

형상의 대략을 보여줄 뿐이고

그것을 토대로 참모습을 찾도록 하는 것과 같다.

人心天理渾然

聖賢筆之書 如寫眞傳神.

不過示人以形狀大略

使人因此討求其眞耳.

---

20) 守視(수시)=守成(유업을 발전시킴).

원래 정신과 기상, 말과 웃음, 행동거지는

전할 수 없는 것이다.

그러나 후세의 저술은

성인의 그림을 모방하고 복사하면서

함부로 분석하고 덧붙임으로써 자기 재주를 자랑하지만

그 참모습은 더욱 멀어질 뿐이다.

其情神意氣言笑動止

固有所不能傳也.

後世著述

是又將聖人所畫摹仿膽寫

而妄自分析加增以逞其技.

其實愈遠矣.

전습록傳習錄/중/답나정암소재서答羅整庵少宰書

무릇 배움이란 마음에서 깨달은 것을 귀히 여긴다.

마음에서 구하여 그른 것이라면

설사 그 말이 공자에게서 나왔다 해도

감히 그것을 옳다고 할 수 없는데

하물며 공자에 미치지 못한 사람의 말이야 어떻겠는가?

夫學貴得之心.

求之於心而非也

雖其言之出於孔子

不敢以爲是也.

而況未及孔子者乎.

다만 전체적으로 보면 왕수인은 공자의 왕권신수설이나 신분차별의 명분주의를 의심하지 않았다는 점에서 그의 정치철학 내지 도덕론은 봉건적 측면에서 정주의 그것과 크게 다를 바 없다.

전습록傳習錄/하/황성증록黃省曾錄

『대학』에서는 왜 후박厚薄을 말했는가?

이것은 도리에 자연적으로 후박이 있기 때문이다.

비유하자면 몸은 일체지만

손발은 머리와 눈을 지탱하고 보호하는 것과 같다.

어찌 이것이 치우치게 수족을 박하게 한다고 하겠는가?

如何大學又說箇厚薄

惟是道理自有厚薄

比如身是一體

把手足捍頭目

豈是偏要薄手足.

진실로 도리에 합당하려면 이와 같이 해야 할 것이다.　　　　　其道理合該如此.

전습록傳習錄/중/답고동교서答顧東撟書

성인은 능히 양지를 이루지만　　　　　　　　　　　　　　聖人能致其良知

어리석은 평민은 이룰 수 없다.　　　　　　　　　　　　　而愚夫愚婦不能致.

그래서 성인과 평민이 구분되는 것이다.　　　　　　　　此聖愚之所由分也.

양명학의 분열과 해체

원래 양명학은 주희의 이학을 통속화한 것일 뿐 근본 구
도를 바꾸는 것이 아니었다. 통속화라고 말한 것은 도덕률
의 하방을 말할 뿐 농업·공업 등 일용日用 학문으로 발전하
는 학문의 세속화라는 뜻은 아니다. 주희의 이학은 주리적
인 경향이었으나 이기이원론이므로 생명과 자연 또는 심心
과 물物을 종합하려는 노력이 있었던 반면, 왕수인은 생명
과 심을 취하고 자연과 물을 버렸기 때문이다. 그는 민에게
도덕적 생명만을 강조할 뿐 물을 버리게 함으로써 민중 생
명의 물질적 조건을 무시했다.

그러므로 그가 말하는 마음은 체제에 대한 민중의 순종을
끌어내는 데는 요긴했으나 민중의 현존재적 삶을 지속시키
는 데는 오히려 아무런 기여도 하지 못했다. 민중의 욕망을
억제하고 이利의 추구를 제약했기 때문이다.

그러나 양명학은 귀족들에게 성삼품설性三品說의 빌미가
된 성性을 버리고 민중적인 심을 취함으로써 역설적으로 기

존 체제의 올가미를 느슨하게 하는 데 물꼬를 트는 영향을 끼쳤다. 기존 체제의 해체에 빌미를 제공한 것은 급진적인 양명학도들이 주관적 유심주의를 극단적으로 발전시켜 마음만을 강조함으로써 공맹과 경전을 부정하는 광선狂禪으로 치달았기 때문이다.

광선에게 마음공부면 그만이지 공맹의 말씀이나 경전이 무슨 필요가 있겠는가? 결국 그들은 공맹을 인정했던 양명학까지도 스스로 부정하는 방향으로 치달았고 급기야 양명학 자체를 해체시킨다.

양명학은 왕수인 당시부터 좌우파로 분열됐다. 우파는 유학적 명교名敎의 틀을 벗어나지 않으려는 온건파이며, 좌파는 명교의 틀을 벗어나려는 급진파를 말한다.

우파들은 주희의 '본연지성'을 답습하므로 주자학과의 차별성이 희박해졌으며, 좌파의 경우 주자학의 근본 개념인 본연지성을 부인할 뿐만 아니라 유학의 명교名敎의 틀을 이탈하고 한 걸음 더 나아가 왕수인까지도 구애받지 않음으로써 광선狂禪 또는 급진으로 달려간다. 예컨대 왕수인의 가르침인 '사구교四句敎'에 대해 우파는 왕수인의 정법正法으로 고수하려 했던 데 반해, 좌파는 이를 권법權法에 불과한 것이라 하며 제1교리인 '본연지성'을 부인했던 것이다.

결국 우파는 점수漸修를 주장하여 주희와 차별이 없어지고, 좌파는 돈오頓悟를 주장하여 광선狂禪으로 치닫게 된 것이다.

우파인 서산緒山 전덕홍錢德洪(1496~1574)과 좌파인 용계龍溪 왕기王畿(1498~1583)의 견해를 대표적으로 살펴보겠다.

우파 전덕홍

명유학안明儒學案/**원외전서산선생덕홍회어**員外錢緒山先生德洪會語

(양명 선생의) 사구교四句教는 정본이니 바꿀 수 없다.　　　　　　　四句教是定本. 不可移易.

좌파 왕기

명유학안明儒學案/**낭중왕용계선생기어록**郎中王龍溪先生畿語錄

선생의 사구교는 순전히 권법權法에 속하니　　　　　　　　　　四句教純系權法

정법正法으로 고집할 것이 아니다.　　　　　　　　　　　　　未可執定.

왕수인의 사구교

전습록傳習錄/**하**/**황성증록**黃省曾錄

정해년 구월 양명 선생께서 일어나　　　　　　　　　　　　丁亥年九月先生起

사전思田으로 다시 출정하고자 행군을 명하려 할 때　　　　　復征思田 將命行時

전덕홍과 왕기가 학문을 논하고 있었다.　　　　　　　　　德洪與汝中論學

왕기가 먼저 선생의 사교구의 말씀을 거론했다.　　　　　　汝中[21]擧先生教言 曰

"선도 악도 없는 것이 심心의 본체요,　　　　　　　　　　無善無惡 是心之體.

선과 악이 있는 것은 의식意識이 움직인 것이요,　　　　　有善有惡 是意之動.

선악을 아는 것은 양지良知요,　　　　　　　　　　　　　知善知惡 是良知.

선을 행하고 악을 버리는 것은 격물格物이다."　　　　　　爲善去惡 是格物.

---

21) 왕기의 字.

왕기의 사무설四無說

전습록傳習錄/하/황성증록黃省曾錄

전덕홍이 물었다. "이 뜻(사구교)을 어찌 생각하는가?"

왕기가 답했다. "이는 아마 결국 화두가 아니겠나?

만약 마음의 본체가 선악이 없는 것이라면,

의意 역시 선도 없고 악도 없는 의일 것이며

지知도 역시 선악이 없는 지일 것이며

사물事物도 역시 선악이 없는 사물이어야 할 것이다.

만약 의에 선악이 있다고 말한다면

필경 심체心體도 도리어 선악이 있게 될 것이다."

德洪曰 此意如何.

汝中曰 此恐未是究竟話頭

若說 心體是 無善無惡.

意亦是 無善無惡的意.

知亦是 無善無惡的知.

物亦是 無善無惡的物矣.

若說意有善惡

畢竟心體還有善惡在.

전덕홍의 사유설四有說

전습록傳習錄/하/황성증록黃省曾錄

전덕홍이 말했다. "심체는 천명의 성이니

원래부터 선도 없고 악도 없는 것이다.

단 사람은 습심習心이 있어

의념意念에서 선악이 나타날 뿐이다.

격물格物 치지致知 성의誠意 정심正心은

이를 바르게 닦는 것이니

이것이 성性의 본체를 회복하는 공부인 것이다."

德洪曰 心體是天命之性

原是無善無惡的

但人有習心

意念上見有善惡在

格致誠正

修此正

是復那性體工夫.

왕수인의 절충

전습록傳習錄/하/황성증록黃省曾錄

양명 선생이 말했다. "두 사람의 견해는 바르고 좋다.

서로 밑거름으로 활용해야지

先生曰 二君之見正好

相資爲用

각기 한쪽만 고집해서는 안 된다.

내가 사람을 접해 본 바에 의하면

근원에 두 종류가 있다.

근본이 예민한 사람은

곧장 근원을 찾아서 깨달음에 들어간다.

인심의 본체는 원래 영명하고 막힘이 없는 것이나

원래 한낱 발현되지 않은 가운데 있는 것이니

근본이 예민한 사람은 한 번에 본체를 깨닫는 것이

공부가 된다.

그다음은 습심習心이 있어

본체가 가려진 사람이 있으니

이들은 의념에서 가려짐을 벗겨내도록 가르쳐

선을 행하고 악을 제거하는 공부가 익은 후에야

찌꺼기가 다 제거될 때

본체도 맑아진다.

왕기의 견해는

내가 접한 근본이 예민한 경우에 적합하고

전덕홍의 견해는

그다음 습심에 법도를 세워야 할 경우에 적합하다.

나의 종지는

선도 악도 없는 것이 심心의 본체요,

선과 악이 있는 것은 의식意識이 움직인 것이요,

선과 악을 아는 것은 양지요,

선을 행하고 악을 버리는 것은 격물이다.

不可各執一邊

我這裏接人

原有此二種

利根之人

直從本源上悟入

人心本體 原是明瑩無滯的

原是箇未發之中

利根之人一悟本體

卽是工夫.

其次不免有習心

在本體受蔽故

且敎在意念上實落

爲善去惡工夫熟後

渣滓去得盡時

本體亦明盡了

汝中之見

是我這裏接利根人的

德洪之見

是我這裏爲其次立法的.

我的宗旨

無善無惡 是心之體.

有善有惡 是意之動.

知善知惡 是良知.

爲善去惡 是格物.

오직 이러한 나의 화두를 근거로 하여	只依我這話頭
사람의 재질에 따라 지도하면	隨人指點
저절로 병폐가 없어질 것이다.	自沒病痛
이것이야말로 위에도 아래도 통하는 공부인 것이다.	此原是徹上徹下工夫
예민한 사람은 천하에 만나기 어렵고	利根之人 世亦難遇
대개 사람은 경험에 의한 습심이 있기 마련이니	人人有習心
교화는 딴 데 있는 것이 아니라 양지에 의거하여	不敎他在 良知上
실제로 선을 행하고 악을 제거하는 공부에 있다.	實用爲善去惡工夫
단지 일체로 본체에 대해서만 공상하게 한다면	只去 懸空想箇本體一切
사물과 다스림 모두 실을 드러내지 못하고	事爲俱不著實
허무와 적막만을 기르는 것에 불과할 것이다."	不過養成一箇虛寂.

좌파의 봉합

용계왕선생전집龍溪王先生全集/권1/천천증도기天泉證道記

전덕홍이 혼자 중얼거렸다. 만약 그리되면	緒山自謂 若是
사문의 가르침을 무너뜨리게 되므로 좋은 학문이 아니다.	是壞師門之敎法 非善學也
양명 선생이 말했다.	先生謂
"학문이란 모름지기 스스로 터득하고 깨닫는 것이지	學須自證自悟
남의 발꿈치를 따라다니는 것이 아니다.	不從人脚跟轉
만일 사문의 권법을 고정된	若執着師門權法
밑그림으로 받아들이면	以爲定本
언어의 해석에 얽매이지 않을 수 없으므로	未免滯於言詮
좋은 학문이 아니다.	非善學也.
나의 가르침은 원래 이처럼 두 가지가 있다.	吾敎法原有此兩種
사무설四無說은 근기가 뛰어난 자를 위한 가르침이고,	四無之說 爲上根人立敎

사유설四有說은	四有之說
근기가 중간 이하인 자를 위해 만든 가르침이다.	爲中根以下人立敎
왕기의 견해는 상근인上根人을 대할 때의 교법이고	汝中所見 是接上根人敎法
전덕홍의 견해는	德洪所見
중근中根 이하를 위한 교법이다.	是接中根以下人敎法
왕기의 견해는 내가 오랫동안 말하려고 했던 것이지만	汝中所見 我久欲發
사람들의 믿음이 못 미치는데	恐人信不及
공연히 엽등獵等의 병폐만 될까 염려하여	徒增躐之病
지금껏 침묵했던 것이다	故含蓄到今
이것은 마음으로 전하는 비장으로서	此是傳心秘藏
안연顔淵도 정호도 감히 말하지 못했던 것이다.	顔子明道所不敢言者
지금 이미 말해졌으니	今旣已說破
천기를 발설할 때가 된 것 같다.	亦是天機該發泄時
이제 어찌 감출 수 있겠는가?"	豈容復秘.

　왕수인은 『대학』의 '격물格物'에 대해 '격格'을 '정正'으로 읽고 사물을 바르게 하여 선을 행하고 악을 제거하는 뜻으로 해석한다. 그러나 왕기와 함께 좌파의 쌍벽인 심재心齋 왕간王艮(1483~1540)은 '격'을 '격식格式의 격'으로 읽고, 말단末端인 국국·천하天下·만물萬物보다 근본인 '신身'을 존尊하고 경敬함이 곧 앎이라고 해석한다(제4부 2장의 '육왕의 관념론과 정주 비판' 참조).

주희의 '격물치지' 해석 요지

사물에 대한 궁리窮理를 지극히 하여(格=至)

사물의 지식知識을 이룬다.

사물의 이를 바르게 하여(格=正) 마음의 양지良知를 이룬다.

왕수인

전습록傳習錄/상/서애록徐愛錄

격물이란 뜻을 성실하게 하는 공부다.　　　　　　　格物是誠意的工夫.

궁리란 성품을 다하는 공부다.　　　　　　　　　　窮理是盡性的工夫.

좌파 왕간의 격물

심재왕선생전집心齋王先生全集/권3/답문보유答問補遺

'격물'의 '물'은 곧 '물유본말物有本末'의 '물'이며　　　格物之物 卽物有本末之物.

'격'은 '격식'의 '격'과 같다.　　　　　　　　　　　格 如格式之格.

내 몸은 본本이요 곱자(표준)며　　　　　　　　　　吾身是本 是矩.

가문과 나라와 천하는 말末이요 네모(방책)이다.　　　家國天下是末 是方.

곱자가 바르게 되면 네모도 바르게 된다.　　　　　　矩正則方正.

명유학안明儒學案/왕심재어록王心齋語錄

지선至善에 머문다는 것은 안신安身이다.　　　　　　止至善者 安身也

안신은 천하를 안민입정安民立政하는 큰 근본이다.　　安身者 立天下之大本也.

근본을 다스려 말단을 다스리는 것은　　　　　　　　本治而末治

자기를 바르게 하여 사물을 바르게 하는 것이다.　　　正己而物正也

이것이 대인大人의 학문이다.　　　　　　　　　　　大人之學也.

그러므로 신身이란　　　　　　　　　　　　　　　是故身也者

천지만물의 본本이요,

천지만물은 말末이다.

(격이란) 신身이 근본인 줄 알고

이로써 명덕을 밝혀 친민親民하는 것이다.

신身이 편안하지 못하면 본이 확립되지 않으며

본이 어지러우면 말이 다스려지지 않는다.

격은 격식의 격이며, 자로 잰다(絜矩)는 말이다.

내 몸은 하나의 곱자(矩)요

천하 국가는 네모(方)다.

혈구絜矩란 네모(方)가 바르지 못한 것은

곱자(矩)가 바르지 못한 까닭임을 아는 것이다.

그러므로 곱자인 몸을 버림은

네모인 천하 국가를 구하지 않는 것과 같다.

곱자가 바르면 네모도 바르며

네모가 바르면 격이 이루어진다.

따라서 물격이라 한다.

심재왕선생전집心齋王先生全集/권2/어록語錄

눈앞의 일용지사日用之事가 학문이요 도道다.

사람이 가난하고 곤궁하여

그 몸이 얼어 죽고 굶어 죽는다면

그 근본을 잃은 것이니 학문이 아니다.

---

22) 卽(즉)= 접근하다, 곧 口口이다, 當, 目前, 目下.

天地萬物之本也

天地萬物末也.

知身之爲本

是以明明德而親民也.

身未安 本不立也.

本亂而末治者 否矣.

格如格式之格 卽絜矩之謂.

吾身是個矩

天下國家是個方

絜矩則知方之不正

由矩之不正也.

是以只去正矩

卻不在方上求

矩正則方正矣

方正則成格矣

故曰物格.

卽事是學 卽[22]事是道

人有困于貧

而凍餒其身者

則亦失其本 而非學也.

이처럼 양명학 우파는 주자학으로 달려가고, 좌파는 마음보다 몸을 중시하고 천리 도덕보다도 사공事功 일용을 중시하는 기철학의 방향으로 달려간다. 이로써 양명학은 반주자학이라는 소극적 역할을 제외한다면 적극적 의미에서는 심학으로서의 정체성이 해체되어 갔다고 볼 수 있다.

왕간

심재왕선생전집心齋王先生全集/권2/어록語錄

성인의 도는 백성의 일용日用에 다름 아니다.	聖人之道 無異于百姓日用.
백성의 일용이 아닌 것은 모두 이단이다.	凡有異者皆謂之異端.

하심은何心隱

하심은선생찬동집何心隱先生爨桐集/권2/변무욕辨無欲

공맹이 말한 무욕이	孔孟之言無欲
어찌 주돈이가 말한 무욕이겠는가?	豈濂溪之言無欲乎
또한 욕망이 적어야 심心이 보존된다면	且欲惟寡則心存
이때 심은 무욕이라 할 수 없다.	而心不能以無欲也
물고기도 갖고 싶고 곰 발바닥도 갖고 싶은 것은 욕欲이요,	欲魚欲熊掌 欲也
물고기를 버리고 곰 발바닥을 취한 것은 욕망이 적은 것이다.	舍魚而取熊掌 欲之寡也
살려고 함도 욕이요, 의롭게 하려고 함도 욕이다.	欲生欲義 欲也
생生을 버리고 의義를 취함은 욕을 적게 한 것이다.	舍生而取義 欲之寡也
그러나 곰(熊)까지 줄이고 줄여서 무無에 이르게 되면	熊寡之又寡 以至於無
심을 보존하겠는가?	以存心乎.

하심은선생찬동집何心隱先生爨桐集/**권1**/**원학원강**原學原講

그러면 또 천지天地가 근원으로 삼은	乃又原天地
그 근원은 무엇을 근원으로 삼는가?	其原又奚原耶
건곤乾坤을 근원으로 삼지 않겠는가?	不原於乾坤其原耶
그러면 또 건곤이 근원으로 삼은	乃又原乾坤
그 근원은 무엇을 근원으로 삼는가?	其原又奚原耶
건을 건이 되게 하고	不又原於 乾乎其乾
곤을 곤이 되게 하는 인仁을 근원으로 삼지 않겠는가?	坤乎其坤 而仁其原耶
그런즉 인仁은 인人이다.	然仁則人也
건곤이 있어야	有乾坤
인人도 있고 인仁도 있을 수 있다.	而乃有人也 而乃有仁也
그런데 왜 건곤이 인仁을 근원으로 삼는가 하면,	而乾坤奚原於仁其原也
건이다 곤이다 하지만	惟乾惟坤
천지가 없으면 건곤도 없으며,	而不有天地 則不有乾坤矣
천天이다 지地다 하지만	惟天惟地
사람이 없으면 천지도 없기 때문이다.	而不有人 則不有天地矣
대저 사람(人)이 곧 천지의 마음(心)이다.	夫人則天地心也
어짊(仁)이 곧 사람의 마음(人心)이다.	而仁則人心也
그 마음(心)은 곧 태극이다.	心則太極也.
그 태극이 낳은 것이 음양이다.	太極之所生者兩儀也.

성기호설性嗜好說, 하심은

하심은선생찬동집何心隱先生爨桐集/**권2**/**과욕**寡欲

| 미각에 마음이 움직이고, 여색에 마음이 움직이고 | 性而味 性而色 |
| 음악에 마음이 움직이고, 안일에 마음이 움직인다. | 性而聲 性而安逸 |

이처럼 성性이란 욕欲을 타는 것이다.	性也乘乎其欲者也
그래서 욕이 명령하여 행위를 제어하는 것이다.	而命則爲之御焉
그러므로 군자는 성인은 마음이 가는 대로 천명을 기호하여	是故君子 性而性乎命者
욕심을 탄 것이 천명에 제어되도록 하는 것이다.	乘乎其欲之 御於命也
성이란 이처럼 크지만 밝지 못한 것이다.	性乃大而不曠也
무릇 욕망은 하고자 함이 있으니 그것이 발현되어	凡欲所欲 而若有所發
중정하게 발현하면 저절로 치우치지 않는다.	發以中也 自不偏乎
하고자 하는 욕심을 많게 하는 것은 과욕寡欲이 아니며	欲於欲之多也 非寡欲乎
욕심을 적게 한다면 이는 본성本性을 다하는 것이다.	寡欲以盡性也.

하심은선생찬동집何心隱先生爨桐集/권3/취화로로문聚和老老文

옛날 공유公劉는 비록 재화 욕심이 있었지만	昔公劉[23])雖欲財
그 욕심은 백성의 욕심과 함께했다.	然欲與百姓同欲
이로써 선인들은 안민安民의 공업을 두터이 하고	以篤前烈
욕심을 길렀다.	以育欲也
태왕은 비록 색욕이 있었으나	太王[24])雖欲色
역시 그 색욕을 백성과 함께했고	亦欲與百姓同欲
이로써 왕통을 계승할 수 있었고 백성의 욕심을 길러주었다.	以基王績 以育欲也.
욕심을 길러줌이 이와 같다면 어찌 욕심이 문제되겠는가?	育欲在是又奚欲哉欲
공자는 명덕을 천하에 밝혀	仲尼欲明明德於天下
치국治國·제가齊家를 욕심내어	欲治國欲齊家
마음이 온통 그 욕망을 좇았으나	七寸從其所欲

---

23) 周의 전설적 시조인 后稷의 증손자.
24) 后稷의 12대 후손. 文王의 祖父.

천하를 화평하게 하려는 기준을 넘지 않고　　　　　　而不踰乎天下之矩

욕심을 길렀다.　　　　　　　　　　　　　　　　　以育欲也

욕심을 길러줌이 이와 같다면 어찌 욕심이 문제되겠는가?　　育欲在是又奚欲哉欲.

평가와 비판

　정주든 육왕이든 그들의 신민臣民 수양修養론은 그 이상을 찾을 수 없을 정도로 깊은 것이다. 그런 까닭에 그들의 학문은 부패한 왕조를 수백 년씩 존속시킬 수 있었으며 수많은 충신 열사를 키워낼 수 있었다.

　특히 왕수인의 수양론은 입지立志를 무엇보다 중요시한다. 입지가 바르면 바르게 성장하고 입지가 그르면 그르게 성장한다는 것이다. 다만 사람이란 입지가 바르다 해도 문화적 전통과 환경에 따라 그 열매가 달라질 수 있다는 것은 예외일 것이다.

> **왕수인**

왕문성공전서王文成公全書/권7/시제입지설示弟立志說

무릇 학문은　　　　　　　　　　　　　　　　　夫學

뜻을 세우는 것(立志)보다 더 우선하는 것은 없다.　　莫先於立志

뜻이 서지 않으면 마치 뿌리가 없는 것과 같아서　　志之不立 猶不種其根

수고롭게 흙을 북돋고 물을 줘도　　　　　　　　而徒事培擁灌漑勞苦

자라지 않는다.　　　　　　　　　　　　　　　　無成矣

그러나 입지는 쉬운 것이 아니다.　　　　　　　　夫立志亦不易也.

공자는 성인인데도 오히려 말하기를 　　　　　　　　孔子聖人也 猶曰

열다섯 살에 학문에 뜻을 두고 　　　　　　　　　　吾十有五而志於學

서른이 돼서야 입立했다고 한다. 　　　　　　　　　三十而立

이때 입立은 뜻(志)을 세웠음(立)을 뜻한다. 　　　　立者志立也.

비록 '불유구不蹂矩(법도를 넘지 않음)'의 경지라 해도 　雖至於不蹂矩

역시 뜻의 '불유구'를 의미한다. 　　　　　　　　亦志之不蹂矩也.

이로써 뜻을 세운다 함은 쉽지 않음을 알 수 있다. 　志豈可易而視哉.

대저 뜻(志)은 기氣의 장수요, 사람의 운명(命)이요, 　夫志氣之帥也 人之命也.

나무의 뿌리요, 물의 근원이다. 　　　　　　　　木之根也 水之源也.

전습록傳習錄/상/육징록陸澄錄

육징陸澄이 입지立志에 대해 묻자 선생이 말했다. 　　問立志 先生曰

"오직 천리天理를 보존하려는 생각이 곧 입지다. 　　只念念要存天理卽是立志

오랫동안 이것을 잊지 않으면 　　　　　　　　　能不忘乎 此久則

자연히 마음속에 모여 고이는 것이 있다. 　　　　自然心中凝聚

그것은 마치 도가에서 말하는 　　　　　　　　猶道家

성스러운 태아가 맺어진다고 말하는 것과 같다. 　　所謂結聖胎也.

이처럼 천리에 대한 생각이 보존된다면 　　　　此天理之念常存

저절로 아름답고 위대한 성신聖神에 이르게 된다." 　馴至於美大聖神.

왕문성공전서王文成公全書/권26/대학문大學問

대학大學은 옛 유사들이 　　　　　　　　　　大學者昔儒

대인의 학문이라 생각했다. 　　　　　　　　以爲大人之學矣

"어째서 대인의 학문은 　　　　　　　　　　敢問大人之學

밝은 덕을 밝히는 데 있다"했는가? 　　　　何以在於明明德乎.

양명 선생이 말했다.

"대인이란

천지만물이 일체라고 생각한다.

대인은 천하를 한집안같이 여기고

중국을 한 사람처럼 여긴다.

그럼으로 대인의 학문이라 하는 것은

오직 사욕의 가림을 제거하고

스스로 명덕明德을 밝혀

천지만물과 일체인

본성을 회복하는 것뿐이다."

陽明子曰

大人者

以天地萬物爲一體者也之

其視天下猶一家

中國猶一人焉

故夫爲大人之學者

亦惟去其私欲之蔽

以自明其明德

復其天地萬物一體之

本然而已.

조선의 퇴계는 정주에 반대하는 왕수인을 비판했다. 그러나 일부 개혁적인 후학들은 왕수인을 이용하여 주자학의 절대성을 부정하려 했다. 그 대표적인 사람은 교산蛟山 허균許筠(1569~1618)이다. 그는 일찍이 형인 하곡荷谷 허봉許篈(1551~1588)을 통해 왕수인을 알았다. 허봉은 왕수인을 사도라고 비판했으나 뒤에 허균은 직접 중국에서 양명 좌파 출신인 탁오卓吾 이지李贄(1527~1602)의 동심설童心說을 접하고 이에 고무됐다. 다만 유의할 것은 그들이 양명을 읽었다고 해서 양명학을 신봉했다고 말하는 것은 잘못이라는 것이다.

퇴계

퇴계집退溪集/권41/전습록논변傳習錄論辯

양명은 외물이 마음을 구속할까 염려한 나머지

陽明徒患外物之爲心累

사람의 도리와 사물의 법칙이야말로
참으로 지극한 이理임을 알지 못했다.
즉 그는 내 마음이 본래부터 이理를 갖추고 있고
강학하고 궁리하는 것은
바로 이 본심의 체體를 밝히고
나아가 본심의 작용을 통달하려는 수단임을 알지 못했다.
그러므로 그는 온갖 사물을 모두 제거하여
모두 본심에 끌어넣고 뒤섞어 설명하려 했다.
이것은 석가의 견해와 무엇이 다르겠는가?

양명은 역시 그의 주장이 편벽됐으므로
지행知行은 나뉘지 않는 것이 지행의 본체이고
지행을 나누는 것은 자의로 갈라놓은 것이라고 생각했다.
그렇다면 성현들의 지행에 대한 설명은
모두 자의란 말인가?

질병의 고통을 알고 처방함에 도를 터득함이
바로 질병의 지행이며
기한飢寒을 알고 처방함에 그 도를 터득함이
기한의 지행이라고 말하는 것이다.
병들면 아픈 것을 알고 굶주리면 배고픔을 아는 것은
길 가는 사람이나 걸인이나 심지어 짐승들도 다 능하다.

不知民彝物則
眞至之理.
卽吾心本具之理
講學窮理
正所以明本心之體
達本心之用.
故乃欲事事物物一體掃除
皆攬²⁵⁾入本心滾²⁶⁾說了.
此釋氏之見何異.

陽明亦自知其說之偏
故以不分知行 爲知行本體
以分知行爲私意隔斷.
然則古聖賢爲知行之說者
皆私意耶.

知疾痛而處得其道
方可謂疾痛之知行.
知飢寒而處得其道
方可謂飢寒之知行.
若痛而知痛 飢寒而知飢寒
途人乞人與禽獸皆能之.

---

25) 攬(람)=受斂, 括束.
26) 滾(곤)=旋轉, 湯沸.

만약 이것을 지행이라 한다면   若是以可謂知行
어찌 학문이 귀하다고 하겠는가?   何貴於學問爲哉.

　나의 견해로는 양명학은 정주학보다도 더욱 유심주의를
극단화시킴으로써 그 병통도 심화된 것으로 생각된다. 유심
주의의 병통은 인사人事와 역사를 우주 자연사로 확대·환원
함으로써 생기는 오류다. 이 점에서는 정주학도 다를 바 없
지만 왕수인은 이러한 주관주의를 극단적으로 관철함으로
써 그 병통도 심화시킨 것이다.
　예컨대 천리론, 만물일체 사상, 천하일가론 등은 정주학
과 다를 바 없으나, 문물과 제도를 도외시하고 오직 주관에
서만 그것을 찾으려 한다는 점에 문제가 있는 것이다. 또한
주관이란 것도 도덕적인 인간 일반에 대해 말한 것일 뿐 개
인의 생명 존중을 도외시한다는 점에서는 주체 소외를 심화
시킨다.
　다만 극단적인 주관화는 역설적으로 구체제의 유지를 담
보하던 성현과 경전의 질곡에서 벗어날 수 있는 틈새를 열
어주었다. 실제로 양명 좌파들의 뿌리에서는 새로운 혁명적
사상들이 산출됐다. 그 대표적인 예로 이지의 동심설을 소
개한다.

이지의 동심설

공맹의 권위에 도전

탁오 이지는 본래 성은 임林씨였으나 조부 대에 반란에 가
담한 이후 성을 이李씨로 바꿨다. 또 특이한 것은 대대로 이
어온 이슬람교도 상인 가문 출신이라는 점이다. 그는 윈난
성雲南省 야오안姚安의 지부知府를 끝으로 벼슬을 그만두고
강학과 저술 활동을 했다. 만년에는 베이징 극락사에 거주
했으며, 1602년 76세 나이로 '이단교리'와 '혹세무민'의 죄
로 체포되자 옥중에서 자살했다.

그는 육경, 『논어』, 『맹자』 등 유가 경전의 권위를 부인하
고, 공자를 가치판단의 기준으로 삼는 것에 반대했다. 그는
유가 경전은 단지 사관들이 지나치게 칭송한 말이거나 어리
석은 제자들이 선생의 말을 기록한 것일 뿐 만세의 지론이
될 수 없다고 말한다(『분서焚書』 권3 「동심설童心說」).

왕수인의 제자이며 양명 좌파를 세운 왕간의 아들 동애東
崖 왕벽王襞에게서 배웠으며 왕간과 그의 제자 부산夫山 하심
은何心隱[27](1517~1579)을 영웅으로 존경했다. 왕간은 소금
장수 출신으로 그의 제자들은 나무꾼, 옹기 장수, 농부 등
천민들이었으며, 하심은은 묵자의 겸애 사상과 장재의 민포
사상을 수용하여 이욕을 긍정하고 명교를 비판한 반체제적

---

27) 본명은 梁汝元이나 정적의 보복을 피해 도피 중 개명했고 뒤에 명교의 죄인으로 체포되어 장살됨.

진보주의자였다. 이들의 영향을 받은 이지는 한 걸음 더 나아가 양명학까지도 뛰어넘는 독창적인 사상과 삶을 살았다.

양명학은 앞에서 지적한 것처럼 이학을 세속화한 것일 뿐 유가의 예교 사상을 버린 것이 아니다. 그러나 양명 좌파들은 왕수인을 뛰어넘어 선학禪學으로 치닫거나, 명교를 부정하고 공맹을 이탈하는 극단으로 치달았다. 이지는 후자의 대표적인 사례일 것이다. 특히 그는 정주의 도학을 극도로 반대했다. 또 공맹을 비난하고 양자와 묵자를 숭배했다(『사고전서총목제요四庫全書總目提要』권125「초약후문답焦弱侯問答」).

이지

장서藏書/세기열전총목世紀列傳總目 전론前論

대저 시비를 다투는 것은	夫是非之爭也
세월이 바뀌고 밤낮이 갈마들듯	如歲時然. 晝夜更迭
서로 한결같지 않기 때문이다.	不相一也.
어제는 옳은 것이 오늘은 그르고	昨日是而 今日非矣.
오늘은 그른 것을 후일에는 옳다고 한다.	今日非而 後日又是矣.

속분서續焚書/권2/삼교귀유설三敎歸儒說

부끄러움도 없는 도학의 못된 폐습이 지금에 이르러서는	無怪其流弊至於今日
양으로는 도학을 하고, 음으로는 부귀를 탐하니	陽爲道學 陰爲富貴
옷 입는 것은 단아한 유가의 모습이나	被服儒雅
행실은 개돼지와 같다.	行若狗彘然也.

분서焚書/권1/답경중승答耿中丞

하늘이 어느 한 사람을 태어나게 했을 때는

그 사람의 쓰임이 있기 때문이다.

공자에게서 공급받은 이후에만

사람으로서 충족된다고 말할 수는 없다.

만약 그렇다고 가정한다면

공자가 태어나기 이전의 할아버지들은

사람 노릇도 하지 못했단 말인가?

夫天生一人

自有一人之用.

不待取給[28]于孔子

而後足也.

若必待[29]取足于孔子

則千古以前無孔子

終不得爲人乎.

속분서續焚書/권4/제공자상어지불원題孔子像於芝佛院

사람들이 공자를 대성大聖이라 하므로

나 역시 그렇게 생각할 뿐이다.

사람들이 노불老佛을 이단이라 하므로

나 역시 그렇게 생각할 뿐이다.

사람들은 참으로 대성과 이단을 아는 것이 아니라

아비와 스승의 가르침을 듣고 익숙해진 것뿐이다.

사부도 역시 참으로 대성과 이단을 아는 것이 아니라

유가들의 먼젓번 가르침을 듣고 익숙해진 것뿐이다.

유가들 역시

참으로 대성과 이단을 아는 것이 아니라

공자가 그렇게 말을 했기 때문이다.

人皆以孔子爲大聖

吾亦以爲大聖

皆以老 佛爲異端

吾亦以爲異端.

人人非眞知大聖與異端也

以所聞於父師之教者熟也

父師非眞知大聖與異端也

以所聞於儒先之教者熟也

儒先亦

非眞知大聖與異端也

以孔子有是言也.

---

28) 取給(취급)=공급하다.

29) 待(대)=假也, 擬也.

이러한 그의 반反공자의 선학禪學적 경향은 한족의 정통인 공자의 명교 사상을 고수하려는 명 말 청대의 개혁적인 기철학으로부터 격렬한 비판을 받는다. 청대의 기철학은 정이·주희·왕수인 등이 공자의 경학을 버리고 선학으로 경도함으로써 중화 문화에 재앙을 가져와 송과 명의 멸망을 재촉한 것으로 인식했던 것이다. 특히 왕부지는 왕수인과 이지를 두고 중화의 의관을 훼손했다 하여 홍수와 맹수에 비유했다. 그들의 경향을 수용한 황종희黃宗羲(1610~1695)까지도 이지의 동심설童心說을 유교의 틀에서 완전히 벗어난 것으로 생각했으므로 그를 유가의 대열에서 제외했다(『명유학안明儒學案』「태주학안泰州學案」).

사고전서

사고전서총목제요四庫全書總目提要/권125/초약후문답焦弱侯問答

초횡焦竑은 경정향耿定向을 사사하고	焦竑師耿定向
이지李贄와 벗했는데	而友李贄
특히 이지로부터 그의 학풍에 감염됨이 깊었다.	於贄之習氣沾染尤深
두 사람은 서로 손을 잡고	二人相率
열렬한 선禪의 신봉자(狂禪人)가 됐다.	而爲狂禪
이지는 심지어 공자를 비난하고	贄至於詆孔子
초횡은 양자와 묵자를 숭배하여	而竑亦至尊崇楊墨
(양자와 묵자를 비난한) 맹자를 용납하기 어렵다고 했다.	與孟子爲難
비록 천지가 넓어 별의별 사람이 다 있다 해도	雖天地之大無所不有
있을 수 없는 일이다.	然不應
그들의 망령되고 거짓됨이 지경에 이른 것이다.	妄誕至此也.

일용 사물의 학문 지향

　이지가 건설하고자 한 신학문은 정주의 이학과 육왕의 심학의 현학적 요소를 불식한 새로운 실용 학문이었다. 그러므로 그는 청대 실학의 선구자임이 분명하다. 그러나 그 후 청대에도 그처럼 대담하게 구체제와 그 학문을 부정한 학자는 드물었다.

이지

분서焚書/권1/답등석양答鄧石陽

옷 입고 밥 먹는 것은 곧 인륜과 물리物理요,	穿衣喫飯 卽是人倫物理.
옷 입고 밥 먹는 욕망을 제외하면 인륜과 물리는 없다.	除欲穿衣喫飯 無倫物矣.
…그러므로 학자는 마땅히 인륜과 물리에 대해	…學者只宜於倫物
참된 공空을 인식해야 하며	上識眞空
'인륜과 물리'에서 '인륜'과 '물리'를 분별해서는 안 된다.	不當於倫物上辨倫物.
그러므로 이르기를	故曰
"일상 사물을 밝혀 인륜을 고찰하라" 했다.	明於庶物 察於人倫.
(일상사의) 인륜과 사물에서 밝히고 고찰하기를 거듭하면	於倫物上加明察
근본에 도달하고 참된 근원을 인식할 수 있다.	則可以達本 而識眞源.
그렇지 않으면 단지 인륜과 물리만 계교하고 헤아릴 뿐이니	否則只在倫物上計較忖度
끝내 스스로 깨우칠 날은 없을 것이다.	終無自得之日矣.

분서焚書/권1/답등명부答鄧明府

대저 순舜은 이언邇言(民事의 말)을 살피고 좋아한 사람이다.	夫舜之好察邇言者
내 생각으로는 성스럽지 않으면 살필 수 없다 함은	余以爲 非至聖則不能察

스스로 성인이 아니면 살필 수 없다는 뜻이 아니다.　　非不自聖 則亦不能察也

이미 성인에 이르면　　已至于聖

군중의 말(衆言)은 이언이 아니며　　則自能知衆言之非邇

한마디 이언이　　無一爾言

참으로 성인의 말이 아님이 없음을 스스로 안다.　　而非眞聖人之言者

한마디 이언이 참으로 성인의 말이 아님이 없다면　　無一爾言而非眞聖人之言

천하에 한 사람도　　則天下無一人

참(眞)성인이 아님이 없음도 분명하다.　　而不是眞聖人之明矣

무릇 세간의 모든 후생과 산업의 일들은　　凡世間一切治生産業等事

모두가 다 같이 좋아하고 다 같이 익숙하며　　皆其所共好而共習

다 같이 알고 다 같이 말하는 것이니　　共知而共言者

이것이 진정한 이언이다.　　是眞邇言也.

이욕 긍정

지금부터 2,500년 전 묵자는 인류 최초로 민중을 위한 학
문을 세웠으며, 이利가 곧 의義라고 규정하고 적극적으로 긍
정했다. 그러나 아무도 그를 주목하지 않았을 뿐만 아니라
그의 저서는 거의 2천 년 동안 금서로 묶여 세상에 알려지지
않았었다. 그래서 이利는 2천 년 동안 도둑의 도道로 낙인찍
혀 있었다. 이처럼 이욕利慾의 해방은 기나긴 역경의 역사를
가지고 있다는 것을 새삼 주목해야 한다.

유학은 본래부터 관리官吏를 위한 학문이었으므로 이利를
악惡으로 규정했다. 그들이 이利를 이로움이라 하지 않고 의

를 이로운 것이라고 선전한 것은 민民의 입장이 아니라 군주
君主의 입장이었기 때문이다. 이로써 민에게 사리私利를 금
하고 군주 자신의 사리를 공리公利로 강요함으로써 천하의
이利를 독점할 수 있었다.

묵자

묵자墨子/경설經說 상

의義는 곧 이利다.	義 利也.
의는 천하를 아름답게 하려는 의지며	義 志以天下爲芬
능력껏 천하를 이롭게 하는 것이다.	而能能利之.
그러나 반드시 재용만을 말하는 것은 아니다.	不必用.

논어

논어論語/자한子罕 1

공자는 이利와 명命과 인仁에 대해 말하는 일이 드물었다.	子罕言利與命與仁.

맹자

맹자孟子/진심盡心 상

이利를 도모하는 것은 도척의 도道다.	爲利者 跖之道也.

동중서

춘추번로春秋繁露/권17/천도시天道施

이利는 도둑의 뿌리다.	利者 盜之本也.

대학大學/전傳 10장

자기의 나라와 가문을 키우고 재화와 이용을 힘쓰는 것은
반드시 소인이다.
그러므로 "나라는 이利를 이利로 삼지 않고
의義를 이利로 삼는다"고 말한다.

長國家而務財用者
必自小人矣.
此謂國不以利爲利
以義爲利也.

　　그런데 묵자 이후 무려 2천 년이 지난 후에 유교의 명교를
거부한 반역아라고 불리는 하심은과 이지 등 민중 계급 출
신이 나타나, 비로소 시장과 교역, 권세와 이利를 욕구하는
마음은 하늘이 품부한 자연적인 이치라고 주장하고 정주리
학의 금리禁利와 금욕禁慾을 반대했다.

　　이지는 대대로 국제 무역에 종사해 온 상인 집안 출신이
었으므로 시장과 교역을 중시했다. 그는 금욕을 반대하는
논거로 공자를 예로 든다. 『논어』에 의하면 "공자는 술을 마
시되 일정한 양은 없었지만 정신이 혼란하도록 마시지 않았
다"고 한다(惟酒無量 不及亂 : 『논어』 「향당鄕黨」 8). 이것으로
보아도 성인은 금욕을 말하지 않았다고 주장한다. 원래 술
에 대한 제한을 가한 것은 주나라 문왕 때인 것 같다(『서경』
「주고酒誥」). 그러나 술을 금욕주의적인 측면에서 제한한 것
이 아니라 왕손들의 무절제를 경계한 것뿐이다.

이온릉집李溫陵集/명등도고록明燈道古錄

세와 이익을 좇는 마음은

勢利之心

역시 인간이 품부받은 자연이다.　　　　　　　　　　　　　　亦吾人稟賦之自然.

분서焚書/권1/답등명부答鄧明府

이利를 좋아하고 해害를 피하는　　　　　　　　　　　　　　趨利避害
마음은 사람마다 같으므로　　　　　　　　　　　　　　　　人人同心
이것을 하늘이 준 본성(天性)이라 하고　　　　　　　　　　　是謂天性
민중의 재주(衆巧)라 한다.　　　　　　　　　　　　　　　　是謂衆巧
이것이 이언이 신묘한 까닭이며　　　　　　　　　　　　　　邇言之所以爲妙也
이것이 대순大舜이 민중의 말을 살펴 듣기를 좋아한 까닭이며　　大舜之所以好察
고금의 위대한 지혜가 된 까닭이다.　　　　　　　　　　　　而爲古今之大智也.

그렇다고 이지가 의義를 버리라거나 오늘날 자유주의처럼
이利를 즐기는 것이 의가 된다고 말한 것은 아니다.

분서焚書/권5/붕우편朋友篇

천하에 벗이 없어진 지 오래다.　　　　　　　　　　　　　夫天下无朋久矣.
어찌 그런가?　　　　　　　　　　　　　　　　　　　　　何也.
온 세상이 모두 이利를 즐기고　　　　　　　　　　　　　舉世皆嗜利
의義를 즐기지 않기 때문이다.　　　　　　　　　　　　　无嗜義者.
…온 세상이 이를 즐긴다면　　　　　　　　　　　　　　…嗜利
비록 살아있다 해도 죽은 것과 같으니　　　　　　　　　　則雖生猶死
어깨를 밀치고 빼앗아 먹으며　　　　　　　　　　　　　則凡攘臂而奪之食
돌을 던져 아예 입을 봉해 버리는 일도　　　　　　　　　下石以滅其口
능사로 할 것이다.　　　　　　　　　　　　　　　　　皆其能事矣.

양지현성설良知現成說

이지는 성삼품설의 근거인 성인생지설聖人生知說을 반대하고 만물생지설萬物生知說을 주장했다. 신분차별의 명제인 성인생지설과 성삼품설은 그 근거로 『중용』의 글을 내세운다. 즉 혹자는 태어날 때부터 알고, 혹자는 배워서 알고, 혹자는 곤란을 겪고 난 후에야 안다는 것이다.

그러나 이지는 이 문장을 '천하에 생지生知 아닌 사람은 없다'는 정반대의 뜻으로 읽는다. 이것은 만민의 본성은 평등하다는 것이므로 성삼품설을 부정하는 것이다.

이것은 사람마다 모두 양지良知를 가지고 있다는 왕수인의 양지설에서 나온 것이다. 그는 한 걸음 더 나아가 "『논어』에서 말한 '생이지지자生而知之者'는 곧 부처(佛)이며, 공자의 생지는 왕수인의 양지이며 부처의 불성佛性"이라고 말한다. 그리고 사람은 누구나 미래가 아닌 지금(現) 곧 양지 또는 불성을 실현할 수 있다는 '양지현성설良知現成說'을 주장한다. 이것은 "곧바로 인심을 붙잡아 본성을 발견하면 부처가 된다(直指人心 見性成佛)"는 혜능의 돈오설을 양지설로 풀이한 것이다.

분서焚書/권1/답주서암答周書巖

천하에 생지生知(태생적 양지)를 갖지 않은 사람은 없고   天下無一人不生知

한 물건도 생지 아닌 것이 없으며   無一物不生知

일각도 생지 아님이 없다.   亦無一刻不生知者.

…생지자生知者는 곧 부처다.   …生知者便是佛.

| 다만 스스로 깨닫지 못할 뿐 | 但自不知耳 |
| 깨닫게 할 수 없는 사람은 없다. | 然又未嘗不可使之知也. |

눈앞에 부처가 없다면	眼目前無佛
다른 날에는 또 언제 부처가 있겠는가?	他日又安得有佛也.
만약 다른 날에 부처가 됐다면	若他日作佛時
그때 그 부처는 참다운 존재임이 분명한데	佛方眞有
오늘 부처가 될 수 없다면	則今日不作佛是
부처는 어디로 가버렸을까?	佛又何處去也.

남녀평등론

이지의 평등론은 각자의 인격과 개성을 존중하는 근대적인 것이었다. 이것은 생지生知에 있어서는 시정의 잡배와 성인이 똑같다는 만물생지설에서 도출한 결론이었다. 특히 그는 남존여비의 봉건 예교禮敎에 반대하고 남녀평등을 주장했다. 또 과부의 재가와 여성의 혼인 자유에 찬성했다. 유학의 예교 사상 중 가장 나쁜 영향을 끼친 것으로 남녀차별을 들 수 있는데, 남녀평등을 주장했다는 점에서 이지는 대단한 선각자였던 것이다.

분서焚書/권3/동심설童心說

| 지각을 갖지 않고 태어난 사람은 천하에 한 사람도 없다. | 天下無一人不生知 |
| 만물 또한 지각을 갖지 않고 태어난 것은 하나도 없다. | 無一物不生知. |

그러므로 생지는 성인이나 시정잡배나 한가지다.　　　　　故生知聖人與途人一

무릇 인간은 모두 한가지다.　　　　　　　　　　　　與凡人一.

분서焚書/권1/답경사구答耿司寇

사람마다 모두 성인이 될 수 있다.　　　　　　　　　人人皆可以爲聖.

그러므로 양명 선생이 이르기를　　　　　　　　　　故陽明先生曰

"거리에 가득한 것이 모두 성인"이라고 했다.　　　　滿街皆聖人.

석가 역시 이르기를　　　　　　　　　　　　　　　佛氏亦曰

"마음이 곧 부처요 사람마다 부처"라고 했다.　　　即心即佛 人人是佛.

분서焚書/권2/답우인서答友人書

부녀자의 식견이　　　　　　　　　　　　　　　　不可止以婦女之見

단견이라고 단정하는 것은 옳지 않다.　　　　　　　爲短見也.

사람에 남녀가 있다고 말하는 것은 옳지만　　　　　故謂人有男女則可

식견에 남녀가 있다고 말하면 옳겠는가?　　　　　謂見有男女可乎.

분서焚書/권2/답이여인위단견서答以女人爲短見書

사람은 남녀가 있기 마련이라고 말한다면 옳지만　　故謂人有男女則可

식견은 남녀가 다르다고 말한다면 옳겠는가?　　　謂見有男女異可乎.

식견은 길고 짧은 것이 있다고 말한다면 옳겠지만　　謂見有長短則可.

남자의 식견은 모두 길고　　　　　　　　　　　　謂男子之見盡長

여자의 식견은 모두 짧다고 말한다면　　　　　　　女人之見盡短

어찌 옳다고 하겠는가?　　　　　　　　　　　　　又豈可乎.

동심설과 주체성

동심童心이란 모든 기존 가치의 부재不在를 의미한다. 노자와 장자의 동심설은 기존의 모든 가치 체계를 전면 부정한 반문명적이며 혁명적인 담론이었다. 또한 동심설은 원시 공산사회의 인간상을 말하는 것이기도 하다. 『노자』에서 말한 '절학絶學'과 '무지無知'도 동심이 되는 방법을 말한 것이다. 즉 문명과 지배 이데올로기로 물들면 새로운 사회인 공산사회의 주인공이 될 수 없다는 뜻이다. 『성경』에서 천국에 들어가려면 반드시 어린아이가 되어야 한다고 말한 것도 비슷한 맥락이다. 이지의 동심설도 노장의 동심설을 이어받은 것이다.

절학絶學

노자老子/20장

성인聖人의 학문學文을 단절하니 근심이 없다.	絶學無憂.
"예! 예?" 하는 차이는 얼마나 미미한가?	唯之與阿 相去幾[30]何.
선과 악의 차이는 얼마나 같은가?	善之與惡 相去何若.
남들이 외경畏敬하는 것을	人之所畏
나도 외경하지 않을 수 없으니	不可不畏
헛되다!	荒兮
혼돈의 중앙中央(無爲自然의 道)에 이르기는 멀었구나!	其未央[31]哉.

---

30) 幾(기)=微也.

31) 央(앙)=混沌=暗黑=道(中央之帝混沌 : 莊子/內篇/應帝王).

남들은 모두 넉넉한데 나만 녹이 없고   衆人皆有餘 而我獨若遺.

속인들은 모두 똑똑한데 나만 바보 같구나!   俗人昭昭 我獨昏昏

내가 남들과 다른 것은   我獨異於人

젖을 물린 어미를 귀하게 여길 뿐이네.   而貴食母.

무지無知

노자老子/65장

옛날 도를 잘 행한 자는   古之善爲道者

부리는 민民을 계명시키지 않고   非以明民

(자연대로) 어리석게 놓아두었다.   將以愚之.

민을 다스리기 어려운 것은   民之難治

시비를 가리는 지식이 많기 때문이다.   以其智多.

고로 지식으로 나라를 다스리는 자는 나라의 도적이요,   故以智治國 國之賊

지식으로 나라를 다스리지 않는 자는 나라의 복이다.   不以智治國 國之福.

이 둘을 알면 또한 천문天文(理)을 알 수 있다.   知此兩者 亦稽式.[32]

항상 자연의 천문을 아는 것을 일러 으뜸의 덕(玄德)이라 한다.   常知稽式 是謂玄德.

현덕은 깊고 멀어 사물과 어긋나는 것 같지만   玄德深矣遠矣. 與物反矣

후에는 결국 위대한 자연에 순종하는 것이 된다.   然後乃至大順.

영아嬰兒

노자老子/28장

수컷을 알면서 암컷을 지키면 천하의 냇물이 되겠지!   知其雄 守其雌 爲天下溪

천하의 골짜기가 되면 상도를 잃지 않아   爲天下谿 上德不離

---

32) 式(식)=占文. 轉天文者.

다시 영아로 돌아가겠지!   復歸於嬰兒.

노자老子/55장

덕을 품어 돈후하면 갓난아이와 비슷하다.   含德之厚 比於赤子.

조화를 아는 것을 자연의 상도常道라 하고   知和曰常.

자연의 상도를 아는 것을 현명하다 하며   知常曰明.

생명을 연장하려 하는 것을 흉하다 한다.   益生曰祥.

마음으로 기氣를 부리면 강포强暴함이라 하고   心使氣曰强

사물은 강장하면 쇠락하니 도가 아니라고 하며   物壯則老

도가 아니면(自由人 또는 童心이 못 되고)   謂之不道.

하인이나 무사가 될 뿐이다.   不道早[33]已.

동심설은 순진하고 가식이 없는 어린아이의 마음으로 돌
아가자는 것이다. 동심은 지식을 끊어버린 순진함이며 최초
일심一心의 본심이다. 이지는 "동심을 잃어버리면 곧 진심眞
心을 잃어버리는 것이요, 진심을 잃어버리면 진인眞人을 잃
어버리는 것"이라고 말한다(『분서』 권3 「동심설」).

이러한 이지의 생지설과 동심설은 노장에서 연원한 것이
지만 직접적으로는 양명학의 영향을 받은 것이다. 다만 그
의 동심설은 육왕의 유심주의적 양지설을 극단적으로 발전
시킨 것으로 기존의 성인들의 모든 담론의 권위를 부정하는
혁명성을 내포하고 있다.

---

33) 早(조)=皁(下人, 武士).

분서焚書/권3/동심설童心說

동심童心은 진심眞心이다.	夫童心者眞心也.
만일 동심이 옳지 않다고 한다면	若以童心爲不可
진심이 옳지 않다고 말하는 것이다.	是以眞心爲不可也.
동심이란 가식을 버린 순수한 마음이요,	夫童心者 絶假純眞
최초의 일념인 본심本心이다.	最初一念之本心也.
만일 동심을 잃으면 곧 진심을 잃는 것이며	若失却童心 便失却眞心.
진심을 잃으면 진인眞人을 잃는 것이다.	失却眞心 便失却眞人.
동심은 어찌 그처럼 갑자기 상실되는가?	然童心胡然而遽失也.
대개의 방도는 시초에	蓋方其始也
문견聞見이 귀와 눈을 통해 들어와서	有聞見從耳目而入
내심內心의 주인이 되면 동심이 상실된다.	而以爲主于其內 而童心失.
장성하면 도리道理가 문견을 따라 들어와	其長也 有道理從聞見而入
내심의 주인이 되므로 동심이 상실된다.	而以爲主于其內 而童心失.
대저 도리와 문견은	夫道理聞見
모두 많은 책을 읽고 의리를 아는 데서 온 것이다.	皆自多讀書識義理而來也.
그렇다면 옛 성인은 쉽고 간략할 뿐	古之聖人 易嘗
독서하지 않았다는 말인가?	不讀書哉.
그것은 독서를 하지 않았을 때는	然 縱不讀書
원래부터 동심이 저절로 있었고	童心固自在也.
독서를 많이 할수록	縱多讀書
이 동심을 수호하여	亦以護此童心
상실하지 않게 했을 뿐이다.	而使之勿失焉耳.

요즘 학자들처럼	非若學者
많은 독서와 의리를 안 것이	反以多讀書識義理
도리어 장애가 된 것과는 반대다.	而反障之也.

　동심설이 지향하는 학문의 목표는 기존의 가식假飾적인 학문을 모두 버리고 순수하고 참된 학문을 일으키는 것이었다(絶假純眞). 이를 위해서는 사람들을 물들인 기존의 묵은 학설을 떨쳐버려야 한다. 이것은 장자의 '원시반본原始反本' 또는 '복초復初'와 비슷한 말이다. 장자가 말한 '복초'는 문견聞見을 없애고 글자도 없는 원시 자연으로 돌아가는 것이다. 그러나 이지의 '동심'은 노장의 자연 회귀가 아니라 새로운 학문의 창립이었으며, 이를 위해 견문을 통해 들어온 관습과 이데올로기를 제거하고 개별적인 주체主體를 회복할 것을 요구한다.

분서焚書/권3/동심설童心說

문견과 도리를 마음으로 삼았다면	夫旣以聞見道理爲心矣
말하는 것은 모두 문견과 도리의 말이며	則所有言 皆聞見道理之言
동심에서 저절로 나온 말이 아니다.	非童心自出之言也.
말은 비록 교묘하나 나와 무슨 상관이 있겠는가?	言雖工 于我何與
가인假人이 가언假言을 말하니	豈非以假人言假言
어찌 일마다 가사假事요 문장도 가문假文이 아니겠는가?	而事假事 文假文乎
대저 그 사람이 가假이면	盖其人旣假
가假 아닌 것이 없을 것이다.	則無所不假矣.

육경과 『논어』, 『맹자』는

사관史官이 지나치게 숭상한 말이 아니면

그들의 제자들이 극도로 찬미한 말일 것이다.

또 그도 아니면

우활한 문도와 어리석은 제자들이

스승의 말을 기억나는 대로 적되

머리만 있고 꼬리는 없으며

뒷말을 들었으나 앞말을 잊어버리고

소견에 따라 책에 기록한 것일 것이다.

그런데도 후학들은 살피지 못하고

성인의 입에서 나온 것으로 믿고

결정한 항목을 경전으로 만들어버린 것이니

그 태반이 성인의 말이 아니라는 것을 누가 알 수 있겠는가?

설사 그것이 성인에게서 나온 것이라도

그 요점은

병증에 따라 약을 쓴 수시처방에 불과하며

이로써 이들 어리석은 제자들을 바로잡기 위해

말한 것뿐이다.

의사·약사가 병에 따라

처방함에는 정해진 것만 고집하기 어려운 것이니

이를 어찌

만세의 지론으로 삼아 따를 수 있는가?

夫六經語孟

非其史官過爲褒崇之詞

則其臣子極爲贊美之語.

又不然則

其迂闊門徒 懜憧弟子

記憶師說

有頭無尾

得後遺前

隨其所見 筆之於書.

後學不察

便爲出自聖人之口也.

決定目之爲經矣.

孰知其太半非聖人之言乎

縱出自聖人

要亦有爲而發

不過因病發藥 隋時處方

以捄[34]此一等懜憧弟子

迂闊門徒云耳.

藥醫假[35]病

方難定執

是豈

可遽[36]以爲萬世之至論乎.

---

34) 捄(구)=救(治)也, 護(總領之也).
35) 假(가)=因也.

다만 이지의 동심설에는 선험론적 유심주의로 흐르는 양명학적 경향이 남아 있다. 그리고 불교의 현상부정론이 짙게 드리워져 있다. 그는 "모든 존재는 모두 나의 신묘한 진심 중의 한 점 물건이요 뜬 거품이다"라고 했다(『분서』 권4 「해경문解經文」).

분서焚書/권4/잡술雜術

낮이 있으면 반드시 밤이 있다.	生之必有死也
태어나면 반드시 죽음이 있는 것과 같다.	猶晝之必有夜也.
한 번 가면 돌아올 수 없다.	一死之不可復生
한 번 죽으면 다시 태어날 수 없는 것과 같다.	猶逝之不可復還也.
사람은 누구나 살고 싶어 하지만	人莫不欲生
끝내 오래 살 수는 없으며	然卒不能使之久生.
사람은 누구나 이별을 슬퍼하지만	人莫不傷逝
끝내 가지 못하게 할 수는 없다.	然卒不能止之勿逝.
이미 불로장생할 수 없다면	旣不能使之久生
삶을 욕심내지 말아야 하며	則生可以不欲矣.
이미 가지 못하게 할 수 없다면	旣不能使之勿逝
이별을 슬퍼하지 말아야 한다.	則逝可以无傷矣.
그러므로 나는 이르노니 죽음은 반드시 슬픈 것이 아니며	故吾直謂死不必傷
오직 삶이 있어 슬퍼할 수 있을 뿐이다.	唯有生乃可傷耳.
이별을 슬퍼하지 말라!	勿傷逝
바라건대 삶을 슬퍼하라!	願傷生也.

---

36) 遽(거)=遂也.

천지에 가득한 것은 모두 생기生氣요,　　　　　　　　盈天地皆是生氣

천지에 가득한 것은 모두 물物이다.　　　　　　　　　盈天地皆物也.

다만 형상을 세계만물로 믿지만　　　　　　　　　　但又相信世界萬物

모두 나의 신묘하고 밝은 진심眞心 속의　　　　　　　皆是吾妙明眞心中

하나의 물상物像일 뿐이다.　　　　　　　　　　　　一点物相耳.

모든 존재는 모두　　　　　　　　　　　　　　　夫諸徒相總是

나의 신묘한 진심眞心 중의 한 점 물건이요,　　　　吾眞心中一点物

뜬 거품이니　　　　　　　　　　　　　　　　　卽浮漚

모든 것이 큰 바다 위의 한 점 물거품이로구나!　　總是大海中一点泡也.

심성心性은 본래 공空이다.　　　　　　　　　　心性本來空也.

본래 공인데　　　　　　　　　　　　　　　　本來空

또 어찌 심이 있고 성이 있을까?　　　　　　　又安得有心更有性乎.

대열반의 극락은　　　　　　　　　　　　　　大涅槃之極樂也

대적멸大寂滅의 감추어진 바다다.　　　　　　　大寂滅之藏海也.

동심설과 문예론文藝論

　이지의 동심설과 문예론은 후세에 많은 영향을 미쳤다.
그는 자연적인 정감의 표출이야말로 진정한 예술이라고 보
았다. 특히 그는 각자의 분노와 감정의 표출된 소설 『수호전

水滸傳』을 진정한 글의 대표적인 예라고 찬양했다.

분서焚書/권1/여우인논문與友人論文

사람이란 각자의 일이 있고	各人有各人之事
각각 관심 분야도 같지 않다.	各人題目不同.
사람마다 각각의 취향과 관심에서	各人之趣題目
샘솟듯이 우러나오는 대로 표출하면	裏滾出去
오묘하지 않은 것이 없을 것이다.	無不妙者.

분서焚書/권3/동심설童心說

진실로 동심이 항상 보존되어 있다면	苟童心常存
도리道理로 행하지 않고 문견聞見으로 세우지 않아도	則道理不行 聞見不立
시절마다 문장이 아닌 것이 없고	無時不文
사람마다 문장이 아닌 이가 없다.	無人不文
한 가지 체격과 문자를 창제하면	無一樣創制 體格文字
문장이 아닌 것이 없다.	而非文者.
그러니 시詩는 하필 고선古選이어야 하고	詩何必古選
문文은 하필 선진先秦의 문이어야 하겠는가?	文何必先秦.
그러므로 나는	故吾因是
동심에 따라 느끼는 것이 절로 문이 되니	而有感于童心者之自文也.
어찌 다시 육경을 말하고	更說甚麼六經
어찌 다시 『논어』, 『맹자』를 말할 것인가?	更說甚麼語孟乎.

분서焚書/권3/충의수호전서忠義水滸傳序

사마천司馬遷이 이르길	太史公曰

"『한비자』의 「세난說難」·「고분孤憤」편의 글은

성현이 분통을 터트린 저작이다"라고 했다.

이로 볼 때 옛 성현들은

분노하지 않으면 짓지 않은 것이다.

분노하지 않고 짓는 것은

춥지도 않은데 떨고

아프지도 않은데 신음하는 것과 마찬가지다.

설사 그들이 책을 지었다고 한들

어찌 볼만한 것이 있겠는가?

『수호전』은 분통을 터트려 지은 것이다.

남송은 망하기 전부터 관리가 거꾸로 임명됐다.

어진 자는 낮고 못난 자는 높았으며

오랑캐에 길들여진 자는 높고 중국인은 낮았으며

한때는 군자와 재상을 지낸 자들이

마치 처마 밑의 제비와 까마귀같이

예물을 바치며 신하라 칭하며

흔쾌히 개 염소에게 무릎을 꿇는다.

감히 묻노니 이것에 분노한 자는 누구인가?

그들은 전날 울부짖으며 수호에 모여들었던 장사들이다.

그들을 충의忠義라고 말하지 않을 수 없구나!

說難孤憤

賢聖發憤所作也.

由此觀之 古之賢聖

不憤則不作矣.

不憤而作

譬如不寒而顫

不病而呻吟也.

雖作

何觀乎.

水滸傳者 發憤之所作也.

蓋自宋室不竟 官履倒施

大賢處下不肖處上

馴致夷狄處上 中原處下

一時君相

猶然處堂燕鵲

納幣稱臣

甘心屈膝于犬羊已矣.

敢問泄憤者誰乎

則前日嘯聚水滸之强人也.

欲不謂之忠義不可也.

분서焚書/권3/독률부설讀律膚說

소리(음악)와 색채(미술)란

원래 성정에 발현되고 자연으로 말미암는 것이다.

이것을 어찌 억지로 합하고 교정하여 이룰 수 있겠는가?

蓋聲色之來

發乎情性 由乎自然.

是可以牽合矯强而致乎.

자연은 성정에서 발현되고	故自然發于情性
성정은 예의에서 바로잡는 것이니	則情性止于禮義.
성정 이외에 따로	非情性之外
예의가 있어 바로잡을 수 있겠는가?	復有禮義可止也.
…(사람이란 저마다) 성과 정이 없을 수 없는 것이니	…莫不有情 莫不有性
어찌 일률적으로 구할 수 있겠는가?	而可一律求之哉.

동심설과 조선의 북학파

이러한 이지의 문예론은 조선의 학자들에게 큰 영향을 미쳤다. 허균은 1614년 사신의 일원으로 명나라에 갔을 때 4천여 권의 책을 구입했고, 돌아와서 『한정록閑情錄』17권을 저술한 바 있는데 여기서 이지의 『분서』를 인용하고 있다. 『분서』는 1590년에 처음 출간된 것이므로 24년 후 허균이 읽게 된 것이다.

그리고 『열하일기熱河日記』「도강록渡江錄」에 의하면 연암燕巖 박지원朴趾源(1737~1805)이 책을 구입하고자 서목을 보다가 이지의 『분서』6책, 『장서藏書』18책, 『속장서續藏書』9책을 발견하고 말하기를 "우리나라에도 있다"고 한 것을 보면 연암도 일찍이 허균이 소장했던 이지의 책을 읽었을 것으로 추정된다.

이지가 『분서』「독률부설讀律膚說」에서 전개한 그의 문예론과 『수호전』해설은 허균의 『홍길동전洪吉童傳』에 직접적 영향을 주었으며, 하심은과 이지의 영향을 받은 공안파公安

派 담헌湛軒 홍대용洪大容(1731~1783)과 연암 등 북학파北學派의 글쓰기에도 큰 영향을 주었다. 아정雅亭 이덕무李德懋(1741~1793)의 『영처고嬰處稿』와 연암의 서문은 이지의 동심설이 그들의 글쓰기에 결정적 영향을 주었음을 말해 주고 있다. '영처嬰處'란 영아와 처녀를 말한 것이다.

그러나 홍대용과 연암 등이 양명학파인 것은 결코 아니다. 그들에게는 주자학도, 양명학도 비판적으로 받아들이는 성숙함이 있었다. 인식론에 있어 연암은 선험론적이지만 홍대용은 경험론적이다. 그러나 그들은 양명의 극단적 유심주의와는 다르다.

홍대용

담헌서湛軒書/내집內集/권4/의산문답毉山問答

실질을 좋아하는 늙은이가 말했다.

"옛 문견에 묶인 자와는 더불어 도를 말할 수 없고

습성이 마음을 이기는 자와는 더불어 토론할 수 없다고 했다.

네가 도를 듣고자 한다면 너의 옛 문견을 깨끗이 버려라!

너라는 아집이 마음을 이기는 것을 떨쳐버리려면

네 마음을 비워라!

네 입이 아름답다면 나도 진실로 숨김이 있겠는가?"

實翁日

膠舊聞者 不可與語道

狃[37]勝心者 不可與爭口

爾欲聞道 濯爾舊聞.

祛[38]爾勝心

虛爾中

懿[39]爾口 我其有隱[40]乎哉.

---

37) 狃(뉴)=犬性, 習也.

38) 祛(거)=털어버리다, 開散也.

39) 懿(의)=美也.

40) 隱(은)=蔽也, 私也.

오! 공자의 칠십 제자가 죽고 대의가 무너지자 　　鳴呼 七十子喪 而大義乖

장자는 세상을 통분하여 양생養生 제물齊物을 말했고 　　莊周憤世 養生齊物.

주자의 말학들이 스승의 말씀에 골몰하자 　　朱門末學汨其師說

양명은 속유를 미워하여 치양지를 말했다. 　　陽明嫉俗乃致良知.

이 두 현자를 생각할 때 　　顧二者賢

어찌 도학을 분열시키고 이단에 빠졌다고 탓하겠는가? 　　豈故41)爲分門甘歸於異端哉.

그들도 역시 통분과 미워함이 지극하여 　　亦其憤嫉之極

잘못을 바로잡는 데 지나치게 곧았을 뿐이다. 　　矯枉而過直耳.

나처럼 용렬하고 비루한 자는 말할 것도 없지만 　　如某庸陋 雖無足言

타고난 성품이 급하고 어리석어 　　賦性狂戇

세상에 아첨하면서 옛것만 숭상하는 것은 참을 수 없다. 　　不堪媚世將古.

더구나 오늘날은 통분과 미워함이 더욱 커서 　　況今時有憤嫉

망령되게 장자와 양명의 잘못된 논의가 내 마음을 빼앗고 　　妄以爲二者橫議實獲我心.

슬프게도 돌아보면 　　怵然環顧

한때 유가를 버리고 묵가에 입문하고자 한 적이 있었다. 　　幾欲逃儒而入墨.

연암

연암집燕巖集/권5/답창애答蒼崖 3

마을 소년이 『천자문』을 배우다가 　　里中儒子 爲授千字文

읽기가 싫어지자 투덜거리며 말했다. 　　呵其厭讀曰

"하늘을 보니 푸르고 푸른데 　　視天蒼蒼

---

41) 故(고)=怨也, 辜也.

천天 자는 푸르지 않으니 싫단 말이야!"

이 아이의 총명이 창힐蒼頡[42]을 굶겨 죽이겠구나.

열하일기熱河日記/도강록渡江錄/7월 8일

"나는 오늘 (백탑에 당도하여) 비로소 알았소.

인생이란 본래 의지할 것이 아무것도 없고

다만 하늘을 이고 땅을 밟고 다닐 뿐이라는 것을!"

연암이 말을 세우고 드넓은 요동 벌을 바라보며

부지불식간에 이마에 손을 얹고 말했다.

"좋은 울음 터로구나! 가히 한번 울 만하도다."

정진사鄭進士가 말했다.

"이처럼 천지간에 큰 장관을 만나서

홀연 울고 싶다니 무슨 말씀이오?"

연암이 말했다.

"천고의 영웅들은 울기를 잘했고

미인들은 눈물이 많다 하오.

그러나 사람은 다만 칠정 중에서

오직 슬플 때만 울고

칠정이 모두 울 수 있다는 것을 모르오."

정진사가 말했다.

"지금 울음 터가 이리도 넓으니

나도 당신을 따라 한번 울어야겠는데

天字不碧 是以厭耳.

此兒聰明 餒煞蒼頡.

吾今日 始知

人生 本無依附

只得頂天踏地而行矣.

立馬四顧

不覺擧手加額曰.

好哭場 可以哭矣.

鄭進士曰

遇此天地間大眼界.

忽復思哭何也.

余曰

千古英雄善泣.

美人多淚.

然人但知七情之中

惟哀發哭.

不知七情都可以哭.

鄭曰

今此哭場 如彼其廣.

吾亦當從君一慟 未知所哭

---

42) 문자 창제자.

칠정의 어느 감정을 따라 울어야 할지 모르겠소."　　　　　　求之七情所感何居.

연암이 말했다. "저 갓난아이에게 물어보오.　　　　　　　余日. 問之赤子.

아이가 태중에 있을 때　　　　　　　　　　　　　　　兒胞居胎處.

어둡고 막힌 곳에서 묶여 있다가　　　　　　　　　　蒙冥沌塞 纏糾逼窄

하루아침에 훤히 넓은 곳으로 나와　　　　　　　　　一朝迸出寥廓.

손발을 펴 움직이고 마음은 시원하게 넓어지니　　　　展手伸脚 心意空豁

어찌 참된 목소리를 내어　　　　　　　　　　　　　如何不發出眞聲.

감정을 토설치 않으리오.　　　　　　　　　　　　　盡情一洩哉.

의당 영아의 꾸밈없는 목소리를 본받아　　　　　　　故當法嬰兒聲

어찌 잠시 울지 않을 수 있겠소?"　　　　　　　　　無假做.

연암집燕巖集/권7/영처고嬰處稿 서序

남산 서편 우사단 아래　　　　　　　　　　　　　　雩祀壇之下

도동 물가 골목길의 푸른 기와집 사당에는　　　　　　桃渚之衕 靑甍而廟

시뻘건 얼굴에 수염이 뻗쳐 있는 조상이 있는데　　　貌之渥丹而鬚儼

영락없는 관운장(關羽)이다.　　　　　　　　　　　然關公也.

남자나 여자나 학질을 앓을 때　　　　　　　　　　士女患瘧

좌상 밑에 들이밀어 놓으면　　　　　　　　　　　納其牀下

당장 질겁하고　　　　　　　　　　　　　　　　　懾神褫魄

오한의 중세가 없어진다 하여 숭앙된다.　　　　　　遁寒祟也.

그렇지만 아이들은 무엄하게도　　　　　　　　　　孺子不嚴

존엄한 상을 모독하며　　　　　　　　　　　　　　瀆冒威尊

그들 눈망울을 굴려보지만 껌벅거리지도 않고　　　　爬瞳不瞬

콧구멍을 쑤셔보지만 재채기도 하지 않는다.　　　　觸鼻不嚏

그에게는 진흙으로 빚은 소상에 불과했던 것이다.　　塊然泥塑也.

이로 볼 때

수박을 겉으로 핥고 호초를 통째로 삼키는 무리와는

맛을 이야기할 수 없고,

이웃의 담비 모피가 부러워

여름에 빌려 입는 사람과는

시절을 이야기할 수 없다.

소상에 아무리 그럴듯하게 의관을 입혀놓아도

어린아이들의 진솔함을 속이지는 못한다.

由是觀之

外舐水匏 全吞胡椒者

不可與語味也.

羨隣人之貂裘

借衣於盛夏者

不可與語時也.

假像衣冠

不足而欺 孺子之眞率矣.

연암집燕巖集/권1/소단적치인騷壇赤幟引

만약 그것이 이치에 맞는 것이라면

집안사람의 평상의 담론도

오히려 관학과 나란히 배열하고

아이들의 동요와 마을의 속담도

『이아爾雅』[43]에 넣어야 한다.

苟得其理

則家人常談

猶烈學官

而童謳里諺

亦屬爾雅矣.

이덕무

영처고嬰處稿/자서自序

내 원고를 영처嬰處라 했으니

글 쓴 사람이 정말 어린아이요 처녀인가?

어린아이가 씩씩하게 노는 것은

있는 그대로 천진이요,

薰日嬰處

薰之人其嬰處乎.

夫嬰兒之娛弄

藹然[44]天也.

---

43) 중국의 가장 오래된 字書. BC 2세기경 편찬.

44) 藹然(애연)=若夏之靜雲.

처녀가 부끄러워 감추는 것은 순진한 마음이다.　　　　　處女之羞藏 純然眞也.
어찌 억지로 그렇게 되게 하겠는가?　　　　　　　　　　兹豈勉强而爲之哉.

제3장. 명대 기학의 이학 비판

나흠순의 기학

육왕 반대·정주 옹호

16세기 명대 철학자 정암 나흠순과 염대念臺 유종주는 주희의 성리학性理學을 성기학性氣學으로 바꿔놓았다. 나흠순은 주희의 진정한 계승자라고 자부하면서도 이기론에서는 주기론主氣論으로 기울었고 심성론에서는 성性을 심心의 본체이며 이理라고 말함으로써 다시 주희로 돌아간다. 반면 유종주는 왕수인의 '심=기氣'를 계승하면서 더욱 주기론으로 치닫는다.

나흠순의 자는 윤승允升이며, 시호는 문장文莊이다. 정암은 그의 호다. 그는 장시성江西省 타이허泰和 사람으로 벼슬은 이부상서에 이르렀다. 그의 논적이었던 왕수인보다 8세가 많았고 함께 투옥되기도 했다.

　중국에서는 명 말부터 청대를 걸쳐 성리학을 부정하는 기일원氣─元 철학이 풍미했는데 그 단초는 나흠순의 주기론에서 찾을 수 있다.

　이들은 퇴계·율곡과 거의 동시대 학자들이며 특히 나흠순은 조선 학자들에게 널리 알려져 있었다. 나흠순의 저서 『곤지기困知記』는 정주의 이학과 육왕의 심학을 동시에 비판한 책으로 1553년 왕수인의 『전습록』과 함께 조선에 반입되어 1560년 간행됐고 이재伊齋 노수신盧守愼(1515~1590)과 일재─齋 이항李恒(1499~1576) 등에 의해 연구됐으며 율곡 등의 주기主氣 철학에 큰 영향을 끼쳤다. 그러나 율곡과는 달리 퇴계는 그를 반대했다.[1]

퇴계

퇴계집退溪集/권16/답기명언答奇明彦/논사단칠정論四端七情 2서書 개본改本

근세에 중국의 나흠순이	近世羅整菴
이理와 기氣는 다른 물건이 아니라는 설을 주장하고	唱爲理氣非異物之說
주자의 설이 옳지 않다고 비난하는 지경에 이르렀습니다.	至以朱子說爲非.
이에 대해 저로서는 항상 그 뜻을 이해할 수 없었습니다.	是滉尋常未達其指.
그러나 공이 말씀하신 뜻이	不謂來喻之意
그와 같다고 말하는 것은 아닙니다.	亦似之也.
…무릇 학문을 함에 있어 분석을 싫어하고	…夫講學而惡分析
합하여 하나로 말하기를 좋아하는 것을	務合爲一說

---

1) 왕수인의 『전습록』은 나흠순의 『곤지기』보다 34년 늦은 1593년 간행됨.

옛사람들은 '골륜탄조鶻圇吞棗' 라고 했습니다.　　　　　　　古人謂之鶻圇吞棗.[2]

그 병폐는 작은 것이 아닙니다.　　　　　　　　　　　　其病不少

이와 같은 주장을 그치지 않는다면　　　　　　　　　　而如此不已

부지불식간에 말이 달리듯　　　　　　　　　　　　　　不知不覺之間駸駸然

기氣로써 성性을 논하는 폐단에 빠지고　　　　　　　　入於以氣論性之弊

인욕을 천리로 여기는　　　　　　　　　　　　　　　　而墮於認 人慾作天理

환난에 떨어지게 됩니다.　　　　　　　　　　　　　　之患矣.

이를 어찌 옳다고 하겠습니까?　　　　　　　　　　　　奚可哉.

율곡

율곡전서栗谷全書/권10/답성호원答成浩原(10신)

나흠순은 식견이 고명한　　　　　　　　　　　　　　羅整菴識見高明

근세의 걸출한 유학자다.　　　　　　　　　　　　　　近世傑然之儒也.

그는 큰 근본을 발견하고　　　　　　　　　　　　　　有見於大本

주자의 이기이원론적 견해에 의문을 품고 반론했다.　　而反疑朱子有二岐之見.

이는 비록 주자를 잘못 안 것이지만　　　　　　　　　此則雖不識朱子

도리어 큰 근본 문제에서는 발견이 있다 할 것이다.　　而却於大本上有見矣.

다만 인심과 도심을 체體와 용用이라 해석한 것은　　　但以人心道心爲體用

그 명칭의 뜻을 그르쳤으니 애석한 일이다.　　　　　　失其名義 亦可惜也.

비록 그렇지만 나흠순의 잘못은 명목상에 불과하고　　雖然整菴之失 在於名目上

퇴계의 잘못은 성리性理상에 있으니　　　　　　　　　退溪之失 在於性理上

퇴계의 잘못이 더 무겁다고 보아야 할 것이다.　　　　退溪之失較重矣.

---

2) 鶻圇吞棗(골륜탄조)=수리 새가 대추를 통째로 삼키는 것을 말함.

이기일체론理氣一體論

　나흠순은 태극인 이理가 음양을 낳는 근원적 실체라거나 음양의 변역變易을 주재한다는 주희의 태극설을 인정하지 않는다. 그는 주희의 이기이원론에 반대하고 기일원론을 주장한다.

　그에 의하면 우주 생성의 유일한 근원은 기氣 운동이다. 이理는 기의 운동과 변화의 조리와 질서를 말하는 것일 뿐, 별개의 실체가 아니다.

　이것을 아인슈타인의 특수상대성이론의 결론인 $E=mc^2$(에너지량은 질량에 빛의 속도의 제곱 값을 곱한 것과 같다)에 비유하면, 장자는 기氣(에너지)를 사물이라는 질료를 떠나서 자존하는 기운 덩어리로 보았으므로 이 에너지 공식에 반反하며, 나흠순은 물질이 곧 기(에너지)라고 보았으므로 이 에너지 공식과 같은 입장이라고 말할 수 있을 것이다.

나흠순

곤지기困知記/하 19

주자의 말을 살펴보면	嘗考朱子之言 有云
"기氣는 강하고 이理는 약하다,	氣强理弱
이理는 기를 다스릴 수 없다"고 했다.	理管攝他不得.
만약 그렇다면 태극이	若然 則所謂太極者
어찌 조화의 중추와	又安能爲造化之樞紐
만물의 근원이 되겠는가?	品物之根柢耶.

곤지기困知記/답임차애첨헌答林次崖僉憲

이기理氣가 하나의 물건이란 것은
명도明道선생에게서 얻은 것일 뿐
억측에 따른 판단이 아니다.

其認理氣爲一物
蓋有得乎明道先生之言
非臆決也.

곤지기困知記/권11

기는 본래 하나다.
은미한 것을 쌓으면 드러나고 드러나면 다시 은미해져
사계절의 온량한서溫涼寒暑가 되고
만물의 생장生長 수장收藏이 되며
백성의 일용하는 인륜이 되고
인사의 성패成敗 득실得失이 된다.
천 갈래 만 갈래
어지럽게 뒤얽힌 듯하지만 끝내는 어지럽지 않다.
그 까닭은 알 수 없지만
그렇게 하는 것이 곧 이른바 이理다.
그러나 그 이理는 처음부터 별개의 물건이 아니고
기에 의지하여 성립되고 기에 붙어서 운행한다.

氣本一也
積微而著 由著復微.
爲四時之溫涼寒暑
爲萬物之生長收藏.
爲斯民之日用彝倫
爲人事之成敗得失.
千條萬緒
紛紜膠輵而卒不可亂.
有莫知其所以然
而然是卽所謂理也.
初非有一物
依于氣而立 附于氣而行也.

나흠순에 의하면 현실 세계에서는 기의 운동에 의해 다양한 현상이 일어나며 기는 본래 하나(一)다. 즉 정주의 '이일분수理一分殊'와는 달리 '기일분수氣一分殊'를 말한 것이다. 다만 기가 일一이면 이理도 일이요, 기가 수殊면 이理도 수이므로, 주희의 '이일분수理一分殊'도 틀린 것은 아니다.

곤지기困知記**/권11**

천지고금에

하나의 기氣 아닌 것이 없다.

기의 뿌리는 하나지만

한 번 동動하면 한 번 정靜하며

한 번 가면 한 번 오며

한 번 닫히면 한 번 열리며

한 번 오르면 한 번 내려가며

그 순환이 끝이 없다.

蓋通天地 亘古今

無非一氣而已.

氣本一也

而一動一靜

一往一來

一闔一闢

一昇一降

循環無已.

　　나흠순은 이理 또는 태극을 초월적 실체로 보는 것에 반대한다. 이理는 기氣의 내재적 조리일 뿐 별개의 물건이 아니기 때문이다. 그러므로 그의 '이기일체설理氣─體說'은 장재의 기일원론氣─元論과도 다른 점이 있다. 장재의 경우는 사물을 떠나서도 기가 존재하는 것이나 나흠순의 경우는 사물을 떠나서는 기가 존재하지 않는다.

곤지기困知記**/권11**

혹자는 '역유태극易有太極'이라는 한마디 말 때문에

음양의 변화에는

그것을 주재하는 어떤 것이 있을 것으로 의심하지만

그렇지 않다.

무릇 역이란

음양·사상·팔괘를 총칭한 이름이고

태극이란 모든 이理를 총칭한 이름일 뿐이다.

或者因易有太極一言

乃疑陰陽之變易

類一物主宰乎其間者

是不然.

夫易

乃兩儀四象八卦之總名

太極則衆理之總名也.

곤지기困知記/하 22

태허는 천天의 이름이라는 (장재의) 몇 마디 말은	由太虛有天之名 數語
역시 이理와 기氣를 두 물건으로 본 억라 할 것이다.	亦是將理氣看作二物.
그의 탐구가 깊지 않다고 하는 것은 아니지만	其求之不爲不深
그의 말이 견강부회牽强附會하여	但語涉牽合
성명과 자연의 이치는 아니라고 본다.	殆非性命自然之理也.
일찍이 정호가 말한 바에 의하면	嘗觀程伯子之言 有云
"하늘에 실려 있는 것은 소리도 냄새도 없으니	上天之載 無聲無臭
그 체體를 역易이라 하고	其體則謂之易
그 이理를 도道라 하고	其理則謂之道
그 용用을 신神이라 하고	其用則謂之神
사람에게 명한 것을 성性이라 한다"고 했다.	其命於人則謂之性.
단지 몇 글자로 요약하여 표현했지만	只將數字剔撥出來
얼마나 명쾌한가?	何等明白.

이기理氣는 상즉相卽하는 일체一體지만 기를 이理라고 말하지 않는다.

곤지기困知記/속續 상 38

이理는 곧 기氣의 이理이므로	理只是氣之理
마땅히 기가 돌고 꺾이는 곳(轉折處)에서 봐야 한다.	當於氣之轉折處觀之.
곧 가면 오고 오면 가는	往而來 來而往
변화의 전환점이 전절처轉折處다.	便是轉折處也.
무릇 가면 오지 않을 수 없고	夫往不能不來
오면 가지 않을 수 없다.	來不能不往.

그러한 까닭은 알 수 없지만   有莫知其所以然
마치 그 사이에서 일물一物이 주재하여   而然若有一物主宰乎其間
시키는 것 같다.   而使之然者.
이것이 이理라고 이름 붙여진 까닭이다.   此理之所以名也.
"역에 태극이 있다"는 말은 이것을 말한 것이다.   易有太極 此之謂也.
만약 전절처에서 본다면   若於轉折處看得
자연히 남김없이 모두 부합할 것이다.   分明自然頭頭皆合.
…그러므로 나는 일찍이   …愚故嘗曰
"이理는 기에서만 확인(認取)할 수 있는 것이지만   理須就氣上認取
기를 이理라고 인식하는 것은 옳지 않다"고 했는데   然氣爲理便不是
이 말은 전혀 바꿀 수 없는 것이다.   此言殆不可易哉.

나흠순은 기氣를 형이하자形而下者인 기器로, 이理를 형이
상자形而上者인 도道로 본다. 그러므로 이기理氣일체설은 도
기道器일체설이 된다. 즉 형이상자와 형이하자는 둘이 아니
라 하나의 양면일 뿐이라는 것이다.

곤지기困知記/답임차애첨헌答林次崖僉憲

명칭은 도道와 기器가 구별되지만   名雖有道器之別
사실은 두 물건이 아니다.   然實非二物也.
그러므로 이르기를   故曰
"기역도器亦道 도역기道亦器"라 한 것이다.   器亦道 道亦器也.

곤지기困知記/속續 상 65

기器 밖에 도道가 없고, 도 밖에 기器가 없다.   夫器外無道 道外無器.

'기역도 도역기' 란 이를 말한 것이다.

어찌 둘로 갈라놓을 수 있겠는가?

所謂器亦道 道亦器 是也.

而顧可二之乎.

곤지기困知記/속續 상 28

"하늘의 도道를 음과 양이라 세워 말한다" 와

"일음一陰 일양一陽을 도道라고 한다" 는 두 구절은

각각 일고여덟 글자에 불과하지만

여기에서 보여준 것은

'형이상' 과 '형이하' 는 혼연한 일체이므로

틈이 없다는 것이다.

도道와 기器는 본래 나눌 수 없는 것이기 때문이다.

蓋立天之道 曰陰與陽.

及一陰一陽之謂道二語.

各不過七八字耳.

卽此便見

形而上下渾然

無間.

蓋道器自不容分也.

이일분수理一分殊는 곧 기일분수氣一分殊

이처럼 그에게는 이기일체理氣一體이므로 여전히 이일분수理一分殊도 유효하다. 다시 말하면 나흠순에게는 이일분수나 기일분수氣一分殊나 같은 말이 된다. 그러므로 그의 성기학은 결국은 성리학과 아무런 차이가 없다.

곤지기困知記/상 19

이일분수理一分殊 네 글자는

천天이 본래 그러한 것이니

사람도 역시 그렇고 사물도 역시 그렇다.

일신一身이 곧 그러한 것이니

理一分殊四字

在天固然

在人亦然 在物亦然.

在一身則然

일가一家도 역시 그렇고 천하도 역시 그렇다.　　　在一家亦然 在天下亦然.
한 해가 곧 그러하니　　　　　　　　　　　　在一歲則然
하루도 역시 그렇고 만고萬古도 역시 그렇다.　　在一日亦然 在萬古亦然.

곤지기困知記/상 74

명命의 이理는 하나일 뿐이지만　　　　　　　　命之理 一而已矣.
음양 두 글자를 들어 말하면 곧 분수分殊이고　　　舉陰陽二字 便是分殊
이것을 확대하면 만상萬象이 되기에 이른다.　　　推之至爲萬象.
성性의 이理는 하나일 뿐이지만　　　　　　　　性之理 一而已矣.
인의仁義 두 글자를 들어 말하면 곧 분수이고　　　舉仁義二字 便是分殊
그것을 확대하면 만사萬事가 되기에 이른다.　　　推之至爲萬事.

기질의 성이 곧 본연의 성性一分殊

　나흠순은 스스로 충실한 정주학도임을 자처한다. 그러므
로 그는 존심양성存心養性으로 천인합일하는 것을 목표로 한
다. 그러나 그 실질은 호연지기浩然之氣에 있다.
　정주는 이理를 초월적 실체로 보았으므로 본성 역시 천성
으로서 초월적 실체라고 생각했다. 그리고 그 천명天命의
'본연의 성'이 기氣를 타면 '기질의 성'이라고 말한다. 그러
나 나흠순에게 성과 기는 일물一物이다. 그러므로 그는 정주
의 충실한 후계자라고 자칭하면서도 실은 정주의 성리학을
성기학으로 바꿔버린다. 기질에 내재한 성, 즉 기질의 성 이
외에는 다른 성은 없다고 주장한다. 즉 『중용』 제1장의 '천

명지위성天命之謂性'의 명命은 기의 필연적 조리인 '기의 이 (氣之理)'이며, 성은 만물의 개체 속에 주어져 있는 '기질의 이(氣質之理)'가 된다.

조선의 고봉과 율곡이 퇴계의 '이발理發'을 부정하고 사 단칠정이 모두 '기질의 성'에서 발현한다고 주장한 것도 같 은 맥락이다. 이에 퇴계가 고봉의 논조를 '골륜탄조鶻圇吞 棗'라고 비판한 것은 바로 고봉이 나흠순처럼 모든 것을 일 체로 보는 것을 비판한 것이다.

곤지기困知記/상 15

정호와 장재는 자사와 맹자를 본받아	程張本思孟
성을 언급함에 있어	以言性.
오로지 이理를 위주로 하면서도	旣專主乎理
다시 기질의 성을 추론함으로써	復推氣質之說.
나누고 다르게 함이 극진했다.	則分之殊者 誠亦盡之.
그러나 "성을 천명"이라 말했으니	但曰天命之性
이미 기질이 있음을 말한 것이며	固已就氣質而言之矣.
또 "성을 기질"이라 말했으니	曰氣質之性
천명이 아니라 하겠는가?	性非天命之謂乎.
하나의 성을 두 가지로 말하고	一性而兩名
또 천명과 기질로 대립하여 거론함으로써	且以氣質與天命對言
말이 끝내 밝지 못했다.	語終未瑩.

심과 신명(神明)

곤지기(困知記)/상 1

심心은 사람의 신명神明이고   夫心者人之神明.

성性은 사람의 생리生理다.   性者 人之生理.

이理가 있는 곳을 심이라 하고   理之所在謂之心.

심이 가진 것을 성이라 한다.   心之所有謂之性.

심과 성은 혼합하여 하나로 할 수 없다.   不可混而爲一也.

곤지기(困知記)/속續 상 12

심心의 신명神明은 곧 음양불측陰陽不測의 신神이다.   人心之神 卽陰陽不測之神

양자는 애초부터 두 가지가 아니다.   初無二致.

다만 신이 음양에 있으면   但神之在陰陽者

언제나 한결같지만   則萬古如一.

사람의 마음에 있으면   在人心者

생사와 더불어 존망存亡한다.   則與生死相爲存亡.

이른바 이理는 일一이지만 나뉘어 달라진(分殊) 것이다.   所謂理一而分殊也.

실로 태극(理)의 본체는   誠以太極之本體

동動도 정靜하며, 정靜 또한 정定이지만   動亦靜 靜亦定.

반면 신神은   神則

동이면서도 정靜하고 정靜하면서도 동할 수 있으니   動而能靜 靜而能動者也.

혼동해서 하나로 할 수 없다.   不可混而爲一.

그러므로『주역』「계사전」에서   故繫辭傳旣曰

일음일양一陰一陽을 도라 하고   一陰一陽之謂道矣

또다시 음양불측 陰陽不測을 신이라고 했다.　又曰 陰陽不測之謂神.

그 열매가 같지 않기 때문에　由其實不同

명名도 다르지 않을 수 없었던 것이다.　故其名不得不異.

그렇지 않다면 성인께서 어찌 두 가지로 말했겠는가?　不然 聖人何用兩言之哉.

다만 체질體質은 똑같이 음양이며　然其體則同一陰陽

까닭에 파악하기 어려운 것뿐이다.　所以難於領會也.

곤지기 困知記/상 5

석가가 "마음을 밝게 하면　謂釋氏之明心

본성을 볼 수 있다"고 말한 것은　見性

유가들의 "마음을 다하면 성을 알 수 있다"는 말과는　與吾儒之盡心知性

모양은 같은 듯하지만 서로 같지 않다.　相似而實不同.

텅 빈 영성으로 지각하는 것이 심의 묘용이요,　蓋虛靈知覺 心之妙也

정미하고 순일함이 성의 참됨이다.　精微純一 性之眞也.

석가의 공부는　釋氏之學

심은 보면서 성을 보지 않는다.　大抵有見於心 無見於性.

그러므로 그들의 교화의 시작은　故其爲教始

사람이 모든 현상에서 이탈하여　則欲人盡離諸相

그들이 말하는 이른바 공空을 구하려는 것이다.　而求其所謂空

그러나 공은 허무일 뿐이다.　空卽虛也.

성정체용설性情體用說 道心人心體用說

나흠순은 주희와 왕수인의 심성설을 모두 반대한다. 그는

이기理氣일체론자였으므로 본연지성과 기질지성을 나누는
주희의 견해를 납득할 수 없었다. 지신至神한 심心은 지정至
精한 체體인 성性과 지변至變한 용用인 정情이 상호 침투하는
자연현상이다. 즉 성은 심의 체요, 정은 심의 용이므로 심·
성·정은 하나다.

곤지기困知記/상 4

도심道心은 성性이고 인심人心은 정情이다.	道心 性也. 人心 情也.
심은 하나인데 둘로 나누어 말하는 것은	一也 而兩言之者
동정動靜의 구분이고 체용體用의 구별이다.	動靜之分 體用之別也.

곤지기困知記/답임정랑정부答林正朗貞孚

도심은 성性이고 성은 체體다.	道心性也 性爲體.
인심은 정情이고 정情은 용用이다.	人心情也 情爲用.
체는 항상 정靜하고 용은 항상 동動한다.	體常靜 用相動
이것은 자연의 이理일 뿐	此自然之理
고의적인 분별이 아니다.	非有意於分別也.

곤지기困知記/상 3

도심은 고요하고 움직이지 않는 것이다.	道心 寂然不動者也.
그 지극히 정미한 형체形體를 볼 수 없으므로	至精之體不可見
은미하다고 했다.	故微.
인심은 느껴 소통하는 것이다.	人心 感而遂通者也.
그 변화가 지극한 작용을 헤아릴 수 없으므로	至變之用不可測
위태롭다고 했다.	故危.

곤지기|困知記/속續 하 6

『주역』「계사전」에 이르기를
일음일양을 도道라 하고
다시 음양불측을 신神이라 했다.
도는 실체요 신은 묘용妙用이다.
비록 도와 신을 두 물건으로 가를 수는 없지만
서로 섞어서는 용납되지 않으므로
성인께서 두 가지로 말한 것이다.
도가 사람에 있으면 도심이 되고
신이 사람에 있으면 인심이 되는 것이다.

易大傳曰
一陰一陽之謂道
又曰 陰陽不測之謂神.
道爲實體 神爲妙用
雖非判然二物
而實不容於相混.
聖人所以兩言之也
道之在人 則道心是也.
神之在人 則人心是也.

양지설 비판 양지는 성이 아니라 심의 작용

나흠순은 왕수인의 '양지는 곧 천리天理'라는 양지설에 대해서도 불교에서 '각覺을 성性'이라 한 것에서 차용한 것에 지나지 않는다고 비판한다. 또한 그는 왕수인이 심의 작용인 양지를 성이라는 본체로 오인했다고 말한다.

양지는 그것이 생지生知(不待思慮而知)라 해도 역시 '안다'는 작용이다. 그러므로 "양지는 심의 용용일 뿐 심의 본체인 도道 혹은 이理가 될 수 없다"고 말한다. 즉 체와 용을 혼동했다는 것이다. 예컨대 산천과 만물에는 천리는 있으나 양지는 없기 때문이다. 다시 말하면 기를 이理라 말하고 심을 성이라 말하는 잘못을 범했다는 것이다.

무릇 천성天性은 참된 그 본체이고	蓋天性之眞乃其本體
명각明覺은 자연인 그 묘용이다.	明覺自然乃其妙用
천성은 생生을 받은 시초에 바르고	天性正於受生之初
명각(良知)은 생을 받은 이후에 발용한다.	明覺發於旣生之後
체體(天性)가 있으면 용用(明覺)이 있으나	有體必有用
용(良知)은 체(性)가 아니다.	而用不可謂體也
이것은 나의 억설이 아니고	此非僕之臆說
『악기』에 근거한 것이다.	其在樂記則
이른바 사람이 태어남은 고요한 천지의 성이니	所謂人生而 靜天之性
곧 천성의 참됨이요,	卽天性之眞也
사물에 감응함은 활동하는 성性의 욕망이니	感物而動性之欲
곧 명각의 자연이다.	卽明覺之自然也.

양지를 천리라고 하는 자들은	今以良知爲天理
천지만물이	卽不知天地萬物
모두 양지를 가진 것은 아님을 모르는 것이다.	皆有此良知否乎.
천은 높아서	天之高也
갑자기 산하대지를 다 들여다보기 쉽지 않으며	未易驟窺山河大地
나는 그것이 양지를 가지고 있다는 것을 알지 못한다.	吾未見其有良知也.
만물은 많아서	萬物衆多
초목·금석을 두루 들추기는 쉽지 않으며	未易遍擧草木金石
나는 그것이 양지를 가지고 있다는 것을 알지 못한다.	吾未見其有良知也.

(『주역』은) 생생生生을 역易이라 했고	生生之謂易
(고자告子와 정호는) 생生을 성性이라 했다.	生之謂性.
생은 한때의 생에 불과하지만	生則一時生
모두 이理를 완전히 갖추고 있다.	皆完此理
사람은 미루어 알 수 있는(推) 능력이 있지만	人則能推
물은 기氣가 어두워서 추推의 능력이 없다.	物則氣昏推不得.

공부론

나흠순은 선가禪家의 견성성불見性成佛에 영향을 받은 육왕의 주관주의적인 존덕성 위주의 수양론을 반대하고 귀납적인 견문見聞을 중시하는 주희의 객관주의적 도문학을 지지한다.

곤지기困知記/상 75

하늘의 도는 자연 아닌 것이 없고	天之道莫非自然
사람의 도는 모두 당연이다.	人之道皆是當然.
무릇 당연이란	凡其所當然者
모두 자연을 어길 수 없는 것이다.	皆其自然之不可違者也.
무엇으로 자연을 어길 수 없음을 알 수 있는가?	何以見其不可違
자연을 따르면 길하고 어기면 흉하기 때문이다.	順之則吉 違之則凶
그것을 일러 '천인일리天人一理' 라고 한다.	是之謂天人一理.

곤지기困知記/부록/답구양소사성答歐陽少司成

인간은 만물 가운데 일물一物일 뿐이다.

모름지기

천지天地의 이理가

인심의 이理와 둘이 아니고

인심의 이理가

조수·초목·금석 만물의 이理와

둘이 아니며

만물의 이理가

천지의 이理와 둘이 아니라는 것을 확연하게 알아야

비로소 물격지지物格知至라 할 수 있고

비로소 성性을 알고 천天을 알았다고 할 수 있다.

그렇지 않으면 억측일 뿐이다.

人固萬物中之一物爾.

須灼然見得

此理之在天地者

與其在人心者無二.

在人心者

與其在鳥獸草木金石者

無二.

在鳥獸草木金石者

與其在天地者無二

方可謂之物格知至

方可謂之知性知天.

不然只是揣摩臆度而已.

곤지기困知記/부록/여왕양명서與王陽明書

내(我) 입장에서 보면 물物은 원래 물일 뿐이지만

이理의 입장에서 보면 나 또한 물이니

혼연히 일치할 뿐

어찌 내외를 구분하겠는가?

격물格物에서 귀한 것은

그 분수分殊에 즉卽하여

이일理一을 보려는 데 있다.

이것도 저것도 없고, 모자라고 남음도 없이

진실로 통회通會한 후에야

지지知至라고 말할 수 있을 것이다.

自我以觀 物固物也.

以理觀之 我亦物也.

渾然一致而已

夫何分於內外乎.

所貴乎格物者

正欲卽其分之殊

而有見乎理之一.

無彼無此 無欠無餘

而實有所通會.

夫然後謂之知至.

곤지기困知記/속績 하 7

천天과 인人, 물物과 아我가 하나로 관통하는 까닭은
단지 이러한 이리理 때문이다.
마치 한 가닥 실이 만 개의 구슬을 꿰어서
그 줄을 잡아당기면 모든 구슬이 손안에 들어오는 것과 같다.

天人物我 所以貫通爲一
只是此理而已.
如一線之貫萬珠
提起便都在掌握.

곤지기困知記/상 9

이리理는 참으로 지극히 쉽고 간단하지만
쉽고 간단하게 천하의 이리理를 얻는 것은
덕이 성대한 사람의 일이다.
배우는 사람들은
박학博學 심문審問 신사愼思 명변明辯 독행篤行 가운데
어느 것도 폐할 수 없다.
이들 공부를 순차적으로 밟아가는 것이
이간易簡에 이르는 방법이다.
만약 도문학의 번거로움을 싫어하여
이간의 지름길로 가려 한다면
그것이 어찌 이른바 이간의 길이겠는가?
대개 높은 경지를 좋아하여 지름길로 빨리 가려 하는 것은
배우는 자들의 공통된 폐단이다.

此理誠至易誠至簡.
然易簡而天下之理得
乃盛德之事.
若夫學者之事
則博學審問愼思明辯篤行
廢一不可.
循此五者以進
所以求至於易簡也.
苟厭夫問學之煩
而欲徑達於易簡之域
是豈所謂易簡者哉.
大抵好高欲速
學者之通患.

곤지기困知記/속續 하 9

순임금이 위대한 성인으로
천하의 모범이 되어 후세에 전해지는 것은
다름 아니라 오직 서물庶物을 밝히고

夫以大舜之聖
爲法於天下 可傳於後世者
無他 惟是明於庶物

인륜人倫을 살폈기 때문이다.

정이와 그 문인들이 강습한 것은

인륜·서물의 이리로

천만세에 통용되지 않은 것이 없다.

영원히 통용되는 것을

어찌 소도小道라 하겠는가?

만약 대도大道란 혼성混成이고

분석分析을 용납하지 않는다면,

복희는 팔괘를 긋고

또 육십사괘를 만들었으며

문왕은 괘사를 달고 주공은 효사를 달았으며

공자는 「십익十翼」을 짓고 또 허다한 문자를 내놓았는데

어째서 번거로움을 꺼리지 않은 것일까?

무엇으로 천조만서千條萬緒가

태극의 실체 아님이 없음을 알겠는가?

태극의 정미함과 오묘함을 밝게 볼 수만 있다면

비록 털과 실을 분석하더라도

하나 됨에 방해되지 않을 것이다.

察於人倫而已.

凡伊川與其門人之所講習

無非人倫庶物之理

千萬世之所通行者也.

安有千萬世之所通行者

而可目之爲小道哉.

若爲大道混成

不容分析

則伏羲旣畫八卦

又重爲六十四卦.

文王繫卦 周公繫爻

孔子作十翼 又出許多文字.

何其不憚煩也.

安知千條萬緒

無非太極之實體.

苟能灼見其精微之妙

雖毫分縷析

自不害其爲一.

멸인욕 반대

나흠순은 인간의 존재적 특성인 칠정七情의 근원을 욕欲이라고 보았다. 욕망에 따르면 희喜요, 욕망을 어기면 노怒요, 욕망을 잃으면 애哀요, 욕망을 얻으면 낙樂이다. 그러므

로 욕망은 하늘이 백성을 낳을 때부터 부여한 천명이지 버릴 수 있는 것이 아니다. 다만 선이 되고 악이 되는 것은 절도에 맞느냐 맞지 않느냐에 달려 있을 뿐이라고 주장한다 (『곤지기』 하).

그러므로 나흠순은 정주와 육구연의 '기氣=악惡' 의 도식을 부정하고 인욕을 긍정하고 금욕주의에 반대한다. 이 점에서는 왕수인과 비슷하다. 특히 양명 좌파들은 소극적인 왕수인보다 나흠순의 적극적인 인욕 긍정론을 받아들였다.

조선에서는 이항과 율곡이 나흠순의 영향을 받아 식색食色을 천성으로 인정했으나 여전히 인욕을 악으로 보는 주희의 '멸인욕' 을 부정하지는 못했다.

나흠순

곤지기困知記/상 17

『악기』에서 말한 욕欲·호好·오惡와	樂記所言欲與好惡.
『중용』의 희로애락 喜怒哀樂을 합하여	與中庸喜怒哀樂
칠정七情이라 부른다.	同謂之七情.
칠정의 이理는 모두 성性에 뿌리박고 있으며	其理皆根於性者也.
그 가운데 욕이 가장 중요하다.	七情之中欲較重.
하늘이 백성을 낳으면 욕이 있게 마련이다.	蓋惟天生民有欲
욕을 따르면 희喜하고, 욕을 거스르면 노怒하고	順之則喜 逆之則怒
욕을 만족하면 낙樂하고, 욕을 만족하지 못하면 애哀한다.	得之則樂 失之則哀.
그러므로 『악기』는 오직 성은 곧 욕(性之欲)이라 했다.	故樂記獨以性之欲爲言.
욕을 악이라고 할 수는 없다.	欲未可謂之惡.
욕이 선이 되고 악이 되는 것은	其爲善爲惡

절節이 있느냐 없느냐에 달려 있을 뿐이다.   係於有節與無節爾.

곤지기困知記/상 61

하늘의 도는 일월성신이 이루어지는 씨줄이요,   天之道 日月星辰爲之經

풍우·뇌정·상로가 이루어지는 날줄이다.   風雨雷霆霜露爲之緯

이 씨줄과 날줄에 상도常道가 있으면   經緯有常

원형이정의 묘용이 그 가운데 있다.   而元亨利貞之妙 在其中矣

이것이 천지조화가 이루는 방법이다.   此造化之所以成也.

사람의 도는   人之道

군신·부자·부부·장유·붕우가   君臣父子夫婦長幼朋友

이루어지는 씨줄이요,   爲[3]之經

희로애락이 이루어지는 날줄이다.   喜怒哀樂爲之緯.

이 씨줄과 날줄이 어긋나지 않으면   經緯不忒.

인의예지의 실질이   而仁義禮智之實

그 가운데 있다.   在其中矣.

이것이 덕업을 이루는 방도方途다.   此德業之所以成也.

곤지기困知記/하 14

대저 사람이 욕구를 가진 것은 본래 하늘에서 나온 것이다. 夫人之有欲 固出於天.

무릇 필연적인 것이어서 버릴 수 없는 것이 있고   蓋有必然而不容已

또한 당연한 것이어서 바꿀 수 없는 것이 있다.   且有當然而不可易者.

버릴 수 없는 것은   於其所不容已者

모두 당연한 법칙에 합당한 것이니   而皆合乎當然之則

---

3) 爲(위)=行也, 成也, 治也.

어찌 버릴 수 있으며 선이 아니고 하겠는가?
오직 방자한 정욕으로 욕망대로 따르며 반성할 줄 모른다면
이것을 악이라 하는 것뿐이다.

夫安往而非善乎.
惟其恣情欲縱欲而不知反
斯爲惡爾.

유종주의 심기학

명 말의 대표적 기철학 육왕 반대·정주 재해석

유종주의 자는 기동起東, 호는 염대 혹은 즙산蕺山이다. 벼슬은 난징의 좌도어사左都御史에 그치고 강학에 전념했다. 유종주의 말년은 명나라가 통일국가로서 중국을 지배하다 멸망한 뒤 화중華中과 화난華南 일대로 쫓겨나 '남명南明 정권'으로 연명해 가던 시기였다. 유종주는 남명이 멸망하자 절의를 지켜 절식絶食 30일 만에 순국했다. 그는 학문과 기절奇節로 '명 말의 대유大儒'로 일컬어졌다. 그는 주희와 왕수인의 통합·조화를 주장하는 양명 우파인 동림東林학파에 속하지만, 심학을 기학으로 바꾼 기일원론자였으며 그의 사상은 청 초의 황종희·왕부지 등으로 계승됐다. 그는 이학의 금욕주의를 반대했고 또한 양명 좌파의 광선狂禪적 경향도 반대했다. 이처럼 유종주는 양명학으로 출발했으나 학파에 구애되지 않았다. 특히 그는 유교 전통인 신독愼獨과 성경誠敬을 강조했으며, 지행합일설에 대해서 의문을 제기하고 명

확하게 가를 수는 없지만 스스로 차례가 있다고 했다. 그래서 그의 학문을 '성의신독학誠意愼獨學'이라고도 말한다.

　유종주의 제자인 황종희는 유종주가 선유들이 깨닫지 못한 것을 발명했다며 네 가지 항목을 제시했다. 이것은 왕수인의 사구교四句敎에 대한 수정안이라고 말할 수 있다.

왕수인의 사구교

전습록傳習錄/하/황성증록黃省曾錄

선도 악도 없는 것이 심의 본체요(性),	無善無惡是心之體.
선과 악이 있는 것은 의식意識이 움직인 것이요,	有善有惡是意之動.
선악을 아는 것은 양지요,	知善知惡是良知.
선을 행하고 악을 버리는 것은 격물이다.	爲善去惡是格物.

유종주의 사의안四疑案, 황종희

유자전서劉子全書/권39/부록/행장行狀

(즙산선생은) 선유들이 밝히지 못한 것을 발견했으니	故發先儒之所未發者
크게 넷이다.	其大端有四
하나는 "정존靜存 밖에 동찰動察이 없다"고 한 것이요,	一曰 靜存之外無動察
하나는 "의意는 마음이 간직한 것이지	一曰 意爲心之所存
드러난 것이 아니다"라고 한 것이요,	非所發
하나는 "이발已發과 미발未發은	一曰 已發未發
내외內外를 상대적으로 말한 것일 뿐	以表裏對待言
선후先後의 시기로 갈라 말한 것이 아니다"라고 한 것이요,	不以前後際言謂
하나는 "태극은	一曰 太極
만물의 총명總名을 일컫는 것"이라 한 것이다.	爲萬物之總名謂.

그러나 그의 특징을 한마디로 정리하면 이理와 기氣, 성誠과 의意, 심心과 성性을 내외內外 동정動靜의 변증법적인 일체一體로 본다는 데 있다. 즉 그는 사물의 대칭 관계를 구분하되 이를 합일合一하여 보려는 특징이 있다. 이러한 특징은 왕수인의 기풍이지만 나흠순이 계승했고 다시 기일원론으로 흐른다.

즙산연보蕺山年譜/숭정崇禎16년/존의잡저尊疑雜著

즙산선생의 평소 소견은	先生平日所見
선유들과 일일이 이견異見을 보였다.	一一與先儒牴牾.[4]
만년에는 붓 가는 대로 소신껏 적어나갔으므로	晚年信筆[5]直書
일단 의문시하는 사안들을 많이 남겼으나	姑[6]存疑案.
여전히 성誠·의意, 이발已發·미발未發,	仍[7]不越誠意 已未發
기질氣質·의리義理, 무극無極·태극太極을 넘지 않았다.	氣質義理 無極太極之說.
이에 대해 단언했다.	於是斷言之曰
"종래의 학문은 단지 한쪽 공부에 지나지 않았으며	從來學問只有一個工夫.
무릇 내외를 나누고 동정을 나누며	凡分內分外 分動分靜
유를 설하고 무를 설하며 두 끝으로 갈라놓았으니	說有說無 劈成兩下
모두가 지리할 뿐"이라고 말했다.	總屬支離.

---

4) 牴牾(저오)=異見.
5) 信筆(신필)=붓 가는 대로.
6) 姑(고)=일단.
7) 仍(잉)=여전히.

이기일체설理氣一體說

태극은 만물의 총명總名이다

- 기즉리氣卽理
- 도생기道生氣→기생도氣生道(道後起說)
- 기氣는 이理의 질료→이는 기의 조리
- 기氣→수數→상象→명名→물物→성性→도道
  [소옹 : 태극(神, 道, 性)→수리數理→상象→형기形器]

유종주의 사의안의 넷째 항목에서 "태극은 만물의 총명總名"이라는 명제는 기일원론을 말한 것이다. 그의 특징은 '이 즉기지리理卽氣之理(理는 곧 氣 운동의 법칙)'를 넘어 '기즉리氣卽理', '허즉기虛卽氣'라고 말함으로써, 기氣를 일원一元의 근원적 실체로 본 것이다. 정주에게 기는 '이理의 질료'였으나 유종주에게 이理는 '기의 조리條理'에 불과한 것이다.

그는 기화氣化 생성生成을 설명하되 대체로 '기氣→수數 →상象→명名→물物→성性→도道'의 순서로 말한다. 여기서 수는 기의 운동법칙 즉 '물리物理'를 말하며 이理에 해당되고, 상은 형상으로 '물일반物一般' 혹은 '이데아'에 해당되며, 물은 인人과 물의 개물個物을 말하며, 성은 개개 사물의 성질性質을 말한다고 할 수 있다. 단 심心은 감관·심관이므로 물에 해당돼야 한다.

이 도식을 자세히 검토하면 앞서 말한 소옹의 '태극(神, 道, 性)→수리數理→상象→형기形器'와는 그 순서가 거꾸로 되어 있음을 할 수 있다. 그 특징은 이理를 물리物理로, 도道

를 인륜으로 구분하고 있으며, '도생기道生氣'를 거꾸로 해 '기생도氣生道'를 주장한 것이다. 즉 도는 기의 산물이므로 도는 물과 성이 있은 후에 생긴다는 '도후기설道後起說'을 말하고 있으며, 이理는 기의 운동법칙이므로 이기일체설을 말하고 있으며, 심은 기의 산물이요 성은 심관心官의 산물이므로 심성心性일체설을 말하고 있다.

유종주는 이처럼 모든 것을 합일하여 보았으므로 그가 말한 기는 이理나 심과 구별되지 않는다. 그러므로 그가 말한 기는 물질적인 것이 아니다. 결국 그의 기氣론은 이理론이며 심心론이 되어버린다. 그러므로 그의 기일원론은 결국에는 심心일원론과 같은 것이다. 그래서 그는 왕수인을 비판했지만 여전히 유심주의로 되돌아가 버린다.

유자전서劉子全書/권11/학언學言 중

천지간에 가득한 것은 하나의 기氣일 뿐이다.	盈天地之間 一氣而已矣.
이理는 곧 기의 이理이며	理卽是氣之理
결코 기에 앞서 있거나	斷然不在氣先
기 밖에 존재하지 않는다.	不在氣之外.

유자전서劉子全書/권10/학언學言 상

단지 태극은 기의 동정動靜의 이理일 뿐이니	只此動靜之理
나누어 말하면 음양이요,	分言之是陰陽
합하여 말하면 태극이다.	合言之是太極.

유자전서劉子全書/권7/원지원성原旨原性

기氣가 모이면 형形이 되고 형이 실리면 질質이 되고   氣驟而有[8]形 形載而有質

질이 구비되면 체體가 되고   質具而有體

체가 모여 차례 지으면 관官이 되고   體例[9]而有官

관이 드러나면 성性으로 나타난다.   官呈而性著焉.

심기학

이발已發과 미발未發은 내외일 뿐 선후로 갈라 말할 수 없다

• 심즉기心卽氣(性卽氣+ 性卽心)

미발未發(內)   →   이발已發(外)
정명定名   허위虛位
무선악無善惡

• 심心 → 생심生心=성性 → 심생心生=정情(희로애락)

사의안의 셋째 항목으로 "이발已發과 미발未發은 내외內外
를 대대待對로 말한 것이지 선후先後의 제際로 말하는 것이
아니라는 명제는 그의 '심心=의설意說'을 말한 것으로 '심
=양지설'을 거부한 것이다.

이처럼 유종주의 특징은 합일론合一論이다. 그러므로 그
는 주기적 이기합일론에 따라(氣卽理), 성은 기이므로(性卽

---

8) 有(유)=爲也.
9) 例(례)=類也.

氣), 성과 심을 일체로 보았고(性卽心), 따라서 기질의 성이니 본연의 성이니 구별하지 않고 하나라고 말한다. 나아가 그는 인욕과 천리를 하나로 보았다. 이는 정통 유학의 기본을 흔드는 혁명적인 발언이다.

유자전서劉子全書/권6/증학잡해證學雜解

성性은 곧 기氣요 기는 곧 성이다(性氣學).   性卽氣 氣卽性

인성에는 본연이니 기질이니 한 가지도 첨가할 수 없다.   人性不可添一物.

유자전서劉子全書/권8/중용수장대의中庸首章大義

모름지기 성은   須知性

단지 기질의 성이 있을 뿐임을 알아야 한다.   只是氣質之性.

의리라는 것은 기질의 본연이며   而義理者氣質之本然

성이 될 수 있는 까닭이다.   乃所以爲性也.

성은 곧 인심이라는 것을 알아야 한다.   性則是人心

도라는 것은 인간의 당연이며   而道者人之所當然

심心이 될 수 있는 까닭이다.   乃所以爲心也.

인심과 도심은 단지 하나의 심이며   人心道心只是一心

기질과 의리는 단지 하나의 성일 뿐이다.   氣質義理只是一性.

유자전서劉子全書/권10/학언學言 상

욕망과 천리는 단지 하나다.   欲與天理只是一介.

막힌 것으로 보면 욕망이요,   從凝處看是欲

교화된 것으로 보면 천리天理다.   從化處看是天理.

또한 그는 미발未發의 성性과 이발已發의 정情을 구분하지 않는다. 그에 의하면 성과 정은 심과 의意의 위상에 따른 별명에 불과한 것이다. 그러므로 심·의는 실질적인 바른 명칭 즉 '정명定名'이지만 성·정은 심·의의 '허위虛位(빈자리)'일 뿐이다. 그러므로 그의 학문을 성리학이 아니라 심기학心氣學이라고 말한 것이다.

유자전서劉子全書/권9/문답問答/상의십칙답사자복商疑十則答史子復

심心과 의意의 분별이 밝혀지면	心意之辨明
따라서 성性과 정情의 분별도 밝혀진다.	則性[10]情[11]之辨亦明.
그러므로 심과 의는 정명定名이고	心與意爲定名
성과 정은 허위虛位다.	性與情爲虛位.
희로애락은 심의 정이다.	喜怒哀樂 心之情
그런데 그것이 날 때부터 있다는 것을 말할 때는	生而有喜怒哀樂之
심의 성이라고 한다.	謂心之性.
호오好惡는 의意의 정이다.	好惡 意之情.
그런데 그것이 날 때부터 있다는 것을 말할 때는	生而有此好惡之
의意의 성이라고 한다.	謂意之性.
(심에도 성정이 있고 의에도 성정이 있는 것처럼)	
성정이란 명칭은	蓋性情之名
가는 곳마다 있지 않은 곳이 없다.	無往而不在也.

---

10) 性(성)=心+生.

11) 情(정)=心+靑. 靑(청)=무성하다. 象物生時色也(草色).

그는 희로애락·인의예지·원형이정·춘하추동 등을 한 묶음으로 짝 짓고 설명한다. 그러나 이것은 형이하와 형이상, 가치 규범과 자연법칙, 인간의 감정과 이성의 범주 등을 구별하지 않는 것이므로 무리가 있다 하겠다.

유자전서劉子全書/권5/성학종요말안어聖學宗要末案語

주체 속에 가지고 있는 희로애락의 사정四情은   獨中其有喜怒愛樂四者
인의예지 등 사덕의 별명이다.   卽仁義禮智之別名.
하늘에 있으면 춘하추동이 되고   在天爲春夏秋冬
사람에 있으면 희로애락이 되는 것이니   在人爲喜怒哀樂
하나의 기가 통하여 돌아오는 것을 나누어 밝힌 것일 뿐   分明一氣之通復
차별이 조금도 없다.   無小差別.
하늘에 춘하추동의 시절이 없을 수 없듯이   天無無春夏秋冬之時
사람에게도 때에 따라 희로애락이 없을 수 없다.   故人無無喜怒哀樂之時.
그리고 끝내 고요히 부동不動할 수밖에 없는 것은   而終不得以寂然不動者
미발未發이라 하고   爲未發
감응하여 통하게 된 것을   以感而遂通者
이발已發이라 한 것을 알 수 있다.   爲已發 可知也.

유자전서劉子全書/권9/문답問答/상의십칙답사자복商疑十則答史子復

비록 바람·비·이슬·우레가 시작됨이 없으면   雖風雨露雷未始
춘하추동의 기운이 이루어지는 것은 아닐지라도   非春夏秋冬之氣所成
비바람 불고 이슬 내리고 우레가 치는 것을   而終不可以風雨露雷爲
곧 춘하추동이라고 할 수는 없다.   卽是春夏秋冬.
설사 웃고, 울고, 욕하고, 꾸짖는 것이 없으면   雖笑啼詈罵未始

희로애락이 발하는 것은 아닐지라도	非喜怒愛樂所發
웃고, 울고, 욕하고, 꾸짖는 것을	而終不可以笑啼詈罵爲
곧 희로애락이라고 할 수는 없다.	卽是喜怒愛樂.
대체로 희로애락은	夫喜怒愛樂
인의예지의 별명이고	卽仁義禮智之別名.
춘하추동은	春夏秋冬
원형이정의 별명이다.	卽元亨利貞之別名.
형이하를 기器라 하고	形而下者謂之器
형이상을 도라 하는 것이 이것이다.	形而上者謂之道 是也.

양지설→의념설意念說

의意는 마음이 간직하고 있는 것이지 드러난 것이 아니다

의意	염念
심체心體 미발未發	심지동心之動 기발旣發
선험적先驗的	경험적經驗的
무선악無善惡	유선악有善惡
무진망無眞妄(好善惡惡)	유진망有眞妄

- 심心의 본체本體=의意→의意의 작용=양지良知·정情(好惡)
- 성의誠意=치지致知(格物致知 → 自格致知)

사의안의 둘째 항목인 "의意는 마음이 간직하고 있는 것이지 드러난 것이 아니다"라는 명제는 왕수인의 양지설을 비판한 것이다. 유종주는 심리 작용에서 의意와 염念을 구분하고, 의는 심의 근본일 뿐 발현된 것이 아니며 의가 발현된 것을 염이라고 말한다. 의는 미발未發의 선험적인 심이고 염은 이발已發의 경험적인 심을 말한다.

유종주는 왕수인의 기발既發의 심능心能인 양지良知 대신에 미발未發의 심체心體인 의意를 중시한다. 그러나 일반적으로 말하면 양지나 의는 똑같이 심의 본체인 정신운동을 설명하는 도구적 개념이다.

유종주는 의를 "선도 악도 없는 심의 본체(無善無惡 心之體)"라고 주장한다. 그리고 양지는 의意의 작용일 뿐이라고 말한다. 이것은 양지를 심의 본체로 본 왕수인의 양지설을 뒤엎는 것이다. 또한 이것은 왕수인이 가르친 사구교 중의 하나인 "선도 있고 악도 있는 것은 의의 운동(有善有惡 意之動)"이라는 교리를 반대한 것이다.

유자전서劉子全書/권10/학언學言 상

의意지란 마음에 내재하는 것이지 발현된 것이 아니다.
주자가 의를 발현된 것으로 풀이한 것은 옳지 않다.

意者 心之所存 非所發也.
朱子以所發訓意 非是也.

유자전서劉子全書/권9/문답問答/답동생심의십문答童生心意十問

'의意'란 마음이 마음답게 될 수 있는 도구다.
심心이라고만 말하면
마음은 단지 조그맣고 공허한 물건일 뿐이다.
의라는 글자로 드러내야만
그제야 나침반이
자오를 가리켜 결정할 수 있게 된다.

意者 心之所以爲心也.
止言心
則心之是徑寸虛體耳.
著個意字
方見下了定盤鍼
有子午可指.

그러나 결정하는 나침과 나침반은 끝내 두 물건이다.　　　然定盤鍼與盤子 終是兩物.

심에 있어서의 의는　　　意之於心

빈 물체 속의 한 점 정신이지만　　　只是虛體中一點精神.

여전히 하나의 심이다.　　　仍只是一個心

본래 유에 머물지는 않지만　　　本非滯於有

그렇다고 어찌 무라고 말할 수 있겠는가?　　　安得而云無.

유자전서劉子全書/권10/학언學言 상

심心은 체體[12](본체)가 없고 의意를 체로 한다.　　　心無體 以意爲體.

의는 체가 없고 지知를 체로 한다.　　　意無體 以知爲體.

지는 체가 없고 물物을 체로 한다.　　　知無體 以物爲體.

(결국 심은 물을 체로 삼는다)

물은 용用(작용)이 없고 지로써 용을 삼는다.　　　物無用 以知爲用.

지는 용이 없고 의로써 용을 삼는다.　　　知無用 以意爲用.

의는 용이 없고 심으로써 용을 삼는다.　　　意無用 以心爲用.

(결국 물은 심을 용으로 삼는다)

이것을 일러 체와 용은 근원이 하나라고 말한다.　　　此之謂 體用一原.

이것을 일러　　　此之謂

드러난 것과 감추어진 것은 틈이 없다고 말한다.　　　顯微無間.

신身(자기 몸)이란 천하 국가를 통괄統括하는 본체며　　　身字 天下國家之統體.

심心은 그 신의 본체다.　　　而心又其體也.

---

12) 體는 手足, 主體, 本體라는 뜻을 가지고 있다. 主體는 主客의 대칭 개념이고(統之於心 名爲體：周禮/春官/禮爲
　　五禮 疏) 本體는 體用의 대칭 개념이다.

의意는 심이 심 되는 도구며

지知각은 의가 의 되는 도구며

사물物은 지가 지 되는 도구다.

물物은 주체가 없다.

또 천하 국가는

신身·심心·의意·지知로써 주체를 삼는다.

이것을 일러 체體와 용用은 근원이 하나이며

드러남과 감추어짐은 틈이 없다고 말하는 것이다.

유자전서劉子全書/권11/학언學言 중

심心·의意·지知·물物은 한길이다.

이 외에는 알지 못하는데

어찌 염념(常思=觀念=理念)이란 한 글자를 끼워 넣는가?

심이 염이 되는 것은

대체로 심의 풍요로운 기氣 때문이다.

풍요로운 기는 운동하는 기이며

운동하면 하늘에서 멀어진다.

그러므로 염이 일어났다 사라지면서 심의 병病이 되고

그것이 다시 의意의 병이 되고

지의 병이 되고 물의 병이 된다.

그러므로 염에는 선악이 있으며

따라서 물도 선악이 생기지만

물에는 본래 선악이 없으며,

염에 어둠과 밝음(昏明)이 생기므로

意則心之所以爲心也.

知則意之所以爲意也.

物則知之所以爲知也.

物無體.

又卽天下國家

身心意知以爲體.

是之謂體用一原

顯微無間.

心意知物是一路.

不知此外

何以又容一念字.

今心爲念

蓋心之餘氣也.

餘氣也者動氣也.

動而遠乎天.

故念起念滅 爲厥心病.

還爲意病

爲知病 爲物病.

故念有善惡

而物卽與之爲善惡.

物本無善惡也.

念有昏明

따라서 지도 혼명昏明이 생기지만   而知卽與之爲昏明.

지에는 본래 혼명이 없으며,   知本無昏明也.

염에 참과 거짓(眞妄)이 있으므로   念有眞妄

따라서 의도 진망眞妄이 생기지만   而意卽與之爲眞妄.

의에는 본래 진망이 없으며,   意本無眞妄也.

염에 생生과 멸滅이 있으므로   念有起滅

따라서 심도 생멸이 생기지만   而心卽與之爲起滅.

심에는 본래 생멸이 없는 것이다.   心本無起滅也.

그러므로 성인은 염을 교화하여 심으로 돌아간다.   故聖人化念歸心.

신독愼獨 格物→誠意

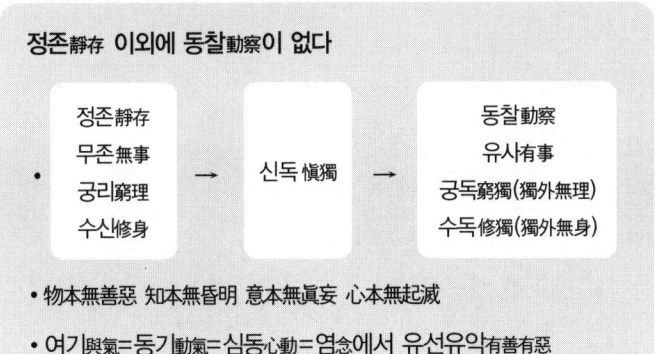

정존靜存 이외에 동찰動察이 없다

정존靜存
무존無事
궁리窮理
수신修身
→ 신독 愼獨 →
동찰動察
유사有事
궁독窮獨(獨外無理)
수독修獨(獨外無身)

• 物本無善惡 知本無昏明 意本無眞妄 心本無起滅

• 여기與氣=동기動氣=심동心動=염념에서 유선유악有善有惡

   사의안의 첫째 항목으로 "정존靜存 이외에 동찰動察이 없다"고 한 명제는 유종주의 신독愼獨론을 말한 것이다. 신독이란 『대학』의 '군자君子 필신기독야必愼其獨也'를 줄여 말한 것이다. 본뜻은 '군자는 반드시 혼자 있을 때도 삼간다'

는 뜻이다. 그런데 유종주는 이를 '정존 이외에 동찰이 없다'는 요지의 이론으로 정립한다. '정존'이란 직역하면 '고요히 보존한다(養)'는 뜻으로, 이것은 구방심求放心(잃어버린 마음을 찾음) 또는 수어심收於心(흐트러진 마음을 가다듬음) 또는 존덕성尊德性(덕성을 기름) 또는 치중致中(중덕을 이룸)과 같은 의미다. '동찰'은 활동하고 살핀다는 뜻으로 격물치지格物致知하여 궁리窮理하고 궁행躬行(몸소 행함)하여 조화를 이루는 것(致和)을 의미한다.

달리 말하면 정존은 정이의 주경主敬에 해당되고, 동찰은 정이의 주성主誠에 해당된다. 이를 종합하면 신독은 자아 또는 주체를 확립한다는 뜻이 된다. 이는 아호사 논쟁의 주제였던 주희의 '도문학道問學 우선'을 버리고 육구연의 '존덕성 우선'을 취한 것이며, 육왕 심학의 주관주의를 더욱 심화한 것으로 볼 수 있다.

'독獨'이란 글자는 원래 개(犬)가 먹이를 두고 싸우는(觸)는 모습으로 '남과 다르다'는 뜻이며 자주성·독립성·행동성을 함의하는 글자다. 그러므로 유종주가 말한 독 또는 독체獨體는 '주체'로 번역해야 한다. 주체란 주관적인 자아보다는 개별성·행동성·실천성을 강조한 개념이다.

유자전서劉子全書/권21/서포장유사약書鮑長孺社約

군자의 학문은 신독愼獨일 뿐이다.

일이 없을 때 신독은 존양存養의 요체며

君子之學 愼獨[13]而已矣.

無事此愼獨卽是存養之要.

---

13) 獨(독)=犬相得而鬪也, 與人異也, 單也, 不與民同欲也.

일이 있을 때 신독은 성찰省察의 공적이다.　　　　　　　有事此愼獨卽是省察之功.

자아(獨) 밖에 이리가 없으므로　　　　　　　　　　獨外無理

자아를 궁구하는 것을 궁리窮理라 하며　　　　　　窮此謂之窮理

독서로써 자아를 체험한다.　　　　　　　　　　　而讀書以體驗之.

자아 밖에 몸이 없으므로　　　　　　　　　　　　獨外無身

자아를 닦는 것을 수신이라 하며　　　　　　　　修此謂之修身

언행으로써 그것을 실천한다.　　　　　　　　　而言行以踐履之.

군자학의 실질은 이 둘뿐이니　　　　　　　　　其實二事而已

자아를 아는 것이 본성을 회복하는 학문이다(復性說).　　知乎此者之謂復性之學.

유자전서劉子全書/권21/송유오자합각서宋儒五子合刻序

대저 하늘은 내 마음이다.　　　　　　　　　　　夫天卽吾心

그리고 하늘이 명령을 부탁한 곳이　　　　　　　而天之託命處

내 마음의 주체다.　　　　　　　　　　　　　卽吾心之獨體也.

이것을 따르는 것을 '솔성率性'이라 말하고　　　　率此之謂率性

이것을 닦는 것을 '수도修道'라고 말한다.　　　　修此之謂修道.

그러므로 군자는 자아를 삼가 중시하는 것이다.　　故君子愼獨

그래서 이르기를 "보지 않는 곳에서 경계하고　　而曰 戒愼乎其所不睹

들리지 않는 곳에서 두려워하는 것이　　　　　　恐懼乎其所不聞.

하늘을 섬기는 방법"이라고 말한다.　　　　　　所以事天也

이것이 성학의 종지다.　　　　　　　　　　　此聖學之宗也.

유자전서劉子全書/권10/학언學言 상

신독의 공은 그것을 온전히 행하여 큰 근본을 세우고　　愼獨之功 全用之以立大本

천하의 달도達道를 행하는 것이다.　　　　　　而天下之達道行焉.

이것은 또한 이理를 쉽게 밝히는 것이다.

그런데 주자는

경계하는 것은 치중致中(마음의 중심을 이루는 것)에 속하고

신독은 치화致和(조화를 이루는 것)에 속한다고 하면서

둘을 동動과 정靜으로 나누었다.

그러나 어찌 보지도 않고 듣지도 않는 것과 자아에

두 주체가 있으며

계구戒懼와 신독의 두 공이 있으며

치중 외에 치화의 공이 따로 있겠는가?

此亦理之易明者也.

乃朱子

以戒懼屬致中

愼獨屬致和

兩者分配動靜.

豈不道不聞與獨

有二體乎.

戒懼與愼獨有二功乎.

致中之外復有致和之功乎.

유자전서劉子全書/연보年譜/천계天啓6년

앞선 유가들은 신독을 성찰省察의 공으로 여겼는데

선생은 존양存養의 공으로 생각했다.

先儒 以愼獨爲省察之功

先生 以愼獨爲存養之功.

유자전서劉子全書/권10/학언學言 상

물었다. "신독을

전적으로 정존靜存(고요히 간직함)에 배속시키면

활동 시 공부는 과연 모두 무용하다는 것이 아닌가?"

유자가 답했다. "마치 나무는 뿌리가 있어야

가지와 잎도 있으므로

재배, 관개 등 공부는 모두 뿌리에 하는 것과 같다.

가지와 잎에 어떻게 조금이라도 거름을 주겠는가?

만약 정존에 힘쓰지 않으면

기쁘고 성날 때 곧 탈선할 것이다.

이때 어떻게 공부를 할 것인가?"

問 愼獨

專屬之靜存

則動時工夫 果全無用否.

曰 如樹木有根

方有枝葉

栽培灌漑工夫 都在根上用

枝葉上如何著得一毫.

如靜存不得力

纔喜纔怒時 便會走作

此時如何用工夫.

'성誠'이란 말은 자사와 맹자가 그것을 천도天道이며 동시에 인도人道라고 개념 규정을 한 이후 중요한 범주가 되었다 (『중용』20장, 『맹자』「이루離婁」상).

유종주는 이처럼 유학의 전통적인 개념인 성誠을 '성의誠意'로 읽고 이것을 심心의 근본으로 보았다. 이것은 기학의 일반적인 특징인 객관적인 성誠에 주관적인 의지를 더해 '성의'로 합일했다는 특징을 지닌다.

이처럼 심을 의지意志로 해석한 것이나 성誠을 성의로 읽은 것으로 볼 때 그의 심성론은 주관적이고 주체적이라는 특색이 있다.

주돈이

성리대전性理大全/권2/통서通書 1/성誠 하

성聖이란 성誠일 뿐이다.	聖 誠而已矣.
성誠은 인의예지신의 근본이요,	誠 五常之本
온갖 행실의 근원이다.	百行之源也.

유종주

유자전서劉子全書/권12/학언學言 하

선도 있고 악도 있는 것은 마음의 운동이다.	有善有惡者心之動
선을 좋아하고 악을 싫어하는 것은 의意의 고요함이다.	好善惡惡者意之靜
선을 알고 악을 아는 것은 양지良知다.	知善知惡者是良知
선을 위하고 악을 제거하는 것은 사물의 법칙이다.	爲善去惡者是物則.
의지意志가 마음이 존재하게 하는 것이라고 말하는 것은	意爲心之所存

지극히 고요한 것이 의지만 한 것이 없기 때문이다.　　　　　　則至靜者莫如意.

그런데 양명은 어쩐 일인지　　　　　　　　　　　　　　乃陽明子曰

"선도 있고 악도 있는 것은 의지의 운동"이라고 말했다.　　有善有惡者意之動 何也.

그러나 의지에는 선악이라고 할 만한 것이 없으며　　　　意無所爲善惡

단지 선을 좋아하고 악을 싫어할 뿐이다.　　　　　　　但好善惡惡而已.

이제 이처럼　　　　　　　　　　　　　　　　　　　今云

선도 있고 악도 있는 것이 의지의 운동이라면　　　　　有善有惡者意之動

선악이 뒤섞여　　　　　　　　　　　　　　　　　善惡雜揉

장차 어디로 돌아가 머물 수 있단 말인가?(復性說 부정)　　向何處討歸宿.

그렇다면 어찌 『대학』이 근본을 알았다고 말할 수 있겠나?　抑豈大學知本之謂乎.

(만약 양명의 말대로라면) 성의誠意란 말은　　　　　　如謂誠意

선도 있고 악도 있는 의지를 성실히 하라는 것이므로　　卽誠其有善有惡之意.

선한 쪽을 성실히 하면 반드시 군자가 될 것이고　　　　誠其有善 固可斷然爲君子.

악한 쪽을 성실히 되면　　　　　　　　　　　　　　誠其有惡

반드시 소인이 될 것이 아닌가?　　　　　　　　　　豈不斷然爲小人.

유자전서劉子全書/권10/학언學言 상

격물치지格物致知는 성의誠意의 공부다.　　　　　　　格致者 誠意之功.

공부의 결과는　　　　　　　　　　　　　　　　　功夫結

마음속의 의지를 주인으로 삼는 데 달려 있으며　　　　在主意中

이것이 곧 참다운 공부다.　　　　　　　　　　　　方爲眞功夫

만약 의지의 뿌리에서 한 발짝이라도 떨어지면　　　　如離郤意根一步

결코 격치格致는 없다고 말할 수 있다.　　　　　　　亦更無格致可言.

그러므로 격치와 성의는　　　　　　　　　　　　　故格致與誠意

둘이면서 하나며   二而一
하나면서 둘이다.   一而二者也.

　　이러한 성의론을 공부 방법론에 적용하면 주희의 '물격치
지物格致知'는 '자격치지自格致知'로 바뀐다. 그 결과 의意와
지知는 합일된다. 결국 유종주의 '자격自格(자기를 궁리함)'
은 주체적이라는 긍정적인 면이 있지만 마음으로 돌아가는
즉, 주관주의적 유심주의로 회귀한다는 단점도 있다.

유자전서劉子全書/권10/학언學言 상
『대학』의 가르침은   大學之教
사람이 근본이라는 데 그 요점이 있다.   只要人之本.
천하 국가의 근본은 자신에게 있고   天下國家之本在身
자신의 근본은 마음에 있고   身之本在心
마음의 근본은 의지(意)에 있다.   心之本在意.
의지는 지극한 선善이 머무는 곳이다.   意者至善之所止也
공부는 곧 자기를 궁리하여(自格) 지식에 이르는 것(致知)이다.   而工夫則自格致知.

유자전서劉子全書/권12/학언學言 하
"선도 있고 악도 있는 것이   有善有惡者
의지의 운동"이라는 (양명의) 말은   心之動
"선을 알고 악을 아는 것이 양지"라는   知善知惡者知之良
그의 말과 결코 합치될 수 없다.   二語決不能相入.
이는 곧 지知와 의意를 나누어 밝힌 것이며   則知與意分明
두 가지 일로 만들기 때문이다.   是兩事矣.

만약 의가 먼저 움직이고 지가 따라간다면   如意先動而知隨之

지는 뒤처져 나타나는 것이니 양지가 아니다.   則知落後著 不得爲良.

반대로 지가 먼저 주동이 되고   如知先主

의지가 그것을 따라간다면   而意繼之

불빛에서 멀리 떨어질 것이니   則離照之下

귀신과 도깨비가 머물고 있음을 어찌 알겠는가?   安得更留鬼魅.

유자전서劉子全書/권11/학언學言 중

천天은 밖이 없는 것의 이름인데   天者 無外之名

심心의 본체다.   蓋心體也.

유자전서劉子全書/권7/원도原道 상

도는 심에서 생기는 것이다.   道其生於心乎

이를 도심이라 한다.   是謂道心

이 도체는 가장 진실한 것이다.   此道體之最眞也.

다시 줄여 말하면 심 아닌 것이 없다.   約而反之 莫非心也.

그것을 실천하고 실현시키기 때문에 사람이 되는 것이다. 踐而實之所以成人也.

유자전서劉子全書/권2/독역도설讀易圖說 자서自序

사람 마음의 신묘한 생성 작용은   唯人心之妙

이르지 않는 데가 없으나   無所不至.

그것을 그림으로 표상할 수는 없구나!   而不可以圖像求.

하늘과 땅 사이를 가득 채운 것은 모두 마음이니   盈天地間皆心也.

하나의 법을 맘대로 취하여 그것에서 구하면   任取一法以求之

어찌 배움이 아닌 곳에 이르겠는가?   安往而非學乎.

명유학안明儒學案/자서自序

천지에 가득한 것은 모두 심이다.	盈天地皆心也
변화무쌍하니 만 가지로 다르지 않을 수 없다.	變化不測 不能不萬殊
그런데 심에는 본체가 없다.	心無本體
공부가 이르는 곳이 곧 심의 본체다.	工夫所至卽其本體.
그러므로 궁리한다는 것은	故窮理者.
마음의 만수萬殊(만 가지로 달라짐)이지	窮此心之萬殊
만물의 만수가 아니다.	非窮萬物之萬殊也.

《제四부》

◎ 정주리학 해체

제1장. 기학의 이학 해체

청대 기학의 개요

청대 기철학은 조선의 퇴계·율곡보다 약 1세기 이후이므로 조선의 성리학에 대한 반성으로 다루어야 하겠으나, 중국 성리학과 조선 성리학을 상·하권으로 나눈 관계로 상권에 붙였다. 이들의 정주학 비판은 조선의 성리학에도 해당된다. 다만 실제로는 청대의 고증학적인 한학漢學이나 기철학은 조선 성리학에 아무런 영향을 미치지 못했고 오히려 조선 실학에 영향을 미쳤다고 보아야 할 것이다.

'기철학氣哲學' 이란 용어는 관학인 정주리학에 반기를 든 17세기 명 말末 청대의 주기론적인 학풍을 일반적으로 말하는 것이며, '성기학性氣學' 이란 정주의 '성리학' 을 거부하는 기철학의 인성론을 지칭하는 것이다.

이러한 청대의 학풍은 공자의 '극기克己' 를 새롭게 해석하여 인욕과 사리私利를 긍정적으로 인식함으로써 개인(己)

의 해방을 주장하고, 공자 본연의 즉사실용卽事實用적 경세
치학을 복원하려는 학문적 경향을 지닌다.

여기서는 이들 학풍의 대표적인 학자로 17세기의 황종희,
고염무顧炎武(1613~1682), 왕부지, 당견唐甄(1630~1704), 안
원顔元(1635~1704), 그리고 18세기의 대진戴震(1723~1777),
완원阮元(1764~1849) 등을 간략히 언급하고자 한다. 다만 성
리학 비판에 초점을 맞추었으므로 인물 중심이 아니라 주제
중심으로 설명한다.

이들 기철학은 왕안석·장재 등의 기일원론의 맥을 이었
지만, 그 비조는 나흠순이라 할 수 있을 것이다. 왕안석·장
재의 기학은 기를 초월적 원동자로 보는 데 반해, 기철학은
기를 물질적 원동자로 본다는 점에서, 그리고 이理를 기의
내재적 조리로 보는 이기합일론이라고 말할 수 있다는 점에
서 차이가 있기 때문이다.

대체로 송명의 이理철학이 수구적인 반면 명 말 청대 기철
학은 저항적이고 개혁적이다. 이런 차이는 전혀 다른 시대
상황 때문이라고 말할 수도 있다. 즉 정주·육왕은 한족 정
권인 송명의 정통성을 인정했지만, 청대의 기철학자들은 만
주족인 청의 지배를 정통으로 인정하지 않았고 한족 정권이
멸망한 원인을 정주·육왕의 공허한 심리학心理學 때문이라
고 보았다. 그러므로 정주·육왕은 보수적이었고 황종희·고
염무·왕부지·안원 등 명 말 청대의 기철학자들은 개혁적이
었다.

이처럼 명말청초明末淸初의 학자들은 정주 계통이든 육왕
계통이든 대체로 정주·육왕에 대해 비판적이었다. 대개 정

주의 이학理學과 육왕의 심학心學을 노장과 석가의 사설이라고 비판했다. 그리고 앞에서도 말했듯이, 고증과 실용을 중시했다는 점에서 조선의 실학 발전의 연원이라고 말할 수 있다.

황종희

황종희는 저장성 위야오餘姚 출신으로 자는 태충太沖, 또는 덕빙德冰, 호는 이주梨洲이며 세칭 남뢰南雷선생이다. 고염무 · 왕부지와 함께 청대의 사상적 경향을 결정한 명말청초의 삼대유로三大遺老의 한 사람이다. 특히 그는 스승인 유종주의 순국 정신을 이어받아 항청의군抗淸義軍을 일으킨 애국자였다. 그의 학문적 경향은 경세치용의 경사經史학파로, 그는 반복고反復古 · 반전제反專制를 주장한 개혁사상가였다.

량치차오梁啓超(1873~1929)는 황종희의 『명이대방록明夷待訪錄』에 대해 루소Jean-Jacques Rousseau(1712~1778)의 『사회계약론Du contrat social』이 나오기 약 100년 전에 민본民本을 넘어서 소박하나마 민주정치 사상을 말한 것은 인류 문화의 고귀한 산물"이라고 평가했다.

다만 전제주의 반대, 법치, 학교의 공의公議기관화 등 황종희의 주장이 루소에 뒤지지 않는 민주 사상임에는 틀림없지만, 왕정 체제의 전복이나 근대적인 민주정체를 말한 것이 아니라 지배계급만의 공화정치共和政治를 말한 것임을 유의해야 한다. 이는 황종희뿐 아니라 루소도 마찬가지였다.

> **황종희**
>
> 명이대방록明夷待訪錄/원군原君
>
> | | |
> |---|---|
> | 옛날에는 천하 백성이 주인이고 군주는 손님이었다. | 古者以天下爲主 君爲客 |
> | 그러므로 군주가 평생 경영하는 것은 | 凡君之所畢世而經營者 |
> | 천하만민을 위한 것이었다. | 爲天下也. |
> | 그런데 지금은 군주가 주인이고 백성은 손님이 됐다. | 今也以君爲主 天下爲客 |
> | 무릇 천하 백성들이 편안히 살 곳이 없게 된 것은 | 凡天下之無地而得安寧者 |
> | 군주가 주인이 됐기 때문이다. | 爲君也. |

고염무

고염무는 장쑤성江蘇省 쿤산崑山 출신으로 자는 영인寧人이며, 세칭 정림亭林선생으로 불린다. 소시 때 '복사復社'에 참가했고 항청기의抗淸起義를 했으나 실패 후 화베이華北 지방 등을 떠돌며 지리·풍속 등을 조사하면서 명나라의 부흥을 도모했다. 만년에 화양華陽에 3년 동안 숨어 살며 학문에 정진했다.

그는 명나라를 멸망시킨 것이 양명학이라고 보았으므로 왕문王門 후학의 폐단을 통렬히 비판했다. 그러므로 경전을 무시하고 심心을 찾는 왕수인의 의리학義理學을 반대하고 옛 경전으로 돌아가 공자의 경세의 도를 추구했다. 이처럼 마음이 아니라 경전에서 치용致用을 구했으므로 먼저 고고考古(옛 경전의 고증)가 필요했고 그래서 이를 '고증학'이라고 부르는 것이다.

1장_기학의 이학 해체 469

한나라 때는 진시황의 분서갱유로 잃어버린 유사들의 고학古學을 회복하면서 오행설·참위설 등이 끼어들었다. 이러한 동중서 등의 금문今文에 대항하여 마융馬融(79~166)·정현 등은 공자 본래의 경세학을 부흥하고자 고문古文을 복원하려 했다. 그러나 고문도 위서僞書 논쟁에 휘말려 영향이 쇠퇴하고 말았다. 그러므로 한대 유학은 금문·고문 논쟁으로 경전 해석에 정설이 없었다.

또한 송대의 정주리학과 명대의 양명심학은 공자 본래의 경학을 버리고 금문의 위학緯學을 중심으로 위서僞書와 도가·불가를 끌어들여 심리학과 의리학으로 치달았다. 이에 경세치용학의 부흥을 위해서 고고를 우선한 것이 고염무 등의 고증학이었던 것이다. 객관적 고증을 중시하는 이들의 학풍은 송명대의 이학理學을 경사학經史學으로 전환케 할 정도로 영향력이 컸으며, 훗날 구세救世의 실학實學으로 나아가게 하는 길을 열었다. 다만 사학史學에 치중했을 뿐 철학이 없었으며 보수적이라는 한계를 극복할 수 없었다.

그러나 고증학은 동양의 사상계에서 처음으로 객관적인 학문을 시도했다는 점에서 획기적인 것이었다. 다시 말하면 고증학 이전의 동양사상은 주관적인 가치 학문 내지 도덕학의 한계를 벗어나지 못했으며 고증학을 시작으로 비로소 도덕과 가치에서 독립된 객관적 학문이 시도됐다는 의미를 부여할 수 있다.

고염무

일지록日知錄/**권3**/**민지질의일용음식**民之質矣日用飲食

도道는 무엇을 하기 위한 것인가?	其道何由[1]
그것은 반드시 후생을 근본으로 한다.	則必以厚生爲本.

일지록日知錄/**권7**/**부자지언성여천도**夫子之言性與天道

오호五胡가 중화를 어지럽힌 것은	五胡亂華
청담淸談이 유행한 재앙에서 기인했음을 사람들은 잘 안다.	本於淸談之流禍 人人之知.
오늘날은 청담이	孰知今日之淸談
전대前代보다 더욱 심한 줄을 누가 알겠는가?	有甚於前代者.
옛날의 청담은 노장을 담론했으나	昔之淸談談老莊
지금의 청담은 공맹을 담론한다.	今之淸談談孔孟.

공자의 학문과 정치를 논한 큰 단서는	舉夫子論學論政之大端
일절 불문에 부치고	一切不問
일이관지一以貫之와 무언無言을 말할 뿐이다.	而日一貫 日無言.
오늘날 심학은 "심을 밝혀 성性을 본다"는 헛된 말로써	心學以明心見性之空言
공자 본연의 수기치인修己治人의 실학實學을 대체해 버렸다.	代修己治人之實學.

정림시문집亭林詩文集/**권3**/**여시우산서**與施愚山書

옛날의 이른바 이학은 경세치용의 학문이다.	古之所謂理學 經學也.
그러므로 수십 년이 아니면 통할 수 없었다.	非數十年不能通也.
그러나 지금의 이학은 선禪학이며	今之所謂理學 禪也.

---

1) 由(유)=行也.

오경을 취하지 않고   不取之五經

다만 그 어록을 자료로   而但資之語録.

쪽지 글(帖括)에 교정을 했으니   校諸帖括之文

더욱 쉬운 것으로 바뀌었다.   而尤易也.

일지록日知錄/권18/주자만년정론조朱子晩年定論條

왕문王門의 뛰어난 제자는   故王門高弟

왕간과 왕기 두 사람이다.   爲泰州龍溪二人.

왕간의 학문은 안산농顏山農을 거쳐   泰州之學 一傳而爲顏山農

나근계羅近溪와 조대주趙大洲에게 전해졌고   再傳而爲羅近溪趙大洲.

왕기의 학문은 하심은을 거쳐   龍溪之學 一傳而爲何心隱

이지와 도석궤陶石簣에게 전해졌다.   再傳而爲李卓吾 陶石簣.

옛날 범무자范武子는   昔范武子論

왕필과 하안 두 사람의 죄가   王弼何晏二人之罪

걸주桀紂보다 심하다고 논한 바 있다.   深於桀紂.

일세의 걱정은 가벼웠으나   以爲一世之患輕

지난 세월 동안의 재해는 무거우며   歷代之害重.

자기를 해친 악은 작으나   自喪之惡小

민중을 미혹한 죄는 크다고 생각한다.   迷衆之罪大.

(주회가 만년에 육구연을 따랐다고 하는

왕수인의 「주자만년정론朱子晩年定論」을 비판한)

나흠순의 『곤지기』와 진건陳建의 『학부통변學蔀通辨』은   困知之記 學蔀之編

진실로 오늘날 중류의 돌기둥이다.   固今日中流之砥柱矣.

왕부지

왕부지는 후난성湖南省 헝양衡陽 출신으로 자는 이농而農, 호는 강재薑齋이며 세칭 선산船山선생이라 부른다. 쓰러져 가는 명나라를 구하기 위해 스물의 나이에 '광사匡社'를 조직하기도 했다. 그러므로 장헌충張獻忠의 농민군에 초빙됐으나 거절했다. 명이 망하자 항청抗淸 거병했으나 실패하고 잠시 남명 정권에서 관리를 하다가 만년에 고향인 취란曲蘭의 석선산石船山에 은거하여 40여 년간 연구·저술 활동을 했다. 그는 황종희·고염무와 함께 명말청초의 삼대유로三大遺老로 불리는데, 이들에 의해 청대의 학문 방향이 결정됐다고 해도 과언이 아닐 것이다. 그러나 그의 강한 애국심이 도리어 봉건 왕국을 지지하는 경향으로 흘러 그의 정치사상은 진보적이지 못했지만 그의 애민사상은 민중적이었다.

왕부지

독통감론讀通鑑論/권8

봉건제가 무너지자 권력이 아래로 옮겨갔다.	封建廢而權下移
천자 아래로 서민에 이르기까지	天子之下至於庶人
위계가 없어졌다.	無堂陛之差也.
그리하여 서민이 천자를 능멸할 수 있고	於是庶人可凌躐乎天子
도적이 일어나게 됐다.	而盜賊起.

왕부지는 정주의 이학과 육왕의 심학을 반대하고 장재의 기철학을 계승했으나 기氣를 초월적인 존재로 보지 않고 자

연에 내재한 것으로 보았다. 요약한다면 도道에서 출발하여 도에 그치거나 심心에서 시작하여 심으로 돌아가거나 기氣에서 출발하여 심과 이理로 돌아가는 종전의 학풍과는 달리, 그의 철학적 특징은 기器(개물)에서 출발하여 도道(보편자)에 도달하고 기氣(운동)로 통일하는 데 있다고 말할 수 있다.

왕부지

선산유서船山遺書/주역외전周易外傳/계사繫辭 상

천하는 오직 기器일 뿐이다.	天下唯器而已矣.
도道는 기器의 도이며	道者器之道也.
기器를 도의 기器라고 말해서는 안 된다.	器者 不可謂道之器也.
도가 없으면 기器도 없다고	無其道則無其器
사람들은 말할 수는 있다.	人類能言之.
그러나 진실로 기器가 있다면	雖然 苟有其器矣
어찌 도가 없다고 근심하겠는가?	豈患無道哉.
…그러므로 기器가 없으면 도도 없는 것이다.	…故無其器則無其道.
도道와 기器는 서로 떨어지지 않는다.	道與器不相離.
『주역』의 괘卦·사辭·상象 등	故卦也辭也象也
모두 글로 적어 드러낸 것은 기器이며	皆書之所著也 器也.
그것을 변통하여 상과 사를 이루는 것은 도다.	變通以成象辭者 道也.
백성이 이용하는 것은 기器이며	民用 器也.
그것을 고무하여 사업을 일으키는 것은 도이며	鼓舞以興事業者 道也
성인의 뜻이 감추어진 곳이다.	聖人之意所藏也.
그러므로 도와 기器를 합하고	合道器

형이상과 형이하의 이理를 다해야만　　　　　　而盡上下之理
성인의 뜻을 볼 수 있는 것이다.　　　　　　　則聖人之意可見矣.

선산유서船山遺書/장자정몽주張子正蒙注/태화太和

육구연과 근세의 왕수인은　　　　　　　　　　若陸子靜 及近世王伯安
공맹의 말을 왜곡하여 견강부회했으니　　　　則屈聖人之言 而附會之.
학설이 더욱 거짓됐다.　　　　　　　　　　　說愈淫矣.

주자는 "기氣는 모이면 흩어지고　　　　　　　朱子以其言 氣聚而散
흩어지면 다시 모인다"는 (장재의) 주장에 대해　散而復聚
윤회 사상이라고 비난했다.　　　　　　　　　譏其爲大輪回.
그러나 내 소견으로는 주자의 학설이　　　　　而愚以爲朱子之說
도리어 "기氣는 없어져버린다"는 (석가의) 말에 가깝고　反近于滅盡之言.
성인의 말과 다르다고 생각된다.　　　　　　　而與聖人之言異.

당견

　당견은 쓰촨성四川省 다현達縣 출신으로, 자는 주만鑄萬, 별호는 포정圃亭이다. 그는 지방 관리가 됐으나 겨우 열 달도 못 되어 파직되고 말년에는 장난江南(양쯔강 이남 지방)을 떠돌면서 깊은 궁리와 저술에 몰두했다. 그는 정주학에 만족하지 못하고 왕수인의 양지학을 탐구했지만 왕수인의 호병好兵과 비공非孔을 비판하고 새로운 학문을 열었다.
　그는 군주의 수탈을 비난하고 부민富民과 경제를 강조했

다. 그는 당시 유학이 사업과 공적을 무시함으로써 쓸모없는 학문이 됐다고 비판하면서, 유학은 문학文學과 사공학事功學, 도학道學을 모두 포함해야 한다고 주장했다. 청나라가 갈수록 곤궁하게 되는 것은 농업이 비었고(農空), 공업이 비었고(工空), 상업이 비었고(市空), 관료가 비었기(仕空) 때문이라고 진단하고 사공事功을 무시하는 유학이 나라를 망칠 것이라고 경고했다(『잠서潛書』하「존언存言」).

특히 당견에게서 주목할 만한 것은 왕권신수설을 부정했다는 점이다. 그는 대담하게도 "진나라 이래 무릇 제왕帝王이 된 자는 모두 도둑"이라고 주장했다. 그리고 묵자의 반전反戰 사상을 그대로 수용했다.

당견

잠서潛書/하/상치尚治

사람의 마음은 비록 다르지만	人心雖異
그 하고자 하는 뜻은 한가지다.	而其爲情一也.

잠서潛書/상/유위有爲

성품을 다하지 못하면 성인이 아니며	性不盡 非聖.
공적을 실현하지 못하면 성품을 다한 것이 아니다.	功不見 非性.

생명은 사람보다 귀한 것이 없고	生貴莫如人
사람은 마음보다 귀한 것이 없고	人貴莫如心
마음은 성스러움보다 귀한 것이 없고	心貴莫如聖
성스러움은 사공事功(일과 공리)보다 귀한 것이 없다.	聖貴莫如功.

잠서潛書/상/변유辨儒

유자가 귀하게 여기는 것은

어지러움을 안정시키고 횡포를 제거하여

백성을 편안하게 하는 것이다.

儒之爲貴者

能定亂 除暴

安百姓.

잠서潛書/상/양공良功

유자들은 사공은 말하지 않고

도리어 힘쓰지 말아야 한다고 생각했으니

형제들은 기근에 죽고

전쟁으로 죽고 가혹한 세금에 죽고

외침으로 죽고 도적에게 죽으니

재앙이 군주에게 미치고 국가를 파멸시키고 있다.

儒者不言事功

以爲外務.

海內之兄弟 死於饑饉

死於兵革 死於虐政

死於外暴 死於內殘

禍及君父 破滅國家.

잠서潛書/상/선시善施

위정의 도는 반드시 전제田制와 상업의 일이 먼저다.

爲政之道 必先田市.

안원

안원은 허베이성河北省 보예博野 출신으로 자는 이직易直 또는 혼연渾然이며 호는 습재習齋다. 24세 때부터 가숙을 열고 사고재思古齋라 했으므로 사고인思古人이라 자칭했다. 안원은 성리학의 고담高談을 비판하고 실용과 실천을 중시했으나 그 방법은 공자의 고학古學으로 돌아가자는 것이었다. 습재의 '습習' 자는 『논어』의 첫머리 '학이시습學而時習'에서 따온 것이며, 사고재의 '고古' 자는 공자의 고학을 말하는 것이다.

그는 송학宋學을 유학의 정파가 아니라 이단이라고 단정했다. 또한 정주·육왕에 대해 '허문虛文으로 공자를 적대하는 선자禪子'라고 비판하고 왕안석을 변호하고 공맹 본래의 실학實學을 강조했다(『안씨학기顏氏學記』). 그는 "훈고訓詁·청담淸淡·선종禪宗·향원鄕愿으로 타락한 송학은 성도聖道를 어둡게 하는 혹세무민의 학문"이라고 공격했다(『습재기여習齋記餘』).

그의 문인 서곡恕谷 이공李塨(1659~1733)도 성리학을 "공자를 말하지 않고 성性이라는 공허한 담론을 일삼는 이단"이라고 단정했다(『서곡어요恕谷語要』 상). 다만 우주론에서는 장재의 기학氣學적인 경향을 인정한다. 후인들은 안원의 이러한 실천적인 복고주의 학풍을 제자 이공과 함께 '안이顏李학파'라고 부른다.

안원

사존편四存編/존학存學/권1

나 같은 미천한 사람의 망령된 말일지 모르지만	故僕妄論
송유宋儒들이 한漢의 위학緯學과 진晉의 현학玄學 및	謂是集漢晉
석가와 노자를 집대성한 것이라고 말한다면 옳겠지만	釋老之大成者則可.
요순과 주공의 정파라고 말한다면	謂是堯舜周公之正派
옳지 않다고 본다.	則不可.

무릇 정좌 독서에 의한 凡從靜坐讀書中

식견과 의론은 討來識見議論

마치 바다 구경이나 그림 속의 떡과 같아서 便如望海畵餠

그것으로는 배고플 때 밥을 얻고 靠之飢食

목마를 때 물을 얻을 수는 없다. 渴飮不得.

거울과 물에 비친 꽃과 달은 若去鏡水 則花月

거울과 물을 떠나면 없어져버리는 것처럼 無有矣.

일생 동안 거울을 대하는 것(독서)은 卽對鏡一生

부질없이 스스로 일생을 기만하는 것일 뿐이다. 徒自欺一生而耳矣.

만약 물속의 달을 잡다가 비추려 하고 若持水月以照臨

거울 속의 꽃을 꺾어 꽂으려 한다면 取鏡花以折佩

결코 방도가 나지 않을 것이다. 必不可得之數也.

그러므로 허정虛靜의 이理를 말하면 말할수록 의혹만 더하고 故空靜之理 愈談愈惑.

허정의 공덕이 신묘하면 할수록 더욱 거짓될 것이다. 空靜之功 愈妙愈妄.

대진

대진은 안후이성安徽省 시우닝休寧 출신으로 자는 신수愼修 또는 동원東原이다. 그는 여섯 차례나 관리 시험에 낙방했으나 51세에 기윤紀昀의 추천으로 『사고전서四庫全書』의 찬수관纂修官이 됐고 53세에 한림원翰林院 서길사庶吉士가 됐으며 55세에 졸했다. 그는 사물을 널리 알고 이를 잘 기억하여 천문·수학·역사·지리 등의 훈고에 정통했으며 강영江永 (1681~1762)과 함께 건가乾嘉학파를 창시하여 청대 경학의 학풍을 연 대학자다. '건가학'이란 건륭제乾隆帝(재위 1735~1795)·가경제嘉慶帝(재위 1796~1820)의 연대에 완성된 고증학 혹은 한학漢學(淸代經學)을 지칭한다.

량치차오는 건가학풍을 '학문을 위한 학문'이라고 비판했는데, 이는 민족 사상이나 의리義理학을 버리고 문자학, 금석학 등 '고증을 위한 고증'으로 치달은 것을 지적한 것이다. 당시 경학이 이처럼 탈이데올로기적인 학풍으로 된 것은 당시 지식인을 탄압한 이른바 문자옥文字獄에 그 원인이 있다 할 것이다. 당시 청조淸朝는 회유책을 써서 정주학자를 등용했고 『주자전서朱子全書』, 『강희자전康熙字典』, 『성리대전性理大全』 등을 간행함으로써 체제적 명분을 쌓았으나, 다른 한편으로는 지식인들의 강학·집회·결사를 금하고 반청反淸 문사를 통제하고 탄압했기 때문이다.

그러나 대진은 탈이념적 고증학에 머물지 않고 이를 이용하여 이학理學을 비판하고 '실사구시實事求是 부주일가不主一家'의 새로운 학풍을 수립했다. 청나라 중기 역사학자인 장학성章學誠(1738~1801)이 말한 것처럼 대진은 고증·훈고로부터 출발했으나 그의 학문은 훈고에 통달하고 명물名物 제도制度를 중시하고 그 원인을 자득함으로써 치란治亂의 도道를 밝히려 했다.

요약하면 고염무가 청대의 고증학을 선창했다면 100여 년 후의 대진은 이 고증학을 왕부지의 의리학과 하나로 통합하여 청학淸學을 대성했다고 말할 수 있다.

대진

대동원선생연보戴東原先生年譜/건륭乾隆4년 을미조乙未條

나는 열일곱 살 때부터 도학에 뜻을 둔 이래	僕自十七歲時 有志聞道
육경에서 그것을 구하지 않으면	謂非求之六經
공맹을 알 수 없고	孔孟不得
자의字義 제도制度 명물名物에 종사하지 않으면	非從事於字義 制度 名物
그 말씀을 통할 방법이 없다고 말해 왔다.	無由以通其語言.
그러나 송유宋儒들은 훈고학을 비웃고	宋儒譏訓詁之學
언어와 문자를 경시하는데	輕語言文字.
이것은 마치 강을 건너면서 배와 노를 버리는 것과 같고	是猶渡江河而棄舟楫
높은 곳에 오르면서 사다리가 없는 것과 같다.	欲登高而無階梯也.
삼십여 년 동안 그것을 힘썼더니	爲之三十餘年
고금 치란의 근원이 이곳에 있음을 분명히 알게 됐다.	灼然知古今治亂之源在是.

대동원집戴東原集/권8/답팽진사윤초서答彭進士允初書

송대 이전에는 공맹은 스스로 공맹이요,	宋已前 孔孟自孔孟
노장·석가는 스스로 노장·석가였다.	老釋自老釋.
노장·석가를 말하는 자들도	談老釋者
그들의 말을 높이고 신묘하다 했을 뿐	高妙其言
공맹에 붙이지는 않았다.	不依附孔孟.
송대 이래 공맹의 저서는	宋已來 孔孟之書
그 해석을 모두 잃어버렸으니	盡失其解.
유가들은 노장·석가의 말을 마구 끌어다가	儒者雜襲老釋之言

해석했기 때문이다.

以解之.

대동원집戴東原集/권9/여모서與某書

성인의 도는	聖人之道
천하만민의 심정을 통창하지 못함이 없고	使天下無不達之情
그들의 욕망을 찾아 이루도록 했으므로	求遂其欲
천하가 다스려졌다.	而天下治.
그러나 뒷날의 유가들은 그 정상은 알지 못하고	後儒不知情之
미세하여 느낌도 없는 것을 이理라고 말하게 됐으나	至於纖微無憾是謂理
그들이 말하는 그 이理라는 것이	而其所謂理者
혹독한 관리들이 말하는 법法과 같았다.	同于酷吏之所謂法.
그래서 혹독한 관리는 법으로 살인하고	酷吏以法殺人
유가는 이理로써 살인한다.	後儒以理殺人.
이렇게 이념에 점점 젖어 들어	浸浸乎
이제 법을 버리고 이理를 논하며 죽으니	舍法而論理死矣
다시 구할 방도가 없구나!	更無可救矣.

대진집戴震集/맹자자의소증孟子字義疏證/상上/이理

높은 자는 이理로써 낮은 자를 문책하고	尊者以理責卑
어른은 이理로써 아이들을 문책하고	長者以理責幼
귀한 자는 이理로써 천한 자를 문책한다.	貴者以理責賤.
이처럼 윗사람이 이理로써 아랫것들을 문책하니	上以理責其下
아랫사람이 죄인이 되는 일이 부지기수였고	而在下之罪人不勝指數.
사람이 법에 의해 죽었다면 동정이라도 받겠지만	人死於法 猶有憐之者
이理에 의해 죽었다면 누가 그를 동정하겠는가?	死於理 其誰憐之.

완원

완원은 장쑤성 이정義徵 출신으로 자는 백원伯元, 호는 운대芸臺이며, 시호는 문달文達이다. 그는 호부 예부 공부시랑을 거쳐, 양호兩湖 양광兩廣의 총독을 지낸 고관이며, 대진을 뒤이은 한학파의 대가다. 그는 왕수인의 양지설을 신랄하게 비판했으며, 성性과 욕欲을 선악으로 구분할 수 없다고 주장했다.

그는 『십삼경주소十三經注疏』를 비롯해 많은 서적을 펴내는 데 큰 공로를 세웠다. 스스로도 금석金石·서화書畵·도연陶硯을 좋아한 수집가며, 조선에서는 추사秋史 김정희金正喜(1786~1856)가 사사한 스승으로 유명하다. 그의 집필실을 연경실研經室이라 했으므로 그의 시문집을 『연경실집研經室集』이라고 한다.

완원

연경실속집研經室續集/복성변復性辨

『장자』를 읽어보면 감탄하지 않을 수 없는 것은	讀莊子未嘗不歎
그의 말이 요순과 공자·안자를 변조했기 때문이다.	其說爲堯舜孔顔之變局也
그가 말한 성性이란 곧 「마제」편의 천방天放(자연의 해방)이다.	彼所謂性卽馬蹄天放也
유가들이 육왕의 양지설을 빌려 종지로 삼는 것은	儒家借良知爲宗旨
장자의 설(童心說)을 비조로 삼는 것이 아닌가?	非以莊子此說爲祖乎
이것은 육조의 불경이 너무도 번잡하니	此亦如六朝佛典太繁
불가에서 별도로 선학禪學을 열어 경전을 일체 설하지 않고	釋家別開禪學 可以不說一切經
면벽하여 본성을 찾는 것과 같은 것이다.	而面壁見性也.

천명론 부정

　유학의 기본인 왕도주의의 근거는 『중용』의 천명론天命論에 있고, 『중용』의 천명론은 동중서의 천인감응설天人感應說을 전제로 한다. 천인감응설이 없다면 왕권신수설의 근거인 천명설은 그 근거를 상실한다. 이것은 유학이 철학이라기보다 종교적·도덕적 통치 이데올로기임을 말해 주는 것이다. 성리학에서 강조하는 천인합일설도 '천인감응설'의 발전된 형태다.

　유가들의 천명론은 송대에 들어와 인격신 개념이 쇠퇴하고 천리론天理論으로 발전한다. 주돈이의 '무극이태극無極而太極', 주희의 '태극즉리太極卽理'가 천리론의 대표적인 담론이다. 이는 태극을 우주의 존재적 근원으로, 가치적 중심으로 보는 형이상학이다. 그러나 청대의 기철학에서는 이것을 전면 부정한다.

　한편 묵자는 천天을 인격신인 천제天帝로 인정했지만 유가들의 운명론 내지 천명설은 거부했다. 그는 「비명非命」편에서 운명론을 폭군이 지어낸 술책이라고 비판한다. 노장도 유가들의 왕권신수설인 천명론을 거부했다. 그러므로 천리天理를 천의天意가 아니라 무위자연의 도道라고 했고, 천인합일을 자연으로 돌아가는 것이라고 말했다.

왕부지의 태극음양설

왕부지는 '극極'을 '우주만물에 내재한 일반적인 이理' 즉 '음양오행의 총체성'으로 인식할 뿐 시공을 초월한 존재의 근원으로 보지 않는다. 다만 이理는 음양오행에 내재한 기氣의 조리일 뿐이다. 천도天道는 천지의 조화를 말하고, 인도人道는 인륜人倫과 일용日用을 말하지만, 기氣의 조화 유행이란 점에서는 다 같다는 것이다.

왕부지

선산유서船山遺書/주역내전周易內傳/계사繫辭 상

태太란 큼이 지극하여 더할 것이 없음을 말한 것이요,	太者 極其大而無尙之辭.
극極은 지극하다는 뜻으로	極至也.
도道가 이에 이르러 다함을 말한 것이다.	語道至此而盡也.
그 실체는 음양의 혼합일 뿐이나	其實陰陽之渾合者而已.
그것을 음양이라 이름 붙일 수 없으므로	而不可名之爲陰陽
그 극진함이 지극하여 보탤 것이 없음을 드러내고자	則但贊其極極至無以加
태극이라고 말한 것이다.	曰太極.

만약 음양이 아직 있기 전에 태극이 있다면	使陰陽未有之先 而有太極
이것은 재료가 일찍이 갖추어져 있지 않아	是材不夙庀
따라갈 주인이 없는 실정이 된다.	而情無適主.

선산유서船山遺書/장자정몽주張子正蒙注/권11

| 태극이란 천天 · 지地 · 인人 · 물物의 일반적인 이理다. | 太極者 天地人物之通理 |

즉 이른바 도道라고 말하는 것이다.　　　　　　　　　　　即所謂道也.

선산유서船山遺書/주역내전周易內傳/계사繫辭 상

도란 하늘(자연)의 도이며　　　　　　　　　　　　　　道 天道也.

음양이란 태극이 가진 실체다.　　　　　　　　　　　陰陽者 太極所有之實也.

무릇 천지 사이에 가진 것은　　　　　　　　　　　　凡兩間之所有

모습(形)과 꼴(象)과 알맹이(精)와 기운(氣)과　　　爲形 爲象 爲精 爲氣

맑음과 흐림이 된다.　　　　　　　　　　　　　　　爲淸 爲濁.

완원의 태극북극설

완원은 "태극은 곧 북극北極"이라고 주장했다. 즉 그는 태
극을 북극성北極星으로 보고 천지 운행의 중심으로 인식하는
자연과학적 해설을 내놓았다. 그 근거로 『이아』에서 "북극
은 북신北辰"이라 풀이했고, 『주역』 「계사전」에서 "역에 태
극이 있다" 했고, 중국의 삼국시대 오吳나라 학자 우번虞飜
(164~233)이 "태극은 태일太一"이라고 했으며, 정현이 "태일
太一은 북신北辰의 신명神名"이라고 한 것을 예로 든다. 이러
한 해석은 조선의 김정희가 계승했다.

> **완원**
>
> **연경실집硏經室集/1집/권2**
>
> 『이아』에서 이르기를 "북극은 북진北辰을 말한다"고 했다.　　爾雅曰 北極謂之北辰
>
> 『주역』 「계사전」에서는 "역에 태극이 있다"고 말했는데　　　易繫辭曰 易有太極

우번이 주석하기를 "태극은 태일"이라고 했으며,
정현이 건괘를 주석하기를
"태일은 북진北辰의 신명"이라고 했다.
그러므로 태극은 곧 태일이고, 태일은 곧 북극성이다.
북진北辰은 곧 북극이라는 것이 본래 옛 학설이다.
『주역』「계사전」에서는 "역에 태극이 있고
이것이 양의를 낳고
양의는 사상을 낳고 사상은 팔괘를 낳는다"고 말했다.
그런즉 팔괘는 사시를 뿌리로 하고
사시는 천지를 뿌리로 하고
천지는 태극을 뿌리로 한 것이다.

虞翻注曰 太極太一也
鄭康成注乾曰
太一者北辰之神名
然太極卽太一 太一卽北辰
北辰卽北極 則固古說也
易繫辭曰 易有太極
是生兩儀
兩儀生四象 四象生八卦
然則八卦本于四時
四時本于天地
天地本于太極.

　태극북극설의 진위는 알 수 없으나, 하늘의 중심인 북극성에서 우주질서의 중심인 태극에 대한 영감을 얻었을 것이라는 것은 쉽게 추측할 수 있다. 기원전 5세기의 공자는 덕정德政을 북극성으로 표상했으며, 플라톤은 하늘의 별들과 인간이 하나하나 짝 지어져 있고 하늘의 별들에 질서가 있듯이 인간사회에도 질서가 있어야 한다고 생각했다. 기원전 4세기의 장자는 도道를 중앙中央 혼돈混沌 황제皇帝로 표상했고, 기원전 2세기 문서인 『회남자』에서는 인간의 본성을 '북두성'으로 비유하고 있다. 대진은 "주나라 사람들은 만물을 이끄는 것을 견우성이 북두칠성을 이끄는 것과 같은 것으로 생각했다"고 증언한다.

논어論語/위정爲政 1

공자가 말했다.

"덕으로 다스리는 것은 비유하면 북극성과 같다.

북극성은 가만히 제자리에 있으나

뭇 별들이 그것을 표준으로 받들어 운행한다."

子曰

爲政以德 譬如北辰.

居其所

而衆星共之.

회남자淮南子/제속훈齊俗訓

본래 사람의 성품이

거칠고 더러워져 청명하지 못한 것은

외물에 의해 먼지가 끼기 때문이다.

오랑캐의 갓난아이는

태어날 때는 모두 똑같은 목소리로 울지만

성장한 다음에는 서로 말이 통하지 않는다.

이것은 교화와 풍속이 다르기 때문이다.

해와 달은 밝지만 구름이 이를 덮고

강물은 맑지만 흙이 이를 흐리게 만들고

사람의 본성은 평정하지만 기욕嗜慾이 이를 해친다.

다만 성인만이 외물에 영향을 받지 않고

자기 본성으로 되돌아온다.

뱃사공이 길을 잃으면 동서의 방향을 모른다.

이때 북극성과 북두칠성을 바라보면 깨닫게 된다.

본성은 사람에게 북극성과 북두칠성이다.

자기 본성으로 사물을 보면 실정을 잃지 않지만

原人之性

蕪濊而不得淸明者

物或埕之也.

羌氏僰翟嬰兒

生皆同聲

及其長也 不能通其言

敎俗殊也.

故日月欲明 浮雲蓋之.

河水欲淸 沙石濊之.

人性欲明 嗜欲害之.

惟聖人遺物

而反己.

夫乘舟而惑者 不知東西.

見斗極則寤矣.

夫性亦人之斗極也.

有以自見也 則不失物之情.

본성으로 보지 못하면 움직일수록 더욱 미혹된다.

無以自見 則動而惑營.

허신許慎

설문해자說文解字/물자物字

물物은 만물을 뜻한다. 우牛는 큰 물건이고,
천지의 이치는 견우성에서 일어난다고 생각했다.
대진 선생의 원상原象(戴東原集/권5)에서 이르기를,
주나라 사람들은 북두칠성과 견우성을 벼리의 부수로 삼아
별들의 벼리를 이름 붙였다고 했다.

物 萬物也 牛爲大物
天地之數 起於牽牛.
戴先生原象曰
周人以斗牽牛 爲紀首
命曰星紀.

주리론 부정

기일원론

왕안석·장재·나흠순·유종주로 이어지는 기일원론의 전통은 청대에 이르러 성기학性氣學으로 발전하여 황종희·고염무·왕부지 등 청 초의 삼대유로를 비롯하여, 당견·안원 등 청대 철학의 공통된 특징이 된다. 그러나 그 기氣라는 것도 학자에 따라 범신론 내지 유심주의로 이해하거나 반대로 유물주의적인 것으로 이해하는 등 그 차이가 너무 커서 일괄하여 말하기는 곤란하다. 다만 여기서는 정주학에 대한 비판적 담론을 간략히 소개한다.

명유학안明儒學案/왕릉천학안王淩川學案

천지간에 다만 기氣가 있을 뿐 다시 이理는 없다.	天地之間 只有氣 更無理.
이른바 이理라는 것은 기에 내재한 조리다.	所謂理者 以氣自有條理
그러므로 '기氣의 결(理)'이라는 이름을 얻게 된 것이다.	故立此名矣.

명유학안明儒學案/조월천학안曹月川學案

이理와 기는	抑知理氣之名
사람들이 만들어낸 이름임을 알아야 한다.	由人而造.
뜨고 가라앉고(浮沈), 오르고 내리는(升降) 등의 운동자를	自其浮沈升降者
말하여 기라 말했고	而言則謂之氣.
그 부침 승강이 법칙을 잃지 않는 것을 가리켜	自其浮沈升降不失其則者
이理라 한 것이다.	而言則謂之理.
대체 한 물건의 두 이름일 뿐	盖一物而兩名
두 물건이 아니며 일체다.	非兩物而一體也.

일지록日知錄/권1/유혼위변流魂爲變

천지간에 가득한 것은 기氣다.	盈天地之間 氣也.

선산유서船山遺書/장자정몽주張子正蒙注/태화太和

음양 이기二氣가 충만한 것이 태허다.	陰陽二氣充滿太虛.
이 외에 더 다른 물건이 없고 간극도 없다.	此外更無他物亦無間隙.[2]
천天의 상象도, 지地의 형形도	天之象地之形

모두 그 범위다.   皆其所範圍也.

허공은 기氣를 헤아려 표현한 말이다.   虛空者氣之量.

기는 가득 차서 끝이 없으나   氣彌淪無涯

희미하여 형체를 이루지 않는다.   而稀微不形.

그러므로 사람들은 허공을 볼 뿐 기를 보지 못한다.   則人見虛空而不見氣.

무릇 허공은 모두 기다.   凡虛空皆氣也.

모이면 드러나고   聚則顯

드러나면 사람들은 유有라고 말한다.   顯則人謂之有.

흩어지고 숨으면 무無라고 말한다.   散則隱 隱則人謂無.

선산유서船山遺書/독사서대전설讀四書大全說/권10

하늘과 사람의 원기는 하나의 기氣일 뿐이다.   天人之蘊[3]一氣而已.

기의 따름이 선善하니 그것을 이理라 말한 것이다.   從乎氣之善 而謂之理.

기 밖에 따로 공허에 의탁한 고립된 이理는 없다.   氣外更無 虛托孤立之理也.

선산유서船山遺書/독사서대전설讀四書大全說/맹자孟子

천하에 어찌 기와 별도로 이理라는 것이 있겠는가?   天下豈別有所謂理也.

기는 원래부터 이理라는 소질을 가지고 있는 것이다.   氣原是有理底.

천하의 모든 것은 기 아닌 것이 없으므로   盡天下之間 無不是氣

이理 아닌 것이 없다고 말할 수 있다.   卽無不是理也.

---

2) 장재는 "知太虛卽氣 則無無"라 했다.

3) 蘊(온)=縕과 통용. 絪縕. 五蘊은 色受想行識.

이理는 곧 기氣의 이理다.	理卽是氣之理.
기가 마땅히 얻어야 이와 같이 되는 것이 곧 이理다.	氣當得如此 便是理.
이理가 먼저도 아니고, 기가 나중도 아니다.	理不先 而氣不後.
이理가 선한 것처럼 기도 선하지 않음이 없다.	理善則氣無不善.

이理란 물物의 필연적 자연이고	理者 物之固然
사事의 소이연이다.	事之所以然也.

원기불멸설元氣不滅說과 기화일신론氣化日新論

왕부지는 원기元氣 불생·불멸설을 주장한다. 이것은 정주
의 이불멸理不滅 기생멸氣生滅을 거부하고, 불교의 적멸 사상
을 반대한 것이다.

원기불멸설, 왕부지

기가 흩어져 태허로 돌아가는 것은	氣散而歸于太虛.
그 원기의 본체로 복귀하는 것이지	復其絪縕[4]之本體
소멸하는 게 아니다.	非消滅也.
그러므로 기가 모여 모든 생명을 낳는 것은	聚以爲衆庶之生

---

4) 絪縕(인온)=氤氳, 元氣.

스스로 원기의 불변의 성질일 뿐
환각으로 이루어지는 것이 아니다.

自絪縕之常性
非幻成也.

노자에 의하면 천지는
풀무가 움직여 바람을 낳는 것과 같다.
이는 허공虛空이 무에서 유를 낳는 변환이
끝이 없다는 말이다.
그러나 기가 고동치지 않으면
무는 끝나고 말 것이다.
그렇다면 무엇이 풀무를 고동치게 하여
기를 낳게 한다는 말인가?

老氏篇以天地
如橐籥動而生風.
是虛能于無生有 變幻
無窮.
而氣不鼓動
則無是有限矣.
然則孰鼓其橐籥
令生氣乎.

또한 그는 원기불멸설을 기화일신론氣化日新論(기의 조화는 날마다 새로워진다)으로 발전시킨다. 이는 이학의 주정적主靜的 정태성을 극복하고 기의 주동적主動的 동태성을 강조하는 기풍을 진작시킨다. 이것은 프랑스 생철학자인 베르그송의 종말적·창발적인 창조적 진화설의 선구라 할 것이다.

왕부지는 노장과 현학玄學과 이학에서 말하는 "정靜이 동動을 낳는다"는 주정主靜 사상을 강력히 반대한다. 그는 정은 동의 한 형태일 뿐 절대적인 정은 존재하지 않는다고 말한다. '기화氣化'란 기의 운동을 의미한다. 원래 기는 음양이라는 두 모순의 운동이다. 그러므로 만물은 모순 속에서 서로 연결되고 통일되어 있다는 것이다. 이 점에서 변증법적이라고 말할 수 있다.

왕부지에 의하면 태극은 음양의 총체일 뿐이며, 음양 그 자체가 불생불멸不生不滅의 원동자다. 이것은 '이理(태극)의 주동主動'을 반대하고 '기氣의 주동'을 말하는 것이므로 "태극이 동정하여 음양을 낳는다"는 주돈이의 태극도설을 부정하는 것이다.

　원래 역易 사상은 주동적이고, 불가·도가는 주정적이다. 그런데 주돈이의 태극도설은 주정을 말했고, 정주·육왕은 이를 종합하여 동정합일動靜合一을 말했다. 이에 왕부지가 이를 다시 주동 사상으로 복귀시킨 것으로 이해할 수 있다.

　이러한 주동 사상에 따르면 만물은 날마다 변화하며, 옛 것을 밀어내고 새로움을 창조한다. 이것은 사회를 영구불변의 천리天理에 묶어두려는 보수주의자들의 법고法古에 대항하여 사회의 새로운 변화를 추구하려는 진보주의자들의 창신創新을 위한 사상적 기초가 된다.

주동철학主動哲學, 왕부지

선산유서船山遺書/장자정몽주張子正蒙注/태화太和

태극을 오해하는 자는 말하기를	誤解太極者
태극은 본래 음양이 아직 없었으나	謂太極本未有陰陽
태극이 동하여 비로소 양이 생기고	因動而始生陽
정하여 비로소 음이 생긴다고 한다.	靜而始生陰.
그러나 이는 동정을 낳는 것은 음양이고	不知動靜所生之陰陽
이 음양이 차고 덥고, 습하고 건조함,	爲寒暑淪燥
남녀 등의 성질을 만들며	男女之情質
이러한 음양 고유의 충만함이	乃固有之緼 其充滿
동정에 앞서 있다는 것을 모른 것이다.	在動靜之先.

동정은 곧 음과 양의 (변증법적인) 동정이 있을 뿐이다. 動靜者卽此陰陽之動靜.

그러므로 음양은 태극의 실체다. 而陰陽一太極之實體.
그것은 풍부하게 있어 허공에 충만하다. 唯其富有充滿于虛空.
그러므로 음양은 날마다 새롭게 변화하되 故變化日新.
…그 소장消長(쇠하고 성함)은 …陰陽之消長
나타나는 것을 숨기므로 측정할 수 없다. 隱見不可測.
천·지·인·물이 굽히고 펴고 가고 오는 까닭은 而天地人物 屈伸往來之故
모두 이 때문이다. 盡于此.

사문록思問錄/내편內篇
"태극이 동動하여 양을 낳는다"고 한 것은 太極動而生陽
'기동氣動'의 동이요, 動之動也.
"태극이 정靜하여 음을 낳는다"고 한 것은 靜而生陽
'기동'의 정이라 말할 수 있다. 動之靜也.
그렇지 않고 동이 없는 정뿐이라면 廢然無動而靜
음은 무엇에 의해 낳겠는가? 陰惡從而生哉.
"한 번 동하고 한 번 정한다"는 것은 一動一靜
닫히고 열림을 말하는 것이다. 闔闢之謂也.
닫힘이 있으면 열리고 由闔而闢
열림이 있으면 닫히니 이것이 동이다. 由闢而闔 是動也.
그렇지 않은 정은 곧 죽음이다. 廢然之靜 則是息矣.

사문록思問錄/외편外篇
동하면 곧 정하고, 정하면 동으로 바뀐다. 方動卽靜 方靜旋動.

정은 동을 머금고 동은 정을 머금지 않는다.　　　　　　靜卽含動 動不含靜.

천지의 조화造化를 잘 체현하는 자는　　　　　　　　善體天地之化者

이와 같지 않음이 없다.　　　　　　　　　　　　未有不如此者也.

선산유서船山遺書/장자정몽주張子正蒙注/참양參兩

허공은 기氣이니, 기는 곧 동자動者다.　　　　　　　　虛空卽氣 氣則動者也.

선산유서船山遺書/주역외전周易外傳/계사繫辭 하

태허는 원동자다.　　　　　　　　　　　　　　太虛者 本動者也.

동動으로 동動에 들어가니　　　　　　　　　　　動以入動

정체되지 않고 쉬지 않는다.　　　　　　　　　　不滯不息.

선산유서船山遺書/장자정몽주張子正蒙注/동물動物

무릇 사물이란 같은 것이 아니므로 서로 상반된다.　　　　凡物 非相類則相反.

뒤섞임(錯)이란 같고 다름이요,　　　　　　　　　錯者同異也.

얽힘(綜)이란 굽히고 폄이다.　　　　　　　　　　綜者屈伸也.

만물은 이러한 뒤섞임과 얽힘(錯綜)으로 이루어지고　　　萬物之成 以錯綜

이용을 성취하는 것이다.　　　　　　　　　　　而成用.

기화일신론

선산유서船山遺書/독사서대전설讀四書大全說/권10

하늘에서 내리는 것은 비와 이슬이 되고　　　　　　在天降之爲雨露

나무에서 그것을 받으면 새싹과 꽃잎이 된다.　　　　在木受之爲萌蘗

하늘에서 명한 것은 건순建順의 기氣이고　　　　　　在天命之爲建順之氣

사람이 그것을 받으면 인의仁義의 마음이 된다.　　　　在人受之爲仁義之心

그런데 오늘의 비와 이슬은

내일의 비와 이슬이 아니듯이

오늘 새벽의 기는

어제 새벽의 기가 아닌 것이 분명하다.

이와 같으니

어찌 하늘은 날마다 명하지 않는다고 하겠으며

사람은 어찌 날마다

성품을 낳지 않는다고 하겠는가?

而今之雨露

非昨之雨露

則今者平旦之氣

非昨者平旦之氣 亦明矣

若此者

豈非天之日命

而人之日

生其性乎.

사문록思問錄/외편外篇

강하의 물은 오늘도 옛날과 같아 보인다.

그러나 오늘의 물은 결코 옛 물이 아니다.

등촉의 불빛은 어제도 오늘과 같은 것 같다.

그러나 어제의 불빛은 결코 오늘의 불빛이 아니다.

이처럼 물과 불은 가까우니 쉽게 알 수 있으나

해와 달은 멀어 살필 수 없을 뿐(날마다 새로워진 것)이다.

江河之水 今猶古也

而非今水之卽古水.

燈燭之光 昨猶今也

而非昨火之卽今火.

水火近而易知

日月遠而不察耳.

선산유서船山遺書/주역외전周易外傳/무망無妄

옛것을 밀어내고 별도의 새로움을 이룬다.

推古而別致其新.

도즉기화道卽氣 化理는 道가 아니다

대진은 왕부지의 '기화론氣化論'을 더욱 발전시켰다. 그는
태극론과 이기론 자체를 부정한다. 정주의 이理는 옛 성현의

도가 아니라 노자와 석가의 말을 뒤섞어 옮긴 것뿐이라고 비판한다.

　정주의 도道는 일음일양一陰一陽하는 '소이所以'인 이理였으나, 대진의 도는 일음일양하는 '운동' 그 자체다. 대진에 의하면 이理는 사물을 관찰하여 구분하는 분리分理일 뿐 도가 아니다. 오직 '기화'만이 보편적인 도道다. 즉 '도는 음양 오행의 조화'일 뿐이라는 것이다.

　정주가 존리尊理하여 이理를 음양 기화를 초월한 것으로 인식하게 된 까닭은, 석가와 노장이 신神을 존중하여 '신식神識이 형체形體를 낳는다'고 인식한 데서 비롯됐다. 그러나 대진은 정주학의 기본 가설들을 모두 부정한다. 즉 태극이 곧 이理라는 '태극즉리', 음양오행 위에 태극이라는 정신적 본체가 존재한다는 '이선理先 기후氣後', 물질적인 음양은 정신적인 태극의 생성물이라는 '태극생음양太極生陰陽' 등의 정주학적 담론을 모두 반대한다. 다시 말하면 천명·천리·태극 등 음양오행의 물질 이외의 그 어떤 보편자도 부인한다. 이것은 중세 서양의 보편 논쟁에서 보편은 이름일 뿐 실재가 아니라고 주장한 유명론唯名論의 입장과 같은 것이다.

대진

대진집戴震集/맹자자의소증孟子字義疏證/중/천도天道

육경과 공맹의 저서에서 　　　　　　　　　　　六經孔孟之書

이기理氣의 구분을 듣지 못했다. 　　　　　　　不聞理氣之分

그런데 송유가 처음으로 만들어 말한 것이다. 　而宋儒創言之.

또한 도道를 이理에 배속시켰으나 　　　　　　又以道屬之理

사실은 도의 명분과 뜻을 잃어버리게 했다.　　　　　　　　　　實失道之名義也.

원선原善/상

천도는 음양오행일 뿐이다.　　　　　　　　　　　　　　　天道 五行陰陽而已矣.

나뉘면 그것들이 성性을 이룬다.　　　　　　　　　　　　　分而有之以成性.

나뉠 때 (물처럼) 한 가지 국량으로 한정되지만　　　　　　由其所分 限於一曲

사람은 온전한 성을 얻는다.　　　　　　　　　　　　　　惟人得之也全.

이러한 국량과 온전함의 운수는 태어날 때 마련된다.　　　　曲與全之數 制之於生初.

다만 사람이 온전한 성을 얻었다 해도　　　　　　　　　　人雖得乎全

그중에는 명암과 후박이 있어　　　　　　　　　　　　　其間則有明闇厚薄

역시 때때로 한 국량으로 한정되기도 하지만　　　　　　　亦往往限於一曲

그 국량도 온전해질 수 있는 것이다.　　　　　　　　　　而其曲可全.

대진집戴震集/맹자자의소증孟子字義疏證/중/천도天道

공자가 "태극은 음양 기화氣化를 지칭한다"는　　　　　　　孔子以太極指氣化之陰陽

글을 이어받아　　　　　　　　　　　　　　　　　　　承上文

이것으로 천도를 밝혀 말했다고 한다.　　　　　　　　　明於天之道言之.

즉 이른바 한 번 음하고 한 번 양하는 것을 도道라 하고　　卽所云 一陰一陽之謂道

만물의 유행이 이 도에 모여들고　　　　　　　　　　　萬品之流行

귀착되지 않음이 없다는 것이다.　　　　　　　　　　　莫不會歸於此.

극極이란 모여 귀착된다는 뜻이며　　　　　　　　　　　極有會歸之義.

태太는 더 보탤 것이 없는 진실로 높은 것을 지칭한다.　　太者無以加乎其上之稱.

그러나 양의兩儀·사상四象·팔괘八卦는 『주역』의 그림이며　以兩儀四象八卦之易畫.

다만 후세 유가들이 양의를 음양陰陽이라 하고　　　　　後世儒者以兩儀爲陰陽

음양을 낳은 근원을 태극에서 찾은 것이다.　　　　　　而求太極於陰陽之所由生.

어찌 공자의 말이겠는가?　　　　　　　　　　　　　豈孔子之言乎.

또한 기가 이理에서 생긴다는 말이　　　　　　　　　又氣生於理

어찌 진실로 그런 것이겠는가?　　　　　　　　　　豈其然乎.

도道는 행行과 같은 뜻이다.　　　　　　　　　　　道猶行也.

기氣가 조화 유행하여 낳고 살리며 쉬지 않으니　　氣化流行　生生不息

이를 일러 도道라 한다.　　　　　　　　　　　　是故謂之道.

『주역』에서는　　　　　　　　　　　　　　　　易曰

한 번 음하고 한 번 양하는 것을 도라 했고　　　一陰一陽之謂道.

『서경』「홍범」의 오행五行은 수·화·　　　　　　洪範五行　一曰水　二曰火

목·금·토이며　　　　　　　　　　　　　　　三曰木　四曰金　五曰土

그 '행行'은 역시 '도道'의 통칭이다.　　　　　　行亦道之通稱.

…그러므로 음양오행은 도의 실체다.　　　　　　…陰陽五行　道之實體也.

대진집戴震集/맹자자의소증孟子字義疏證/상/이理

이理는 그것을 관찰하여 거의 희미한 것까지　　　理者　察之而幾微

반드시 구분 지어 이름을 붙인다는 뜻이다.　　　必區以別之名也.

그런고로 그것을 '분리分理'라고 말한다.　　　　是故謂之分理.

대진집戴震集/서언緒言/상

무릇 사물의 형질은 모두 무늬(文)와 결(理)이 있다.　凡物之質　皆有文理.

찬연히 비치고 드러나는 것은 무늬(文)라 하고　　　燦然昭著日文.

숨어 있으나 분별되며　　　　　　　　　　　　　循而分之

단서가 어지럽지 않은 것을 결(理)이라 한다.　　　端緒不亂　日理.

그러므로 '이理'를 '분分'이라고도 풀이한다.　　　故理又訓分.

원선原善/상

낳고 살리는 것은 인仁이요,

낳고 살리는 조리條理는 예의禮義다.

무엇을 예禮라 하는가?

조리條理가 가지런하여 차례 있게

드러나게 하는 것이다.

무엇을 의義라 하는가?

조리가 절연하여 어지럽지 않게

드러나게 하는 것이다.

생생生生을 이루는 것은 인仁이라 하고

조리를 이루는 것을 지智라고 한다.

生生者 仁乎.

生生而條理者 禮與義乎.

何謂禮

條理之秩然有序

其著也.

何謂義

條理之截然不可亂

其著也.

得乎生生者 謂之仁.

得乎條理者 謂之智.

대진집戴震集/맹자자의소증孟子字義疏證/중/성性

노장과 석가는 정신精神을 존숭하여

음양의 기화氣化를 초월한 것이라고 말했다.

이에 (정주는) 이理를 존숭하고

이理는 음양 기화를 초월한 것이라 말했다.

老莊釋氏 尊其神

爲超乎陰陽氣化.

此尊理

爲超乎陰陽氣化.

대진집戴震集/맹자자의소증孟子字義疏證/중/천도天道

기화하여 품물品物을 이루는 것을

형形의 상하로 나누지만

형은 이미 형질을 이루었으므로

'형이상' 이라 함은 '형 이전' 과 같은 말이며

'형이하' 는 '형 이후' 와 같은 말이다.

氣化之於品物

則形而上下之分也.

形已成形質

形而上 猶曰形而前.

形而下 猶曰形而後.

그런데 노장과 석가는 한 몸을 나누고   在老莊釋氏 就一身分言之
형체形體와 신식神識이라 말하고   有形體 有神識.
신식을 근본으로 삼고 이것을 형이상이라 높여   而以神識爲本 推而上之
천지의 근본이라 했다.   以神爲有天地之本.
…이로써 형상도 없고 자취도 없는 것에서 구하는 것을   …遂求諸無形無迹者
실재라 하고   爲實有
거꾸로 형상이 있고 자취가 있는 것을   而視有形有迹
환영이라 말하게 된 것이다.   爲幻.

대진집戴震集/맹자자의소증孟子字義疏證/하/권權
정주가 말하는 이理는   其所謂理
옛 성현이 말한 이理가 아니다.   非古聖賢之所謂理
거의 노자와 석가의 말을 뒤섞어 말한 것이다.   蓋雜乎老釋之言而爲言.
이로써 폐단이 이 지경에 이른 것이다.   是以弊必至此也.

성리설 부정

성리학→성기학

청대의 기철학은 정주의 성리학과 육왕의 심리학心理學을
모두 부정한다. 정주의 '성즉리'와 육왕의 '심즉리'를 버리
는 대신, '성즉기性卽氣' 내지 '심즉기心卽氣'를 주장한다. 이

것은 명대 나흠순과 유종주의 성기학을 계승한 것이다.

황종희

맹자사설孟子師說/상

천지간에 단지 하나의 기가 있어	天地間只有一氣
두루 충만하여 인간을 낳고 만물을 낳는다.	充周 生人生物.
인품은 기氣로써 생긴 것이며	人稟是氣以生
마음은 기의 영靈이 처한 곳이다.	心卽氣之靈處.
이理는 나타날 수 없으며 기에서만 나타난다.	理不可見 見之于氣.
성性은 나타날 수 없으며 마음에서만 나타난다.	性不可見 見之于心.
심心은 곧 기氣다.	心卽氣也.

남뢰문정南雷文定/여우인논학서與友人論學書

기氣가 사람에게 있으면	氣在人而謂
측은·수오·공경·시비의 마음이라고 말하니	惻隱羞惡恭敬是非之心.
이는 다 같이 하나의 기가 유행한 것이다.	同此一氣之流行也.
성인은 다시 이러한 질서가 불변하는 심心을	聖人亦卽從此秩以不變者
성性이라고 이름 지은 것이다.	名之爲性.

그러나 유독 황종희는 이理를 '기의 이(氣之理)'로 보았지만 그 기는 물질적인 것이 아니었다. 그러므로 그의 성기학은 여전히 유심주의에 머물러 있었다. 오히려 정주의 객관주의를 반대하고 왕수인의 주관주의적 유심주의를 옹호했다. 그러므로 물리物理를 심리心理에 통합하고, 성性을 심心으로 통합하고, 도심을 인심에 통합하여 심心을 만리萬理의

근원으로 보았다.

황종희

남뢰문정南雷文定/상서고문소증尙書古文疏證 서序

맹자는 방심放心을 찾으라고 말했지만	故孟子言求放心
도심道心을 찾으라고 말하지 않았다.	不言求道心.
그는 본심本心을 잃어버렸다고 말했지만	言失其本心
도심을 잃어버렸다고 말하지 않았다.	不言失其道心.
공자가	夫子之
마음이 하려는 대로 해도 법도를 넘지 않은 것은	從心所欲不踰矩
단지 인심人心을 잃지 않은 것일 뿐이다.	只是不失人心而已.
그렇다면 『서경』의 거짓된 고문古文인 인심도심설은	然則此十六字者
이학理學의 좀도둑이 됐으니 한심하다.	其爲理學之蠹甚矣.

"중中을 잡으라"고 한 말은 (『서경』에서 나온 말인데)	允執厥中
그것을 본뜬 것은 『논어』이고	本之論語.
"인심은 위태롭고 도심은 희미하다"는 말은	惟危惟微
그것을 본뜬 것은 『순자』다.	本之荀子.
…그러므로 인심도심설은	…人心道心
바로 순자의 성악설을 말한 것이다.	正是荀子性惡宗之.
이에 따르면 마음에 있는 것은	…於是以心之所有
다만 지각뿐이고	唯此知覺
이理는 천지만물에 있다는 말이 된다.	理則在於天地萬物.
그래서 인심도심설이 잘못됐다고 하는 것이다.	皆爲人心道心之說所誤也.

대진은 성性을 각기 물건의 성질이라고 보았으므로 성즉리를 인정하지 않는다. 그는 성의 실체는 혈기血氣와 심지心知라고 말한다.

대진

대진집戴震集/**맹자자의소증**孟子字義疏證/중/성性

성性이란 음양오행이 나뉘어   性者 分於陰陽五行

혈기와 심지가 된 것이다.   以爲血氣心知

각기 품물마다 나뉘므로 구별된다.   品物區而別焉.

대진집戴震集/**맹자자의소증**孟子字義疏證/중/천도天道

그러므로 혈기와 심지가 바로 성의 실체인 것이다.   血氣心知 性之實體也.

성기학→심기학

왕부지는 심즉리를 반대한다

왕부지는 왕수인의 '심즉리心卽理'를 반대하고 '심즉기心卽氣'를 주장한다. 또한 그에게 이理는 '기氣의 이理'이므로 정주의 성리학은 그에게는 성기학일 뿐이다. 그는 성性과 심心을 구분한다. 즉 성性은 기氣의 성誠을 말하고, 심은 기氣의 기幾(機틀)를 말한다. 그러므로 심은 이理에 이어지지 않고도 이목구체耳目口體의 기관에 기생하여 기幾로서 살아 있기 때문에 심즉리라고 말할 수 없다는 것이다.

왕부지

선산유서船山遺書/독사서대전설讀四書大全說/권10

만약 심心을 하나의 이理라고 말한다면	若夫謂心一理也
그 폐단은 장차 이단으로 흘러도	則其弊將流入於異端
깨닫지 못하는 자가 있을 것이니	而不覺者
더욱 분별하지 않으면 안 된다.	則不可以不辨.
원래 심은 생겨난 곳이	原心之 所自生
이기二氣 오행의 정기였으니	則固爲二氣五行之精
자연히 양능良能이 있으므로	自然有其良能
성性이 여기에 의탁하고	而性以託焉
지각이 여기에서 드러나는 것이다.	知覺以著焉.
그러므로 사람이 마음을 가지게 한 것은	故人之有心
'하늘의 일' 이며	天事也.
하늘이 사람에게 본성을 따르도록 하는 것은	天之俾人以姓
'사람의 일' 이다.	人事也.
이를 근본에서 말하면	以本言之
하늘은 생명을 조화하여 이理로 마음을 낳고	則天以化生 而理以生心.
끝에서 말하면	以末言之
사람은 하늘을 계승하여 마음으로 이理를 갖추는 것이다.	則人以承天 而心以具理.
마음은 진실로 이理가 아니다.	心苟非理
이理가 없어도	理亡
마음은 아직 이목구체耳目口體의 기관에 붙어	而心尙寄於耳目口體之官
요행히 죽음을 면하는 것이다.	以幸免於死也.
맹자가 이르기를	孟子曰

"심心을 극진히 하면 성性을 안다"고 했다.[5]　　　　　　　盡其心者 知其性也.

이는 바로 심은 극진하기 쉽지 않음을 말한 것이니　　　　正以言心之不易盡

심이 곧 이理가 아님을 밝힌 것이다.　　　　　　　　　　則以明夫心之未卽理.

정이는 진심盡心을 중히 말하고　　　　　　　　　　　　伊川重言盡心

지성知性을 가벼이 말함으로써　　　　　　　　　　　　以輕言知性

그 학설에 이와 같은 것이 있게 됐다.　　　　　　　　　則其說有如此.

장재는 "성과 지각을 합하여　　　　　　　　　　　　　張子曰 合性與知覺

심이라고 이름 붙였다"고 말했다.　　　　　　　　　　　有心之名.

성은 도심이요 지각은 인심이다.　　　　　　　　　　　性者道心也 知覺者人心也.

인심과 도심이 합해야 심이 되는 것이니　　　　　　　　人心道心合而爲心

심은 하나의 이理라고 말할 수 없음을　　　　　　　　　其不得謂之心一理也

또한 살필 수 있다.　　　　　　　　　　　　　　　　　又審矣.

대진의 성즉재性卽才

　대진도 기일원론이므로 성즉리를 반대한다. 그러므로 인물성동론人物性同論을 반대한다.

대진

원선原善/중

맹자 당시에는　　　　　　　　　　　　　　　　　　　當孟子時

이理와 의義가 사람의 본성임을 알지 못했다.　　　　　天下不知理義之爲性.

이에 맹자가 나서서 밝히기를　　　　　　　　　　　　是以孟子起而明之

---

5) 盡其心者 知其性也. 知其性 則知天矣. 存其心 養其性 所以事天也(孟子/盡心上).

인人과 물物의 본성은 지극히 다른 종류라고 했다.

종류란 성품을 크게 나누어 구별한 것이다.

맹자는 무릇 같은 종류의 서로 비슷함을 들어

성인과 내가 동류임을 말했다.

그리고 고자告子가

"개의 본성이 소의 본성과 같고

소의 본성이 사람의 본성과 같다"고 한 것을 꾸짖었다.

맹자는 성선性善을 말했을 뿐

성이 모두 같다고 말한 것이 아니다.

그러나 맹자 이후 그 말씀을 이해하지 못했으므로

성의 이름을 지어 이理라고 말했으니

이 또한 잘못이다.

人物之生 類至殊也.

類也者性之大別也.

孟子曰 凡同類者擧相似也.

聖人與我同類者.

詰告子則曰

犬之性猶牛之性

牛之性猶人之性與.

盖孟子道性善

非言性於同也.

由孟子而後 求其說而不得

則擧性之名而曰理也.

是又不可.

특히 대진은 아예 성性의 실체성을 부인해 버린다. '성즉 재性卽才' 즉 성은 본체가 아니고 혈기와 심지라는 두 가지 '재능'이라는 것이다. 그 근거로 『예기』 「악기樂記」를 제시한다. 이것은 성性이라는 존재를 부인하는 것으로 형이상학에서 인식론으로 옮겨가는 일면을 보여준다. 따라서 성즉리·심즉리 혹은 성즉기라는 성리학 또는 성기학의 존재론적 담론은 그 근거를 잃어버린다.

대진에 의하면 사물의 인식은 경험적인 혈기가 사물에 내재하는 객관적인 이理를 감각하고, 이를 주관적인 심지가 분별한다. 그런데 이 혈기와 심지를 재능이라 말하고 혹은 타고난 것이란 뜻에서 성품이라고 말했다는 것이다. 그러므로 성이란 기화氣化의 작용과 사물의 재능을 표현한 것에 지나

지 않는다. 따라서 성은 곧 기라고 말할 수도 없으며, 더구
나 객관적인 사물의 이理도 아니라는 것이다.

예기

예기禮記/악기樂記

대저 민民에게는 혈기와 심지라고 하는 성질이 있다.	夫民有血氣心知之性
그러나 처음에는 희로애락이 없으나	而無哀樂喜怒之常.
사물에 감응이 일어난	應感起物而動
연후에 심술心術이 나타난다.	然後心術形焉.

사람이 태어나면 고요한 것은 천天의 성性이다.	人生而靜 天之性也.
사물을 혈기가 감응하여 운동하는 것은	感於物以動
성의 욕망이다.	性之欲也.
사물이 이르러 심지가 지각한	物至知知[6]
연후에는 좋고 미운 정情이 나타난다.	然後好惡形[7]焉.

대진

대진집戴震集/맹자자의소증孟子字義疏證/중/성性

성性이란 음양오행이 분화하여	性者 分於陰陽五行
혈기와 심지心知가 됐고	以爲血氣心知
품물이 구별됐다.	品物區以別焉.
통틀어 생명이 태어난 이후에는 사물을 보존하고	擧凡旣生以後 所有事

---

6) 주희는 '知知'를 '體用'으로 해석한다.
7) 形(형)=見也.

재능을 갖추고 그 덕성을 온전히 하는 것을
모두가 그 근본으로 삼는다.

所具之能 所全之德
咸以是爲其本.

원선原善/중

혈기가 있은 뒤에 심지心知가 있다.
심지가 있으니
여기서 삶을 사랑하고 죽음을 두려워하는 정이 생기며
이로 인하여 이로움을 좇고 해로움을 피한다.
그 정미하고 밝음에 한계가 있어
비록 명민하고 우매함이 서로 다르지만
삶을 생각하고
죽음을 두려워하는 마음을 벗어날 수 없는 것은
혈기의 법도가 모두 그러한 것이다.

有血氣 夫然後有心知.
有心知
於是有懷生畏死之情.
因而趨利避害.
其精爽之限之
雖明昧相遠
不出乎懷生
畏死者
血氣之倫盡然.

대진집戴震集/맹자자의소증孟子字義疏證/하/재才

나누어 말하면 명命이라, 성性이라, 재才라 하지만
합하여 말하면 천성天性이라 말한다.

別而言之 曰命 曰性 曰才.
合而言之 是謂天性.

기氣가 조화하여 인人을 낳고 물物을 낳는다.
그 한계에 근거하여 분수를 말하면
명命이라 하고
그 작용에 근거하여 인물의 본시 비롯됨을 말하면
성性이라 하고
그 형체에 근거하여 그 형질을 말하면 재才라 한다.
…이처럼 재질才質은 성의 드러남이니

氣化生人生物
據其限於所分而言
謂之命.
據其爲人物之本始而言
謂之性.
據其體質而言 謂之才
…才質者 性之所呈也.

재질을 버리면 어찌 성을 나타낼 수 있겠는가?　　　　　　　　舍才質 安覩所謂性哉.

'형체(形)를 실천한다', '성품(性)을 다한다',　　　　　　　　踐形之與盡性
'재주(才)를 다한다' 는 말은 그 뜻이 동일한 것이다.　　　　　盡其才 其義一也.

원선原善/하

사람이 재才를 다 발휘하지 못하는　　　　　　　　　　　　人之不盡其才
병폐는 두 가지가 있는데　　　　　　　　　　　　　　　　患二
하나는 사사로움(私)이요 하나는 가려짐(蔽)이다.　　　　　　曰私 曰蔽.
그러므로 끝내 불선不善이 되는 것은　　　　　　　　　　　是以卒之爲不善
재才의 죄가 아니다.　　　　　　　　　　　　　　　　　　非才之罪也.

성일생론性日生論 ^{성삼품설 부정}

　　정주와 육왕의 심성心性학은 인간의 성품이나 마음을 주
제로 한 담론일 뿐 인식론이나 생명론으로 발전하지 못했
다. 그러나 원래 역易 사상은 생명의 근원을 운동으로 보는
현상학적인 것이었다. 이른바 왕부지가 말한 운동을 중시하
는 '주동主動' 사상이었다.
　　왕부지의 '기화일신론' 은 기철학을 형이상학적이며 존재
론적인 이기론과 심성론으로부터 현상학적인 생명론으로
전환시킨다. 왕부지는 『주역』의 "생생지위역生生之謂易(낳고
살리는 것을 易이라 한다)"을 "천지天地의 덕은 생생"이라고 해
석하고 이를 강조했다. 그가 말한 생은 무위한 자연이 아니

라 날로 새로이 생성되고 창조되고 변화하는 생명 현상을 의미한다.

따라서 성명性命도 날로 형성되며 고정된 것이 아니다. 이러한 성일생설性日生說은 성선설·성악설과 대립된다. 이것은 인성학습설人性學習說을 지지하고 성삼품설을 부정하는 것이기 때문이다.

또한 이것은 양자와 장자의 귀생주의貴生主義와 상통하는 것이지만 반문명적인 것이 아니라 생철학적인 것이라는 점에서 차이가 있다. 그리고 기독교 신학의 '종말적 생명론' 또는 베르그송의 '창발적創發的 생명론'과 맥을 같이하는 것이라고 말할 수도 있다.

왕부지

선산유서船山遺書/주역외전周易外傳/계사繫辭 하

천지간에 유행하여 쉬지 않는 것은	天地之間 流行不息
모두 '살림(生)'이다.	皆其生焉者也.
그러므로 "천지의 위대한 덕은 생生"이라고 말한다.	故曰 天地之大德曰生.

선산유서船山遺書/주역외전周易外傳/계사繫辭 상

천하는 날마다 운동하고 군자는 날마다 살린다.	天下日動 而君子日生.
천하는 날마다 살리고 군자는 날마다 운동한다.	天下日生 而君子日動.
운동은 도道의 지도리요,	動者 道之樞
덕의 창문이다.	德之牖也.

선산유서船山遺書/주역외전周易外傳/계사繫辭 하

천지는 덕으로 사람을 낳고　　　　　　　　　　　　天地之以德生人

반드시 길러 삶을 더해 준다.　　　　　　　　　　　必使之有養以益生.

선산유서船山遺書/장자정몽주張子正蒙注/참양參兩

성性을 이理라 말했는데　　　　　　　　　　　　　性以理言

상象이 있으면 반드시 이理가 있다.　　　　　　　有其象必有其理.

선산유서船山遺書/상서인의尙書引義/태갑太甲 2

천성天性이란 생리生理다.　　　　　　　　　　　　天性者生理也.

날마다 생겨나고 날마다 형성된다.　　　　　　　日生則日成也.

대저 천명이　　　　　　　　　　　　　　　　　則夫天命者

어찌 처음 태어날 때 운명 지어졌겠는가?　　　豈但初生之頃 命之哉.

…아직 이루지 못한 것은 이루고　　　　　　　…未成可成

이미 이룬 것은 바꿀 수 있다.　　　　　　　　已成可革.

성이란 것이 어찌 한 번 받은 형틀처럼　　　　性也者 豈一受成型

덜고 보탤 수 없는 것이겠는가?　　　　　　　不受損益也哉.

그러므로 하늘은 날마다 사람에게 명하고　　　故天日命於人

사람은 날마다 하늘에서 명을 받는다.　　　　而人日受命於天.

그러므로 성性이란 태어남이고　　　　　　　故曰 性者 生也.

날마다 태어나고 날마다 그것을 이뤄나간다.　日生而日成之也.

　대진은 공자가 "상지上智와 하우下愚는 불이不移"라고 한 것은 '이동할 수 없다(不可移)'를 말한 것이 아니라고 고증함으로써 성삼품설과 신분이동의 반대는 공자의 의도가 아니라고 주장했다.

대진

대진집戴震集/맹자자의소증孟子字義疏證/중/성性

마음을 계몽하여 깨달으면	啓其心則 憬然覺悟
'하우下愚'가 아니다.	則非下愚矣.
이에 학문을 더하면 날로 지혜가 발전할 것이다.	加之以學 則日進于智矣.
그러므로 공자는 '불이不移'를 말했을 뿐	故曰不移
'불가이不可移'라고 말하지 않은 것이다.	不曰不可移.

기질악 반대

기철학은 정주의 주리론적 담론인 '이理는 순수한 선이고 기氣는 악의 싹'이라는 이른바 '기질지성론氣質之性論'을 반대하고, 이理가 선한 것이므로 기 또한 선한 것이라고 주장한다.

왕부지는 초월적 진유眞有를 가정하지 않고 형이하의 모든 현실적 존재에서 가치를 발견하려 한다. 그는 성을 본연과 기질로 이원화하는 것을 반대하고 하나의 '기질지성'만 있을 수 있다고 말한다. 그리고 자연自然 · 기氣 · 정情 · 재才 · 욕欲을 모두 선으로 긍정했으며, 악의 원인을 기질이 아니라 '습習'과 '부득위不得位'에서 찾는다. 그러나 그에게도 여전히 기와 성을 따로 인식하는 경향이 남아 있었다.

이에 안원은 "성은 곧 기질이며 선한 것"이라고 말한다. 그는 정주의 '기질악설氣質惡說'은 불교의 말이라고 비판하고, "성이 선하다면 기질도 선하며, 악은 후천적인 인引(유인)·폐蔽(가림)·습習(익힘)·염染(물듦)에 화근이 있다"고 주장한다.

왕부지

선산유서船山遺書/독사서대전설讀四書大全說/논어論語

이른바 '기질의 성'이란   所謂氣質之性者

기질 속에 성이 있다는 말과 같은 것이다.   猶言氣質中之性也.

…이理는 기 속에서만 운행할 수 있으므로   …理行乎氣之中

기를 주인으로 하여 분수를 나누어 말한 것뿐이다.   而與氣爲主持分劑者也.

…이처럼 기질의 성이라 하는 것은   …是氣質中之性

여전히 본연의 성이다.   依然一本然之性也.

선산유서船山遺書/독사서대전설讀四書大全說/권8

공자는 "(본성은 서로 비슷하나)   孔子曰 (性相近也)

익힘(習)은 서로 멀다"고 말했다.   習相遠也.

외물의 감응 없이 악을 생각하는 사람도   人之無感 而思不善者

반드시 익힘이 없다고 할 수는 없다.   亦必非其所未習者也.

물론 익힘이란 외적 사물에 의해 익힌 것이지만   而習者亦以外物爲習也.

밖에서 익히고 안에서 생성된 것이다.   習於外而生於中.

이처럼 습習과 성性이 함께 형성하는 것이므로   故曰 習與性成

이것을 불선不善의 원인인 후천적 성품이라고 말한다.   此後天之性所以有不善.

그러므로 기품氣品이라고 말하는 것보다   故言氣品

후천적으로 얻어진 것이라 하는 게 좋을 것 같다.[8]   不如後天之得也.

선천적 성품은 천天이 이루고   先天之性天成之

후천적 성품은 습習이 이루었으며   後天之性習成之也.

습이 불선不善을 이룬 원인은   乃習之所以能成乎不善者

외적 사물이다.   物也.

그러나 사물 자체에 어찌 불선이 있겠는가?   夫物亦何不善之有哉.

사물을 취하면서 폐단을 받은 결과일 뿐이다.   取物而後受其弊.

이에 대해 정자는 그 원인을   此程子之所

기품의 탓으로 돌렸다.   以歸咎於氣品也.

그렇지만   雖然

기품 또한 어찌 불선이 있겠는가?   氣品亦何不善之有哉.

그러므로 불선이 일어난 곳이   然而不善之所從來

반드시 있다면   必有所自起

기품과 사물이   則在氣品與物

서로 주고받는 관계에서 비롯됐을 것이다.   相授受之交也.

안원

사존편四存編/존성存性/권2

천지는 사람에게 지극히 존귀하고   天地予人 至尊至貴

유용한 기질氣質을 주었다.   至有用之氣質.

---

8) 묵자는 익힘(習)을 '물듦(所染)'이라고 말한다.

사존편四存編/존성存性/권1

일찍이 맹자가 재才와 정情은 선하다고 말한 것은

곧 기질이 선하다는 말이었다.

악惡을 재와 정 등 기질의 탓으로 돌리는 것은

맹자가 의도한 바가 아닐 것이다.

凡孟子言 才情之善

卽所以言氣質之善也.

歸惡才情氣質

是孟子所深惡.

사존편四存編/존학存學/권1

인간의 성품으로 명받은 기질은

비록 차등이 있다 할지라도

모두가 이처럼 선한 것이다.

기질은 곧 성명의 작용이니

악이 있다고 말하는 것은 옳지 않다.

그들이 말하는 악惡은

인引(유인)·폐蔽(가림)·습習(익힘)·염染(물듦)의

네 글자에서 나오는 재앙이다.

人之性命氣質

雖却有差等

而俱是此善.

氣質正性命之作用

而不可謂有惡.

其所謂惡者

乃由引蔽習染

四字爲之崇也.

대진

원선原善/하

사람이 그 재능을 다하지 못하는 두 가지 근심이 있는데

사사로움(私)과 가림(蔽)이다.

'사私'라는 것은 마음에서 생기면 탐닉이 되고

정사에서 생기면 파당이 되고

행실에서 생기면 미움이 되고

人之不盡其才 患二

日私日蔽.[9]

私也者 生於其心爲溺

發於政爲黨

成於行爲惡

---

9) 蔽(폐)=障塞也, 闇也.

일에서 생기면 패덕과 속임이 되며

궁극에는 이기주의利己主義가 되는 것이다.

'폐蔽'라는 것은 마음에서 생기면 의혹이 되고

정사에서 생기면 편파가 되고

행실에서 생기면 오류가 되고

일에서 생기면 자의와 어리석음이 된다.

필경 우매함은 위아주의爲我主義가 된다.

見於事爲悖爲欺.

其究爲私己.

蔽也者 其生於心爲惑

發於政爲偏

成於行爲謬

見於事爲鑿[10]爲愚.

其究也爲蔽之以己.

극기론 재해석

주체 긍정

공자의 극기론 이래 유가의 전통은 자기를 제약하는 약신約身을 인仁이라고 생각했다. 그러나 성리학은 인성이 곧 천리라고 봄으로써 자아를 인정하는 입장을 취한다. 그들은 극기를 멸인욕滅人欲 존천리存天理로 해석하고, 천리인 성을 보존하고 인욕인 심을 제약하라고 말함으로써 반주체적인 면을 완화했다.

왕부지는 이理를 기의 이理로, 성性을 심의 성性으로 내재화함으로써, 인仁을 이성理性인 천天에 맡기지 않고 기심氣心

---

10) 鑿(착)=穿鑿 恣意也.

인 자아自我에 맡겨 주체적인 노력을 강조한다. 그가 말한 주체적인 노력이란 나와 남 그리고 외물의 관계를 조화롭게 하는 것을 의미한다. 불선不善은 오직 '서로의 이음(相繼)의 부조화' 즉 관계의 잘못을 의미한다. 그러므로 극기克己와 무아無我를 자기부정으로 해석하는 것을 반대한다.

왕부지

사문록思問錄/내편內篇

자아自我는 대大와 공公을 위하는 이理가 응결되는 곳이다.	我者 大公之理所凝也.
그러므로 말하기를	故曰
"만물은 모두 나에게 구비됐다"고 한 것이다.	萬物皆備于我
이로써 자아가 사사로움이 아닌 것을 알 수 있다.	有我之非私審矣.
무아無我란	無我者
공명과 세력을 좇는 것을 경고한 말이며	爲功名勢位而言也.
성인(군주와 대부)이 사물을 처리하는 데 크게 쓰인다.	聖人處物之大用也.
그러나 덕이 머무는 주체에 대해서까지 무아를 말하면	于居德之體 而言無我
의義는 이룰 수 없고 도道는 미혹된다.	則義不立而道迷.
'성性의 이理'라 함은 나의 본성의 이理가	性之理者 吾性之理
곧 천지만물의 이理인 것을 말한 것이다.	卽天地萬物之理.
성을 그 시원으로 논하면	論其所自受
하늘로부터 받았고 사물로부터 받았다.	因天因物
그래서 인의예지가 혼합하여 대공大公할 것이니	而仁義禮智渾然大公
자아의 사私를 용납하지 않을 것이다.	不容以我私之也.
성性의 덕은 내가 이미 그것을 하늘에서 얻었으니	性之德者 吾旣得之于天

인도가 세워짐으로써	而人道立
이로써 하늘을 계승하여 비로소 만물을 이루게 한다.	斯以統[11]天而首出[12]萬物.
성을 그 결과로 논하면	論其所旣受
성은 이미 나에게 있는 것이다.	旣在我矣.
그래서 자기의 지능이 망령되지 않는 것이며	惟當體之知能爲不妄
지혜 · 어짊 · 용기의 마음씨와 업적은	而智仁勇之性情功效
뜻을 본받아 선택하는 것이니	效乎志以爲撰
필히 자아는	必實有我
이로써 천지만물의 귀의함을 받을 것이다.	以受天地萬物之歸.
그러므로 자아가 없다면 엉킬 곳이 없다.	無我則無所凝矣.

선산유서船山遺書/독사서대전설讀四書大全說/권8

무릇 불선자不善者도	凡不善者
모두 본래부터 불선한 것은 아니다.	皆非固不善也.
그들이 불선한 것은 단지 사물과의 관계에서	其爲不善者 則只是物
서로 끌림이 합당치 못함으로써	交相引不相値
살피지 못하고 나타난 것뿐이다.	而不審於出耳.
그러므로 측은 · 수오 · 사양 · 시비의 사단도	而惻隱羞惡辭讓是非
사물에만 연동되고 본성에 연동하지 못하면	苟其但緣物動 而不緣性動
역시 불선이 되는 것이다.	則亦成其不善也.

안원은 천명론 내지 운명론을 거부한다. 자연의 조리(天

---

11) 統(통)=嗣也, 繼也.
12) 出(출)=生也, 成也.

理)는 거부할 수 없지만 그것에 구속되지 않는 인간의 자유
의지를 인정한다. 이러한 '자위불구론自爲不拘論'은 역사의
주체는 신이 아니라 인간이라고 말하는 것이다. 이는 묵자
의 '비명론非命論'과 같은 맥락이다.

안원

습재기여習齋記餘/권6/인론人論

부귀·빈천·고락苦樂·수요壽夭(오래 삶과 일찍 죽음)는	富貴貧賤苦樂壽夭
존재마다 같지 않다.	萬有不同.
이것은 모두 이기二氣 오행이	凡皆二氣五行
가지런하지 않고 착종되어	參差錯代之所爲
어쩔 수 없는 것이다.	而不可强也.
그러나 그것 때문에 인간의 자주적인 행위가	人之自爲
구속되는 것은 아니다.	則不敢是拘焉.

대진은 극기克己를 긍정하되 '기己'를 인욕人欲이 아니라
'불화동不和同'과 '비협력'으로 해석했다. 즉 극기를 옛날처
럼 욕망의 제거로 본 것이 아니라, 집단생활을 위한 협동과
자기 절제로 읽은 것이다.

대진

원선原善/하

그러므로 군자가 귀하게 여기는 극기의 기己는	故君子克己之爲貴也.
독단적이어서 화동和同하지 못하는 것을 말한다.	獨而不咸[13]之謂己.
이처럼 기己에 가린 자는 선善에서 멀어지고	以己蔽之者隔於善.

선에서 멀어지면 천하와 멀어진다.	隔於善隔於天下矣.
선에서 멀어짐이 없으면	無隔於善者
인仁에 이르고 의義를 다하며 하늘을 안다.	仁至 義盡 知天.
그러므로 한 사물에도 조리가 있고	是故一物有其條理
한 행동에도 지당함이 있다.	一行有其至當.
"때에 알맞게 협동한다"는 옛 교훈이 이를 징험하니	徵之古訓 協於時中
이것이 마음에 충분히 밝혀진	充然明諸心
그다음에야 머물 곳을 알 수 있는 것이다.	而後得所止.
사私를 제거함에는 서恕를 힘쓰는 것보다 좋은 게 없다.	去私莫如强恕.[14]
가림(蔽)을 제거함에는 학문보다 더 좋은 게 없다.	解蔽莫如學.
주장을 삼는 것으로는 충신忠信보다 더 좋은 게 없다.	得所主莫大乎忠信.
그칠 데를 아는 것은 선을 밝히는 것보다 더 좋은 게 없다.	得所止莫大乎明善.

욕망과 사리私利 멸인욕 반대

　유교의 명교를 거부한 반역자라고 비난받은 하심은과 이
지는 시장과 교역을 중시했다. 이들은 정주리학의 금리禁利
와 금욕禁慾을 반대하면서 사람이 권세와 이利를 욕구하는
마음은 하늘이 품부한 자연적인 이치라고 공공연히 선전했
다. 묵자가 이利와 욕欲을 긍정한 이래 무려 2천 년 만의 일

---

13) 咸(함)=皆也, 同也, 和也.
14) 恕(서)=나를 미루어 남에게 미치게 하는 것.

이었다.

한편 황종희는 인심과 인욕을 구분하고, 인심은 긍정하나 인욕은 거부한다. 즉 인심은 공공公共성이 있으므로 긍정하지만, 인욕은 인심이 이기주의(私)로 타락한 것이므로 천리와 상반된다고 본 것이다. 다만 이利의 추구를 인욕이라고 보지 않고 인심으로 보고 적극적으로 옹호한다. 특히 그는 군주가 인민의 이익 추구를 악으로 규정한 것은 천하의 이利를 독점하기 위한 술책이라고 폭로했다(제4부 1장의 '정치사회론' 참조).

욕망과 이익 추구는 긍정하되 사욕私慾과 사리私利는 제한해야 한다는 황종희와 같은 생각은 인간이 시장과 욕망의 노예로 전락한 오늘날의 우리에게 많은 생각거리를 던져준다. 신자유주의는 인간의 욕망을 무한정 용납해야 한다고 주장하지만, 실제로는 인간의 욕망을 무한정 확대함으로써 인류의 삶터인 지구를 파괴하고 있다. 이로 인해 세계 지성들은 '욕망의 열차'가 인류 공동체를 벼랑으로 몰아가고 있다는 문명위기론에 공감하고 있다. 욕망의 무절제한 자유가 인간의 또 다른 차별을 가져온다는 것은 논외로 하더라도, 인간의 정신문명마저 파괴되고 있어 심각한 상황이다. 이것은 우리가 생명욕구(리비도)를 긍정해야 하면서도, 옛 유가들의 의리학義理學을 다시 돌아봐야 하는 이유이기도 하다.

황종희

여진건초논학서與陳乾初論學書

기질과 인심은 혼연하여 유행하는 본체로서   氣質人心 是渾然流行之體

공공公共의 물건이다.   公共之物也.

그러나 인욕이란 구체적으로 때와 장소에 따라   人慾是落在方所

사익私益을 위한 이기주의로 떨어진 것을 말한다.   一人之私也.

이처럼 천리와 인욕은 상반된다.   天理人慾 正是相反

이것이 차면 저것이 줄고   此盈則彼絀[15]

저것이 차면 이것이 준다.   彼盈則此絀.

그러므로 인욕을 작게 하여   故寡之又寡

무욕의 경지에 이르러야 천리에 순응할 수 있다.   至於無慾 而後純乎天理.

그러나 인심과 기질을   若人心氣質

어찌 작아야 한다고 말할 수 있겠는가?   惡可言寡耶.

공리公利의 담보자인 국가

명이대방록明夷待訪錄/원군原君

인간은 생명이 있는 처음에는   有生之初

각각 자기의 사사로움을 추구하고 자기의 이利를 추구했다.   人各自私也 人各自利也.

그러므로 천하에 공공의 이利가 있어도   天下有公利

아무도 일으키려 하지 않았고   而莫或興之

공공의 해害가 있어도 아무도 막으려 하지 않았다.   有公害 而莫或除之.

이때 어느 한 사람이 나타나   有人者出

자기 하나의 이익을 이利로 생각지 않고   不以一己之利爲利

천하로 하여금 그 이利를 향수享受케 하고   而使天下受其利.

자기 일신의 해를 해로 생각지 않고   不以一己之害爲害

천하로 하여금 그 해를 없애게 했다.   而使天下釋其害.

---

15) 絀(출)=同黜, 退也.

당견은 놀기를 좋아하고(好遊) 색을 탐하고(好色) 재물을 좋아하고(好財) 옛 그릇을 좋아하고(好古器) 궁실을 좋아하는(好宮室) 것을 인간의 항정恒情이라 말하고 이利를 긍정했다. 그는 "호재好財의 욕구가 부국富國의 기초"라고 말했다. 이것은 차등 배분이 부국의 길이라고 설파한 순자를 연상시킨다.

당견

잠서潛書/하/선유善遊

유람 · 여색 · 재물 · 옛 그릇 ·	好遊 好色 好財 好古器
궁실을 좋아하는 것은 인지상정이다.	好宮室者 人之恒情也.
사람이라면 역시 누가	人亦孰
그러한 인정人情을 이루려고 욕망하지 않겠는가?	不欲遂其情.
천자는 비록 존귀하지만	天子雖尊
그 역시 이러한 욕망을 가진 인간이다.	亦人也.
그러므로 군자는 인정을 떨쳐 버리지 않고	君子不拂人情
대중의 뜻을 거역하지 않는다.	不逆衆志.
이로써 도모한 것을 쉽게 이루고	是以所謀易就
성공할 수 있는 것이다.	以有成功.
재물을 좋아하는 것은 인지상정이다.	好財者 人之恒情也.
만약 가렴주구를 하지 않는 군주라면	若非聚斂之君
재물을 취하는 데 제도가 있고	取之有制
소비하는 데도 반드시 절도가 있을 것이니	用之必有節.
공적 없는 상은 한 푼도 거래하지 않고	無功之賞 不易一錢.
무익한 소비는 한 푼도 거래하지 않을 것이다.	無益之費 不易一金.

오직 그는 재물을 아낄 것이므로   惟其愛財
재물을 상하게 하지 않을 것이다.   故不傷財
이것이야말로 부국을 이루는 가장 좋은 방도이니   此富國之善機也.
어찌 재물을 좋아하는 것을 해롭다고 하겠는가?   好財其何傷.

대진은 "성性이란 혈기血氣와 심지心知를 말한 것이고 혈
기와 심지는 정情·욕欲·지知이므로 정·욕·지는 자연"이라
고 말한다. 그러므로 그는 감정과 욕망을 긍정한다. 따라서
주돈이·정이·주희 등 송유들이 주장한 '멸인욕'을 반대한
다. 그는 인간의 욕망은 자연적인 것이며 정욕情欲 속에 이
理가 존재하는 것으로 보았다. 그러므로 무욕이면 무위며,
무위면 무리無理라고 반박한다. 그는 오히려 천하의 사업은
정情을 통달하게 하고 욕欲을 이루는 것이라고 주장한다.
　특히 그는 정주가 이理와 욕을 구분하여 백성이 굶주림과
추위에 떨고, 남녀가 비통과 원망에 쌓이게 됐다고 말한다.
심지어 죽음 앞에서 살려고 몸부림치는 것을 인욕이라고 배
척하고, 감정과 욕망을 버리는 것만이 천리의 본연이라는
허황한 공담空談을 일삼았다고 비난했다. 나아가 이러한 이
理와 욕의 구분은 바로 잔혹한 살인 도구가 되어 큰 재앙을
주었다고 통박한다.

대진

원선原善/상

사람과 만물은 다 같이 욕망이 있다.   人與物同有欲.
욕망은 성품의 일이다.   欲也者 性之事也.

사람과 만물은 다 같이 지각이 있다.

지각은 성품의 능력이다.

욕망이 사욕私慾으로 일탈하지 않으면 인仁이다.

지각이 가려짐으로 일탈하지 않으면 지智다.

인과 지는 사능事能을 더한 것이 아니라

성性의 덕德이다.

人與物同有覺.

覺也者 性之能也.

欲不失[16]之[17]私 則仁.

覺不失之蔽 則智.

仁且智 非有所加於事能也

性之德也.

대진집戴震集/맹자자의소증孟子字義疏證/하/재才

무릇 사물(事)과 행위(爲)에는 모두 욕망(欲)이 있다.

욕欲이 없으면 위爲가 없다.

욕이 있어야 위가 있고

그 위가 바꿀 수 없는 지당함에 귀착됨을

이理라고 말한다.

욕이 없으면 위가 없는데 어찌 또 이理가 있겠는가?

凡事爲皆有於欲.

無欲則無爲矣.

有欲而後有爲

有爲而歸於至當

不可易之謂理.

無欲無爲又焉有理.

천하의 사업은 욕망을 이루게 하고

감정을 통달하게 하면 그것으로 끝난다.

天下之事 使欲之得遂

情之得達 斯[18]已矣.

도덕의 성대함은

사람들로 하여금 욕망을 이루지 못함이 없도록 하고

道德之盛

使人之欲無不遂

---

16) 失(실)=泆也.

17) 之(지)=於.

18) 斯(사)=則(그렇다면, 곧).

감정을 통달하지 못함이 없도록 하는 것뿐이다.　　　　　人之情無不達 斯已矣.

대진집戴震集/맹자자의소증孟子字義疏證/상/이理

맹자께서 "심心을 기르는 데는　　　　　　　　　　　　孟子言 養心
욕망을 적게 하는 것보다 좋은 방법은 없다"라고 한 것은　　莫善於寡慾
분명히 욕망은 없을 수 없는 것이며　　　　　　　　　　明乎欲不可無也
다만 그것을 적게 할 수 있을 뿐이라는 것을 밝힌 것이다.　　寡之而已
…욕망은 생명을 이루는 것이다.　　　　　　　　　　　…欲逐其生
또한 사람의 생명을 이루게 하는 것이 인仁이다.　　　　　亦逐人之生 仁也.

원선原善/상

생명을 기르는 도道는 욕망欲望에 있고　　　　　　　　生養之道 存乎欲者也.
감정을 통하게 하는 도는 인정人情에 있다.　　　　　　感通之道 存乎情者也.

천형론踐形論

육체·재물 긍정

'천형踐形'이란 맹자가 처음 말한 것으로, 육체를 중시하
고 이를 도리에 알맞도록 발전시키는 것을 말한다. 이를 근
거로 왕부지는 정신과 심心을 존귀하게 여기고 신체와 물物
을 악으로 규정하는 이학理學의 금욕주의를 반대한다. 그것
은 무無를 진眞이라 하고 생生을 망妄이라 하는 불교와 도교
의 간사한 말을 옮긴 것뿐이라고 비난한다. 즉 맹자의 말대

로 '형색形色'은 육체와 인정과 재물을 말하는 것이며 천성
天性이다. 그러므로 '형形'을 천시하는 것은 생명을 천시하
는 것이라고 비판한다.

맹자

맹자孟子/진심盡心 상

형체形體와 만상萬象은 천성이다.   形[19]色[20]天性也.

오직 성인이라야 형색形色을 실천할 수 있다.   惟聖人然後可以踐[21]形.

왕부지

선산유서船山遺書/주역외전周易外傳/계사繫辭 상

오직 성인이라야 형색을 실천할 수 있다는 (맹자의) 말은   曰惟聖人然後可以踐形.

형이상이 아니라 형이하를 실천하는 것이다.   踐其下 非踐其上也.

이용利用은 물과 불, 쇠와 나무 같은 것이요,   利用者水火金木也.

…후생厚生은 곡식과 채소, 누에와 삼 같은 것이요,   …厚生者穀蔬絲痲也.

바른 덕은 군주답고 신하답고 아비답고 아들다움 같은 것이다.   正德者君臣父子也.

선산유서船山遺書/상서인의尙書引義/요전堯傳

민의 후생과 이용도 사물이므로   民之厚生利用亦物也.

그것을 얻고 잃는 것도   則其爲得失

그것이 선이 되고 악이 되는 것도 모두 사물이다.   爲善惡者 皆物也.

---

19) 形(형)=君子體.

20) 色(색)=尊嚴之貌.

21) 踐(천)=正道履居.

선산유서船山遺書/독사서대전설讀四書大全說/논어論語

우리의 귀 · 눈 · 입 · 코	舍吾耳目口鼻
행하고, 그치고, 말하고, 침묵하는 것을 버리고	動靜語黙
달리 근본을 구하거나	而別求根本
이러한 형형색색의 다양함을 억제하고	抑踐此形形色色
달리 하나를 지극히 이루는 것을 귀하다고 한다.	而別立一至貴者
이는 오직 석가만이 그렇게 말했을 뿐이다.	此唯釋氏爲然爾.
맹자가 말한 천성은 형색을 말한 것이다.	孟子言 天性曰形色
용모 · 안색 · 말씨도 형색이다.	容貌顏色辭氣者 形色也.
믿을 것은 생활 주변에서 형색을 실천하는 것이다.	信之近踐形者也.

선산유서船山遺書/주역외전周易外傳/무망無妄

형체를 천시하면 반드시 인정도 천시하고	賤形必賤情
인정을 천시하면 반드시 생명을 천시하며	賤情必賤生
생명을 천시하면 반드시 인의를 천시하고	賤生必賤仁義
인의를 천시하면 반드시 생명을 이탈하고	賤仁義必離22)生
생명을 이탈하면 무無를 참이라 말하고	離生必謂無爲眞
생명을 망령된 것이라고 말할 것이니	而謂生爲妄.
노장과 석가의 사설이 번창할 것이다.	二氏之邪說昌矣.

선산유서船山遺書/상서인의尙書引義/요전堯傳

| 성인의 지혜는 지혜로써 족히 사물을 주비周備하는 것이며 | 聖人之知 智足以周物 |
| 그것을 고려치 않는 것을 그르다 한다. | 而非不慮也. |

잠서潛書/하/유귀有歸

사람이 살아가는 데는 육체가 중요하다.	人之生也 身爲重.
천지가 생긴 이래	自有天地以來
포희包犧(복희)씨는 새와 물고기를 잡는 그물을 만들었고	包犧氏爲網罟
신농씨는 농기구를 만들었다.	神農氏爲耟耒
…우임금은 홍수를 다스렸고	…禹平水土
후직씨는 농사를 가르쳤고	稷敎看稼
설은 인륜을 밝혔으며	契明人倫
공맹은 정치의 학문을 드러내 밝히고	孔氏孟氏顯明治學
덕으로 나아가는 문을 열었으니	用入德之門
이는 모두 몸을 위한 것이었다.	皆以爲身也.
성인은 살림의 덕을 좋아하여	聖人好生之德
사람의 몸을 보호하려고 밤낮으로 고심한 끝에	保人之身 日夜憂思
편안한 곳을 찾아서	遑寧處
무리의 생명을 각각 성취케 했으므로	群生各遂
오늘에 이른 것이다.	以迄於今.

남녀·호색 긍정

유학의 예교禮教 사상에서 후세에 가장 나쁜 영향을 끼친 것을 들라면 남녀차별이라고 말할 수 있을 것이다. 앞서 살폈듯이, 명대의 이지는 남존여비男尊女卑 사상을 거부했다.

---

22) 離(리)=避也, 絶也, 遠也.

특히 그는 과부의 재가와 여성의 혼인 자유를 찬성했다(제3
부 2장의 '이지의 동심설' 중 '남녀평등론' 참조).

　당견은 호색好色을 인지항정人之恒情으로 긍정하고(『잠서』
「선유善遊」) 아내 학대를 못된 풍습이라고 통박하며(『잠서』
「내륜內倫」) 남녀평등을 주장했다.

　당견

잠서潛書/하/선유善遊

호색은	好色者
사람의 변할 수 없는 인정이다.	人之恒情也.
규방의 일은	閨門之內
화락하되 예로써 제어하면	和樂而制之以禮
삼가하고 절도 있게 될 것이니	謹愼而御之有節
호색이 어찌 해롭겠는가?	好色其何傷.

잠서潛書/상/비효備孝

남녀는 동등하다.	男女一[23]也.
남자 아이도 여자 아이도 역시 동등하다.	男之子 女之子 亦一也.
본성으로 말하면	以言乎所性
남녀는 동등하다.	男女一也.

　안원은 왕부지의 천형론踐形論을 더욱 강조하여 육체를
중시하는 경향으로 발전시킨다. 그는 형형形을 버리면 성性도

---

23) 一(일)=同等也.

없고, 형체를 해치면 성도 해친다고 말하고 남녀 성욕을 긍정한다. 그러나 이것은 이학과 심학의 금욕주의를 반대하는 것이지만 양자의 쾌락주의를 말하는 것은 아니다.

안원

사존편四存編/존인存人/권1

형체는 성性의 형체요,	形 性之形也.
성은 형체의 성이다.	性 形之性也.
형체를 버리면 성도 없고	舍形則無性矣
성을 버리면 형체도 없다.	舍性則亦無形矣.
성을 잃은 자는 형체에서 구하고	失性者 據形求之
성을 다하려면 형체에서 다해야 한다.	盡性者 於形盡之.
형체를 해치면 성도 해친다.	賊其形則賊其性矣.
새들도 자웅이 있고	禽有雌雄
짐승도 암컷·수컷이 있고	獸有牝牡
파리·메뚜기 등 곤충들도 음양이 있다.	昆蟲蠅[24]蜢[25]亦有陰陽.
어찌 만물의 영장인 인간만이	豈人爲萬物之靈
유독 정욕이 없단 말인가?	而獨無情乎.
그러므로 남녀는 인간의 큰 욕망이다.	故男女者 人之大欲也.
…스님들은 과연 정념이 일어나지 않는가?	…儞們[26]果不動念乎.

---

24) 蠅(승)=파리.

25) 蜢(맹)=메뚜기.

26) 儞們(이문)=너희들. 불교도를 말함.

극기는 무욕無欲이 아니라 무사無私

이처럼 기일원론 내지 기철학에서는 정주의 '멸인욕'을 반대하고 도리어 인욕을 긍정한다. 이러한 경향은 공맹의 전통과는 다르며 노장과 묵자를 계승했다고 볼 수 있다. 노장과 양자는 인민의 사기私己를 최우선 가치로 천명했고, 묵자는 개인주의는 반대했지만 "의義는 곧 이利"라고 천명함으로써 인민의 이익에 최우선 가치를 부여했다.

대진은 공자의 극기를 "욕망은 있되 사사로움이 없다(有欲而無私)"는 뜻으로 해석한다. 공자의 의도는 무욕無欲이 아니라 무사無私였다는 것이다. 욕망은 혈기와 심지의 발현인 천성天性이므로 욕망을 극克하는 것은 성性을 극하는 것이 된다. 그러므로 오히려 인간의 욕망과 감정을 이루고 통하게 하는 것이 도덕의 목표라고 주장한다. '욕欲이 성리性理를 폐蔽한다'는 것은 공자의 극기가 아니라, 정주가 석가와 노장의 말을 공자에 붙인 잘못이라고 비판한다.

> **대진**
>
> 대진집戴震集/맹자자의소증孟子字義疏證/하/재才
> 군자는 사사로움이 없을 뿐
> 무욕을 귀하게 여기지 않는다.
>
> 君子亦無私而已矣.
> 不貴無欲.
>
> 대동원집戴東原集/권8/답팽진사윤초서答彭進士允初書
> 송대 이래 공맹의 글은 그 본뜻을 다 잃어버렸으니
> 유가들이 노장 석가의 말로 해석했기 때문이다.
>
> 宋以來 孔孟之書 盡失其解.
> 儒者雜襲老釋之言以解之.

그러므로 성현의 도는 무사無私일 뿐 무욕無欲이 아니다.　　是故聖賢之道 無私而非無欲.

노장 석가의 말은 무욕無欲일 뿐 무사無私가 아니다.　　老莊釋氏 無欲而非無私.

저들은 무욕無欲을 주장하며 자기 사욕을 이룬다.　　彼以無欲 成其自私者也.

대진집戴震集/맹자자의소증孟子字義疏證/하/재才

자기의 욕망을 이룬 자는　　遂己之欲者

그것을 넓혀 남의 욕망을 이룰 수 있다.　　廣之能遂人之欲.

자기의 정을 통달한 자는　　達己之情者

그것을 넓혀 남의 정을 통달케 할 수 있다.　　廣之能達人之情.

훌륭한 도덕은 사람의 욕망을 이루지 못함이 없게 하고　　道德之盛 使人之欲無不遂

사람의 정을 통달치 않음이 없게 할 뿐이다.　　人之情無不達 斯已矣.

사람이 태어나면 욕망과 심정과 지각이 있다.　　人生而後 有欲 有情 有知.

이 세 가지는 혈기와 심지가 저절로 그렇게 된 것이다.　　三者血氣心知之自然也.

욕망을 공급하는 것이 성聲·색色·취臭·미味다.　　給於欲者 聲色臭味也

이것이 있음으로써 사랑과 두려움이 생긴다.　　而因有愛畏.

인정의 발현이 희로애락이다.　　發於情者 喜怒哀樂也

이것이 있음으로써 참담하고 느긋한 마음이 생긴다.　　而因有慘舒.

지각을 분별한 것이 미추美醜·시비是非다.　　辨於知者 美醜是非也

이것이 있음으로써 좋고 싫은 마음이 생긴다.　　而因有好惡.

…이것은 모두 자연스럽게 성품을 이룬다.　　…是皆成性然也.

대진집戴震集/맹자자의소증孟子字義疏證/상/이理

혈기의 자연을 따라　　由血氣之自然

그것을 고찰함으로써 필연必然을 안다.　　而審察之以知其必然

이것을 예의禮義라고 말한다.

자연과 필연은 두 사물이 아니다.

…만약 자연에 방임하여 그릇되게 흐르면

도리어 자연을 상실할 것이니 이는 자연이 아니다.

따라서 필연으로 돌아가야만 자연을 완성하는 길이다.

是之謂禮義.

自然之與必然 非二事也.

…若任其自然 而流于失

轉而喪其自然 而非自然也.

故歸于必然 適完其自然.

복례론 부정

도와 선

왕부지는 도道와 선善을 구분한다. 도는 천도天道 즉 자연 법을 말하고, 선은 사람이 도를 자연대로 운행되게 하는 것을 의미한다. 그러므로 도는 천의 운행이요 선은 인人의 이룸이다. 즉 그는 존재법칙인 자연법을 이루는 것만이 당위 법칙인 선이라고 본 것이다. 여기서 존재와 당위는 '이어짐' 즉 '관계'로 통합된다. 음양, 천인天人, 인인人人, 인물人物의 관계가 갈라지지 않고 이어져 조화롭게 되는 것이 선이므로 이 점에서 자연과 인간은 하나로 결합된다.

그리고 자연법에는 선악이 없으므로 천생의 성性에는 본래 선악이 없으며, 관계가 조화롭게 이어지면 선이고 조화롭지 않게 이어지면 악이다. 이러한 관계설은 맹자의 성선설 및 성리학의 복성설을 무색하게 만든다.

왕부지

사람과 사물에는 성性이 있으나 천지에는 성이 있지 않다.	人物有性 天地非有性.
음양이 서로 이어가는 것이 선善이며	陰陽之相繼也 善.
이어가지 못하면 선이라 할 수 없다.	其未相繼也 不可謂之善.
그러므로 음양을 이룬 후에 성이 있고	故成之而後性存焉
음양을 이어간 후에 선한 것이다.	繼之而後善者焉.
이처럼 성이 있은 후에	性存而後
인의예지의 실체가 드러나는 것이니	仁義禮智之實章焉.
인의예지로 하늘을 말하면 안 된다.	以仁義禮智而言天不可也.
성을 이루면 체體라고 하고	成乎其爲體
성을 이루는 것을 신령스럽다고 한다.	斯成乎其爲靈.
신령스러움이 체에 모이면	靈聚於體之中
체는 모두 신령을 함유한다.	而體皆含靈.
그러나 아직 하늘은 그 체를 가지고 있지 않다.	若夫天則未有體矣.
음양이 서로 이어가는 것이 선이며	相繼者善
선이 있은 후에 그 선을 익혀 알게 되는 것이니	善而後習知其善
선으로 도를 말하면 안 된다.	以善而言道 不可也.
도의 작용은 넘치지 않고 인색하지 않아	道之用不僭不吝
치우치지 않음으로써 서로 조화한다.	以不偏而相調.
그러므로 도의 작용으로 생산한 것은	故其用之所生
넘치지 않고 인색하지 않아 치우침이 없이 조화로우니	无僭无吝 以無偏而調之
자연스런 생성 운동이다.	以適然之妙.
생성은 넘치지만 궁하지 않고	妙相衍而不窮

서로 편안케 함으로써 각자 뜻을 얻으니　　　　　　　相安而各得
일(事)마다 선하고, 물物마다 선하다.　　　　　　　於事善也 於物善也.

도라는 것은 음양이 없다면 불가능하다.　　　　　道則 多少陰陽無所不可矣.
그러므로 그것을 이루는 것은 사람이며　　　　　故成之者 人也.
그것을 이어가는 것은 하늘과 사람의 관계다.　　繼之者 天人之際也.
하늘은 도일 뿐이다.　　　　　　　　　　　　　天則道而已矣.
도는 크고 선善은 작다.　　　　　　　　　　　道大善小
선은 크고 성性은 작다.　　　　　　　　　　　善大而性小.
도가 선을 낳고 선이 성을 낳는다.　　　　　　道生善 善生性.

심오하구나! 서로 잇는 것은 하늘과 사람에게 공이 된다.　　甚哉 繼之爲功於天人乎.
하늘은 이로써 그 이루는 능력을 드러내고　　　　　天以此顯其成能
사람은 이로써 그 살림의 이치를 이어가는 것이다.　　人以此紹其生理者也.
성性은 그 공 때문에 이루어지고　　　　　　　　　性則因乎成矣.
이루면 그 공 때문에 서로 이어진다.　　　　　　　成則因乎繼矣.
하늘이 이루지 못하면 사람은 성이 없고　　　　　　不成未有性
사람이 잇지 못하면 하늘은 이룰 수 없다.　　　　　不繼不能成.
하늘과 사람이 서로 이어가는 관계가　　　　　　　天人相紹之際
하늘을 있게 하는 것이니　　　　　　　　　　　　存乎天者
이어감보다 오묘한 생성 작용은 없다.　　　　　　　莫妙於繼.
그런즉 사람이 하늘에 통하는 신묘한 기능이　　　　然則 人以達天之幾
사람을 있게 하는 것이니　　　　　　　　　　　　存乎人者
무엇이 이어감보다 중요하겠는가?　　　　　　　　亦孰有要於繼乎.

그것을 이어가면 선이요,

이어가지 못하면 불선이다.

하늘은 이어가지 않는 것이 없으므로 선이 무궁하고

사람은 이어가지 못하는 것이 있으므로 악이 일어난다.

도는 크고 성은 작다.

성은 작지만 도의 큼을 빠짐없이 싣는다.

도는 숨어 있고 성은 드러난다.

성은 드러나지만 그렇게 시킨 원인은 끝내 숨어 있다.

그러므로 도 밖에 성은 없으니

성은 도에 포함되어 있는 것이다.

繼之則善矣.

不繼則不善矣.

天無所不繼 故善無窮.

人有所不繼 則惡興焉.

道大而性小

性小而載道之大以無遺.

道隱而性彰

性彰而所以能然者終隱.

道外無性

而性乃道之所函.

욕즉리欲卽理

앞서 누누이 말한 것처럼 공자의 객관적인 '복례'는 성리학에서는 주관적인 '복성復性' 또는 '존천리'로 됐다. 그리고 이를 달성하기 위해서는 '멸인욕'이 요구됐다. 그런데 기철학은 인욕과 천리를 대립적으로 보지 않는다. 유종주는 욕망과 천리는 하나라고 말한다. 왕부지는 '욕이 곧 이(欲卽理)'라고 선언한다. 대진은 "욕은 천성이며, 이理는 욕에 있다"고 말한다. 그렇다면 정주리학의 '멸인욕 존천리'는 파기돼야 한다. 반대로 존천리는 '양인욕養人欲'으로만 이룰 수 있는 것이 된다.

선산유서船山遺書/독사서대전설讀四書大全說/논어論語

성인도 욕欲이 있으며, 그 욕은 곧 천리다.　　　　　　　　聖人有欲 其欲卽天之理.

…배운다는 것은 이理도 보존하고 욕도 보존하되　　　　　…學者有[27]理有欲

이理를 다하면 욕과 합치되며　　　　　　　　　　　　　理盡則合人之欲.

욕을 추구하면 이理와 합치되게 하는 것이다.　　　　　　欲推卽合天之理.

그러므로 인욕에서 천리가 나타난다.　　　　　　　　　故於人欲見天理.

선산유서船山遺書/독사서대전설讀四書大全說/권8

예禮가 비록 순수하여　　　　　　　　　　　　　　　　禮雖純

천리의 절도와 무늬라 할지라도　　　　　　　　　　　　爲天理之節文

반드시 인욕에 깃들어야 나타난다.　　　　　　　　　　而必寓于人欲以見.

…그러므로 결국 사람을 떠나　　　　　　　　　　　　…故終不離人

별도로 하늘이 있는 것이 아니고　　　　　　　　　　　而別有天

인욕을 떠나 별도로 천리가 있는 것이 아니다.　　　　　終不離欲而別有理也.

선산유서船山遺書/독사서대전설讀四書大全說/권3

인욕이 크게 공정함은　　　　　　　　　　　　　　　　人欲之大公

곧 천리의 지극한 정도다.　　　　　　　　　　　　　　卽天理之至正.

대진

대진집戴震集/맹자자의소증孟子字義疏證/상/이理

이理는 욕欲 속에서만 존립한다.　　　　　　　　　　　理者 存乎欲者也.

---

27) 有(유)=保也.

인은 인욕의 조리

대진은 인仁 · 예禮 · 의義를 다 같이 하나의 선善일 뿐이라고 말한다. 그리고 선은 인의 욕欲을 성취하되 다만 사私로 빠지지 않게 하는 것이라고 생각했다. 또한 인욕은 생생生生의 조건이므로 결국 인의예지는 인욕이 조리條理를 잃지 않는 것을 말한다.

삶을 욕망하고 죽음을 두려워하는 마음이 있기에 어린아이가 위험에 처하면 놀라고, 사람이 죽으면 측은한 마음이 생기는 것이다. 수오 · 사양 · 시비의 마음도 마찬가지다. 그러므로 대진은 옛 성인이 말한 인의예지는 결코 '욕' 밖에 있는 것이 아니라고 주장한다.

대진

원선原善/상

선善을 인仁이라고도 말하고 　　善 曰仁

예禮라고도 말하고 의義라고도 말한다. 　　曰禮 曰義.

이 세 가지는 천하의 큰 근본이다. 　　此三者 天下之大本也.

대진집戴震集/맹자자의소증孟子字義疏證/하/권權

무릇 요순은 사해의 곤궁함을 걱정했고 　　夫堯舜之愚四海困窮

문왕은 백성이 상하지 않을까 살폈다. 　　文王之視民如喪.

어찌 한결같이 백성을 위해 　　何一非爲民

그들의 인욕을 도모한 일이 아니겠는가? 　　謀其人欲之事.

인욕을 따라 추진하고 인도하여 선에 귀착하게 했다. 　　惟順而導之 使歸於善.

대진집戴震集/서언緒言/상

생생生生을 인仁이라 하고 원元이라 한다.

그 조리를 예禮라 하고 형亨이라 한다.

조리를 살펴 바르게 하고 일을 결단하는 것을

의義라 하고 이利라 한다.

조리의 준거를 얻어 마음속에 감추고 주장케 하는 것을

지智라 하고 정貞이라 한다.

生生之謂仁 元也.

條理之謂禮 亨也.

察條理之正 而斷決於事

之謂義 利也.

得條理之準 而藏主於中

之謂智 貞也.[28]

대진집戴震集/맹자자의소증孟子字義疏證/하/인의예지仁義禮智

인仁은 생명을 살리는 덕이요

민民의 본질이다.

일용의 음식은 인도人道가 아닌 것이 없다.

소이 '생생生生'이란 한 사람이 그 생을 이루고

그것을 옮겨 천하가 다 같이 생을 이루는 것이니

인仁이라 한다.

仁者 生生之德也

民之質矣.

日用飲食 無非人道.

所以生生者 一人遂其生

推之而與天下共遂其生

仁也.

인도人道로부터 천도天道를 맞이하고

인성人性으로부터 천덕天德을 맞이하고

기氣가 조화·유행하여

낳고 살리며 그치지 않는다면 인仁이다.

그 낳고 살림은 자연의 조리이므로

조리의 질서에 차례가 있음을 살핀다면

가히 예禮를 안다 할 것이다.

自人道溯之天道

自人之性溯之天德

則氣化流行

生生不息 仁也.

由其生生 有自然之條理

觀於條理之秩然有序

可以知禮矣.

---

28) 人의 四德은 仁義禮智. 天의 四德은 元亨利貞.

조리가 정연하여 어지러움이 없음을 살핀다면   觀於條理秩然不可亂
가히 의義를 안다 할 것이다.   可以知義矣.
…그러므로 조리가 없다면   …條理苟失
생명 살림(生生)의 도는 단절될 것이다.   則生生之道絶.

대진집戴震集/맹자자의소증孟子字義疏證/중/성性
그러므로 성현이 말한 인의예지仁義禮智는   故賢聖所謂仁義禮智
욕망 밖에서 구할 수 없고   不求於所謂欲之外
혈기血氣, 심지心知와 분리될 수 없다.   不離乎血氣心知.

대진집戴震集/맹자자의소증孟子字義疏證/하/재才
욕망이 방종하면 이기주의(私)가 되고   欲之失爲私
이기주의는 탐욕과 거짓이 따른다.   私則貪邪隨之矣.
감정이 방종하면 편파(偏)되고   情之失爲偏
편파되면 갈등이 따른다.   偏則乖戾隨之矣.
심지가 어지러우면 엄폐되고   知之失爲蔽
엄폐되면 오류가 따른다.   蔽則差謬隨之矣.
이기주의가 아니면 욕망은 모두 인仁이며   不私則其欲皆仁也
예禮며 의義다.   皆禮義也.
편파되지 않으면 감정은 반드시 친절하고   不偏則其情必和易
평온하고 너그러운 것이다.   而平恕也.
엄폐하지 않으면 그 심지는   不蔽則其知
총명聰明과 성인의 지혜(聖智)라고 말한다.   乃所謂聰明聖智也.

원선原善/하

자기 욕망만 성취하고 남의 욕망을 잊어버리면
이기주의일 뿐 인仁이 아니다.
…욕망대로 전단하면 불인不仁·무례·무의無義할 것이니
재앙과 환란과 위태로움과 멸망이 따를 것이며
몸은 상하고 이름은 욕될 것이다.

快己之欲 忘人之欲
則私而不仁.·
…專欲而不仁無禮無義
則禍患危亡隨之
身喪名辱.

절성설節性說 복성설 반대

정주 성리학의 '복성復性' 또는 '존천리存天理'와 육왕 심
리학의 '존심存心' 또는 '치양지致良知'는 '성즉리', '심즉
리' 등의 주리主理 사상을 전제로 한다. 그러나 성기학에서
는 '성즉기'이므로 '복성'은 '복기復氣'가 된다. 그러므로
성기학에서 공자의 '복례'는 '복성'이 아니라 성을 절제한
다는 '절성節性'으로 바뀐다.

완원은 대진이 말한 '혈기 심지' 설을 계승하여 복성설을
반대하고 절성설을 주장한다. 원래 정주가 기질에서 연유된
인욕을 제거하여 본연의 성을 회복해야 인仁이라고 말한 것
은 맹자의 성선설을 전제로 한 것이다. 그래서 정주의 인학
仁學은 복성설復性說이 된 것이다. 그러나 성의 본연이 곧 혈
기와 심지라고 보는 견해는 성이 그 자체로 선한 것만은 아
니므로 성을 절제하는 것을 인仁으로 본다. '절성'이란 말은
『서경』「소고召誥」편에 처음으로 보인다.

그러나 '복성설'은 『서경』「탕고」편의 '항성恒性'이란 말

을 본연지성으로 잘못 읽고 이를 근거로 삼은 것이다. 그 후 당나라의 이고가 노장과 불교의 말을 빌려 처음 주장한 것이며, 송대의 정주가 이를 계승하여 '성즉리'·'멸인욕'·'존천리'로 고쳐 말한 것이다. 그러므로 기학에서는 '복성설'은 성왕의 말씀이 아니라고 주장하고 이를 거부한다.

완원

연경실집硏經室集/1집/성명고훈性命古訓

성性이란 글자는 심心 자에서 파생된 것이며	性字從心
곧 혈기와 심지다.	則血氣心知也.
혈기만 있고 심지가 없다면 성이 아니며	有血氣 無心知 非性也.
반대로 심지만 있고 혈기가 없다면 이 또한 성이 아니다.	有心知 無血氣 非性也.
혈기와 심지는	血氣心知
하늘이 명한 것을 사람이 받은 천성이다.	皆天所命 人所受也.
그러므로 본성 속에는 본래부터	性中
미색·성취·안일의 욕망이 있다.	有味色聲臭安佚之欲.
이 때문에 성은 마땅히 절제돼야 한다.	是以必當節之.
옛 성인은 단지 '절성'을 말했을 뿐 '복성'은 말하지 않았다.	古人但言節性 不言復性也.
절제하지 않으면 성 속의 정욕을 따르기 마련이다.	不節則性中之情欲縱矣.

도심과 인심, 사단과 칠정의 이분 반대

기철학에서는 '사단四端과 도심은 이발理發이요, 칠정七情

과 인심은 기발氣發'이라는 이원론적 명제는 성립될 수 없다. 성性·심心·정情은 모두 기발이기 때문이다.

　유종주는 "성이 곧 인심"이라고 말했고, 그러므로 사단과 칠정의 구별은 의미가 없다고 주장한다. 황종희는 유종주를 이어 "도심은 곧 인심"이라고 말한다.

　그에 의하면 '인심'·'도심'이란 말이 나오는 유일한 근거인 『고문상서古文尚書』는 위서僞書이며, '위危'와 '미微'는 순자의 생각일 뿐 맹자와 어긋난다는 것이다. 그러므로 인심·도심의 구별은 근거가 없다고 주장한다. 이에 따르면 이보다 앞서 조선에서 벌어진 퇴계와 고봉의 이른바 사칠 논쟁은 무의미한 것이 된다.

황종희

남뢰문정南雷文定/상서고문소증尚書古文疏證 서序

"진실로 그들의 중심을 잡으라"고 한	允執厥中
요순의 말을 기본으로 한 것이 『논어』다.	本之論語.
"도심은 희미하고(微) 인심은 위태롭다(危)"는	惟危惟微
『서경』(『고문상서』)의 말을 기본으로 한 것이 『순자』다.	本之荀子.
…인심·도심의 대립적 논의는	…人心道心
바로 순자 성악설의 으뜸 되는 뜻이다.	正是荀子性惡宗志.
'위危'란 본성이 악하다는 것을 말한 것이고	有危者 以言本性之惡
'미微'란 이理가 흩어져 다르게 됐다는 것이다.	惟微者 此理散殊.

정치사회론

민주평등 사상

주희는 군주를 천제天帝의 명을 받아 천제를 대행하는 절
대자로 보는 유교의 왕권천명설을 계승하여 '천리天理의 체
현자'로 보았다. 이러한 천자天子절대주의 사상은 위로는
기원전 1122년 주周 무왕이 중국을 통일하고 천자가 된 후
부터 주희 때까지 약 2천 년 동안 인간의 삶과 모든 가치를
지배해 온 유일사상이었으며, 아래로는 주희로부터 청나라
때까지 약 1천 년 동안 지속됐다.

> **주희**
>
> **주자대전朱子大全/권25/답장경부答張敬夫**
>
> | | |
> |---|---|
> | 천하만사는 위대한 근본이 있다. | 天下萬事有大根本. |
> | …이른바 위대한 근본이란 반드시 | …所謂大根本者 |
> | 인민의 주인인 군주의 마음씨를 벗어나는 것이 없다. | 固無出于人主之心術. |

이처럼 약 3천 년의 끈질긴 생명력을 지녔던 천자 사상은
17세기에 들어와서야 기철학의 공격을 받기 시작했으나 그
수명은 20세기까지도 지속됐다.

왕부지는 군주전제주의를 반대했다. 그는 신도愼到(BC
395~315)의 세勢론과 유종원의 '천과 인人은 서로 간섭하지
않는다'는 이른바 천인불상예설天人不相預說을 계승하여 진

보적인 역사관을 발전시켰다. 즉 역사는 발전하며 그 발전에는 세勢와 법칙法則이 있으며, 그 추세는 필연적인 자연의 법칙에 따른다고 보았다. 그리고 그 자연 및 역사의 법칙을 이理라 하고, 세勢와 이理의 결합을 천天이라 했다. 다만 그 천은 인간의 사私를 빌려서 대공大公을 행할 뿐이다. 이처럼 그들은 역사의 주체를 신이 아니라 자연의 추세와 인간의 행위라고 주장했다. 이것은 유물사관을 연상시킨다.

유종원

하동선생집河東先生集/답유우석천론서答劉宇錫天論書

생식과 재앙은 모두 자연(天)이며	生殖與灾荒 皆天也.
법제와 패란悖亂은 모두 인사人事이니	法制與悖亂 皆人也.
서로 다르다.	二之而已.
그들 사업을 각자 행할 뿐 서로 간섭하지 않는다.	其事各行不相預
그러므로 흉년·풍년은 (자연이 아니라) 치란治亂에서 나온다.	而凶豊治亂出焉.

왕부지

선산유서船山遺書/독사서대전설讀四書大全說/권9

세勢란 글자는 정미한 것이고	勢字精微
이理란 글자는 광대하니	理字廣大
이 둘을 합하여 천天이라 말한다.	合而名之 曰天.
…천은 개개인의 사리私利를 빌려	…天假其私
공公을 키우도록 행한다.	以行其大公.

탐관오리의 갈취가 커지면 · · · · · · · · · · · 至于大聚

어찌 불균등의 문제로 그치겠는가? · · · · · 奚但不均哉.

빼앗는 자는 차고 넘치며 · · · · · · · · · · · · 所聚者盈溢

빼앗기는 자의 곳간은 텅 빈다. · · · · · · · · 而損者空矣.

한 사내가 몽둥이를 드니 천하가 호응한다. · 一夫揭竿 而天下響應.

아무리 그치게 하려고 한들 어찌 가능하겠는가? · 雖欲弭之 其將能乎.

'평천하平天下'란 (군주와 신민 사이의 평등이 아니라) · 平天下者

천하를 균등하게 하는 것이다. · · · · · · · · · 均天下而已.

군주의 이利 독점 반대 균전·면부 주장

황종희·왕부지·고염무 등 명말청초의 삼대유로들은 명나라가 농민 봉기로 멸망하는 것을 몸소 겪었다. 봉기한 농민들의 구호는 균전均田과 면부免賦였다. 농민들은 토지 겸병으로 땅을 빼앗기고 가혹한 부세로 삶터를 잃고 유랑하다가 도적의 무리가 된 것이다. 그러므로 그들은 대체로 독점을 반대하고 균전을 주장했다.

황종희는 백성의 사리私利 추구를 긍정하며 군주의 이利 독점에 반대했고, 왕부지는 인민의 토지소유권을 주장했다. 왕부지는 "세상은 원래부터 토지가 있었고, 인민은 토지에 의해 생존할 수 있다. 토지는 인민의 노력으로 개척된 것이므로 왕조가 바뀌어도 토지는 세습되는 것일 뿐 군주가 분배해 주는 것이 아니다"라고 말했다(『악몽噩夢』).

그러나 왕부지는 정전제의 회복이 불가능하다고 믿고, 균전의 방법으로 자영농에게는 세금을 줄여주고 과도한 토지 소유에 대한 중세重稅를 부과할 것을 주장했다.

황종희

명이대방록明夷待訪錄/원군原君

그러나 훗날 군주들은 그렇지 않았다.	後之爲人君者不然.
천하의 이利와 해害를 부여하는 권력을	以爲天下利害之權
모두 자기에게서 나오게 하고	皆出于我.
천하의 이利는 자기에게 돌리고	以天下之利盡歸于己
천하의 해는 인민에게 돌려도	以天下之害盡歸于人
옳지 않다고 할 자가 없었다.	亦無不可.
반면 천하의 인민에게는	使天下之人
감히 자기의 이로움을 좇지 못하게 함으로써	不敢自私 不敢自利.
군주 자신의 사익을 크게 하는 것을	以我之大私
천하의 공리로 삼았다.	爲天下之大公.
처음에는 부끄럽게 생각했겠으나	始而慚焉
오래되면서 오히려 편안하게 생각하게 됐으니	久而安焉.
천하에 보란 듯이 막대한 산업을 일으키고	視天下爲莫大之産業
이를 자손에게 상속시켜 영원히 누리도록 했다.	傳之子孫 受享無窮.
…천지는 크고	…豈天地之大
억조창생億兆蒼生의 수많은 백성이 있는데	於兆人萬姓之中
어찌 어느 한 사람·한 가문에 사리를 독점시킬수 있단 말인가?	獨私其一人一姓乎.

왕부지

독통감론讀通鑑論/권2

자영농과 소작농을 구분하여	分別自耕與佃耕
부역에 차등을 두는 제도를 시행한다.	而差等以爲賦役之制.
사람이 자기 소유의 땅을 농사짓는 경우	人所自占爲耕者
아무리 힘 있는 자라도 삼백 무를 넘지 못한다.	有力不得過三百畝.
아들과 장정의 수를 조사해서	審其子姓丁夫之數
몸소 경작할 수 있는 면적을 계산하면	以爲自耕之實
그 나머지는 모두 소작농으로 과표를 잡는다.	過是皆佃耕之科.
그리고 자영농의 부세는 소작농의 배로 하고	輕自耕之賦 而佃耕者倍之.
손익을 따져 정하되	以互拍損益
십일 세稅가 되도록 한다.	而協於什一之稅.

균전 사상은 주周나라 초기의 정전제에서 알 수 있듯이 오래전부터 면면히 이어온 인류의 숙원이었다. 『국어國語』「주어周語」에 의하면 기원전 800년경 예芮나라 양보良父가 여왕厲王에게 이익 독점을 경고한 기록이 보인다. 그러나 황종희·왕부지 등의 학자들에게 학문적으로 영향을 준 것은 이구였다. 그는 민民이 굶주림은 민에게 토지소유권이 없기 때문이라고 주장한 바 있다. 또 안원은 정전제의 회복을 강력히 주장했다. 균전론의 기원은 한참을 거슬러 올라가지만, 청대의 기학자들이 이를 하나의 근대적인 사상으로 주장한 것은 혁명적인 일이다.

국어國語/주어周語 상

주나라 여厲왕이 영榮나라 제후 이공夷公을 좋아하자	厲王說榮夷公.
경사京土 출신의 예나라 양보가 간했다.	芮良夫曰
"주 왕실은 장차 반드시 실덕失德할 것입니다.	王室其將卑乎
대저 영나라 제후 이공은 이익 독점을 좋아하지만	夫榮公好專利
그것이 재난을 가져오는 것은 모릅니다.	而不知大難
대저 이利란 백성이 생산하고	夫利 百姓之所生也
천지가 내린 것입니다.	天地之所載也
그러니 혹자가 그것을 독점하면	而或專之
그 폐해가 막대한 것입니다.	其害多矣.
천지에 생성하는 만물은	…天地百物
만백성이 이것을 이용하여 생활을 꾸려가는 것이니	皆將取焉
어찌 독점할 수 있겠습니까?	胡可專也.
…만약 독점한다면 반드시 분노하는 백성이 많아져	…所怒甚多
장차 닥쳐올 재난을 막을 수 없을 것이니	而不備大難
이런 방법으로 천하를 다스린다면	以是教王
어찌 오래갈 수 있겠습니까?	王能久乎.
일반 백성이 이익을 독점하면 도둑이라 하는데	匹夫專利猶謂之盜
지금 왕께서 천하의 이익을 독점한다면[29]	王而行之
왕을 따르는 이가 적을 것입니다.	其歸鮮矣.
만약 이공을 등용하면 주 왕실은 망할 것입니다."	榮公若用 周必敗.
그럼에도 이미 이공은 경사에 등용됐고	既 榮公爲卿士

---

29) 당시에는 각 제후들이 공동으로 소유한 山林川澤의 이익을 왕실의 소유로 독점시켰다고 한다.

제후들은 받들지 않았다.　　　　　　　　　　　　諸侯不享

오래지 않아 여왕은 체彘 땅으로 쫓겨났다.　　　　王流于彘.

안원

사존편四存編/존치存治/정전井田

다만 합당치 않은 말은　　　　　　　　　　　　　夫言不宜者

부자들의 땅을 강제로 몰수하자는 (급진주의자의) 주장이고　類謂亟奪富民田

사람은 많은데 땅은 적기 때문이라는 (인구론자의) 주장이다.　或謂人衆而地寡耳.

어찌 생각을 하지 않는가? 천지간의 땅은　　　　　豈不思天地間田

마땅히 천지간의 인민이 다 같이 향유해야 한다는 것을!　宜天地間人共享之.

만약 부자들이 마음대로 한다면　　　　　　　　　若順彼富民之心

만인의 생산을　　　　　　　　　　　　　　　　卽盡萬人之産

한 사람에게 다 주어도　　　　　　　　　　　　而給一人

싫어하지 않을 것이다.　　　　　　　　　　　　所不厭也.

인정을 따른다는 왕도라는 것이　　　　　　　　王道之順人情

진실로 이와 같은 것인가?　　　　　　　　　　固如是乎.

하물며 한 사람이 수십수백 경頃의 땅을 소유하고　況一人而數十百頃

수십수백 사람은 일 경의 땅도 없는 실정인데　　或數十百人而不一頃.

부모 된 자가　　　　　　　　　　　　　　　　爲父母者

한 자식을 부자로 만들기 위해　　　　　　　　使一子富

다른 자식들을 가난하게 해도 옳다는 것인가?　　而諸子貧 可乎.

군주 전제 반대 ^{군주는 도적이다}

그러므로 황종희는 '백성위주百姓爲主 군위객君爲客'을 주장했다. 이것은 멀리는 기원전 5세기에 묵자의 소박한 백성 위주와 민약론民約論의 민주 사상을 계승한 것이라고 말할 수 있다.

앞서 말했듯, 량치차오는 황종희의 사상에 대해 "루소(1712~1778)의 민약론보다 100여 년 앞서 민주정치 사상을 말한 것이며 인류 문화의 고귀한 성과"라고 평가했지만 실제로 동양에서 인민 주권의 승리를 쟁취한 것은 서양보다 200년 뒤졌다. 이 200여 년의 뒤떨어짐이 오늘날 서양이 동양을 지배하게 된 원인이 됐다고 볼 수 있을 것이다.

황종희

명이대방록明夷待訪錄/원군原君

이는 다른 것이 아니다.	此無他
옛날에는 백성이 천하의 주인이었고	古者以天下爲主
군주는 손님이었기 때문이다.	君爲客.
그래서 군주는 일생 동안	凡君之所畢世
천하의 백성을 위해 경영했다.	而經營者 爲天下也.
그런데 지금은 군주가 주인이고	今也以君爲主
백성은 손님이다.	天下爲客.
그래서 천하의 백성들은 땅이 없고	凡天下之無地
군주를 위하느라 자신의 안녕을 담보할 수 없게 됐다.	而得安寧者 爲君也.
군주는 천하를 얻지 못했을 때는	是以其未得之也

백성들의 간과 뇌를 도륙하고	屠[30]毒[31]天下之肝腦
백성들의 자녀들을 이산시키면서	離散天下之子女
자기 한 사람의 기업基業을 넓힌다.	以博我一人之産業.
그리고 가슴 아파하기는커녕 이르기를	曾不慘然 曰
"나는 진실로 자손을 위해 창업한 것"이라고 말한다.	我固爲子孫創業也.
천하를 얻은 다음에는	其旣得之也
백성들의 골수를 빼앗고	敲[32]剝天下之骨髓
백성들의 자녀들을 이산시키면서	離散天下之子女
자기 한 사람의 쾌락을 받들게 한다.	以奉我一人之淫樂.
그리고 당연한 것처럼 이르기를	視爲當然 曰
"내가 이룬 기업의 이익을 소비하는 것"이라고 말한다.	我産業之花[33]息[34]也.
그런즉 천하에 가장 해로운 것은	然則爲天下之大害者
군주다.	君而已矣.

명이대방록明夷待訪錄/학교學校

학교는 선비를 양성하는 기관이다.	學校所以養士也.
그러나 옛 성왕 시절에는	然古之聖王
그 의미가 이것만이 아니었다.	其意不僅此也.
반드시 천하를 다스리는 방도가	必使治天下之具
모두 학교에서 나오게 하면	皆出於學校

---

30) 屠(도)=도륙.
31) 毒(독)=독살.
32) 敲(고)=빼앗다.
33) 花(화)=소비하다.
34) 息(식)=이식.

그 연후에야 학교를 설립한 의의를 다했다 할 것이다.

…천자가 옳다 하는 것이

반드시 옳은 것은 아니며

천자가 그르다 하는 것이

반드시 그른 것은 아니다.

천자도 역시 옳고 그름을 스스로 결정하지 않고

그 시비를 학교의 공론에 부쳤다.

그러나 삼대 이후에는

천하의 시비가 일률적으로 조정에서 나왔다.

그러므로 천자가 칭찬하면

무리 지어 좇아서 옳다 하고

천자가 나무라면

무리 지어 모두 그르다 한다.

而後設學校之意始備.

…天子之所是

未必是.

天子之所非

未必非.

天子亦遂 不敢自爲是非

而公其是非於學校.

三代以下

天下之是非 一出於朝廷.

天子榮之

以群趨以爲是

天子辱之

則群趨以爲非.

황종희는 지금 천하에 큰 재해는 군주라고 천명한 바 있다. 그리고 당견은 유가들의 정통 사상인 왕권신수설을 부정했을 뿐 아니라 대담하게도 "진나라 이래 무릇 제왕이 된 자는 모두 도둑"이라고 말했다.

특히 당견은 명 말의 극심한 민생 피폐를 통렬히 비판했는데, 농민 봉기를 목격하고 그 원인이 불균不均에 있다고 천명했다. 또한 왕수인의 호병好兵과 비공非孔을 비판했다. 그리고 묵자의 말을 그대로 인용하며 전쟁을 반대했다.

황종희

명이대방록明夷待訪錄/원군原君

그런즉 천하에 큰 재해가 되는 것은	然則爲天下之大害者
(私利를 독점하는) 군주뿐이다.	君而已矣.
만일 군주를 없앤다면	向使無君
사람들은 각각 자기의 사사로움과	人各得自私也
각각 자기의 이익을 도모할 수 있을 것이다.	人各得自利也.

당견

잠서潛書/하/원본原本

학정이 극에 달하고	虐政亟行
가렴주구苛斂誅求가 더욱 심한 데다	厚斂日加
흉년을 만났으니 쌀과 보리는 영글지 않고	又遇凶歲 米麥不登
집집마다 먹을 것이 없어도	家室罄懸[35]
백성들을 돌볼 곳이 없다.	民無所顧.
한 사람의 좀도둑이	始則一人爲竊
열 사람의 도둑이 되고	旣而十人爲盜
계속되면 벌 떼가 일어나듯	繼則望風蠢起
천백의 도적 떼가 되어 마을을 약탈한다.	千百爲賊 剽掠鄕聚
이것이 오래가면 수만의 군사가 되고	久則數萬人爲軍
장수라 칭하며 왕이라 칭한다.	稱帥稱王.

---

35) 罄懸(경현)=空缶. 縊死之也.

진나라 이래   自秦以來

무릇 제왕이 된 자는 모두 도적이다.   凡爲帝王者 皆賊也.

한 사람을 죽이고   殺一人

옷감과 곡식을 빼앗으면   而取其匹布斗粟

도적이라 하면서   獨謂之賊.

천하의 사람을 죽이고   殺天下之人

그 옷감과 곡식을 몽땅 빼앗아 부를 쌓는 자는   而盡取其布粟之富

도리어 도적이라 하지 않는다.   而反不謂之賊乎.[36]

(왕수인을 일컬어) 성인의 덕이 없다고 하는 것은   謂其無聖人之德者

무엇 때문인가?   何也.

그것은 그가 공자를 비하했고   以其小仲尼

병사를 자주 일으켜 함부로 했기 때문이다.   而自擅爲習[37]兵也.

군주를 위한 법 반대

황종희는 "삼대 이전에는 법이 있었지만 삼대 이후에는
법이 없었다"라고 말했다. 법이란 동서고금을 막론하고 공

---

36) 『墨子』의 「非攻」편을 그대로 옮긴 것이다.
37) 習(습)=數飛也, 重也.

리를 위해 사욕을 제한하는 것을 목적으로 한다. 그런데 황종희가 "삼대 이전에는 법이 있었다"고 한 것은 공리를 위해 인욕을 제한했을 뿐 백성의 사리 추구를 허용하는 진정한 법이 있었다는 것을 말한다. 또한 "삼대 이후에는 법이 없었다"고 한 것은 인욕을 제한하는 것으로 그치지 않고 백성 개개인의 사리 추구를 금지했으므로 군주를 위한 법만 있었지 인민을 위한 법은 없었다는 뜻이다.

여기서 우리는 '삼대 이전'이라는 말에 주목해야 한다. 삼대를 분기점으로 하여 사회구성체가 변하여 그 이전은 대동大同사회, 이후는 소강小康사회였다. 『예기』 「예운」편에서 대동사회는 "천하가 만민을 위한 것(天下爲公)"이었고, 소강사회는 "천하가 한 가문의 소유(天下爲家)"였다고 설명했으니, 황종희가 삼대 이후에 민을 위한 법이 없었다고 말한 것은 예치禮治의 소강사회를 비판한 것이다.

국어

국어國語/노어魯語 상

노魯나라 선공宣公[38]이	宣公
여름에 사수泗水 깊은 곳에 그물을 치고 고기를 잡도록 했다.	夏濫於泗淵
이에 태사太史 이혁里革이 그 그물을 걷어 버리고 아뢰었다.	里革斷其罟而棄之 曰
"옛날에 대한大寒이 지나	古者大寒降
동면하는 벌레들이 깨어날 때는	土蟄發
수우水虞[39]가 그물과 통발(魚籠)을 치는 법을 가르쳐서	水虞於是乎講眾罶

---

38) 재위 BC 608~591.

대어大魚를 잡고, 조개 자라 등 수산물을 잡아   取名魚 登川禽
종묘에 올린 후   而嘗之寢廟
나라 백성들이 이용하도록 한 것은   行諸國
대지의 양기가 퍼지는 것을 돕기 위함이었습니다.   助宣氣也.
…또한 산에서는 움트기 시작한 나무를 꺾지 않고   …且夫山不槎蘖
못에서는 작은 풀을 베지 않고   澤不伐夭
어린 물고기도 잡지 않고   魚禁鯤鮞
새끼 짐승도 잡지 못하게 해서 잘 자라게 했으며   獸長麑䴠
새도 어린 새끼와 알을 잡지 않고 품어 기르게 했으며   鳥翼鷇卵
벌레도 새끼는 놓아주도록 해서 잘 자라도록 했습니다. 蟲舍蚳蝝
이는 미물들을 번식시키기 위함이었으니   蕃庶物也
이것이 옛날의 법도였습니다.”   古之訓也.

황종희

명이대방록明夷待訪錄/원법原法

삼대 이전에는 법이 있었지만   三代以上有法
삼대 이후에는 법이 없었다고 해야 할 것이다.   三代以下無法.
왜 그런가?   何以言之.
요임금, 순임금, 우임금, 탕왕, 문왕은   二帝三王
천하의 백성을 부양해야 한다는 것을 알았으므로   知天下之不可無養也
그들에게 땅을 주어 경작하게 했다.   爲之授田以耕之.
그러므로 이들의 법은   此三代以上之法也
자기 한 사람을 위해 만든 것이 아니었다.   固未嘗爲一己而立也

---

39) 지금의 지방해양수산청.

그러나 후대의 군주들은   後之人主

천하를 얻으면   旣得天下

오직 자기 왕조가 오래가지 못하는 것을 걱정하고   惟恐其祚命之不長也.

자손이 그 자리를 유지하지 못하는 것을 걱정했다.   子孫之不能保有也.

그래서 그렇게 되지 않도록 고심한 끝에   思患於未然

법을 만들었다.   以爲之法.

그러므로 이른바 법이란 것은   然則其所謂法者

왕의 일가를 위한 법이지   一家之法

천하의 법은 아니다.   而非天下之法也.

제2장. 인식론 비판

인성론과 인식론

선험론과 경험론의 뿌리

고대 및 중세 철학의 주된 관심사는 존재의 근원인 천天 또는 신神에 대한 문제였으며 그러한 존재론을 형이상학이라고 한다. 그러므로 형이상학에서 인간의 문제는 인성의 선악에 대한 논의와 도덕적인 인간이 되기 위한 공부 방법 혹은 수양론만이 전부였다. 오히려 신에 대한 인식에 의문을 갖는 인식론은 신에 대한 모독으로 간주됐다.

그러므로 서양에서도 로크John Locke(1632~1704)의 『인간오성론An Essay Concerning Human Understanding』(1690)을 시작으로 칸트의 『순수 이성 비판』(1781) 이후부터야 인식론이 철학의 중심으로 자리를 잡았다는 것을 기억해 둘

필요가 있다. 그러나 동양에서는 11세기 초 성리학에서부터 인식론이 철학적 주제로 부상했기에 서양보다 600년 정도나 앞선다.

물론 동서양을 막론하고, 고대에도 소박한 것이지만 인식론적 담론은 있었다. 고대 그리스의 소크라테스는 선험론적인 '상기설想起說'을 말한 바 있다(플라톤의 대화편 『메논 Menon』). 그중에서도 소크라테스의 대화법이 유명하다. 당시 그리스인들은 영혼불멸설과 윤회 사상을 믿었다. 윤회 사상은 인도의 불교에서 나온 것으로 알려져 있지만 기원전 4000년경 피라미드의 미라도 윤회설의 흔적이며, 소크라테스 이전의 고대 그리스에서 육체적 도취로 접신接神하는 디오니소스Dionysos 숭배 종교를 개혁한 오르페우스Orpheus교도 윤회설을 믿었다. 이러한 윤회설에서는 영혼이 수없이 다시 태어나는 것이므로 이승과 저승에서 모든 것을 보았고 모든 것을 배웠다고 생각한다. 그러므로 지식을 가르치는 방법은 '상기'시키는 것뿐이라고 믿는다. 소크라테스의 대화법도 이러한 신앙에서 생긴 것이다. 그는 아무것도 가르치지 않고 질문을 하면 스스로 상기해냄으로써 앎에 이르게 될 것이라고 믿었던 것이다. 그래서 그의 대화법을 지식의 '산파술'이라고도 말한다. 산파는 아기를 만드는 것이 아니라 이미 뱃속에 들어 있는 아기를 꺼내는 데 도움을 줄 뿐이다.

소크라테스는 특히 사실 문제가 아닌 당위론적인 덕德의 인식 문제에 고심했다. 그는 "덕이 무엇인지도 모르며 가르칠 수도 없다"라고 말했다. 이것은 반어일 뿐, 덕은 스스로 탐구하고 체득하는 것임을 말하고자 한 것이다. 이에 메논은 "모르는 것을 어떻게 탐구할 수 있는가? 어찌 모른다는 것을 알 수 있는가?"라며 반론했다. 이것은 아는 것은 탐구할 필요가 없고 모르는 것은 탐구할 수 없으므로 탐구한다는 것 자체가 불가능하다는 역설일 뿐, 덕은 훈육과 학습에 의해 얻어진다고 말하고자 한 것이다.

사실 덕은 객관적 사물의 진위 문제가 아니라 의견과 선택의 문제다. 그러므로 최선의 삶에 대한 사려와 대화와 의견과 선택과 동의同意일 뿐 객관적 검증이 있을 수 없다. 그러므로 덕을 안다는 것은 영원히 진행되는 과정일 뿐이다.

동양의 고대철학에도 수양론을 말하기 위한 인식론적인 담론들이 있었다. 공자는 소크라테스와 동시대인이며 그의 학습론도 대체로 비슷하다. 그러나 공자를 계승한 유가들은 두 갈래로 갈린다. 대체로 성선설은 논리상 당연히 선험론적이었고, 성악설은 경험론적이었다. 구체적으로 말하면 공자는 후천적인 학습을 강조했다. 그리고 이러한 경험론적인 경향은 순자로 이어졌다. 반면 자사와 맹자는 천성 즉 선천적인 성품을 중시했고, 이러한 선험론적인 경향은 주희로 이어졌다.

공자의 경험론적 학습론

공자

논어論語/양화陽貨 2

천성은 서로 비슷하나   性相近也

익힘에 따라 서로 멀어진다. 習相遠也.

논어論語/학이學而 1

배우고 때때로 익히면 또한 기쁘지 아니한가? 學而時習之不亦說乎.

논어論語/위정爲政 4

나는 열다섯에 학문에 뜻을 두었고(志學) 吾十有五而志于學

서른에 이룬 바 있으며(而立) 三十而立[1]

마흔에 망설이지 않게 됐고(不惑) 四十而不惑

쉰에 천명을 알았으며(知天命) 五十而知天命

예순에 귀가 뚫렸고(耳順) 六十而耳順

일흔에 마음의 욕망을 따르되 법도를 넘지 않았다. 七十而從心所欲不踰矩.[2]

자사와 맹자의 선험론적 천성론

자사

중용中庸/1장

하늘이 명한 것을 성性이라 말하고 天命之謂性

성에 따르는 것을 도道라 말하고 率性之謂道

도로 다스리는 것을 교화라 말한다. 修[3]道之謂敎.

---

1) 立(립)=有所成也.

2) 矩(구)=곱자, 曲尺. 法度, 道理.

3) 修(수)=治也, 習也.

맹자

맹자孟子/진심盡心 상

요순은 본성으로 했고 탕무(탕왕·무왕)는 몸으로 했고   堯舜性之[4]也. 湯武身之也.

오패는 빌려서 했다.   五覇假之也.

빌리는 것이 오래되어 본심으로 돌아가지 않으면   久假以不歸

그것이 자기 마음이 아님을 어찌 알겠는가?   惡知其非有也.

만물의 이理는 내 마음에 갖추어져 있다.   萬物皆備於我矣.

자신을 반성하여 성실하면   反身而誠

즐거움이 이보다 클 수 없을 것이며   樂莫大焉

나를 미루어 힘써 남을 생각하면   强恕而行

인仁을 구함이 이보다 가까울 수 없을 것이다.   求仁莫近焉.

순자의 경험론적 학습론

순자

순자荀子/권학勸學

군자는 배움을 그치면 안 된다고 말한다.   君子日 學不可以已.

청색은 쪽이라는 풀에서 나왔지만 쪽보다 푸르고   靑取之於藍 而靑於藍.

얼음은 물로 됐지만 물보다 차다.   氷水爲之 而寒於水.

나무가 곧으려면 먹줄에 맞아야 하고   木直中繩

바퀴가 둥글려면 굽은 것이 그림쇠에 맞아야 한다.   輮以爲輪 其曲中規.

---

4) 之(지)=出也, 就也.

높은 산에 오르지 않으면	故不登高山
하늘이 높은 줄 모르고	不知天之高也
깊은 계곡에 가보지 않으면	不臨深谿
땅이 두꺼운 줄 모르며	不知地之厚也.
선왕이 남긴 말씀을 듣지 못하면	不聞先王之遺言
학문이 위대한 줄 모른다.	不知學問之大也.
한, 월, 이, 맥 등등 오랑캐의 아이들은	干⁵⁾越夷貉之子
태어날 때는 목소리가 같지만	生而同聲
자라면서 습속이 다르게 되는 것은	長而異俗
교화가 그렇게 만든 것이다.	敎使之然也.
나는 일찍이 종일토록 사색한 적이 있으나	吾嘗終日而思矣
잠시 동안의 배움만 못했고	不如須臾之所學也.
나는 일찍이 발돋움을 하고 바라본 적이 있으나	吾嘗跂而望矣
높은 산에 올라 널리 바라보는 것만 못했다.	不如登高之博見也.
수레와 말을 빌리면	假輿馬者
발이 빠르지 않아도 천于 리를 치달을 수 있고	非利足也 而致千里.
배와 노를 빌리면	假舟檝者
물에 능하지 않아도 강을 건널 수 있다.	非能水也 而絕江河.
군자는 날 때부터 다른 것이 아니고	君子生非異也
사물의 이理를 빌려 잘 이용한 것뿐이다.	善假於物也.

---

5) 干(간)=옛 邘나라. 吳에 병합됨. 干國在臨淄 出宝劍.

육왕의 관념론과 정주 비판

육구연의 공부 방법론

인식론은 관념론과 유물론이라는 형이상학 또는 세계관의 차이와 관련이 있다. 대체로 관념론의 인식론은 선험론적이고 유물론의 인식론은 경험론적이다.

이에 비추어 말하면, 주희와 육구연은 모두 선험론적인 관념론에 해당된다는 점에서는 차이가 없다. 정주의 '성즉리' 는 '인간의 천성이 존재의 근원이며 존재의 운동 원리임과 동시에 도덕적 원리' 라는 뜻이며, 육왕의 '심즉리' 는 '성이 곧 심' 이라는 것이기 때문이다.

다만 앞서 '아호사 논쟁' 에서 언급한 것처럼 주희의 수양론은 '도문학' 을 위주로 하고, 육구연은 '존덕성' 을 위주로 한다는 점에서 차이가 있을 뿐이다.

그러나 이 차이가 인식론에서는 객관주의와 주관주의로 차별화된다. 주희가 도문학을 중시한 것은 "객관적 사물의 이理는 모두 내 마음의 주관에 구비되어 있으므로 인식은 '심리心理가 물리物理를 궁구하는 것(格物)' 임"을 전제로 한 것이므로 객관적 유심주의라 할 수 있고, 육구연이 존덕성을 중시한 것은 "심리가 곧 물리이므로 인식이란 '심리를 바르게 하는 것(格物)' 임"을 전제로 한 것이므로 이는 주관적 유심주의라고 말할 수 있을 것이다.

그러므로 정주나 육왕 모두 맹자의 말처럼 "내 속에 갖추어져 있는 이치"를 복원하는 것이므로 선험론인 것은 마찬가지다. 다만 그 '마음속의 이치'를 주희는 '명덕明德'이라 했고, 육구연은 '양심良心'이라 했으며, 왕수인은 '양지良知'라고 말했을 뿐이다.

육구연은 존덕성을 '존심存心' 또는 '양심養心'이라 표현했다. 그에 의하면 심心은 생지生知이며 양능良能한 지각知覺이므로 그가 말한 존심이란 본심을 회복한다는 의미이며 이른바 '복성론復性論'이다. 육구연은 이것을 '치양지致良知'라고 말한다. 이것은 공자가 말한 객관적인 '복례'를 주관화한 개념이다.

그러므로 본심을 회복하려면 심을 흐리게 하는 물욕物慾과 의견意見(邪說·異端)을 제거해야 한다. 육구연은 그것을 '절기자반切己自反 개과천선改過遷善'이라 말했다. '절기'의 '절切'은 '박락剝落'을 뜻하고 기는 인욕人欲을 뜻하는 것이므로 공자의 '극기'에 대응하는 개념이다. 이에 대해 주희는 "너무 간단하다(太簡)"고 비판했고, 육구연은 주희에 대해 "너무 지리하다(太支離)"고 맞섰다.

육구연

상산선생전집象山先生全集/권5/여서서미서與舒西美書

옛사람이 가르치는 법은	古人教人
마음을 지키고(存心) 마음을 기르고(養心)	不過存心 養心
또는 잃어버린 마음(放心)을 찾는 것뿐이었다.	求放心.
사람은 선험적으로 마음의 양지良知를 가졌으나	此心之良 人所固有
오직 보양할 줄을 모르고	人惟不知保養.

도리어 이것을 도적질하고 잃어버릴 따름이다.   而戕賊放失之耳.

상산선생전집象山先生全集/권61/여마자신與馬子莘

양지는 역시 천리天理다.   良知却是天理

천리를 체험적으로 인식(體認)하는 것은   體認者

실로 자기에게 있다고 말한다.   實有諸己之謂耳.

왕수인의 절대 관념론

왕수인의 존재론은 절대 관념론이요 인식론은 선험론이다. 그에게는 사람의 주관적 의식만이 유일한 실체이며 객관 사물은 의식의 체현體現일 뿐이다. 사유 작용은 본체인 양지의 체인體認이다. 불교에서 말하는 심인心印과 같은 개념이다. 그러므로 심은 인식의 주체이며 동시에 객체다.

이것은 유학의 이른바 '도문학'의 학습론을 뒤엎어 버리는 불교 선종의 '돈오'를 그대로 빌려온 것이다. 또한 존재론적으로는 헤겔의 '절대정신'과 같고 인식론적으로는 버클리George Berkeley(1685~1753)의 "존재하는 것은 곧 감지되는 것"이란 명제와 일치한다.

왕수인

전습록傳習錄/중/답구양숭答歐陽崇 1

심心의 기관은 사색을 하고 사색하면 알 수 있으니   心之官則思. 思則得之

사색은 적어야 한다고 하겠는가?   思其可少乎.

그러나 선방의 좌선처럼 공空에 잠겨 적멸을 지키거나   沈空守寂

사색에만 몰두하는 것은   與安排[6]思索

곧 자기 사사로움에서 지식을 이용하는 것이니   正是自私用知

양지를 상실하는 것은 마찬가지다.   其爲喪失良知一也.

양지는 천리의 밝고 영명한 깨달음의 장소다.   良知是天理之昭明靈覺處.

그러므로 양지는 곧 천리이며   故良知則是天理.

사색은 양지의 발용이다.   思是良知之發用.

만일 양지가 발용된 사색이라면   若是良知之發用之思

생각한 것마다 천리가 아님이 없을 것이다.   則所思莫非天理矣.

만약 사사로운 사설에 머문 사색이라면   若是私意安排之思

스스로 어지럽고 힘들어서   自是紛紜勞擾

양지 스스로 분별하여 알 수 있을 것이다.   良知亦自會分別得.

이른바 도적을 군자로 오인하는 것은   所謂認賊爲子[7]

바로 치지致知의 학學이 밝지 못함이니   正爲致知學不明

양지에서 체인體認할 줄 모르기 때문이다.   不知在良知上體認之耳.

전습록傳習錄/하/황성증록黃省曾錄

양명 선생이 남진에 유람할 때   先生遊南鎭

한 벗이 바위 사이의 꽃을 가리키며 물었다.   一友指岩中花樹問曰

"천하에 심心 밖에 사물이 없다고 하지만   天下無心外之物

이 꽃처럼 깊은 산속에서   如此花樹在深山中

저 스스로 홀로 피었다가 지는데   自開自落

---

6) 安排(안배)=安置也.

7) 子(자)=士大夫通曰子(公羊傳/宣公六年).

우리 심과 무슨 상관이란 말인가?"

선생이 말했다.

"그대가 이 꽃을 보지 않았을 때는

꽃과 그대의 마음은 다 같이 정적으로 돌아간다.

그대가 이 꽃을 보았을 때는

이 꽃의 모습이

일시에 명백하게 생겨나는 것으로 보면

이 꽃은 그대 마음 밖에 있지 않는 것을 알 수 있다."

왕수인은 『대학』의 '격물格物'을 '정물正物'로 읽고 사물을 바르게 하여 위선거악爲善去惡하는 것으로 해석한다. '격물치지'에 대해 주희는 "사물에 대한 궁리를 지극히 하여(格=至) 사물의 지식知識을 이룬다"로 해석하고, 왕수인은 "사물의 이理를 바르게 하여(格=正) 마음의 양지良知를 이룬다"로 해석한다.

전습록傳習錄/중/답고동교서答顧東橋書

주자가 말한 이른바 '격물'이란

'사물에 대해 그 이理를 궁구한다(卽物窮理)'는 뜻이다.

그 '즉물궁리'란 사물들에 대해

이른바 객관적인 이理를 구하는 것이다.

이것은 나의 심리心理로

물리物理를 구하는 것이므로

于我心亦何相關.

先生曰

你未看此花時

此花與汝心同歸于寂.

你來看此花時

則此花顏色

一時明白起來.

便知此花不在你的心外.

朱子所謂格物云者

在卽物而窮其理也.

卽物窮理 是就事事物物上

求其所謂定[8]理者也.

是以吾心

而求理於事事物物之中

---

8) 定(정)=不易也, 心無慾也.

심心과 이리가 쪼개져 둘이 되게 하는 잘못이다.　　　析心與理爲二矣.

전습록傳習錄/상/서애록徐愛錄

격물이란 『맹자』에서 "대인大人만이　　　格物如孟子 大人
군주 마음의 잘못을 바로잡을 수 있다"고 했을 때의 격格이다.　　　格君心之非.
이것은 그 마음의 바르지 못함을 버림으로써　　　是去其心之不正
본체의 바름을 온전히 하는 것이다.　　　以全其本體之正.

　왕수인의 해석은 객관적 사물을 탐구하는 것이 아니라 심心의 의리義理로 사물을 바르게 한다는 뜻이다. 이것은 정주의 '즉물궁리卽物窮理'를 반대하기 위해 '즉심궁리卽心窮理'로 바꾼 것이며, 『대학』의 '격물格物'을 '격심格心'으로 바꾼 것이다. 또한 유심론의 극단으로 치달은 주관적 선험론인 것이다.

전습록傳習錄/중/답고동교서答顧東橋書

그러나 내가 말하는 격물치지란　　　若鄙人所謂致知格物者
내 심心의 양지良知(심리)를　　　致吾心之良知
사사물물에 이루게 하는 것이다.　　　於事事物物也.
내 심의 양지는　　　吾心之良知
곧 이른바 천리다.　　　卽所謂天理也.
내 마음이 양지良知의 천리天理를 이루는 것은　　　致吾心良知之天理
곧 사사물물이 모두 그 이리를 얻는 것이 된다.　　　於事事物物 皆得其理矣.

내 심의 양지를 이루는 것은 '치지'요,　　　致吾心之良知者 致知也.

사사물물이 모두 그 이理를 얻는 것은   事事物物皆得其理者

'격물'이다.   格物也.

이것은 심과 이理가 합하여 하나가 되는 것이다.   是合心與理 而爲一者也.

전습록傳習錄/하/황이방록黃以方錄

천하의 사물(物理)은 본래 바르게 할 수 없으며   天下之物本無可格者

사물을 바르게 하는 공부는   其格[9]物之功

내 몸과 마음(心理)을 바르게 하는 데 달려 있다.   只在身心上做.

전습록傳習錄/상/서애록徐愛錄

지知는 마음의 본체이니 저 스스로 알게 되는 것이다.   知 心之本體 心自然會知.

아버지를 보면 스스로 효를 알고   見父自然知孝.

형을 보면 스스로 우애할 줄 알고   見兄自然知弟.

어린이가 우물에 빠지는 것을 보면 스스로 측은해한다.   見孺子入井自然知惻隱

이것이 곧 양지다.   此便是良知.

밖을 빌려 구할 수 있는 것이 아니다.   不假外求.

격물(사물을 바르게 함)은 뜻(意)을 성실히 하는 공부며   格物是誠意的工夫.

명선明善(선을 밝힘)은 몸(身)을 성실히 하는 공부며   明善是誠身的工夫.

궁리(理를 궁구함)는 성품(性)을 다하는 공부며   窮理是盡性的工夫.

도문학(인도하고 물어 배움)은 덕성을 높이는(尊德性) 공부며 道問學是尊德性的工夫.

박문博文(선왕의 글을 넓게 익힘)은   博文是

나를 예禮로 제약하는(約禮) 공부며   約禮的工夫.

---

9) 格(격)=正也.

유정惟精(생각을 정밀히 함)은

마음을 전일하게 하는 공부다.

惟精是

唯一的工夫.

성기학의 경험론

묵자의 삼표론

동양에서 처음으로 경험론적 인식론을 말한 사상가는 묵
자라고 말할 수 있다.

묵자

묵자墨子/비명非命 상

말에는 반드시 본받을 표준을 세워야 한다.	言必立儀.
말에 표준이 없다는 것은 비유컨대	言而無儀 譬猶
마치 돌림대 위에서 동서남북을 가리키는 것과 같아서	運鈞之上 而立朝夕者也.
시비 · 이해를 분별할 수 없고	是非利害之辨
지혜를 얻을 수 없다.	不可得而明知也.
그러므로 말에는 반드시 세 가지 표준이 있어야 하며	故言必有三表曰
근본과 근원과	有本之者 有原之者
실용이 있어야 한다.	有用之者.
첫째, 무엇을 근본으로 삼아야 하는가?	何於本之
위로 하늘의 뜻을 실행한	上本之於古者

성왕의 역사를 근본으로 삼아야 한다.　聖王之事.

둘째, 무엇을 근원으로 삼아야 하는가?　何於原之

백성들이 보고 들은 실정을 근원으로 삼아야 한다.　下原察百姓耳目之實.

셋째, 무엇을 실용으로 삼아야 하는가?　何於用之

정치에 발현하여　發以爲刑政

국가와 백성의 이익에 맞는지 살펴야 한다.　觀其中國家百姓人民之利.

묵자墨子/귀의貴義

묵자가 말했다.　子墨子曰

"눈먼 봉사도 은은 희고 숯은 검다고 말할 수 있다.　今瞽曰 鉅者白也 黔者黑也

…그러나 만약 흑백을 섞어놓고 가려내라 한다면　…兼黑白 使瞽取焉

봉사는 흑백을 알 수 없다.　不能知也.

그러므로 내가　故我曰

유가들은 정작 인仁을 모른다고 말한 것은　天下之君子不知仁者

그 명칭이 아니라 그 선택을 말하는 것이다."　非以其名也 亦以其取也.

고염무의 경험과 선험

　고염무는 고증학의 시조이며 경세치용經世致用의 학문을 강조하여 실학의 문을 연 학자였다. 그러므로 그는 묵자의 삼표론三表論을 이어받아 실증·실용적인 학문을 강조했다. 그러나 그는 학문 방법론을 말했을 뿐 본격적으로 경험론적 인식론을 말한 것은 아니다. 그는 '격물'은 경험적인 사물의 존재법칙(理)을 궁구하는 도문학을 말한 것이고, '치지'는

'지지止知'의 뜻으로 해석되며, 선험적으로 알고 있는 인간 관계의 당위법칙(義)을 이해하고 거기에 머무는 존심存心· 수양修養을 뜻한다고 말한다. 이처럼 그는 격물치지를 둘로 나누고, 격물은 경험적 지식을, 치지는 선험적 지식을 얻는 방법이라고 이해했다(『일지록日知錄』 권6 「치지致知」).

고염무

일지록日知錄/권18/심학心學

이理는 내 마음에 구비되어 있으며	理具於吾心
이를 사물(사물의 理)에서 징험할 수 있다.	而險於事物.

사고전서총목제요四庫全書總目提要/권125

고염무의 학문의 본원은	炎武學有本原
널리 가서 보고 관통함에 있다.	博瞻而能通貫
반드시 하나하나의 사물에 대해	每一事必
그 시말을 상세히 살펴 그 증거(證佐)를 겸험(參驗)하고	詳其始末 參以證左
그 연후에야 서책에 기록한다.	然後筆之於書
그러므로 인용한 증거가 생생하여	故引據活繁
사실과 어긋남이 적다.	而牴牾者少.

정림시문집亭林詩文集/권5/정림선생신도표亭林先生神道表

고염무의 학문은 방증과 추리를 상호 증험하고	旁推互證
실질에 힘썼으므로	務質之
오늘날 시행할 수 있는 것이며	今日所可行
옛사람의 빈말에 빠지지 않았다.	而不爲泥古之空言

그러므로 천하 군국의 병폐를 낫게 하는 글이라 한다.　　　　　曰 天下郡國利病書.

정림시문집亭林詩文集/권5/화음왕씨종사기華陰王氏宗祠記
삼대 이래 군주가 인민에게 한 일은　　　　　　　　　　　　自三代以下 人主之於民
세금을 거두고 부역을 시키는 것뿐이었다.　　　　　　　　賦斂而已爾室 役使而已爾
무릇 후생과 정덕의 사업 방도는　　　　　　　　　　　　凡所以厚生正德之事
일절 방치하고　　　　　　　　　　　　　　　　　　　　一切置之
민이 스스로 강구하려는 노력조차 허락하지 않았다.　　　不理而聽 民之所自爲.

왕부지의 경험론적 인식론

　왕부지는 선험론을 거부하고 감각을 인식의 기초로 보는
경험론적 인식론을 묵자 이후 처음으로 확립했다고 평가할
수 있다. 그는 육왕의 주관주의적 심학心學을 전면 부정했
다. 그는 "마음이 곧 삼계요(三界惟心 而心卽界), 의식이 곧 법
(萬法惟識 而識卽法)"이라고 말하는 불교의 유식론唯識論과,
"사람이 산중의 꽃을 보지 못하는 동안에는 꽃은 존재하지
않는다"는 왕수인의 유심론唯心論을 반대했다.

왕부지

선산유서船山遺書/장자정몽주張子正蒙注/태화太和
감관(形)과 정신(神)과 사물(物)의　　　　　　　　　　　形也 神也 物也
세 가지가 서로 만나야 지각이 발현된다.　　　　　　　　三相遇而知覺乃發.

이理란 물物이 본래 그러한 것이고

사事가 그렇게 된 까닭이다.

그러므로 천하에 드러난 것으로만 알 수 있는 것이다.

理者物之固然

事之所以然也.

顯著于天下 循而得之.

선산유서船山遺書/상서인의尚書引義/고명顧命

오색五色은 천하에 본래부터 있는 것이므로

사람마다 그것을 보는 것이 다르지 않다.

오성五聲은 천하에 본래부터 있는 것이므로

예나 지금이나 그것을 듣는 것이 어긋나지 않는다.

오미五味는 천하에 본래부터 있는 것이므로

그것을 맛보는 것이 오래거나 잠깐이나 틀리지 않는다.

…그렇지 않고 색과 소리와 맛이

오로지 사람의 천명(선험적 관념)이라면

어찌 모든 천하 사람이

똑같은 빛과 소리와 맛을 공유할 수 있단 말인가?

天下固有五色

而辨之者人人不殊.

天下固有五聲

而審之者古今不愿.

天下固有五味

而知之者久暫不違.

…不然 則色聲味

惟人所命

何爲乎胥天下

而有其同然者.

선산유서船山遺書/상서인의尚書引義/소고무일召誥無逸

본래 주관적 인식 작용(能)과 객관적 인식 대상(所)은

나뉘어 있다.

그러므로 석가가 이를 나누고 이름을 붙인 것은

나무랄 수 없다.

…그렇지만 본래 천하에 인식 대상은 존재하지 않고

우리 마음의 인식 작용이

인식 대상을 만들어낸다고 말한다면

우리 마음이 만들지 못하면

能所

之分

夫固有之 釋氏爲分授之名

亦非誣也.

…而謂天下固無有所

吾心之能

作者爲所

則吾心未作

천하에 인식 대상은 본래부터 없다는 것인가?　　　　　　　而天下本無有所乎.

만약 귀로 듣지 못하고 눈으로 보지 못하고　　　　　　耳苟未聞 目苟未見
마음으로 생각지 않은 모든 것들을 버리고　　　　　　心苟未慮 皆將捐之
천하에 이런 것은 없다고 말할 수 있는가?　　　　　　謂天下之固無此乎.
월越나라에 산이 있는데 내가 월나라에 가지 못했으니　　越有山 而我未至越
월나라에는 산이 없다고 말할 수는 없으며　　　　　　不可謂越無山.
내가 월나라에 가야만　　　　　　　　　　　　則不可謂 我之至越者
월나라에 산이 생긴다고 말할 수도 없을 것이다.　　　　爲越之山也.

부父는 효孝의 대상이다.　　　　　　　　　　　所孝者父
그러므로 효孝가 부를 만든다고 말할 수는 없다.　　　不得謂孝爲[10]父.
산은 등산의 대상이다.　　　　　　　　　　　　所登者山
그러므로 등산이 산을 만든다고 말할 수는 없다.　　　不得謂登爲山.

　왕부지는 선험론을 부인하고, 경험론적 인식론을 주장했으므로 격물과 치지를 모두 경험론적으로 해석한다. 지금까지 선험론적 해석에서는 치지致知를 격물格物의 결과로만 보았으나, 그는 격물과 치지를 둘로 나누어 읽는다. 그러나 고염무처럼 필연적인 사리事理와 당위적인 도리道理로 나누지 않고 격물은 감관感官 작용으로, 치지는 심관心官 작용으로 나누어 해석했다.

---

10) 爲(위)=成, 有, 造作也.

왕부지의 격물

선산유서船山遺書/독사서대전설讀四書大全說/권1

대저 사리를 궁구하는(格物) 공부는	大抵格物之功
심관(心竅)과 감관(이목구비)을 두루 사용해야 하고	心官與耳目均用
물어 배우는 것(道問學)을 위주로 하되	學問爲主
사변思辨이 이를 보조해야 한다.	而思辨輔之.
이때 생각하는(思) 대상과 분별하는(辨) 대상은	所思所辨者
모두 묻고 배우는(道問學) 대상인 사물이다.	皆其所學問之事.

왕부지의 치지

선산유서船山遺書/독사서대전설讀四書大全說/권1

앎에 이르는(致知) 공부는	致知之功
오직 심관에 있고	則惟在心官
사변을 위주로 하고 도문학을 보조로 한다.	思辨爲主 而學問輔之.
도문학의 목표는	所學問者
사변의 의심을 결단하는 데 있다.	乃以決其思辨之疑.
그러므로 "치지는 격물에 있다"는 말은	致知在格物
감관이 심관의 작용에 기초가 되어야 하고	以耳目資[11]心之用
그것을 따르게 해야 한다는 것이다.	而使有所循也.
그렇지 않고 감관이 심관의 자루를 온전히 잡지 않으면	非耳目全操心之權
심관은 어지럽게 될 것이다.	而心可廢[12]也.

---

11) 資(자)=操, 齊也.

12) 廢(폐)=壞亂也.

사물의 모양과 정세를 널리 취하고

고금을 멀리 고증하여

조리를 끝까지 찾아내는 것이 이른바 '격물' 이다.

빈 마음으로 그 밝음을 낳고

깊은 생각으로 은미한 것을 궁리하는 것이

이른바 '치지' 다.

'치지' 가 아니면 사물은 재단할 수 없고

사물에 탐닉하여 뜻을 잃을 것이며

'격물' 이 아니면 앎은 소용되지 않고

뜻을 방탕하게 하여 거짓에 빠질 것이다.

博取之象數[13]

遠證之古今

以求盡乎理 所謂格物.

虛以生其明

思以窮其隱

所謂致知也.

非致知 則物無所裁

而玩物以喪志.

非格物 則知非所用

而蕩志以入邪.

안원의 실천적 인식론

안원의 인식론은 경험론적이며 더 나아가 실천적이다. 그에 의하면 인식의 기초는 생지生知나 의식意識 등 관념이 아니라 객관적 사물이다. 즉 사물과의 접촉이 인식의 기초라는 뜻이다. 그러므로 그는 격물의 '격' 에 대해 정현이 '내來', 주희가 '지至', 왕수인이 '정正' 으로 훈독하는 것을 반대하고 '격擊' 으로 읽는다. 격擊은 '손으로 맹수를 잡거나 장난치다' 라는 뜻으로 '스스로 손을 움직여 행위하는 것' 을 의미한다.

---

13) 數(수)=運命, 情勢.

이것은 도덕학을 뛰어넘어 객관적인 진리와 실용적 지식을 말한다는 점에서 멀리 묵자의 삼표론에서 영향을 받고, '격格'을 '어禦'로 해석하는 사마광의 직관주의와 '정正'으로 해석하는 왕수인의 주관주의를 반대한 것이다. 또한 이는 마르크스와 마오쩌둥毛澤東(1893~1976)의 실천적 인식론과 궤를 같이하는 것이라고 말할 수 있다.

또 한편으로 유학이 본래 유사들의 관료 임용과 관료들의 정신 수양을 위한 즉사실용卽事實用의 실천적 학문이라는 점에서 보면 안원의 실천적 인식론은 유학의 정통으로 이해될 수도 있다. 수천 년 동안 유학이 관료 또는 예비 관료의 수양을 위한 실천 학문으로 봉사해 왔음에도 불구하고, 송유宋儒들은 관료학인 유학을 형이상학으로 개편하고 이것을 인간 일반의 자기 완성을 위한 도덕학이라고 애써 선전한 것이다. 그런 점에서 비록 소박한 것이었지만 안원의 실천적 인식론은 유학의 본래의 정신을 되살리려는 노력으로 평가할 만하다.

사마광

사마문정공집司馬文正公集/권71/치지재격물론致知在格物論

인정은 누구나 선을 좋아하고	人之情莫不好善
악을 미워하며 옳기를 바란다.	而惡惡慕是
그러나 부끄럽게도 현실은 그렇지 않아	而羞非然
선하고 옳은 자는 적고	善且是者蓋寡
악하고 그른 자는 많으니 무엇 때문인가?	惡且非者實多何哉
이는 모두 사물이 유혹하고 억압하기 때문이다.	皆物誘之也 物迫之也

『대학』에서 말한 　　　　　　　　　　　　　大學曰

'치지재격물致知在格物'의 　　　　　　　　　致知在格物

'격格'은 '한捍' 또는 '어禦'의 뜻이다. 　　格猶捍[14]也禦也

능히 외물外物을 막아내야만 　　　　　　能捍禦外物

지知와 도道에 이를 수 있다. 　　　　　　然後能知至道矣.

안원

안이총서顔李叢書/사서정오四書正誤/권1

지각은 실체가 없고 　　　　　　　　　　知無體

사물만이 실체가 된다. 　　　　　　　　以物爲體.

눈의 지각은 실체가 없고 　　　　　　　猶知目無體

형색形色만이 실체라 하는 것과 같다. 　以形色爲體也.

무·채소 같은 하찮은 것은 　　　　　　　如此蔬蔬

비록 지혜가 높은 노대인일지라도 　　　雖上智老圃[15]

먹을 수 있는 물건으로 만드는 것을 알지 못할 것이다. 　不知爲可食之物也.

혹은 모양과 색깔을 따라 음식으로 요리했다 해도 　雖從形色料爲可食之物

역시 매운지 쓴지 그 맛을 알지 못한다. 　亦不知味之如何辛也.

반드시 수저로 집어 입에 넣고 나서야 　必箸取而納之口

맛이 어떤지를 알 수 있다. 　　　　　　乃知如此味辛.

그러므로 손으로 물건을 다루고 　　　　故曰 手格其物

그런 연후에야 앎에 이른다. 　　　　　　而後知至.

---

14) 捍(한)=扞也=禦也, 衛也.
15) 圃(포)=大也, 博也.

포이어바흐에 관한 테제Thesen über Feuerbach

인간의 사유가 대상의 진리를 포착할 수 있는지의 여부는

결코 이론적인 문제가 아니라 실천적인 문제다.

인간은 실천을 통해 사유의 진실성을 증명하지 않으면 안 된다.

실천과 유리된 사유의 진리를 논하는 것은

공리공론에 불과하다.

대진의 인식론

언어 문제

대진은 고증학을 의리학의 기초로 보았으므로 자字와 명名과 언言에 대해 주목했다. 그는 명을 실체實體·실사實事를 가리키는 이름과 순미純美(순수함과 아름다움)·정호精好(정미함과 좋음)를 가리키는 이름으로 나누었다. 이는 허와 실, 형이상과 형이하라는 대칭적 의식구조의 반영일 것이다. 그러나 명에는 실체·실사의 존재적 명칭과 순미·정호의 가치적 명칭 이외에 사물의 꼴 즉 형상 또는 이데아를 표현하는 흑백·대소·동이同異·유무·현미顯微 등의 이름도 있다. 대진의 고증학은 역사적인 판단과 진리와 가치 판단을 혼동하는 약점이 있는 것 같다.

대진

대진집戴震集/서언緒言/상

학자가 옛 성현의 말씀을 체득하려면	學者體會古聖賢之言
의당 먼저 그 글자의 허와 실을 판단해야 한다.	宜先辨其字之虛實.
지금은 글자(字)라고 말하지만	今人謂之字
옛사람들은 이름(名)이라고 말했다.	古人謂之名.
…글자로 이름을 정함에는	…以字定名
실체實體와 실사實事를 지칭하는 명名이 있고	有指其實體實事之名.
순미純美·정호精好를 지칭하는 명名이 있다.	有稱夫純美精好之名.
인人·언言·행行·도道·	如曰人 曰言 曰行 曰道
성性·중中·명命	曰性 曰中 曰命
형상形象에 대한 것이나 언어에 대한 것 등은	在形象 在言語
실체 실사의 명名이다.	指其實體實事之名也.
성聖·현賢·선善·이理 등	曰聖 曰賢 曰善 曰理
마음으로 살펴	在心思之審察
거스를 수도, 초월할 수도 없는 근원에 대해 발견하는 것 등은	能見於不可易不可踰
순수함과 아름다움(純美), 정미함과 좋음(精好)의 명이다.	指其純美精好之名也.

감성과 이성

고대와 중세에는 동서양을 막론하고 인식은 이성에 의한 것이며, 감각이나 경험은 인식에 방해가 된다고 믿었다. 근대에 들어와서 자연과학이 발달하자 감각과 경험이 중시되기 시작했다.

성리학은 '성즉리'를 기본 강령으로 했으므로 이성 중심적이었다. 즉 인간의 심心에 천리가 내재한 것을 믿었으므로 심을 알면 천리를 알 수 있다고 생각한 것이다.

그러나 대진은 이에 반대했다. 물리도 의리도 사물 속에 있을 뿐, 심에 미리 갖추어져 있는 것이 아니라는 것이다. 그는 우주만물을 음양오행의 기화氣化 유행流行으로 보았고 따라서 인식은 '혈기와 심지'에 의한 사물의 분별이라고 생각했다. 즉 물리는 감관으로, 사리事理는 심관으로 분별한다는 것이다. 이것은 선험적인 천리로부터 연역하는 정주의 선험론을 거부하고, 사물에 대한 감각과 지각에서 인식을 귀납하는 경험론을 말한 것이다.

다만 그에게는 감성적인 혈기에서 이성적인 심지로 전달되는 과정에 대한 구체적인 설명이 결여되어 있다. 이에 대해 앞서 말한 것처럼 대진보다 1세기 선배인 안원은 그것을 '실천(行)'이라고 설명한 바 있다.

대진

대진집戴震集/**맹자자의소증**孟子字義疏證/상/이理

맛과 소리와 색깔은 사물에 있으므로	味也聲也色也在物
나의 혈기에 접촉한다.	而接於我血氣.
의리는 사건에 있으므로	理義在事
나의 심지에 접촉한다.	而接於我之心知.
혈기가 있으므로 심지가 있고	有血氣則有心知.
심지가 있으므로 배우고	有心知則學
신명으로 발전한다.	以進於神明.

심관은 능히 이목구비의 감관을 부릴 수 있지만 心能使耳目口鼻

감관을 대체할 수는 없다. 不能代耳目口鼻之能.

그것들은 그 기능을 각각 자생적으로 구비했으므로 彼其能者 各自具也

서로 대체할 수 없는 것이다. 故不能相爲代.

심心의 기능은 이理와 의義를 분별하는 것이고 心能辨夫理義.

이理와 의는 사물과 감정을 가닥 지어 분석하는 데 있다. 理義在事情之條分縷析.

객관적인 사물과 감각이 주관적인 심지와 접촉함으로써 接於我之心知

그것을 분별하고 감흥을 느끼게 된다. 能辨之而悅之.

그러므로 이理와 의는 다른 것이 아니고 故理義非他

비추고 살피어 오류가 없는 것이다. 所照所察者之不謬也.

무엇으로 오류가 없게 하는가? 何以不謬

바로 심의 신명神明이다. 心之神明也.

오직 정情으로 정情을 헤아리면 惟以情絜[16]情.

사리事理는 故其於事也

심지心知에서 나오는 사견私見으로 머물러버릴 것이다. 心出一意見以處之.

그렇다고 정情을 버리고 이理를 구한다면 苟舍情求理

이른바 그 이理는 其所謂理

사견 아닌 것이 없을 것이다. 無非意見也.

그런고로 사물로 말하면 是故 就事物言

사물 밖에 非事物之外

---

16) 絜(혈)=度也, 約束也.

따로 의리가 있는 것이 아니며,   別有義理也.

인심으로 말하면 별도로 이理가 있어   就人心言 非別有理

(하늘에서) 품부되고 심心에 미리 갖추어져 있는 것이 아니다.   以予之 而具於心也.

육경과 공맹의 말씀과   六經 孔孟之言

전기, 서적 등에 이르기까지   以及傳記群籍

이理라는 글자는 많이 보이지 않는다.   理字不多見.

송 이후부터   自宋以來

비로소 습속이 이루어졌다.   始相習成俗

그러나 이理는 당연히 사물에 있어야 하거늘   則以理爲如[17]有物

어찌 하늘에서 얻어   焉[18]得於天

인심에 선험적으로 구비됐으므로   而具於心

심心의 사견이 곧 이理라고 할 수 있겠는가?   因以心之意見當之也.

완원의 격물설

완원은 『대학』의 '치지재격물致知在格物'의 해석에 있어 "격格은 지至요 물物은 사事"라 한 것은 주희와 같으나, '사물事物'을 '신심의지身心意知와 천하국가天下國家' 또는 '명덕明德과 친민親民'을 모두 포함한 것으로 보았고, '치致'를 '지지至止'로 읽고 '사물의 이理에 이르러 머물 줄 안다(止)'

---

17) 如(여)=당연히 ㅁㅁ하지 않으면 안 된다.
18) 焉(언)=어떻게.

는 의미로 풀이한다.

　이런 해석은 인식론이 아니라 공자의 경세학 내지 도덕론으로 풀이한 것이며 고염무를 그대로 따른 것이다. 조선의 김정희는 완원에게서 사사했는데 그의 『격물변格物辨』은 완원의 글을 그대로 옮겨놓은 것일 뿐 그의 저작이 아니다. 그러나 그들의 격물설은 행사行事의 실천을 강조했을 뿐 본격적으로 인식론을 말한 것이 아니라는 점에서 그보다 250년 앞선 퇴계와 고봉의 '격물 논쟁'에 미치지 못할 뿐 아니라, 100여 년 앞선 왕부지와 안원 등의 인식론에도 미치지 못한다(제6부 2장 '격물 논쟁' 참조).

완원

연경실집揅經室集/대학격물설大學格物說

'격물'이란	格物者
사리와 물리에 이르러 머무는 것을 말한 것이다.	至止于事物之謂也.
'격물'의 '격'은	格物者
지至와 지止의 뜻을 겸한 글자이며	以格字兼包至止
'물'은 모든 사물을 아울러 뜻하는 글자다.	以物字兼包諸事.
성현의 도는 실천 아닌 것이 없다.	聖賢之道 無非實踐.
공자가 이르기를	孔子曰
"나의 도는 일관되게	吾道一以貫之.
'관寬'이란 글자로 일을 행한다"라고 했는데	寬字行事也.
이 말은 '격물'과 같은 도리다.	卽與格物同道也.

원래 '격물'을 논한 것은

다른 것이 아니라

'실사구시實事求是'일 뿐이다.

元之論格物

非敢異也

亦實事求是而已.

格과 物에 대한 해석

	格	物
서경/우서虞書/순전舜典	來也(帝曰 格汝舜來也)	
서경/상서商書/열명說命	感通也(格于皇天感通也)	
정현(후한)	來也	事也
사마광(북송)	扞御也	外物也
정이(남송)	窮也	理也
주희(남송)	窮也(卽物窮理)	
왕수인(명)	正也	
안원(청)	擊也	
완원(청)	至止也	

ㄷ

ㅁ